LEO KOLTSOFF

Die Wahrnehmung der Gemeinwohlbelange durch Private unter besonderer Berücksichtigung des Energiesektors

Schriftenreihe der Deutschen Universität für Verwaltungswissenschaften Speyer

Band 240

Die Wahrnehmung der Gemeinwohlbelange durch Private unter besonderer Berücksichtigung des Energiesektors

Von

Leo Koltsoff

Duncker & Humblot · Berlin

Der Lehrstuhl für Öffentliches Recht
der Deutschen Universität für Verwaltungswissenschaften Speyer
hat diese Arbeit im Jahr 2021 als Dissertation angenommen.

Bibliografische Information der Deutschen Nationalbibliothek

Die Deutsche Nationalbibliothek verzeichnet diese Publikation in
der Deutschen Nationalbibliografie; detaillierte bibliografische Daten
sind im Internet über http://dnb.d-nb.de abrufbar.

Satz: 3w+p GmbH, Rimpar
Druck: CPI buchbücher.de GmbH, Birkach
Printed in Germany

ISSN 2197-2842
ISBN 978-3-428-18477-4 (Print)
ISBN 978-3-428-58477-2 (E-Book)

Gedruckt auf alterungsbeständigem (säurefreiem) Papier
entsprechend ISO 9706 ♾

Internet: http://www.duncker-humblot.de

Meiner Mutter

Vorwort

Die vorliegende Arbeit wurde im Jahr 2021 von der Deutschen Universität für Verwaltungswissenschaften Speyer als Dissertation angenommen. Literatur, Rechtsprechung und sonstige Quellen konnten bis Januar 2020 berücksichtigt werden.

Mein Dank gilt an erster Stelle meinem Doktorvater, Herrn Professor Dr. Dr. h.c. Jan Ziekow, für die Betreuung der Arbeit, für den bereichernden fachlichen Austausch und seine stete Unterstützung. Seine wertvollen Hinweise und Empfehlungen haben den Arbeitsprozess begleitet und die Fertigstellung der Arbeit ermöglicht. Mein Dank gilt weiterhin Herrn Professor Dr. Wolfgang Weiß für die Erstellung des Zweitgutachtens und für seine zahlreichen wertvollen Hinweise. Beiden gilt zudem gemeinsam mit Frau Professorin Dr. Constanze Janda mein Dank für eine spannende und angenehme Disputation.

Der Senat der Universität Speyer hat der Aufnahme der Dissertationsschrift in die Schriftenreihe der Universität zugestimmt. Ich bin dankbar, dass sie in diesem Rahmen erscheinen kann.

Frankfurt, im Mai 2021 *Leo Koltsoff*

Inhaltsverzeichnis

A. Einleitung . . . 15

B. Allgemeiner Teil . . . 21

I. Definition einer öffentlichen Aufgabe . . . 21

II. Gemeinwohl . . . 26

III. Gewährleistungsverantwortung . . . 28

IV. Grundrechte in der Gewährleistungsverwaltung . . . 32

V. Regulierung als Instrument der Gewährleistungsverwaltung . . . 35

VI. Zusammenfassung und Zwischenfazit zum allgemeinen Teil . . . 40

C. Gemeinwohlbindung im Energierecht . . . 47

I. Gesetzesziele und -zwecke . . . 47

1. Sichere Energieversorgung . . . 47
2. Preisgünstige Energieversorgung . . . 48
3. Verbraucherfreundliche Energieversorgung . . . 49
4. Effiziente Energieversorgung . . . 49
5. Umweltverträgliche Energieversorgung . . . 50

II. Zielkonflikte . . . 51

III. Grundsätze des § 1 a EnWG . . . 54

IV. Aufgaben der Energieversorgungsunternehmen . . . 55

V. Entflechtung . . . 58

VI. Netzanschluss . . . 61

VII. Netzzugang und Netzentgelte . . . 63

VIII. Genehmigungspflicht als Marktzutrittskontrolle . . . 67

IX. Grundversorgungspflicht . . . 69

X. Energiepreiskontrolle ... 72

XI. Zusammenfassung und Zwischenfazit zur Gemeinwohlbindung ... 74

D. Leitungswettbewerb als ein Instrument der Gemeinwohlverwirklichung ... 83

I. Ökonomische Möglichkeit des Leitungswettbewerbs ... 83

II. Wettbewerb im deutschen Fernleitungsnetz ... 85

III. Leitungswettbewerb und befristete Ausnahme neuer Infrastrukturen von der Regulierung ... 91

IV. Leitungswettbewerb und Merchant Lines als weiteres Instrument zur Gemeinwohlmaximierung ... 95

V. Leitungswettbewerb durch Direktleitungen ... 98

VI. Zusammenfassung und Zwischenfazit zum Leitungswettbewerb ... 102

E. Fachplanung als ein Instrument der Gemeinwohlbindung ... 111

I. Erforderlichkeit der Fachplanung in der Energiewirtschaft ... 111

II. Raumbezogene Konflikte ... 112

III. Enteignungsmöglichkeit ... 113

IV. Historische Entwicklung des Planungsrechts ... 117
1. UVPG ... 117
2. Infrastrukturplanungsbeschleunigungsgesetz ... 119
3. EnLAG ... 120
4. Energiewende ... 121
5. NABEG ... 122

V. Allgemeines zu Leitungsplanung ... 126
1. Europarechtliche Ansätze einer Netzplanung ... 126
2. Transeuropäische Netze ... 127
3. Vereinbarkeit mit EU-Recht ... 128
4. Art. 194 AEUV ... 129
5. Gemeinschaftsweiter Netzentwicklungsplan ... 129
6. Nationale Planung ... 130
7. Trassenauswahl ... 132

VI. Allgemeines zu Planung von Erzeugungsanlagen ... 134

VII. Netzbedarfsplanung im Detail ... 135
1. Netzentwicklungsplanung ... 135
2. Szenariorahmen ... 138
3. Netzentwicklungsplan ... 139
4. Bundesbedarfsplan ... 147
5. Trassenfindung ... 148
6. Leitungstrassen in der Landesplanung ... 154
7. Leitungstrassen auf der mittleren Ebene der Trassierung ... 155
8. Bundesfachplanung ... 158
a) Verantwortung für die Bundesfachplanung ... 160
b) Bindungswirkung der Fachplanung ... 162
9. Planfeststellung ... 164
a) Planfeststellungspflicht ... 165
b) Ablauf des Planfeststellungsverfahrens ... 167
c) Materielle Anforderungen an einen Planfeststellungsbeschluss ... 168
d) Bindung an die Ergebnisse der höherstufigen Planungen ... 172
e) Zwingende Bindungen materiellen Rechts ... 172
f) Abwägung ... 173
10. Planfeststellung nach §§ 18 ff. NABEG ... 176
11. Rechtsschutzfragen ... 178
a) Vorbemerkung ... 179
b) Zuständigkeit ... 179
c) Aufschiebende Wirkung ... 180
d) Statthafte Klageart ... 181
12. Sonstige nicht planfeststellungspflichtige Vorhaben ... 181
a) Planerische Steuerungsmöglichkeit durch das Bauplanungsrecht ... 181
b) Flächennutzungsplan ... 182
c) Bebauungsplan ... 184
d) Unbeplante Bereiche ... 186
e) Rechtsschutz ... 187
13. Notwendigkeit einer Standortplanung für Energieerzeugungsanlagen ... 188

VIII. Zusammenfassung und Zwischenfazit zur Planung ... 190

F. Enteignung als ein Instrument der Gemeinwohlbindung ... 208

I. Unternehmensbezogene Betrachtung der Gemeinwohlbindung ... 213

II. Vorhabenbezogene Gemeinwohlbindung ... 221

III. Vorbereitung der Enteignungsentscheidung ... 223

IV. Entscheidung über die Enteignung dem Grunde nach 225
1. Geltendmachung von öffentlichen Interessen durch Betroffene 227
2. Berücksichtigung von Interessen der EVU 228
3. Netzzugang als Alternative zum konkurrierenden Leitungsbau 230

V. Rechtsschutz 235

VI. Enteignungsverfahren im engeren Sinne 236

VII. NAV/NDAV als Alternative zur Enteignung 236

VIII. Zusammenfassung und Zwischenfazit zur Enteignung 238

G. Regelungen der Wegenutzung als ein Instrument der Gemeinwohlbindung 246

I. Diskriminierungsverbot/einfache Wegenutzungsverträge 249

II. Kritik des § 46 EnWG sowie des Leitungswettbewerbs 250

III. Qualifizierte Wegenutzungsverträge 252

IV. Rechtsschutz 257

V. Zusammenfassung und Zwischenfazit zur Wegenutzung 258

H. Fazit und Empfehlungen 261

I. Ergebnisse der Untersuchung 261

II. Empfehlungen 268

Literaturverzeichnis 272

Stichwortverzeichnis 285

„Das öffentliche Wohl soll das oberste Gesetz sein."

Marcus Tullius Cicero[1]

[1] Über die Gesetze (De legibus), entstanden ca. 53–51 v. Chr. III, 3, 8, S. 155.

A. Einleitung

„Die Beteiligung Privater an der Wahrnehmung öffentlicher Aufgaben erscheint als eine erklärungsbedürftige Anomalie."[2] Denn ein „Normalfall" der Wahrnehmung öffentlicher Aufgaben aus rechtsstaatlicher Perspektive ist ihre Wahrnehmung durch die öffentliche Hand.[3] Zurzeit befinden sich die Formen der Wahrnehmung öffentlicher Aufgaben allerdings im Wandel. Der Leistungsstaat wird zunehmend vom Gewährleistungsstaat[4] abgelöst,[5] so dass fraglich ist, ob man künftig noch von einem „Normalfall" der Aufgabenwahrnehmung im Falle der Aufgabenwahrnehmung durch die öffentliche Hand ausgehen kann.[6] Hinter dem Gewährleistungsstaat steht

---

[2] *Heintzen*, VVDStRL, 62 (2003), 220, 222.

[3] vgl. *Heintzen*, VVDStRL, 62 (2003), 220, 222.

[4] mit „Bestellungsverwaltung", vgl. *Burgi*, Privatisierung, S. 32.

[5] vgl. *Krajewski*, S. 549.

[6] Es ist jedoch auch fraglich, ob dieser Trend Allgemeingültigkeit beanspruchen kann. Mit der Weltwirtschaftskrise (ab 2007) stieg das Misstrauen gegen Privatisierungen (vgl. DStGB, Privatisierungen: „Kein Tafelsilber, sondern Essbesteck" vom 04.08.2010, https://www.dstgb.de/aktuelles/archiv/archiv-2011/privatisierungen-kein-tafelsilber-sondern-essbesteck/) sowie gegen „unzureichende" Selbstregulierungen, was seinerseits zur einer gewissen Re-Etatisierung (z. B. zu Reformen der Finanzmarktregulierung, vgl. hierzu Wissenschaftliche Dienste des Deutschen Bundestags, Regulierung nach der Finanzkrise, Sachstand, WD 4-3000-154/18) führte, so dass diese Re-Etatisierung die Entwicklung zu einem kooperativen Staat möglicherweise überlagert.

In dem Energiesektor liefen zu der Zeit der Weltwirtschaftskrise mehrere Tausend zwanzigjährige Konzessionsverträge über Strom- und Gasnetze aus den 90er Jahren des 20. Jahrhunderts aus (vgl. https://www.bundeskartellamt.de/DE/Wirtschaftsbereiche/Energie/Rekommunalisierung/ rekommunalisierung_node.html). Dies wurde – dem neuen Trend zur Re-Etatisierung folgend – zum Anlass genommen, bei Neuvergaben „kommunale Eigenbetriebe, Eigengesellschaften oder Beteiligungsgesellschaften […] zu bevorzugen (a.a.O., sog. „Rekommunalisierung")." Eine solche Bevorzugung wurde allerdings durch die Rechtsprechung (vgl. z.B. BGH, Urteil vom 17. Dezember 2013 – KZR 65/12; BGH, Urteil vom 17. Dezember 2013 – KZR 66/12; BGH, Urteil vom 9. März 2021 – KZR 55/19) sowie durch das BKartA (z.B. Andreas Mundt, Rekommunalisierung hinterfragen, https://www.bundeskartellamt.de/SharedDocs/Publikation/DE/Fachartikel/AndreasMundt_Rekommunalisierung.html) und die Monopolkommission nicht unkritisch gesehen: „Die Idee, dass der Staat im Rahmen der Daseinsvorsorge als Unternehmer tätig werden muss, gilt heute nicht mehr als stichhaltig. Zum einen birgt das Konzept der Daseinsvorsorge keine schlüssige Abgrenzung dessen, was Daseinsvorsorge umfassen soll, und trifft in diesem Zusammenhang auch keine Aussage über Energieversorgungsnetze. Zum anderen kann der Staat die Rahmenbedingungen dergestalt setzen, dass auch private Akteure bestimmte Anforderungsprofile, z.B. hinsichtlich Sicherheit, Qualität und Umwelteffekten (z.B. durch Festlegung von CO2-Emissionsrechten) erfüllen. Die nähere Betrachtung zeigt, dass die tatsächlichen Einflussmöglichkeiten der Kommunen auf den Energieversorgungsmarkt im Falle einer Rekommunalisierung geringer sind, als von den

der Gedanke, dass der Staat Gemeinwohlinteressen zwar selbst sichern muss, allerdings nicht unbedingt hierfür aufzukommen braucht.[7]

Man spricht von einer Entkoppelung von Aufgabenverantwortung und Aufgabenerfüllung.[8] Erst eine solche Verantwortungsstufung (Private – Erfüllungsverantwortung, Staat – Gewährleistungsverantwortung als eine Letztverantwortung oder Auffangverantwortung[9]) ermöglicht die Aufteilung der Verantwortung zwischen Staat und Privaten[10] im sich abzeichnenden kooperativen Staat[11] und bedeutet gleichzeitig eine Abkehr von der ordinären Polarität in dem Verhältnis zwischen dem Staat als einem Reglementeur und dem Privaten als einem Regelungsadressaten.

Hierbei profitiert der idealiter „stets an der Grenze der Überforderung agierende Staat"[12] (sowohl im Zeitalter der knappen Kassen[13] als auch in den Jahren mit einem Rekordüberschuss[14]) davon, dass die Leistungserbringung Privaten überantwortet wird, und kann sich zudem auch Flexibilität, Knowhow[15] und Gestaltungsmöglichkeiten sowie die schöpferische Kraft und Effizienz[16] Privater zunutze machen.[17]

Kommunen oftmals angenommen. Wohlfahrtsökonomische Vorteile sind durch die Rekommunalisierung nicht deutlich zu erkennen. Zusammenfassend konstatiert die Monopolkommission, dass sich die Tätigkeit von Kommunen und anderen Gebietskörperschaften bei Energieversorgungsunternehmen nicht mit Effizienzargumenten rechtfertigen lässt (Monopolkommission, Sondergutachten Strom und Gas 2011: Wettbewerbsentwicklung mit Licht und Schatten, BT-Drs. 17/7181, Rn. 56f.)." Einige Autoren fragen sich bereits, ob der Trend zur Rekommunalisierung aufgrund von durch die Rechtsprechung aufgestellten „Hürden" nicht praktisch abgeklungen ist (z. B. *Miriam Vollmer*, Das GASAG-Urteil des BGH: Rekommunalisierung am Ende? vom 16.03.21, https://recht-energisch.de/2021/03/16/das-gasag-urteil-des-bgh-rekommunalisierung-am-ende/). Trotz der im Ergebnis bestehenden praktischen Dominanz des Privatisierungstrends sowie der grundsätzlichen Kritik der Rekommunalisierung (vgl. z. B. *Justus Haucap*, Rekommunalisierung: Gehören Energienetze in die öffentliche Hand?, vom 04.11.2014, http://www.bmwi-energiewende.de/EWD/Redaktion/Newsletter/2014/32/Meldung/kontrovers-reck-haucap.html) „[…] handelt es sich bei Privatisierung und Rekommunalisierung um komplementäre Strategien zur Modernisierung des Gemeinwesens, die gleichberechtigt nebeneinander stehen und schon deshalb beide im Auge zu behalten sind (*Hartmut Bauer*, DÖV 2012, 329, 338)", um einzelfallbezogen (insbesondere im Konzessionsvergabeverfahren) festzustellen, welche Art der Aufgabenerledigung größere Wohlfahrtsvorteile mit sich bringen wird.

[7] vgl. *Burgi*, S. 89; *Knauff*, S. 78; *Krausnick*, S. 35.

[8] vgl. *Ziekow*, in: Seok/Ziekow, S. 33.

[9] vgl. *Schuppert*, in: Münkler/Fischer, S. 67, 77; *Lämmerzahl*, S. 243.

[10] vgl. *Hoffmann-Riem*, in: Kirchhof/Lehner/Raupach/Rodi, S. 47 ff.

[11] vgl. *Ritter*, AöR 104 (1979), 389 ff.

[12] vgl. *Voßkuhle*, VVDStRL, 62 (2003), 266, 268; *Ellwein/Hesse*, Der überforderte Staat.

[13] vgl. *Ziekow*, in: Seok/Ziekow, S. 24.

[14] vgl. Statistisches Bundesamt, Pressemitteilung Nr. 057 vom 25. Februar 2020: Überschuss von 62,4 Milliarden Euro im Jahr 2018 und Überschuss von 49,8 Milliarden Euro im Jahr 2019, https://www.destatis.de/DE/Presse/Pressemitteilungen/2020/02/PD20_057_813.html.

[15] vgl. *Burgi*, Privatisierung, S. 23.

[16] vgl. *Kim*, in: Seok/Ziekow, S. 42.

[17] vgl. *Baumeister*, in: Seok/Ziekow, S. 66.

Das gewandelte Staatsverständnis zieht in der Praxis eine Transition zu neuen Formen des behördlichen Wirkens nach sich. Macht sich Verwaltung die Gestaltungsmöglichkeiten des Bürgers bei der Wahrnehmung der Gemeinwohlbelange zunutze, so wird der Letztere zum Mitgestalter der Aufgabenerfüllung. Die Aufgabe des Verwaltungsrechts wird es daher in den nächsten Jahren sein, die neuen Formen des Verwaltungshandelns unter Zuhilfenahme Hilfe Privater zu strukturieren.[18]

Da Private aus Rentabilitätsgesichtspunkten handeln, stellt sich die Frage nach der Existenz ausreichender Steuerungsmöglichkeiten, um darauf hinzuwirken, dass öffentliche Aufgaben tatsächlich erfüllt werden.[19]

In erster Linie kommt eine Regulierung der Tätigkeit Privater als ein Weg, Private dazu zu bringen, auch im Sinne der Wahrnehmung der öffentlichen Aufgaben zu handeln,[20] in Betracht. Deswegen spielt die Regulierung eine wesentliche Rolle in dieser Untersuchung.

Als einer der besonders investitionsintensiven Wirtschaftsbereiche gilt der Energiebereich, weshalb er sich insbesondere in Zeiten von knappen Kassen und ansonsten grundsätzlich wegen der essentiellen Bedeutung der Energieversorgung für die menschliche Existenz sowie für das Funktionieren der Wirtschaft, für Kooperationen mit Privaten (weil man sich von solchen Kooperationen aufgrund der besagten „Flexibilität, Knowhow und Gestaltungsmöglichkeiten sowie der schöpferischen Kraft und Effizienz“[21] Privater eine Identifikation und Ausschöpfung etwaiger Optimierungspotenziale verspricht) besonders eignet.

Die vorliegende Arbeit widmet sich der Untersuchung des energierechtlichen Rahmens aus der Perspektive der Gemeinwohlverwirklichung, um herauszufinden, ob dieser Rechtsrahmen ein taugliches Mittel zur Zweckerreichung, d. h. zur Sicherung der Gemeinwohlverwirklichung durch Private, ist sowie ob es Ansatzpunkte für eine Optimierung des Rechtsrahmens zum Zwecke der Gemeinwohlmaximierung gibt (sei es im Hinblick auf die Gemeinwohlbindung selbst, sei es auf die Art der Wahrnehmung der Gemeinwohlbelange oder im Hinblick auf ihren Bestand). Wird Optimierungsbedarf identifiziert, so sollen entsprechende Vorschläge ausgearbeitet werden.

Die Verwaltung macht sich die Gestaltungsmöglichkeiten des in die Aufgabenerfüllung involvierten Bürgers bei der Wahrnehmung der Gemeinwohlbelange zunutze. Vor diesem Hintergrund werden diese Gestaltungsmöglichkeiten bzw. An-

---

[18] vgl. *Ziekow*, in: Seok/Ziekow, S. 36; *Schuppert*, Grundzüge eines zu entwickelnden Verwaltungskooperationsrechts – Regelungsbedarf und Handlungsoptionen eines Rechtsrahmens für Public Private Partnership; *Ziekow*, Verankerung verwaltungsrechtlicher Kooperationsverhältnisse (Public Private Partnership) im Verwaltungsverfahrensgesetz; *Becker*, ZRP 2002, 303 ff.

[19] vgl. BVerfGE 66, 248, 257; BVerwG, NJW 2003, 230, 231; kritisch in Bezug auf die EVU, vgl. *Hermes*, Infrastrukturverantwortung, S. 445.

[20] vgl. *Stelkens*, in: Seok/Ziekow, S. 77.

[21] vgl. *Kim*, in: Seok/Ziekow, S. 42.

satzpunkte für weitere Gestaltungsmöglichkeiten untersucht, um herauszufinden, ob es vor dem Hintergrund der Wohlfahrtsoptimierung weitere Einsatzmöglichkeiten für private Aufgabenerfüllung gibt, ob diese Einsatzmöglichkeiten mit dem geltenden Rechtsrahmen vereinbar sind und ggf. wie sie zu strukturieren und an welcher Stelle sie in das aktuelle Regulierungssystem zu integrieren sind. Dadurch soll gezeigt werden, ob die Gemeinwohlverwirklichung durch Private Optimierungspotentiale birgt und, bejahendenfalls, ob es vor dem Hintergrund der Gemeinwohlmehrung geboten ist, diese Potentiale zu nutzen.

Die Untersuchung widmet sich auch der Frage nach der Gemeinwohlbindung Privater bei der Wahrnehmung der Gemeinwohlbelange im Energiesektor, um zunächst herauszufinden, ob eine ausreichende Gemeinwohlbindung besteht. Weiterhin soll herausgefunden werden, ob die vorhandene Gemeinwohlbindung auch dann ausreichen wird, falls die identifizierten Optimierungspotentiale bei der Gemeinwohlverwirklichung umzusetzen wären, um zu zeigen, welche Änderungen des Regulierungssystems die identifizierten Optimierungsmöglichkeiten gegebenenfalls erfordern.

Ferner wird das Verhältnis zwischen Rentabilitätsinteressen Privater und der Gemeinwohlverwirklichung betrachtet, um herauszufinden, ob ein Handeln Privater im Wettbewerb und/oder mit Gewinnerzielungsabsicht ein Handeln im Sinne der Wahrnehmung der Gemeinwohlbelange verhindert, um bejahendenfalls zu zeigen, welche Möglichkeiten es gibt, die beiden (in diesem Fall) widerstreitenden Interessen zwecks Gemeinwohlmaximierung zu vereinen und verneinendenfalls (falls ein Bestreben Privater nach Rentabilität mit einer Mehrung des Gemeinwohls einhergehen kann), um zu zeigen, was für eine effizientere Ausnutzung dieser Synergie noch gemacht werden könnte.

Einen weiteren Schwerpunkt der Untersuchung bilden der Freiraum, in welchem die private Aufgabenerfüllung stattfindet sowie die Frage danach, ob es einen Zusammenhang zwischen der Größe dieses Freiraums und der Größe des gemeinwohlmehrenden Beitrags Privater gibt, um herauszufinden, ob es Gründe (auch außerhalb der These „Mehr Freiraum – höhere Lukrativität – größere Mehrung des Gemeinwohls“) dafür gibt, den Freiraum bei der Wahrnehmung der Gemeinwohlbelange durch Private zu erweitern, und falls ja, ob bei der Schaffung von mehr Freiraum für private Leistungserbringung die Gemeinwohlbindung durch den vorhandenen oder für diesen Zweck angepassten Rechtsrahmen (von ihrer gemeinwohlsichernden Wirkung ausgehend) ausreichen wird. Dies soll zeigen, ob dieser Freiraum im Sinne eines grundrechtlich gewährleisteten Mindestmaßes an Freiheit privater Betätigung zwecks maximaler Gemeinwohlmehrung zu verstehen ist, ob er aufgrund der Wahrnehmung der Gemeinwohlbelange und aufgrund der daraus resultierenden „Staatsnähe“ noch mehr eingeschränkt oder ob er größer zu bemessen ist (und welche Hintergründe und Folgen dies hätte sowie ob vom Gemeinwohlbezug der erfüllten Aufgabe auf die Größe und Ausgestaltung des Freiraums privater Betätigung geschlossen werden kann).

Untersucht wird ferner, welche zeitliche Perspektive der Konkretisierung des Gemeinwohls zugrunde zu legen ist, um herauszufinden, welche Bedeutung insbesondere der Berücksichtigung langfristiger Auswirkungen einzelner Instrumente auf die Gemeinwohlmaximierung beizumessen ist, um insbesondere zu zeigen, welche Rolle die Nachhaltigkeit bei der Ausformung des Gemeinwohls spielt und welchen Aspekten des positivrechtlich konkretisierten Gemeinwohls aus Langzeitperspektive Vorrang einzuräumen ist, falls dies nicht eindeutig aus dem Gesetz hervorgeht.

Des Weiteren widmet sich die Untersuchung den geltenden Planungsvorschriften im Energierecht, um ihre Rechtsnatur, ihre systematische Stellung in der Gewährleistungsverwaltung zu analysieren sowie um die Frage zu beantworten, welche Rolle privaten Akteuren bei der Planung zukommt. Dies soll zeigen, welche Formen der Fachplanung es bereits gibt (und für welche Vorhaben) und ob eine staatliche Planung (und unter welchen Voraussetzungen) erforderlich ist, welche Alternativen zur staatlichen Fachplanung bereits existieren und welche Optimierungen in diesem Bereich – sowohl im Hinblick auf den Bestand der Planung als auch im Hinblick auf ihre Modalitäten – denkbar sind.

Ebenfalls wird das Instrument der Enteignung untersucht, um herauszufinden, welche Auswirkungen es auf die Gemeinwohlverwirklichung insgesamt sowie insbesondere auf die Instrumente wie Planung und Leitungswettbewerb hat und in welchem Verhältnis diese Instrumente zueinander stehen. Dies soll verdeutlichen, ob es in diesem Bereich Optimierungspotentiale im Hinblick auf die Gemeinwohlverwirklichung durch Private gibt. Bejahendenfalls sollen Änderungsvorschläge ausgearbeitet werden.

Einen Schwerpunkt der Untersuchung bildet der Leitungswettbewerb. Es soll herausgefunden werden, ob es Gründe (sei es vor dem Hintergrund der Gemeinwohlmaximierung, sei es staatsrechtliche oder rechtlich relevante praktische Gründe) für die Förderung des Leitungswettbewerbs gibt.

Dies soll zunächst zeigen, ob der Leitungswettbewerb überhaupt förderungswürdig ist, und wenn ja, in welchen Bereichen des bestehenden Netzes (sowie bei künftigen Infrastrukturen) er gefördert werden soll und welche Implikationen die Etablierung des Leitungswettbewerbs auf die Regulierung hat. Es soll auch die Frage untersucht werden, ob eine Verpflichtung des Gesetzgebers besteht, den Leitungswettbewerb zu fördern. Ferner soll der Zusammenhang zwischen dem Durchleitungswettbewerb und dem Leitungswettbewerb untersucht werden, um herauszufinden, ob die beiden Instrumente nebeneinander bestehen und parallel zur Steigerung des Gemeinwohls beitragen können sowie, bejahendenfalls, ob eine solche Parallelität eine ausreichende Berücksichtigung im Gesetz gefunden hat. Ein weiterer zu untersuchender Zusammenhang ist der Zusammenhang zwischen der Ausnahme von der Regulierung für neue Infrastrukturen und dem Leitungswettbewerb. Es soll herausgefunden werden, wie die beiden Instrumente gemeinwohlmehrend einzusetzen sind.

Schließlich steht das Instrument der Wegenutzung ebenfalls im Zentrum der Betrachtung. Hier soll herausgefunden werden, ob eine ausreichende Gemeinwohlbindung Privater besteht sowie ob die Beschränkung des Wettbewerbs um Netze auf die Netze der örtlichen Versorgung sowie die Beschränkung des Anspruchs auf Wegenutzung auf Direktleitungen vor dem Hintergrund der Wohlfahrtsoptimierung gerechtfertigt ist. Die Untersuchung soll zeigen, an welchen Stellen hier eventuell Verbesserungsbedarf, sei es im Hinblick auf die Gemeinwohlbindung, sei es im Hinblick auf die Gemeinwohlverwirklichung, besteht.

Auch das Verhältnis des Leitungswettbewerbs und des Wettbewerbs um Netze nach § 46 EnWG soll analysiert werden, um herauszufinden, ob durch das Zusammenwirken beider Instrumente Synergieeffekte möglich sind.

B. Allgemeiner Teil

Vor dem Einstieg in die Analyse der Wahrnehmung der Gemeinwohlbelange durch Private im Energiesektor müssen einige wichtige im Rahmen der Untersuchung zu verwendenden Begriffe definiert werden.

I. Definition einer öffentlichen Aufgabe

Zunächst muss der Begriff „Aufgabe" definiert werden. Eine Aufgabe ist – abstrakt gesehen – mehr als nur die Summe von Maßnahmen auf einem bestimmten Sachgebiet, denn ihr liegt „ein auf die Zielerreichung bezogenes, verpflichtendes Element zugrunde".[1] Die vorgegebenen Ziele rechtfertigen das Tätigwerden zwecks Annäherung an das jeweilige Ziel.[2] Die auf die Erreichung dieses Ziels gerichteten Tätigkeiten sind „Aufgaben". Im hiesigen Kontext sind das Tätigkeiten, welche „innerhalb der Verantwortung für die äußeren Bedingungen des Gemeinwohls" erfolgen.[3]

Ferner stellt sich die Frage, was unter einer „öffentlichen" Aufgabe zu verstehen ist. Der Begriff „öffentlich" ist nach einer Literaturmeinung nicht als „staatlich", sondern als auf die Öffentlichkeit bezogen und für das Gemeinwohl von Bedeutung zu verstehen.[4] Nach dem Urteil des BVerfG vom Dezember 1974 sind mit dem Begriff „öffentliche Aufgaben" „die Aufgaben gemeint, an deren Erfüllung ein gesteigertes Interesse der Gemeinschaft besteht, die aber so geartet sind, dass sie weder im Wege privater Initiative wirksam wahrgenommen werden können noch zu den im engeren Sinn staatlichen Aufgaben zählen, die der Staat selbst durch seine Behörden wahrnehmen muss."[5] Die öffentlichen Aufgaben werden allerdings dann zu staatlichen, wenn sich der Staat mit ihnen befasst[6] (also deutlich macht, dass er

---

[1] vgl. *Lämmerzahl*, S. 30; *Krautzberger*, S. 42.

[2] vgl. *Bull*, S. 44.

[3] vgl. *Burgi*, S. 41.

[4] vgl. *Martens*, S. 45.

[5] vgl. BVerfGE 38, 281, 299.

[6] vgl. BVerfGE 12, 205, 243: „Die Veranstaltung von Rundfunksendungen ist nach der deutschen Rechtsentwicklung eine öffentliche Aufgabe. Wenn sich der Staat mit dieser Aufgabe in irgendeiner Form befaßt (auch dann, wenn er sich privatrechtlicher Formen bedient), wird sie zu einer „staatlichen Aufgabe" i.S. von Art. 30 GG." Vgl. auch *Bull*, S. 105; *v. Heimburg*, S. 14; *Ossenbühl*, VVDStRL, 29 (1971), 137, 153.

bestimmte Tätigkeiten aus Gründen des öffentlichen Interesses von staatlichen Stellen erfüllt wissen möchte[7]).

Danach stellen die Begriffe „öffentliche Aufgabe“ und „staatliche Aufgabe“ keine Gegensätze dar. Eine „staatliche Aufgabe“ ist damit ein Unterfall einer „öffentlichen Aufgabe“.[8]

Da öffentliche Aufgaben die Angelegenheiten des Gemeinwesens vom Allgemeininteresse umfassen[9] und zugleich weder dem Staat noch der Gesellschaft fest zugewiesen sind, fragt die Staatsaufgabenlehre[10] danach, welche Aufgaben sich der Staat notwendigerweise annehmen muss bzw. welcher er sich unter keinen Umständen begeben darf.[11] Dabei sind zwei Aspekte der inneren Rechtfertigung des Staates bei der Übernahme von öffentlichen Aufgaben zu beachten. Auf der einen Seite können in einem freiheitlich-demokratischen Staat Private grundsätzlich öffentliche Aufgaben im Rahmen ihrer grundrechtlich geschützten Betätigung erfüllen, so dass eine Übernahme von öffentlichen Aufgaben durch den Staat, welche zur Einschränkung dieser Betätigung führen würde, gerechtfertigt werden muss. Auf der anderen Seite muss der Staat als ein der Gesellschaft gegenüberstehender legitimationsbedürftiger Verband seine Existenz rechtfertigen und einige Aufgaben übernehmen („doppelte Rechtfertigungsbedürftigkeit“). In diesen Grenzen steht dem Staat eine „virtuelle Allzuständigkeit“[12] für die Übernahme von öffentlichen Aufgaben. Die Kehrseite der „virtuellen Allzuständigkeit“ ist die Befugnis des Staates, die übernommenen Aufgaben (dabei ist ein sog. privatisierungsfester Aufgabenkern umstritten[13]) wieder zu „entstaatlichen“, also zu privatisieren.[14]

An der Erfüllung der Aufgabe der Energieversorgung[15] als Teil der Daseinsvorsorge hat die Öffentlichkeit grundsätzlich ein „maßgebliches Interesse“,[16] ihre

---

[7] vgl. *Ludwig*, S. 42.

[8] vgl. *Peters*, in: Diez/Hübner, Festschrift Nipperdey, Band II, S. 877, 879.

[9] vgl. *Peters*, in: Diez/Hübner, Festschrift Nipperdey, Band II, S. 877, 878.

[10] vgl. *Bull*, S. 6.

[11] vgl. *Lämmerzahl*, S. 33; *Häberle*, AöR 111 (1986), 595, 600 ff.

[12] vgl. *Möllers*, S. 318.

[13] vgl. *Peters*, in: Diez/Hübner, Festschrift Nipperdey, Band II, S. 877, 892.

[14] vgl. *Voßkuhle*, VVDStRL, 62 (2003), 266, 273 ff.

[15] Gem. § 3 Nr. 36 EnWG: „die Erzeugung oder Gewinnung von Energie zur Belieferung von Kunden, der Vertrieb von Energie an Kunden und der Betrieb eines Energieversorgungsnetzes.“ Nach der Definition aus der statistischen Systematik der Wirtschaftszweige in der Europäischen Gemeinschaft, Rev. 2 (2008), VO (EG) Nr. 1893/2006, ABl. EG L 393, S. 1 vom 30. Dezember 2006, bedeutet die Energieversorgung: „Die Elektrizitäts-, Gas-, Wärme- und Warmwasserversorgung u. ä. durch ein fest installiertes Netz von Strom- bzw. Rohrleitungen. Der Umfang des Netzes ist nicht entscheidend. Eingeschlossen ist auch die Versorgung von Industrie- und Gewerbegebieten, sowie von Wohngebäuden. Unter diesen Abschnitt fällt daher der Betrieb von Anlagen, die Elektrizität oder Gas erzeugen und verteilen bzw. deren Erzeugung und Verteilung überwachen. Ebenfalls eingeschlossen ist die Wärme- und Kälteversorgung.“

[16] vgl. *Peters*, in: Diez/Hübner, Festschrift Nipperdey, Band II, S. 877, 878.

„Zielerreichung wurzelt in einem übergeordneten Interesse",[17] so dass diese Aufgabe nach den obigen Definitionen eine „öffentliche Aufgabe" ist.[18]

Vor dem Hintergrund der „doppelten Rechtfertigungsbedürftigkeit" einer Übernahme von öffentlichen Aufgaben durch den Staat kommt der Aufgabenkritik eine wichtige Rolle zu. Unter der Aufgabenkritik ist eine andauernde Überprüfung staatlicher Tätigkeit sowie des konkreten Bestands ihrer Aufgaben und insbesondere der zur Erledigung der öffentlichen Aufgaben notwendigen Tätigkeiten zu verstehen.[19] Ein konkreter Auftrag an die Aufgabenkritik könnte im hiesigen Kontext z. B. die Beantwortung der Frage sein, ob es zur Erfüllung der öffentlichen Aufgabe der Energieversorgung zwingend einer staatlichen Planung (sei es z. B. in Form von Standortplanung für Erzeugungsanlagen oder in Form von staatlicher Bedarfsplanung) bedarf. Die vorliegende Ausarbeitung versucht einen Beitrag zur Revision staatlicher Tätigkeit im Bereich der Energieversorgung zu leisten.

Wie bereits erwähnt, ist das prägende Merkmal öffentlicher[20] Aufgaben die mit ihnen verfolgten überindividuellen Interessen.[21] Solche überindividuellen Interessen – im Gegensatz zu Individualinteressen – zielen darauf ab, dass das Wohl (der gemeine Nutzen) aus sozialen Gründen möglichst vielen Mitgliedern eines Gemeinwesens zugutekommen soll. Der Begriff der öffentlichen Aufgabe ist daher eng mit dem Begriff des Gemeinwohls verbunden.[22]

Die „virtuelle Allzuständigkeit" verleiht dem Staat auch die Kompetenz zur Definition von öffentlichen Aufgaben bzgl. ihres Inhalts.[23]

Obwohl diese Allzuständigkeit es dem Staat grundsätzlich ermöglicht, eine Aufgabe nicht nur als öffentlich, sondern auch als staatlich zu definieren, fehlt einer Entscheidung darüber, ob eine Aufgabe im überindividuellen Interesse liegt und damit eine öffentliche Aufgabe ist, der Kompetenzbezug[24] und eine öffentliche, gesellschaftsrelevante Aufgabe ist damit (insbesondere vor dem Hintergrund der staatsphilosophischen Trennung von Staat und Gesellschaft) nicht automatisch eine

---

[17] *Klein*, DÖV 1965, 755, 759.

[18] vgl. BGHZ 52, 325, 329 und BGHZ 65, 284, 287; für Einstufung als Staatsaufgabe, obwohl sie auch durch Private wahrgenommen wird: *Ipsen*, in: Wilde, Festschrift zum 125jährigen Bestehen der Juristischen Gesellschaft zu Berlin, S. 265, 269; *Badura*, in: von Münch, Festschrift Hans-Jürgen Schlochauer, S. 3 ff., 6 f.; *Hermes*, Infrastrukturverantwortung, S. 92 ff.

[19] vgl. *Becker*, S. 21; *Pielow*, S. 314 f.; *Heintzen*, VVDStRL, 62 (2003), 220, 227.

[20] vgl. *Martens*, S. 45 ff.

[21] vgl. *Ipsen*, Rn. 46; *Peters*, in: Diez/Hübner, Festschrift Nipperdey, Band II, S. 877, 878; *v. Heimburg*, S. 13.

[22] vgl. *Pielow*, S. 302; *Häberle*, S. 213 f., der die öffentliche Aufgabe als „öffentliche Gemeinwohlaufgabe" beschreibt.

[23] vgl. *Schuppert*, GewArch 2004, 441, 443.

[24] vgl. *Kempen*, S. 18.

staatliche.[25] Der Staat verfügt über kein Monopol[26] zur Verfolgung öffentlicher Interessen, so dass grundsätzlich – bis zu einer expliziten Definition einer Aufgabe als staatliche – sowohl der Staat als auch die Gesellschaft öffentliche Aufgaben erfüllen können.[27] Welche öffentlichen Aufgaben unmittelbar durch den Staat[28] und welche durch Private erfüllt werden, entscheidet der Gesetzgeber, wobei er bei seiner Entscheidung an Grundrechte gebunden ist.

Neben den Fällen einer rein privaten Aufgabenerfüllung ohne staatliche Beteiligung auf einer Seite und der unmittelbaren staatlichen Aufgabenerfüllung durch die Verwaltung („Staatsaufgaben im engeren Sinn", „notwendige Staatsaufgaben"[29]) auf der anderen Seite sind zahlreiche Zwischenformen[30] denkbar. Es ist möglich, dass das überindividuelle Interesse als so bedeutend angesehen wird (zutreffend für die Aufgabe der Energieversorgung), dass die Erfüllung einer bestimmten öffentlichen Aufgabe zwar den Privaten übertragen wird, jedoch die Aufgabenerfüllung durch Regulierungsbehörden überwacht wird und die privaten Akteure einer Fülle von Rechtsvorschriften unterworfen werden, um eine Aufgabenerledigung im Sinne des Aufgabenziels zu gewährleisten.[31]

Der Begriff „Aufgabe" setzt zwar ein Handlungsziel voraus, darf mit ihm aber nicht gleichgesetzt werden, weil anderenfalls die Grenzen normativer Vorgaben[32] (Soll-Regelungscharakter einer Aufgabe für das Tätigwerden vs Ziel als Beschreibung des Soll-Zustands) verwischt werden.[33]

Diese Verknüpfung der öffentlichen Aufgabe mit dem verfolgten Ziel dient einerseits ihrer Flexibilität, bedingt jedoch zugleich gewisse Konturenlosigkeit des Begriffs, was dazu führt, dass mit jedem Wechsel der Vorstellungen über den staatlichen Auftrag eine Anpassung des Inhalts der betroffenen öffentlichen Aufgaben erforderlich wird.[34] Beispielhaft kann die Behandlung des Wettbewerbs im Rahmen der Aufgabe der Energieversorgung angeführt werden. Früher galt der Wettbewerb in der Energiewirtschaft als volkswirtschaftlich schädlich und die Verhinderung der volkswirtschaftlich schädlichen Auswirkungen des Wettbewerbs

[25] vgl. *Ludwig*, S. 41.

[26] vgl. *Lämmerzahl*, S. 35; *Martens*, S. 124 ff.

[27] vgl. *Bull*, S. 47.

[28] vgl. *Hermes*, Infrastrukturverantwortung, S. 137; *Burgi*, S. 62 ff.; *Schulze-Fielitz*, S. 11 ff.; *Schuppert*, VerwArch 71 (1980), 309 f.

[29] vgl. BVerfGE 20, 56, 113; 21, 362; 21, 369; *Peters*, in: Diez/Hübner, Festschrift Nipperdey, Band II, S. 877, 892.

[30] vgl. *Peters*, in: Diez/Hübner, Festschrift Nipperdey, Band II, S. 877, 878.

[31] vgl. *Peters*, in: Diez/Hübner, Festschrift Nipperdey, Band II, S. 877, 878.

[32] vgl. *Krautzberger*, S. 42.

[33] vgl. *Bull*, S. 44; *Lämmerzahl*, S. 30.

[34] vgl. *Schuppert*, GewArch 2004, 441, 443; *Lämmerzahl*, S. 36.

war eine öffentliche (Teil-)Aufgabe.[35] Heute ist für fast alle Bereiche der Energieversorgung – außer dem Transportbereich – anerkannt, dass der Wettbewerb gemeinwohlsteigernd wirken kann, so dass dieser in die Gesetzesziele aufgenommen wurde.[36]

Die Flexibilität des Begriffs[37] „öffentliche Aufgaben“ wirkt sich auch auf die verwandten Begriffe „hoheitliche Aufgaben“, „Verwaltungsaufgaben“ sowie „Staatsaufgaben“ aus. Sie beeinflusst nicht nur das Verständnis dieser Begriffe, sondern wirkt sich mittelbar[38] auch auf die Kompetenzzuweisung aus, da die drei letztgenannten Begriffe einen Kompetenzbezug aufweisen. Die Wandelbarkeit[39] des Begriffs „öffentliche Aufgaben“ führt nicht nur zu Veränderungen in der Auslegung dieser Begriffe insbesondere auch im konstitutionellen Kontext, sondern beeinflusst mittelbar auch die Strukturen der Einbeziehung Privater in staatliche Tätigkeitsbereiche sowie in die Erfüllung öffentlicher Aufgaben. In dem soeben erwähnten Fall des Wettbewerbs in der Energieversorgung würde das zum Beispiel das Folgende bedeuten: Wird die Etablierung des Wettbewerbs zum Ziel erklärt, so würde die Förderung des Wettbewerbs nicht nur zu einer öffentlichen Aufgabe, sondern auch zu einer hoheitlichen bzw. auch zu einer Verwaltungsaufgabe, zugleich würde sich der Inhalt der einschlägigen Staatsaufgabe verändern. Bestand diese vor der Erklärung des Wettbewerbs zum Ziel noch in der Gewährleistung der Leistungsfähigkeit einiger wenigen Akteure durch die Absicherung des Oligopols, so muss dieser Teil der staatlichen Aufgabe (z.B. die kartellrechtliche Privilegierung) nach der Erklärung des Wettbewerbs zum Ziel entfallen (es sei denn, es handelt sich bei der betreffenden Aufgabe um eine Aufgabe, welche zu dem umstrittenen[40] sog. „Aufgabenkern“ gehört[41]). Das Gleiche müsste auch für eine etwaige (beabsichtigte) staatliche Planung von z.B. Erzeugungsanlagen gelten, wenn im Zuge der Liberalisierung die Etablierung des Wettbewerbs auf dem Erzeugermarkt zum Ziel erklärt wird.

---

[35] vgl. Präambel zum EnWG vom 13. Dezember 1935, RGBl I, S. 1451: „Um die Energiewirtschaft als wichtige Grundlage des wirtschaftlichen und sozialen Lebens im Zusammenwirken aller beteiligten Kräfte der Wirtschaft und der öffentlichen Gebietskörperschaften einheitlich zu führen und im Interesse des Gemeinwohls die Energiearten wirtschaftlich einzusetzen, den notwendigen öffentlichen Einfluß in allen Angelegenheiten der Energieversorgung zu sichern, volkswirtschaftlich schädliche Auswirkungen des Wettbewerbs zu verhindern, einen zweckmäßigen Ausgleich durch Verbundwirtschaft zu fördern und durch all dies die Energieversorgung so sicher und billig wie möglich zu gestalten, hat die Reichsregierung das folgende Gesetz beschlossen, das hiermit verkündet wird: [...]“

[36] vgl. § 1 Abs. 2 EnWG.

[37] oder gar Konturenlosigkeit, vgl. *Voßkuhle*, VVDStRL, 62 (2003), 266, 273 f.

[38] vgl. *Kempen*, S. 18.

[39] vgl. *Voßkuhle*, VVDStRL, 62 (2003), 266, 273.

[40] vgl. *Gramm*, S. 20.

[41] vgl. *Peters*, in: Diez/Hübner, Festschrift Nipperdey, Band II, S. 877, 892.

II. Gemeinwohl

Der Frage, wie die Wahrnehmung einer öffentlichen Aufgabe konkret rechtlich auszugestalten ist, ist die Frage danach vorgelagert, welcher Zustand als Soll-Zustand gelten soll, der im überindividuellen Interesse zu erreichen ist. Diese zweite Frage ist die Frage nach der Definition des Gemeinwohls, sie entzieht sich einer rein rechtlichen Bewertung und wurde zwar bereits in der griechischen Philosophie diskutiert, ist jedoch auch heute noch nicht gelöst,[42] obwohl sie in dem letzten Jahrzehnt eine „Renaissance" erlebt.[43]

Nach der Definition im Creifelds ist das Gemeinwohl (→ Wohl der Allgemeinheit) „ein vor allem im Recht der Enteignung verwendeter Begriff. Nach Art. 14 II 2 GG soll der Gebrauch des Eigentums zugleich dem Wohl der Allgemeinheit dienen (Grundlage für die Lehre von der „Sozialbindung" des Eigentums). Nach Art. 14 III 1 GG (vgl. entsprechende Bestimmungen in den Enteignungsgesetzen des Bundes und der Länder) ist eine Enteignung nur zum Wohl der Allgemeinheit zulässig. Diese Voraussetzung ist dann erfüllt, wenn der mit der Enteignung *angestrebte Nutzen für die Allgemeinheit* über den durch die Rechtsentziehung als solche erreichten Vorteil hinausgeht. Auch außerhalb des Enteignungsrechts finden sich gelegentlich „Gemeinwohlklauseln", z. B. im Planungsrecht oder bei Änderungen im Gebietsbestand von Gemeinden, die zulässig sind, wenn sie dem „gemeinen Wohl" dienen.[44]

Nach der Definition im Politiklexikon ist das Gemeinwohl „Politisch-soziologische Bezeichnung für das Gemein- oder Gesamtinteresse einer Gesellschaft, das oft als Gegensatz zum Individual- oder Gruppeninteresse gesetzt wird. Dabei wird i. d. R. übersehen, dass in pluralistischen, offenen Gesellschaften die konkrete inhaltliche Bestimmung des G. immer von den Interessen und Zielen derjenigen abhängig ist, die sich auf das G. berufen und das G. bestimmen (wollen) und/oder derjenigen, denen die Verwirklichung des G. nutzt.

Obwohl es allgemein gesehen *das gemeinsame Gute* zweifellos gibt, bleibt strittig, a) ob sich das jeweils konkrete G. lediglich als Summe der individuellen Interessen ergibt oder ob es eine eigene spezifische Qualität hat und b) ob erst rückblickend (ex post) oder bereits vorher (ex ante) festgestellt werden kann, ob ein konkretes Vorhaben dem G. tatsächlich dient."[45]

Trotz der aufgrund seiner Unbestimmtheit schwierigen Greifbarkeit des Begriffs „Gemeinwohl" muss dieser konkretisiert und greifbar gemacht werden, wobei für die

---

[42] vgl. *Böckenförde*, in: Münkler/Fischer, Gemeinwohl und Gemeinsinn im Recht, S. 43 ff.; *Isensee*, in: Isensee/Kirchhof, § 71; *Isensee*, JZ 1999, 265 ff.; *Fisch*, in: von Arnim/Sommermann, Gemeinwohlgefährdung und Gemeinwohlsicherung, S. 43 ff.; *Voßkuhle*, VVDStRL, 62 (2003), 266, 273 ff.: „Der unendliche Diskurs".

[43] vgl. *Blum*, Politische Vierteljahresschrift, Bd. 54, Nr. 4 (2013), S. 662 ff. m. w. N.

[44] *Weber*, in: Creifelds kompakt, „Wohl der Allgemeinheit".

[45] *Schubert/Klein*, Das Politiklexikon.

vorliegende Untersuchung der Wahrnehmung der Gemeinwohlbelange das Gemeinwohl in bzw. durch die Energieversorgung im Vordergrund steht.[46] Hier wird die Definition des Gemeinwohls als das bestehende gemeinsame Gute sowie die angestrebte Mehrung des gemeinsamen Guten (i. S. v. weiteren Vorteilen für die Allgemeinheit) zugrunde gelegt. Die nähere inhaltliche Bestimmung des Gemeinwohls hängt von der Konzeption der politischen Gerechtigkeit ab.[47]

Die Sicherung der Energieversorgung ist ein Teil der Daseinsvorsorge und eine Gemeinwohlaufgabe.[48] BVerfG[49] geht noch weiter und sieht im Falle der Energieversorgung „ein von der jeweiligen Politik des Gemeinwesens unabhängiges absolutes Gemeinschaftsgut", wobei als richtungsweisend gilt, dass der Staat auf die Gemeinwohlverwirklichung abzielen soll.[50]

In der Bayerischen Verfassung findet sich im Art. 151 Abs. 1 in einer Zielsetzung für die wirtschaftliche Tätigkeit die folgende Definition des Gemeinwohls:

„Die gesamte wirtschaftliche Tätigkeit dient dem Gemeinwohl, insbesonders der Gewährleistung eines menschenwürdigen Daseins für alle und der allmählichen Erhöhung der Lebenshaltung aller Volksschichten."[51]

Die Literatur definiert das Gemeinwohl als das Wohl des Gemeinwesens, welches sich auf das Ganze des Lebens in allen seinen Dimensionen, vor allem auf das gute Leben des Menschen bezieht.[52] Die Rechtfertigung des Staates ergibt sich im Grunde aus der des Gemeinwohls (aus dem Nutzen für die Allgemeinheit durch Sicherung der (guten) Existenz und Erhöhung der Lebenshaltung), wobei die abstrakten Rechtfertigungsgründe durch das positive Recht konkretisiert und optimiert werden sollten.[53]

Bei der Gemeinwohlverwirklichung hat der Staat jedoch, wie bereits erwähnt, kein Monopol,[54] obwohl er aus der Gemeinwohlverwirklichung aufgrund seiner Gemeinwohlverpflichtung seine Daseinsberechtigung schöpf.

---

[46] Das „Gemeinwohl in der Energieversorgung" bedeutet – in Anlehnung an das BVerfG (BVerfGE 30, 292, 323 f.; 25, 1, 16; 13, 97, 107) – eine geordnete und langfristig gesicherte Energieversorgung.

[47] vgl. *Höffe*, S. 75.

[48] vgl. *Schulte-Beckhausen*, in: Theobald/Kühling, Energierecht, Energiesicherung, Einführung, Rn. 15.

[49] vgl. BVerfGE 30, 292, 323 f.; BVerfGE 13, 97, 107; BVerfGE 25, 1, 16.

[50] vgl. *Isensee*, Gemeinwohl im Verfassungsstaat, in: Isensee/Kirchhof, § 71, Rn. 1.

[51] Verfassung des Freistaates Bayern in der Fassung der Bekanntmachung vom 15. Dezember 1998, GVBl. S. 991, 992, BayRS 100–1-I, BayVerf.

[52] vgl. *Böckenförde*, in: Münkler/Fischer, Gemeinwohl und Gemeinsinn im Recht, S. 43, 45 ff.; *Isensee*, JZ 1999, 265, 268.

[53] vgl. *Isensee*, in: von Arnim/Sommermann, Gemeinwohlgefährdung und Gemeinwohlsicherung, S. 95, 105.

[54] vgl. *Burgi*, S. 26 ff.; *Schuppert*, in: von Arnim/Sommermann, Gemeinwohlgefährdung und Gemeinwohlsicherung, S. 269, 292.

Private können auch der Gemeinwohlverwirklichung dienen.[55] Ihre eigennützige Tätigkeit kann unter Umständen als ein gemeinwohlorientiertes Handeln qualifiziert werden, wenn die private Handlungsrationalität mit der Gemeinwohlverwirklichung kompatibel oder für das Gemeinwohl einsetzbar ist.[56] Dann handelt es sich um eine gemeinsame Gemeinwohlverwirklichung durch Staat und Private, welche ab einem gewissen Grad an Koordination zu einer arbeitsteiligen Gemeinwohlverwirklichung wird. In solchen Fällen stellt sich die Frage, wie der Staat im Rahmen der arbeitsteiligen Gemeinwohlverwirklichung die verschiedenen Gemeinwohlbeiträge koordinieren kann.[57] Die Frage der Koordination der verschiedenen Gemeinwohlbeiträge ist eine zentrale Frage im Gewährleistungsstaat.[58]

Der aktuelle Wandel der Formen der Wahrnehmung von Staatsaufgaben und vor allem ihr Abbau sind dank Liberalisierungs-, Privatisierungs- und Deregulierungstendenzen der letzten Jahre weit fortgeschritten.[59] Dieser Wandel führt dazu, dass die Aufgabenerfüllung durch staatliche Stellen zugunsten der staatlichen Gewährleistung der Aufgabenerfüllung durch Private zurücktritt[60] und der Gewährleistungsstaat als Staat der Zivilgesellschaft[61] an Bedeutung gewinnt.[62] Als Gewährleistungsstaat zieht sich der Staat nur aus der unmittelbaren Aufgabenerfüllung, nicht jedoch auch aus der Verantwortung zurück. Die Gewährleistungsverantwortung als staatliche Verantwortung für eine arbeitsteilige Gemeinwohlverwirklichung ist ein prägendes Merkmal des Gewährleistungsstaates und zugleich ein Gegengewicht zu einer „Vermarktlichung des Gemeinwohls“.[63]

III. Gewährleistungsverantwortung

Die staatliche Gewährleistungsverantwortung fand im Zuge der Privatisierung von Bahn,[64] Post und Telekom[65] ihren Niederschlag im Gesetz.[66]

---

[55] vgl. *Weiß*, S. 23 ff.; rein gemeinnützige Tätigkeit Privater wird hier nicht erörtert.

[56] vgl. *Musil*, S. 384.

[57] vgl. *Franzius*, S. 75 ff.

[58] vgl. *Schuppert*, WZB-Mitteilungen, Heft 104, Juni 2004, S. 8: „Koordination durch Struktursteuerung“; S. 9: „ein Koordinationsmodus zwischen Hierarchie und konsensualem Arrangement“.

[59] vgl. *Benz*, Die Verwaltung, 28 (1995), 337, 347.

[60] vgl. *Bauer*, VVDStRL, 54 (1995), 243, 277 f.

[61] vgl. *Franzius*, Der Staat 42 (2003), S. 493 ff.

[62] vgl. *Schuppert*, WZB-Mitteilungen, Heft 104, Juni 2004, S. 9.

[63] vgl. *Schuppert*, WZB-Mitteilungen, Heft 104, Juni 2004, S. 10.

[64] vgl. 40. Änderung des Grundgesetzes vom 20. Dezember 1993, BGBl. I S. 2089.

[65] vgl. 41. Änderung des Grundgesetzes vom 30. August 1994, BGBl. I S. 2245.

[66] vgl. *Di Fabio*, S. 64.

So beruhen die Infrastruktursicherungsaufträge des Grundgesetzes in Art. 87e und 87f GG auf der staatlichen Gewährleistungsverantwortung.[67] Art. 87f GG spricht davon, dass der Bund im Bereich des Postwesens und der Telekommunikation nach Maßgabe eines Bundesgesetzes flächendeckend angemessene und ausreichende Dienstleistungen gewährleistet, wobei diese Dienstleistungen als privatwirtschaftliche Tätigkeiten erbracht werden.[68]

Ein vergleichbarer Infrastruktursicherungsauftrag für den Bereich der Energieversorgung ergibt sich zwar nicht unmittelbar aus dem Wortlaut der Verfassung, er wird jedoch aufgrund der Bedeutung der Energieversorgung als von der jeweiligen Politik des Gemeinwesens unabhängiges „absolutes Gemeinschaftsgut"[69] anerkannt und gehört als solches dem Bereich der staatlichen Gewährleistungsverantwortung an.[70]

Als eine der bundesgesetzlichen Maßgaben für einen Infrastrukturauftrag im Bereich der Energieversorgung kann beispielhaft § 1 Abs. 2 EnWG angeführt werden, nach welchem die Regulierung der Elektrizitäts- und Gasversorgungsnetze den Zielen der Sicherstellung eines wirksamen und unverfälschten Wettbewerbs bei der Versorgung mit Elektrizität und Gas und der Sicherung eines langfristig angelegten leistungsfähigen und zuverlässigen Betriebs von Energieversorgungsnetzen dient.

Der Staat hat zwar eine primäre und letzte Verantwortung für die Gemeinwohlverwirklichung (Gewährleistungsverantwortung).[71] Der Bürger beteiligt sich jedoch durch das Gebrauchmachen von seinen Grundrechten an der Schaffung von Gemeinwohl. Aufgrund der Begrenztheit staatlicher Ressourcen bei der Gemeinwohlverwirklichung ist der Staat sogar darauf angewiesen, dass die Mehrzahl Privater ihre freiheitlichen Grundrechte tatsächlich in Anspruch nehmen (Verantwortungsteilung).[72]

Der Begriffsteil der „Gewährleistung" bedeutet daher den Auftrag an den Staat, eine geeignete Struktur (insbesondere einen Rechtsrahmen)[73] für die kooperative

---

[67] vgl. BVerfGE 108, 370, 393 ff.

[68] vgl. Art. 87f Abs. 1 und 2 GG.

[69] vgl. BVerfGE 30, 292, 323 f. zu Erdölbevorratung: „Die Sicherheit der Energieversorgung als Hauptzweck des Gesetzes ist ein Gemeinschaftsinteresse höchsten Ranges (vgl. BVerfGE 25, 1 [16] [Volksernährung])." mit Verweis des BVerfG auf die Definition von „absoluten Gemeinschaftswerten" in BVerfGE 13, 97, 107: „‚absolute', d.h. allgemein anerkannte und von der jeweiligen Politik des Gemeinwesens unabhängige Gemeinschaftswerte (wie z.B. die Volksgesundheit)".

[70] vgl. *Hermes*, Infrastrukturverantwortung, S. 128 ff., 323 ff, 400 ff.; *Schiller*, S. 65 ff.

[71] vgl. *Schuppert*, WZB-Mitteilungen, Heft 104, Juni 2004, S. 8.

[72] vgl. *Kirchhof*, in: Kirchhof, Gemeinwohl und Wettbewerb, S. 1 f.

[73] welche im Energiesektor nach tradierter Vorstellung insbesondere darauf gerichtet ist, Marktversagen infolge „natürlicher Monopole" zu beseitigen; kritisch zum Begriff eines natürlichen Monopols, vgl. *Knieps*, Wettbewerbsökonomie, S. 79 ff.; gegen ein natürliches Mo-

oder arbeitsteilige Gemeinwohlverwirklichung zu schaffen, sog. „Strukturschaffungspflicht“.[74]

Im Rahmen der Gewährleistungsverantwortung wird eine Aufgabe nicht durch den Staat selbst wahrgenommen, sondern die Erfüllung der Aufgabe wird den Privaten überlassen, wobei die staatliche Auffangverantwortung einer öffentlichen Verantwortung der Gesellschaft sowie einer zivilgesellschaftlichen Bürgerverantwortung[75] „komplementär zu entsprechen hat“ .[76] Da die übertragenen Aufgaben gemeinwohlverträglich erfüllt werden sollen, bleibt der Staat dennoch für die funktionsfähige Gemeinwohlverwirklichung letztverantwortlich (Überwachungs- und Regulierungsverantwortung).[77] Dabei erfüllt der Staat seine Garantenrolle („unaufgebbare staatliche Letztverantwortung“[78]) für die Verwirklichung des Gemeinwohls durch die Regelung der Art und Weise, wie die Aufgaben wahrgenommen werden sollen,[79] z. B. durch die Koordinierung unterschiedlicher Handlungsrationalitäten, die Mobilisierung der Gemeinwohlbeiträge durch private Kräfte und schließlich durch die Problemlösung, wenn ein Versagen oder eine Verhinderung gemeinwohlverträglicher Ausübung privater Macht besteht.[80]

Das Angewiesensein des Staates auf das Gebrauchmachen von Grundrechten durch Private und die damit einhergehende Notwendigkeit dieses Gebrauchmachen von individuellen Freiheiten zu incentivieren steht im Spannungsverhältnis zu der mit der staatlichen Letztverantwortung einhergehenden Befugnis des Staates, die Modalitäten und Mittel der Zielerreichung (Gemeinwohlverwirklichung) zu bestimmen, das Gebrauchmachen von individuellen Freiheiten im Sinne der Gemeinwohlverwirklichung zu lenken und dadurch diese Freiheiten letztendlich zu beschränken. So kann z. B. der Staat im Bereich der Energieversorgung alle Vorhaben grundsätzlich einem staatlichen Planungsregime unterwerfen, um durch die Steigerung seiner Beteiligung an der Aufgabenerfüllung eine noch stärkere Gemeinwohlbindung der privaten Aufgabenerfüllung abzusichern. Die damit verbundene Erweiterung der staatlichen Überwachung und Kontrolle über die Aufgabenerfüllung kann jedoch zugleich, die private Betätigung in diesem Bereich weniger lukrativ zu machen.

---

nopol der Netzbetreiber: OLG Koblenz, Beschlüsse vom 4. Mai 2007, Az. W 621/06; W 595/06; W 605/06, IR 2007, 133 ff.

[74] vgl. *Franzius*, Der Staat 42 (2003), S. 493, 498; *Burgi*, Die Verwaltung 33 (2000), S. 183 ff.; *Schuppert*, WZB-Mitteilungen, Heft 104, Juni 2004, S. 8 f.

[75] Die Komponente der zivilgesellschaftlichen Bürgerverantwortung (z. B. die im Hinblick auf das Ziel der Umweltverträglichkeit bestehende Notwendigkeit eines sparsamen Energiekonsums) ist nicht Gegenstand dieser Untersuchung.

[76] vgl. *Schuppert*, WZB-Mitteilungen, Heft 104, Juni 2004, S. 8.

[77] vgl. *Schuppert*, WZB-Mitteilungen, Heft 104, Juni 2004, S. 8.

[78] vgl. *Schuppert*, WZB-Mitteilungen, Heft 104, Juni 2004, S. 8.

[79] vgl. *Hoffmann-Riem*, in: Schuppert, Der Gewährleistungsstaat – Ein Leitbild auf dem Prüfstand, S. 89, 91.

[80] vgl. *Hoffmann-Riem*, DÖV 1997, 433, 441.

Auf der anderen Seite könnte der Staat zugunsten der größeren Attraktivität der privaten Aufgabenerfüllung und dementsprechend zugunsten auch der Maximierung der Nutzung privater Kräfte, den Energiebereich für noch mehr Wettbewerb öffnen (insbesondere den Wettbewerb auch im Transportbereich fördern) und durch seine Zurückhaltung bei planerischen Entscheidungen das Gebrauchmachen von individuellen Freiheiten fördern (und im Ergebnis auch das Gemeinwohl mehren[81]). Ob in diesem Fall Vorkehrungen gegen einen ruinösen Wettbewerb getroffen werden müssen und ob er in dieser Form auftritt oder nicht, sei an dieser Stelle dahingestellt.[82] Wichtig ist an dieser Stelle, dass es einen Zusammenhang zwischen der Größe des Freiraums für private Betätigung und seiner Lukrativität gibt[83], so dass – zumindest theoretisch – selbst bei gleichbleibender Effizienz privater Tätigkeit und bei gleichbleibender Gemeinwohlbindung (Gemeinwohlbindung von gleicher (Mindest-)Intensität) in einem größeren Freiraum eine Steigerung des Gemeinwohls erreicht werden kann.[84]

Eine Frage, welche sich dabei stellt, ist, ob bei der Schaffung von mehr Freiraum für das Gebrauchmachen von individuellen Freiheiten auch im Sinne der Gemeinwohlverwirklichung die Gemeinwohlbindung durch den vorhandenen oder für diesen Zweck (der Intensivierung der Gemeinwohlmehrung durch die Vergrößerung des Freiraums der privaten Aufgabenerfüllung) angepassten Rechtsrahmen weiterhin gewährleistet bleibt. Die entsprechende Prognose gehört in die Einschätzungsprärogative des Gesetzgebers ebenso wie die abschließende Entscheidung über diese Frage in seine Zuständigkeit gehört. Die vorliegende Ausarbeitung beschäftigt sich in diesem Zusammenhang mit der Analyse der Fragen, ob der geltende

---

[81] vgl. *Kersten*, VVDStRL, 69 (2010), S. 335.

[82] vgl. dazu Abschnitt D.

[83] Stark vereinfacht dargestellt, resultiert dieser Zusammenhang grundsätzlich daraus, dass in der freien Marktwirtschaft die Akteure insbesondere unter dem Druck der Konkurrenz permanent versuchen, den Mehrwert zu steigern. Dieses eigennutzorientiertes Handeln kann sich auch nutzenmaximierend für die Allgemeinheit auswirken (z.B. indem effizienter produzierte Güter erschwinglich werden, vgl. auch *Potacs*, VVDStRL, 69 (2010), S. 283). Der Wettbewerb kann sich also gemeinwohlsteigernd auswirken. Wohlstand und Freiheit korrelieren und werden gleichzeitig erreicht (Adam Smiths „System der natürlichen Freiheit", vgl. *Smith*, An Inquiry into the Nature and Causes of the Wealth of Nations, 1776/1994, 369; vgl. auch das Postulat größtmöglicher Aktivierung selbstregulativer Beiträge nach *Schmidt-Preuß*, VVDStRL, 56 (1996), S. 170f.). Im Gegensatz dazu wird in einem Wirtschaftssystem mit Einschränkungen im Hinblick auf die Freiheit des Wettbewerbs, wie in einer Zentralwirtschaft, aufgrund fehlender Anreize ein geringeres Wohlstandsniveau erreicht.

Beispiel: Übertragen auf das regulierte Segment des Energietransports könnte sich der beschriebene Zusammenhang, wie folgt, auswirken: Ein im Wettbewerb erreichter, mit einem Effizienzgewinn verbundener Vorteil wäre nicht auf die Anerkennungsfähigkeit der jeweiligen Kostenposition im Rahmen der Anreizregulierung beschränkt und würde daher größere Anreize für eine weitere Effizienzsteigerung setzen und letztendlich zur Mehrung des Gemeinwohls beitragen.

[84] vgl. *Burgi*, Privatisierung, S. 23: „mehr Freiheit, mehr Wertschöpfung und (per saldo) mehr Arbeitsplätze, zum Wohle der begünstigten Unternehmen wie der Wirtschaft und des Wirtschaftsstandorts insgesamt."

Rechtsrahmen aktuell eine ausreichende Gemeinwohlbindung Privater gewährleistet und ob ein dem Gemeinwohl dienender Wettbewerb in dem Bereich Energietransport im Rahmen der nach den aktuellen Regelungen bestehenden Gemeinwohlbindung möglich wäre, und, falls nicht, welche Anpassungen der Gemeinwohlbindung notwendig wären, sollte sich der Gesetzgeber für die Förderung des Transportwettbewerbs entscheiden.

IV. Grundrechte in der Gewährleistungsverwaltung

Die Grundrechtsdogmatik spricht von einem doppelten Charakter[85] der Grundrechte: Grundrechte als Abwehrrechte[86] und als eine objektive Wertordnung.[87] Die grundrechtlich garantierte Freiheit wird zum einen durch ein freiheitseinschränkendes und zum anderen durch ein freiheitsherstellendes Handeln erreicht.[88] Da der Staat die Freiheit für andere sowie die Steigerung des Gemeinwohls sichern muss, darf der Freiheitsgebrauch Einzelner für eigennützige Interessen durch ein staatliches freiheitseinschränkendes Handeln beschränkt werden.[89] Für die individuelle Freiheitsentfaltung ist auch der jeweilige objektive Grundrechtsgehalt von Bedeutung, welcher die Freiheitsausübung durch die Ausgestaltung der Ordnung erst ermöglicht.[90]

Die Grundrechte behalten ihren doppelten Charakter auch im Gewährleistungsstaat,[91] wobei sich hier die Frage stellt, ob dies den Anforderungen der Multipolarität[92] des Gewährleistungsstaates genügt.[93] Mit Hilfe der bisherigen grundrechtsdogmatischen Betrachtungsweise kann nicht immer angemessen erfasst werden, ob und wie in diesem komplexen multipolaren Verhältnis ein staatliches Handeln als Beschränkung oder als Ausgestaltung zu qualifizieren ist, weil es bei dem mehrpoligen Verhältnis nicht nur um den freiheiteinschränkenden Aspekt bzw. Schutz von Freiheit gegenüber dem Staat, sondern auch um die Ausgestaltung von Freiheit in den gesellschaftlichen Verhältnissen (in einem „komplexen gesellschaftlichen Beziehungsgefüge“[94]) geht.[95] Nach Hoffmann-Riem sollen die Grundrechte daher noch

---

[85] vgl. *Jarass*, in: Badura/Dreier, Band II, S. 35 ff.

[86] vgl. *Gusy*, Neue Politische Literatur 25 (1980), S. 281 f.

[87] vgl. BVerfGE 7, 198, 205.

[88] vgl. *Gusy*, Neue Politische Literatur 25 (1980), S. 294, 298.

[89] vgl. *Isensee*, Gemeinwohl und öffentliches Amt, S. 79, 98 ff.; *Gusy*, Neue Politische Literatur 25 (1980), S. 295.

[90] vgl. *Burchardt*, S. 70.

[91] vgl. *Hesse*, Rn. 288 ff.; *Isensee*, Gemeinwohl und öffentliches Amt, S. 79.

[92] vgl. *Waechter*, S. 22.

[93] vgl. *Franzius*, Der Gewährleistungsstaat, S. 14.

[94] vgl. *Waechter*, S. 22.

[95] vgl. *Hoffmann-Riem*, in: Bäuerle, Haben wir wirklich Recht?, S. 53, 56.

objektiv-rechtliche Schutzaufträge zur Sicherung realer Freiheit enthalten.[96] In diesem Zusammenhang stellt sich die Frage, welche Auswirkungen Grundrechte in ihrer Funktion der Sicherung des Freiheitsgebrauchs im Rahmen der arbeitsteiligen Gemeinwohlverwirklichung im Gewährleistungsstaat haben und ob sie eine bestimmte Mindestgröße des Freiraums privater Betätigung begründen.

Die Umwandlung staatlicher Aufgaben und ihrer Erfüllung (der Staat setzt mit der Mobilisierung gesellschaftlicher Kräfte mehr auf die arbeitsteilige Gemeinwohlverwirklichung in eingerichteten Marktstrukturen[97]) führt zur Steigerung der Bedeutung der grundrechtlichen Freiheitsverwirklichung. Die grundrechtliche Funktion, die Voraussetzungen grundrechtlicher Freiheit herzustellen und zu gewährleisten, rückt dabei in den Vordergrund.[98]

Nach dem Verständnis der Grundrechte auch als Elemente objektiver Ordnung geht es nicht mehr primär um den Schutz der Freiheit gegenüber dem Staat, sondern vielmehr darum, Freiheit in Staat und Gesellschaft zu gewährleisten.[99] Der Gewährleistungsgehalt grundrechtlicher Freiheit wird dabei sowohl durch die Schrankensetzung als auch durch die rechtliche Ausgestaltung gebildet.[100] Einige Autoren[101] schlagen sogar eine Aufgabe des Begriffs „Schutzbereich“ vor und bieten an seiner Stelle die Einführung des Begriffs des „Gewährleistungsgehalts“ der Grundrechte an. Begründet wird dies damit, dass der Begriff „Schutzbereich“ auf dem nicht mehr zeitgemäßen Leitbild des Staates als Subjekt des Eingriffs oder der Leistungserbringung basiert.[102]

Der grundrechtliche Gewährleistungsgehalt ist durch die Grundrechtskonkretisierung[103] zu bestimmen und die normative Orientierung des grundrechtlichen Gewährleistungsgehalts ist auf die Interpretation der Grundrechte gerichtet und damit auf eine umfassende Gewährung von Schutz,[104] Leistung,[105] aber auch auf die Vorsorge für die Möglichkeit des Freiheitsgebrauchs.[106] Da der Gewährleistungsgehalt durch die Grundrechtskonkretisierung geformt wird, welche ihrerseits Schranken-Schranken unterliegt,[107] kann davon ausgegangen werden, dass der grundrechtliche Schutzauftrag zur Sicherung realer Freiheit[108] auch einen Mindestfreiraum für die

---

[96] vgl. *Hoffmann-Riem*, a. a. O.; *ders.*, Der Staat 43 (2004), S. 203 ff.

[97] vgl. *Franzius*, Der Gewährleistungsstaat, S. 9; *Schuppert*, in: König/Benz, S. 539 ff.

[98] vgl. *Hesse*, Rn. 298.

[99] vgl. *Hoffmann-Riem*, Der Staat 43 (2004), 203, 226.

[100] vgl. *Hoffmann-Riem*, in: Bäuerle, Haben wir wirklich Recht?, S. 53, 58.

[101] vgl. etwa *Hoffmann-Riem*, a. a. O.

[102] vgl. auch *Rusteberg*, S. 93 ff.

[103] vgl. *Cornils*, S. 503.

[104] vgl. *Knauff*, S. 188.

[105] vgl. *Knauff*, S. 185.

[106] vgl. *Hoffmann-Riem*, in: Bäuerle, Haben wir wirklich Recht?, S. 53 ff., 72 f.

[107] vgl. *Cornils*, S. 26, 23 ff.

[108] vgl. *Cornils*, S. 506 ff.

private Betätigung (in welchem auch die private Wahrnehmung der Gemeinwohlbelange in dem Gewährleistungsstaat stattfindet) begründet. Jedoch können über diese Mindestvorgabe (Untergrenze in Abgrenzung zum Handeln unter Zwang) keine bestimmten Anforderungen an die konkrete Ausgestaltung des Freiraums für die private Gemeinwohlverwirklichung gestellt werden (wie z. B. Forderung nach Überlassung der Bedarfsplanung an Private oder Einführung des Leitungswettbewerbs), denn der grundrechtliche Schutzauftrag zur Sicherung realer Freiheit wird auch wie der klassische Schutzbereich durch den Gesetzgeber konkretisiert. In einem Gewährleistungsstaat besteht die Besonderheit, dass das Gemeinwohl auch als Schranken-Schranke fungieren kann[109] (so verpflichtet der Art. 14 Abs. 3 S. 1 GG (i. V. m. § 45 Abs. 1 EnWG) zwar den Enteignungsbetroffenen, berechtigt jedoch zugleich das begünstigte EVU, welches im Rahmen seiner privaten Aufgabenerfüllung zugunsten des Gemeinwohls auf die Inanspruchnahme fremden Grundeigentums angewiesen sein kann).

Dem Staat wurde im Rahmen der Privatisierung und Liberalisierung eine zusätzliche Aufgabe übertragen: er soll nunmehr in einem mehrpoligen Verhältnis die reale Freiheitsverwirklichung gewährleisten.[110] Der Grundrechtsschutz soll vor allem in dem Bereich gesichert werden, wo das Handeln Privater das ursprüngliche Handeln des grundrechtsverpflichteten Staates ersetzt.[111]

Hieraus ergibt sich eine weitere wichtige Funktion der Grundrechte in der Gewährleistungsverwaltung, nämlich die Schutzfunktion der durch die private Aufgabenerfüllung betroffenen Dritten („Horizontalisierung der Konfliktbewältigung“[112]). Besonders deutlich zeigt sich die Notwendigkeit einer Überprüfung des aktuell gewährleisteten Schutzniveaus im Hinblick auf betroffene Dritte am folgenden Beispiel: Wird der Leitungswettbewerb als zusätzliches Instrument zur Gemeinwohlmaximierung zugelassen, so werden einige Leitungen unter Zugrundelegung einer privaten Planungsentscheidung gebaut und dementsprechend mit hoher Wahrscheinlichkeit auch Grundstücke zum Zwecke eines solchen Baus enteignet, obwohl eine konkurrierende Leitung für die Aufrechterhaltung der Energieversorgung nicht unabdingbar (soweit die vorhandenen Transportkapazitäten noch ausreichen), jedoch für die Etablierung des Leitungswettbewerbs und für die damit verbundenen ökonomischen Vorteile für die Energieversorgung (Kostenoptimierung, Senkung der Netzentgelte, auf Dauer Reduzierung der Verbraucherpreise, Steigerung der Netzsicherheit durch Doppelung einiger Netzfragmente, durch den Wettbewerb bedingte Steigerung der Transportqualität sowie Anschluss mehrerer dezentraler Quellen regenerativer Energien) erforderlich ist. In einer solchen Kon-

---

109 vgl. *Bettermann*, S. 3.

110 vgl. *Schuppert*, in: Schuppert, Der Gewährleistungsstaat – Ein Leitbild auf dem Prüfstand, S. 11, 18.

111 vgl. auch *Rusteberg*, S. 95.

112 vgl. *Franzius*, Der Gewährleistungsstaat, S. 15; *Steinberg*, in: Bungenberg u. a., S. 210 f.

stellation könnte eine weitere Konkretisierung der Enteignungsvoraussetzungen, insbesondere der Erforderlichkeit i. S. d. § 45 Abs.1 EnWG notwendig sein.[113]

Auch diese staatliche Gewährleistungsaufgabe zielt darauf ab, dass der Freiheitsgebrauch Privater – hier insbesondere aus der Perspektive des indienstgenommenen Bürgers (Grundeigentümers) – zum Gemeinwohl beiträgt.[114]

In dem Maße, wie die öffentlichen Aufgaben in einem Gewährleistungsstaat weiter auf Private übertragen werden, wachsen auch der staatliche Gewährleistungsauftrag in der Gewährleistungsverwaltung und die staatliche Gewährleistungsverantwortung. Es stellt sich in diesem Zusammenhang die Frage, mit welchen Mitteln der Staat dieser gewachsenen Verantwortung gerecht werden kann.

V. Regulierung als Instrument der Gewährleistungsverwaltung

Die Regulierung als ein Instrument innerhalb des Verwaltungsrechtssystems und eine Alternative zur staatlichen Eigenwirtschaft, insbesondere im Bereich der Netzwirtschaften[115] gehört weder zur Ordnungsverwaltung noch zur Leistungsverwaltung im klassischen Sinne.[116] Ein weiterer Typus der Verwaltung ist erforderlich, um dem Phänomen der Regulierung gerecht zu werden, nämlich der der Gewährleistungsverwaltung.[117]

Die Analyse der Regulierung zeigt, dass die staatlichen (Regulierungs-)Maßnahmen im Rahmen der Wahrnehmung von Aufgaben in der Gewährleistungsverwaltung nicht immer durch die Zuordnung zu den klassischen Handlungsformen erfassbar sind,[118] da die letzten primär auf der rechtsaktbezogenen Perspektive basieren, die Regulierungsmaßnahmen dagegen Handlungsformen unterschiedlicher Verwaltungstypen zugeordnet werden können.[119]

Kennzeichnend für die Gewährleistungsverwaltung ist, dass sie ein Zusammenspiel unterschiedlicher Maßnahmen, eine Kombination der bestehenden Hand-

---

[113] § 45 Abs.1 EnWG: „Die Entziehung oder die Beschränkung von Grundeigentum oder von Rechten am Grundeigentum im Wege der Enteignung ist zulässig, soweit sie zur Durchführung (1.) eines Vorhabens nach § 43 oder § 43b Nr. 1, für das der Plan festgestellt oder genehmigt ist, oder (2.) eines sonstigen Vorhabens zum Zwecke der Energieversorgung erforderlich ist."

[114] vgl. *Reich*, fhi, Artikel vom 22. Mai 2013, Rn. 20.

[115] vgl. *Ruffert*, in: Fehling/Ruffert, Regulierungsrecht, § 7, Rn. 58 ff.

[116] vgl. *Stelkens*, in: Stelkens/Bonk/Sachs, Europäisches Verwaltungsrecht, Europäisierung des Verwaltungsrechts und Internationales Verwaltungsrecht, Rn. 236.

[117] vgl. *Voßkuhle*, VVDStRL, 62 (2003), 266, 310 ff.; *Franzius*, S. 134 ff.; *ders.*, VerwArch 99 (2008), 351 ff.

[118] vgl. *Reich*, fhi, Artikel vom 22. Mai 2013, Rn. 42; *Gramlich*, IR 2020, 20, 24.

[119] vgl. *Stelkens*, in: Stelkens/Bonk/Sachs, Europäisches Verwaltungsrecht, Europäisierung des Verwaltungsrechts und Internationales Verwaltungsrecht, Rn. 236.

lungsformen darstellt.[120] In der Gewährleistungsverwaltung sind die tradierten Verwaltungstypen[121] – Ordnungs-, Leistungsverwaltung und planende Verwaltung – vorhanden. Zugleich geht die Regulierung über die herkömmlichen Instrumente hinaus. Sie schafft Strukturelemente, wie etwa einen Wettbewerb im Markt[122] und ermöglicht dadurch die private Aufgabenerfüllung.[123] Im nächsten Schritt interveniert der Staat bei Bedarf durch die Marktregulierung, um das Marktversagen zu korrigieren[124] sowie um die private Aufgabenerfüllung im Sinne des Gemeinwohls zu fördern.[125]

Die Regulierung setzt sich daher zum Ziel, gemeinwohlförderndes Handeln, Leistungserbringung und Struktur zu ermöglichen, zu garantieren und zu fördern.[126] Die gemeinwohlorientierte Zielsetzung der Regulierung entstammt der Konkretisierung der einzelnen Grundrechte und Gewährleistungsaufgaben,[127] und findet sich in den unterschiedlichen einfachgesetzlichen Zielbestimmungen.[128]

Die Regulierung ist nicht nur ein punktueller Eingriff in die Gesellschaft, sondern eine strukturbezogene, zielerreichende Aktionsformel, welche sich an einer bestimmten Zielsetzung in dem betreffenden Sektor orientiert.[129]

---

[120] vgl. *Hoffmann-Riem*, in: Hoffmann-Riem/Schmidt-Aßmann/Voßkuhle, Grundlagen des Verwaltungsrechts, § 33, Rn. 94; *Reich*, fhi, Artikel vom 22. Mai 2013, Rn. 42.

[121] vgl. *Schmidt-Aßmann*, S. 164.

[122] vgl. *Gramlich*, IR 2020, 20, 24.

[123] vgl. *Kühling*, S. 21 ff.

[124] vgl. *Gramlich*, IR 2020, 20, 24.

[125] vgl. *Reich*, fhi, Artikel vom 22. Mai 2013, Rn. 20.

[126] vgl. *Reich*, fhi, Artikel vom 22. Mai 2013, Rn. 22, 25.

[127] vgl. *Fehling*, in: Fehling/Ruffert, Regulierungsrecht, § 17, Rn. 5.

[128] vgl. § 1 EnWG: (1) Zweck des Gesetzes ist eine möglichst sichere, preisgünstige, verbraucherfreundliche, effiziente und umweltverträgliche leitungsgebundene Versorgung der Allgemeinheit mit Elektrizität und Gas, die zunehmend auf erneuerbaren Energien beruht.

(2) Die Regulierung der Elektrizitäts- und Gasversorgungsnetze dient den Zielen der Sicherstellung eines wirksamen und unverfälschten Wettbewerbs bei der Versorgung mit Elektrizität und Gas und der Sicherung eines langfristig angelegten leistungsfähigen und zuverlässigen Betriebs von Energieversorgungsnetzen.

(3) Zweck dieses Gesetzes ist ferner die Umsetzung und Durchführung des Europäischen Gemeinschaftsrechts auf dem Gebiet der leitungsgebundenen Energieversorgung.

(4) Um den Zweck des Absatzes 1 auf dem Gebiet der leitungsgebundenen Versorgung der Allgemeinheit mit Elektrizität zu erreichen, verfolgt dieses Gesetz insbesondere die Ziele, 1. die freie Preisbildung für Elektrizität durch wettbewerbliche Marktmechanismen zu stärken, 2. den Ausgleich von Angebot und Nachfrage nach Elektrizität an den Strommärkten jederzeit zu ermöglichen, 3. dass Erzeugungsanlagen, Anlagen zur Speicherung elektrischer Energie und Lasten insbesondere möglichst umweltverträglich, netzverträglich, effizient und flexibel in dem Umfang eingesetzt werden, der erforderlich ist, um die Sicherheit und Zuverlässigkeit des Elektrizitätsversorgungssystems zu gewährleisten, und 4. den Elektrizitätsbinnenmarkt zu stärken sowie die Zusammenarbeit insbesondere mit den an das Gebiet der Bundesrepublik Deutschland angrenzenden Staaten sowie mit dem Königreich Norwegen und dem Königreich Schweden zu intensivieren.

[129] vgl. *Fehling*, in: Hill, Die Zukunft des öffentlichen Sektors, S. 91, 97 f.

Eine weitere Besonderheit der Regulierung im Vergleich zu den klassischen Verwaltungstypen besteht darin, dass mit ihrer Hilfe heterogene Ziele verfolgt werden,[130] was zusätzlich dadurch erschwert wird, das Gemeinwohl unterschiedliche Rechtsgüter erfasst, und was dennoch zur Gemeinwohlmaximierung führt.[131] So verfolgt die Regulierung in den Netzwirtschaften nicht nur das Ziel eines funktionsfähigen Wettbewerbs, sondern gewährleistet auch die Gemeinwohlsicherung (z. B. in Form der Grundversorgung), was wiederum den Wettbewerb einschränken kann, jedoch sich im Ergebnis gemeinwohlsteigernd auswirkt.[132]

Im Gegensatz zur hoheitlichen Regulierung liegt der Ansatz der regulierten Selbstregulierung im Vertrauen in die Fähigkeit der Gesellschaft zur Problembewältigung.[133]

Durch den Vorbehalt staatlicher Intervention stellt der Staat im Rahmen der regulierten Selbstregulierung die Bewahrung der einzelnen Freiheiten sicher. Zugleich zielt der Staat auf die Gemeinwohlverwirklichung ab, welche durch die staatlich gewährleistete Tätigkeit Privater erreicht werden soll.[134] D. h., dass statt hoheitlicher Maßnahmen, gesellschaftliche Maßnahmen zur Problembewältigung eingesetzt werden, deren Rahmen aber von staatlicher Intervention erst bereitgestellt wird.[135]

Für die regulierte Selbstregulierung ist typisch, dass der Staat der Gesellschaft einige Entscheidungsbefugnisse überlässt, nachdem er die Kooperation zwischen Staat und Gesellschaft inhaltlich ausgestaltet hat.[136] Durch die teilweise Übertragung von Entscheidungsbefugnissen kann die Regulierung ihre Ineffizienzen überprüfen, die insbesondere auf dem Wissens- und Informationsmangel beruhen.[137]

Die Verantwortungsteilung im Rahmen der Regulierung bedarf einer Zurechnung zwischen dem Verantwortungssubjekt und -objekt, die auf die Wertentscheidung des Gesetzgebers angewiesen ist.[138]

Das Erfordernis der Verantwortungsteilung ist ein wesentliches Element für etwaige Korrekturen im System der Gewährleistungsverwaltung.[139] Das aktuelle System der koordinierten Ermittlung des energetischen Bedarfs profitiert z. B. von

---

[130] vgl. *Nordmann*, S. 113.

[131] vgl. *Lepsius*, in: Fehling/Ruffert, Regulierungsrecht, § 19, Rn. 13.

[132] vgl. *Ruffert*, in: Fehling/Ruffert, Regulierungsrecht, § 7, Rn. 58.

[133] vgl. *Reich*, fhi, Artikel vom 22. Mai 2013, Rn. 20 f.

[134] vgl. *Hoffmann-Riem*, in: Hoffmann-Riem/Schmidt-Aßmann, Öffentliches Recht und Privatrecht als wechselseitige Auffangordnungen, S. 261, 268 f.; *Reich*, fhi, Artikel vom 22. Mai 2013, Rn. 25 f.

[135] vgl. *Windoffer*, S. 17.

[136] vgl. *Voßkuhle*, in: Schuppert, Jenseits von Privatisierung und schlankem Staat, S. 47, 89; *Reich*, fhi, Artikel vom 22. Mai 2013, Rn. 20, 23, 42.

[137] vgl. *Eifert*, DV Beiheft 4 (2001), S. 137 ff.; *Wollenschläger*, S. 33 ff.

[138] vgl. *Voßkuhle*, VVDStRL, 62 (2003), 266, 270; *Voßkuhle*, in: Schuppert, Jenseits von Privatisierung und schlankem Staat, S. 47, 52 ff.

[139] vgl. *Schuppert*, vhw FW 4 (2008), 189 ff.

der Beseitigung von staatlichen Informationsdefiziten[140] sowie von der demokratischen Legitimation[141] durch die bestätigenden staatlichen Entscheidungen (mit womöglich eigenem Entscheidungsspielraum[142]). Da jedoch durch die kooperativen Beiträge die Verantwortungsteilung nicht eindeutig ist,[143] bleibt es intransparent, ab wann und an welcher Stelle im Falle eines Versagens koordinierter Planung durch den Gesetzgeber nachgebessert werden soll.

Grundsätzlich soll durch die Ziel- und Rahmensetzung im Rahmen der regulierten Selbstregulierung die Eigenverantwortung der Privaten möglichst weit erhalten bleiben, obwohl sie zugleich der Sicherung der Gemeinwohlbelange dienen soll.[144] Es stellt sich in diesem Zusammenhang die Frage, ob dieses Schema auch auf den regulierten Bereich der Energieversorgung übertragbar ist und insbesondere ob vor diesem Hintergrund durch die Ermöglichung von Leitungswettbewerb und dementsprechend durch die Entlassung zumindest einiger Leitungen aus der Regulierung (Steigerung der Eigenverantwortung Privater) die gesellschaftlichen Potenziale besser genutzt werden können.

Obwohl die Verantwortung für die Gemeinwohlerledigung dem gesellschaftlichen Raum übertragen ist, gewährleistet der Staat mit Hilfe des Gesetzes durch Rahmen- und Schrankensetzung die gesellschaftliche Problemlösung.[145] Dies hat zur Folge, dass die grundsätzliche Notwendigkeit, den Privaten bei der Aufgabenerfüllung einen Freiraum zu lassen,[146] nichts über die Größe dieses Freiraums aussagt sowie keine bestimmte Ausgestaltung dieses Freiraums bedingt, denn die Entscheidung darüber steht unter dem Parlamentsvorbehalt.

Früher wurden die Netzwirtschaften traditionell als natürliche Monopole betrachtet, weil nach damaliger Auffassung das Produkt „Energietransport“ in diesen Netzen durch einen Anbieter günstiger angeboten werden konnte, als durch eine Mehrzahl.[147] Die Vorstellung, die jeweilige Netzwirtschaft als Ganzes sei ein natürliches Monopol gilt heute als überholt.[148] Im Bereich der Energiewirtschaft gilt nur der Transportbereich nach heute herrschender Auffassung als natürliches Monopol.[149] Früher wurde die Steuerung durch die Regulierung favorisiert, um das „Marktversagen infolge natürlicher Monopole“ zu adressieren. Heute wird dagegen

[140] vgl. *Bohne*, IR 2005, 170, 173.

[141] vgl. *Gramlich*, IR 2020, 20, 26.

[142] Dies wird im Abschnitt E. untersucht.

[143] vgl. *Schuppert*, vhw FW 4 (2008), 190 f.; *Scherzberg*, 10 ff.

[144] vgl. Franzius, S. 126.

[145] vgl. *Hoffmann-Riem*, Der Staat 43 (2004), 203, 227 f.

[146] vgl. *Reich*, fhi, Artikel vom 22. Mai 2013, Rn. 20, 22 ff.

[147] vgl. *Müller/Vogelsang*, S. 121 ff.; *Wilkens*, S. 101; Ruge, S. 37; *König/Theobald*, in: Grupp/Ronellenfitsch, FS Blümel, S. 277, 280.

[148] vgl. *Knieps*, Wettbewerbsökonomie, S. 79 ff.; *Drasdo*, S. 31 ff.

[149] vgl. *Gramlich*, IR 2020, 20, 24; gegen ein natürliches Monopol der Netzbetreiber: OLG Koblenz, Beschlüsse vom 4. Mai 2007, Az. W 621/06; W 595/06; W 605/06, IR 2007, 133 ff.

vermehrt vertreten, dass in den ehemaligen Bereichen des natürlichen Monopols die Selbstregulierung durch den Wettbewerb zugelassen werden sollte.[150]

Eine solche Marktöffnung für den Wettbewerb wurde in den letzten Jahrzehnten insbesondere unter dem Einfluss des Gemeinschaftsrechts[151] als die Lösung für die Ineffizienzen in den Netzwirtschaften betrachtet.[152] Aufgrund dieser Tendenz der Liberalisierung hat der Staat sich die Marktöffnung, Förderung des Wettbewerbs und Abbau des Monopols zur Aufgabe gemacht.[153]

Vor diesem Hintergrund stellt sich die Frage, ob die Liberalisierungstendenz im Ergebnis zum vollständigen Rückzug des Staates aus dem regulierten Bereich der Energieversorgung führen kann. Nach der herrschenden Auffassung[154], welche in einigen Bereichen der Netzwirtschaften – wie in den Transportbereichen der Energieversorgung – nach wie vor ein natürliches Monopol sieht, bedarf es staatlicher Eingriffe, um die schädlichen Auswirkungen dieses Monopols insbesondere auf die vor- bzw. nachgelagerten Marktstufen zu minimieren.[155] Da die Netzregulierung jedoch grundsätzlich durch staatliche Eingriffe einen freien Marktprozess und insbesondere einen Wettbewerb ohne staatliche Intervention schaffen will, ergibt sich in diesem Punkt ein Paradox.[156] Dieses Paradox ist ein Beleg dafür, dass ein Optimierungsbedarf in der Netzregulierung besteht. Einer der denkbaren Lösungswege könnte der Folgende sein: Der Staat könnte zunächst durch einen Rahmen für die Etablierung des Wettbewerbs den Wettbewerb auch in den letzten als natürliche Monopole geltenden Bereichen (Transportbereiche Strom und Gas) schaffen und die darin bestehenden Ineffizienzen durch wettbewerbliche Kräfte beseitigen.

Es stellt sich ferner die Frage, ob der erwähnte Optimierungsbedarf im Sinne einer Verpflichtung[157] zur Schaffung von Wettbewerb im Netz bzw. zur Schaffung eines entsprechenden Rechtsrahmens, welcher einen Wettbewerb ermöglichen würde, verstanden werden kann. Dafür würde der Umstand sprechen, dass die Regulierung

---

[150] vgl. Nachweise bei *Hermes*, Infrastrukturverantwortung, S. 322.

[151] Richtline 96/92/EG vom 19. Dezember 1996 betreffend gemeinsame Vorschriften für den Elektrizitätsbinnenmarkt, ABl. EG Nr. L 27, S. 20 vom 30. Januar 1997 (Elektrizitätsrichtlinie) und Richtline 98/30/EG vom 22. Juni 1998 betreffend gemeinsame Vorschriften für den Erdgasbinnenmarkt, ABl. EG Nr. L 204, S. 1 vom 21. Juli 1998 (Erdgasrichtlinie); vgl. 2. Erwägungsgrund der Richtline 96/92/EG: „Die Verwirklichung eines wettbewerbsorientierten Elektrizitätsmarkts ist ein wichtiger Schritt zur Vollendung des Energiebinnenmarkts.“

[152] vgl. *Theobald/Theobald*, Grundzüge, S. 27 f.

[153] vgl. BKartA, Marktöffnung und Gewährleistung von Wettbewerb in der leitungsgebundenen Energiewirtschaft, S. 1, https://www.bundeskartellamt.de/SharedDocs/Publikation/DE/ Diskussions_Hintergrundpapier/Bundeskartellamt%20-%20Markt%C3%B6ffnung%20und%20Gew%C3%A4hrleistung%20von%20Wettbewerb%20in%20der%20leitungsgebundenen%20Energiewirtschaft.pdf?__blob=publicationFile&v=4, abgerufen am 16. August 2020.

[154] vgl. *Diekmann/Leprich/Ziesing*, S. 18 ff., 21.

[155] vgl. *Theobald/Theobald*, Grundzüge, S. 31.

[156] vgl. *Säcker*, AöR 130 (2005), 180, 197 ff.

[157] vgl. *Potacs*, VVDStRL, 69 (2010), S. 283.

als solche das Ziel der Schaffung von Wettbewerb[158] zur Freisetzung gesellschaftlicher Kräfte hat. So ist es auch in allen Bereichen der Energieversorgung mit Ausnahme des Transportbereichs geschehen.[159] Da die Schaffung von Wettbewerb nur das Mittel zur Zielerreichung und das primäre Ziel die Gemeinwohlverwirklichung ist[160], hat grundsätzlich der Gesetzgeber zu entscheiden, ob das Ziel „Gemeinwohl" mithilfe des Wettbewerbs erreicht werden soll oder nicht.

VI. Zusammenfassung und Zwischenfazit zum allgemeinen Teil

Zusammenfassung

Die Ergebnisse des allgemeinen Teils können wie folgt zusammengefasst werden.

Der vorliegenden Untersuchung der Wahrnehmung der Gemeinwohlbelange durch Private im Energiesektor liegen folgende Begriffe zugrunde.

Öffentliche Aufgabe

Öffentliche Aufgaben sind solche Aufgaben, an deren Erfüllung ein gesteigertes Interesse der Gemeinschaft (überindividuelles, öffentliches Interesse) besteht.[161] Öffentliche Aufgaben sind so geartet, dass sie weder ausschließlich im Wege privater Initiative wirksam wahrgenommen werden können noch zu den staatlichen Aufgaben im engeren Sinn zählen.[162]

Der Staat verfügt über kein Monopol zur Verfolgung öffentlicher Interessen. Welche öffentlichen Aufgaben unmittelbar durch den Staat und welche durch Private erfüllt werden, entscheidet der Gesetzgeber, wobei er bei seiner Entscheidung an Grundrechte gebunden ist.

An der Erfüllung der Aufgabe der Energieversorgung als Teil der Daseinsvorsorge hat die Öffentlichkeit ein maßgebliches Interesse, zudem kann diese Aufgabe weder ausschließlich durch Private wahrgenommen werden noch zählt sie zu den staatlichen Aufgaben im engeren Sinn, so dass diese Aufgabe eine „öffentliche Aufgabe" ist.[163]

Aus dem Begriff der öffentlichen Aufgabe folgt der Ausschluss einer strikten Zuordnung der Aufgabenwahrnehmung alleine zum privaten bzw. zum staatlichen Bereich, daraus folgt jedoch nicht, wie die öffentliche Aufgabe der Energieversor-

---

158 vgl. *König*, VerwArch 79 (1988), 241 ff.

159 vgl. Sondergutachten 77: Energie 2017: Gezielt vorgehen, Stückwerk vermeiden, S. 122; https://www.monopolkommission.de/images/PDF/SG/s77_volltext.pdf, abgerufen am 16.08.2020.

160 vgl. *Pielow*, in: Krautscheid, S. 133 ff.

161 vgl. BVerfGE 38, 281, 299.

162 vgl. BVerfGE a. a. O.

163 vgl. BGHZ 52, 325, 329 und BGHZ 65, 284, 287.

gung im Einzelnen zu erfüllen ist und welche Beiträge der Staat und die Gesellschaft jeweils zu leisten haben.

Ein konkreter Auftrag an die Aufgabenkritik ist daher die Beantwortung der Frage nach den konkreten Beiträgen Privater bzw. des Staates bei der Erfüllung der Aufgabe der Energieversorgung, z. B. ob es zur Aufgabenerfüllung zwingend einer staatlichen Planung (sei es z. B. in Form von Standortplanung für Erzeugungsanlagen oder in Form von staatlicher Bedarfsplanung für Energienetze) bedarf. Die vorliegende Ausarbeitung widmet sich dem Versuch zur Beantwortung dieser Frage beizutragen.

Verpflichtende Elemente einer öffentlichen Aufgabe

Der Begriff der öffentlichen Aufgabe ist (insbesondere über das Merkmal und Intention der Verfolgung von überindividuellen Interessen) eng mit dem Begriff des Gemeinwohls verknüpft. Es stellt sich daher in diesem Zusammenhang auch die Frage, ob das Gemeinwohl eine bestimmte Art der öffentlichen Aufgabenerfüllung voraussetzt oder zumindest Tendenzen einer Soll-Aufgabenerfüllung erkennen lässt. Die Abschnitte C. bis G. beschäftigen sich mit dieser Frage.

Gemeinwohl

Die Frage nach der Definition des Gemeinwohls entzieht sich einer rein rechtlichen Bewertung. Die Literatur definiert das Gemeinwohl als das Wohl des Gemeinwesens, welches sich auf das Ganze des Lebens in allen seinen Dimensionen, vor allem auf das gute Leben des Menschen bezieht.[164]

Die inhaltliche Ausgestaltung des Gemeinwohls hängt von der zugrunde gelegten Konzeption der politischen Gerechtigkeit ab, wobei die Rechtsprechung in der Energieversorgung sogar „ein von der jeweiligen Politik des Gemeinwesens unabhängiges absolutes Gemeinschaftsgut" sieht.[165]

Es gilt als richtungsweisend, dass der Staat auf die Gemeinwohl*verwirklichung* abzielen soll,[166] denn die Rechtfertigung des Staates ergibt sich im Grunde aus der des Gemeinwohls, wobei die abstrakten Rechtfertigungsgründe durch das positive Recht konkretisiert und optimiert werden sollten.[167]

Dem Gemeinwohl wohnen nicht nur die Gewährleistung eines menschenwürdigen Daseins, sondern auch die „allmähliche Erhöhung der Lebenshaltung aller Volksschichten"[168] inne. D. h. im Ergebnis ist der Gemeinwohlverwirklichung eine gewisse gemeinwohlsteigernde Tendenz (verbunden mit dem entsprechenden, an

[164] vgl. *Böckenförde*, in: Münkler/Fischer, Gemeinwohl und Gemeinsinn im Recht, S. 43, 45 ff.; *Isensee*, JZ 1999, 265, 268.

[165] BVerfGE 30, 292, 323 f.

[166] vgl. *Isensee*, Gemeinwohl im Verfassungsstaat, in: Isensee/Kirchhof, § 71, Rn. 1.

[167] vgl. *Isensee*, in: von Arnim/Sommermann, Gemeinwohlgefährdung und Gemeinwohlsicherung, S. 95, 105.

[168] vgl. Definition in Art. 151 Abs. 1 BayVerf.

den Aufgabenträger gerichteten Imperativ, im Sinne dieser Tendenz zu Handeln) immanent.

Daher kann im Hinblick auf die Frage, ob das Gemeinwohl eine bestimmte Art der öffentlichen Aufgabenerfüllung voraussetzt, vorab festgehalten werden, dass diejenige Art der Aufgabenerfüllung zu wählen ist, welche eine größere Steigerung des Gemeinwohls mit sich bringt.

Die besagte Tendenz resultiert jedoch nicht in einem Auftrag zu Gemeinwohlmaximierung um jeden Preis und enthält auch keine Ermächtigung, alle Optionen auszuprobieren, welche sich theoretisch gemeinwohlsteigernd auswirken können.

Heute ist für alle Bereiche der Energieversorgung außer dem Transportbereich anerkannt, dass sich der Wettbewerb gemeinwohlsteigernd auswirken kann. Konsequenterweise wurde der Wettbewerb in die Gesetzesziele aufgenommen.

Vor diesem Hintergrund stellt sich die Frage, ob analog auch der Transportwettbewerb zum Gesetzesziel erklärt werden soll, wenn seine gemeinwohlsteigernde Wirkung belegt werden kann. Der Abschnitt D. beschäftigt sich mit der Beantwortung dieser Frage.

Ausgestaltung der Aufgabenerfüllung

Der aktuelle Wandel der Formen der Wahrnehmung von Staatsaufgaben und vor allem ihr Abbau ist dank Liberalisierungs-, Privatisierungs- und Deregulierungstendenzen der letzten Jahre weit fortgeschritten. Dieser Wandel führt dazu, dass die Aufgabenerfüllung durch staatliche Stellen zugunsten der staatlichen Gewährleistung der Aufgabenerfüllung durch Private zurücktritt.

Diese Tendenzen haben ihren Ursprung jeweils in den konkretisierenden Entscheidungen des Gesetzgebers zum Gemeinwohl[169] und zu der Art seiner Verwirklichung zugunsten der Liberalisierung bzw. Privatisierung und können nicht als solche verallgemeinernd dafür angeführt werden, dass auch in den anderen Wirtschaftsbereichen (z. B. in der Energiewirtschaft) ein maximaler Grad an Liberalisierung bzw. Deregulierung erreicht werden soll (etwa durch weitere Förderung von

[169] Sie beruhen auf unterschiedlichen Gründen. Die Gründe für die Postreformen (Da auf dem deutschen Post- und Telekommunikationsmarkt kein Wettbewerb herrschte, gab es auch keinen Anlass zu hohem Forschungsdruck, zu besserem Kundenservice oder zu Kostensenkungen, so war die Deutsche Bundespost immer weniger in der Lage, die Vielfalt der technischen Möglichkeiten in marktgängige Angebote umzusetzen. Ein weiterer Grund für die Reformierung war die Liberalisierungsdiskussion, die Ende der 1970er Jahre in Gang kam. Es kam zu einem Umdenken in Bezug auf die staatlichen Monopolstellungen in einigen Wirtschaftsbereichen, so auch in dem Bereich der Postdienstleistungen, vgl. https://de.wikipedia.org/wiki/Postreform) waren andere als die für die Bahnreform (politische Vernachlässigung der Eisenbahn als Verkehrsträger, dadurch langjähriger Verlust an Marktanteilen beim Personen- und Güterverkehr, finanzielle Belastungen der Bundesbahn durch die Beseitigung von Kriegsschäden in den 1950er und 1960er Jahren, eine zunehmende Verschuldung, vgl. https://de.wikipedia.org/wiki/Bahnreform_(Deutschland)), so dass diesen Entscheidungen die normative Vergleichbarkeit fehlt.

Transportwettbewerb), um das Gemeinwohl zu steigern (zumal es auch gegenteilige Beispiele gibt,[170] wie z. B. Rettung der Bundesdruckerei durch die Wiederverstaatlichung[171]).

Danach können die bisherigen Privatisierungen, Liberalisierungen, Deregulierungen, selbst wenn sie erfolgreich zur Gemeinwohlmehrung beigetragen haben, nicht dazu herangezogen werden, um eine Liberalisierung bzw. Deregulierung in einem anderen Wirtschaftssektor per se zu rechtfertigen.

Gewährleistungsverantwortung

Gewährleistungsverantwortung bedeutet, dass der Bund in einem gemeinwohlrelevanten Bereich nach Maßgabe eines Bundesgesetzes flächendeckend angemessene und ausreichende Dienstleistungen gewährleistet, wobei diese Dienstleistungen unmittelbar durch private Anbieter erbracht werden.[172]

Dabei gibt es einen Zusammenhang zwischen der Größe des Freiraums für private Leistungserbringung und ihrer Lukrativität, so dass – zumindest theoretisch – bei gleichbleibender Effizienz privater Tätigkeit und bei gleichbleibender Gemeinwohlbindung in einem größeren Freiraum eine Steigerung des Gemeinwohls durch Intensivierung der privaten Leistungserbringung aufgrund der gestiegenen Lukrativität der Betätigung erreicht werden kann.[173]

Die entscheidenden Fragen – welche vorliegend erörtert werden sollen (vgl. Abschnitte C. bis G.) – sind daher, ob es Gründe – auch außerhalb der These „Mehr Freiraum – höhere Lukrativität – Mehrung des Gemeinwohls“ – dafür gibt, den Freiraum bei der Wahrnehmung der Gemeinwohlbelange durch Private im Energiesektor zu erweitern, und falls ja, ob bei der Schaffung von mehr Freiraum für private Leistungserbringung (z. B. durch Förderung von Transportwettbewerb) die Gemeinwohlbindung durch den vorhandenen oder für diesen Zweck angepassten Rechtsrahmen (von ihrer im Ergebnis gemeinwohlsichernden Wirkung ausgehend) ausreichen wird.

Grundrechte

Die grundrechtlich garantierte Freiheit wird durch ein freiheitseinschränkendes sowie durch ein freiheitsherstellendes Handeln erreicht. In diesem Zusammenhang stellt sich die Frage, welche Auswirkungen Grundrechte in ihrer Funktion der Sicherung des Freiheitsgebrauchs („Gewährleistungsgehalt“) haben und ob sie eine bestimmte Mindestgröße für den Freiraum privater Betätigung begründen.

Da der Gewährleistungsgehalt durch die Grundrechtskonkretisierung geformt wird, welche ihrerseits Schranken-Schranken unterliegt, kann davon ausgegangen

[170] vgl. Fn. 6 im Abschnitt A.

[171] vgl. https://de.wikipedia.org/wiki/Bundesdruckerei#R%C3%BCckverstaatlichung_und_Digitalisierung.

[172] vgl. Art. 87f Abs. 1 GG.

[173] vgl. Fn. 83 in diesem Abschnitt.

werden, dass der grundrechtliche Schutzauftrag zur Sicherung realer Freiheit auch einen Mindestfreiraum privater Betätigung begründet.

Jedoch können über diese Mindestvorgabe keine bestimmten Forderungen an die konkrete Ausgestaltung des Freiraums für die private Gemeinwohlverwirklichung gestellt werden (wie z. B. Forderung nach Überlassung der Bedarfsplanung an Private oder Einführung des Leitungswettbewerbs), denn der grundrechtliche Schutzauftrag zur Sicherung realer Freiheit wird – wie der klassische Schutzbereich auch – durch den Gesetzgeber konkretisiert.

Regulierung

Die Regulierung ist nicht nur ein punktueller Eingriff in die Gesellschaft, sondern eine strukturbezogene, zielerreichende Aktionsformel, welche sich an einer bestimmten Zielsetzung in dem betreffenden Sektor orientiert. Die Regulierung als ein Instrument der Gewährleistungsverwaltung setzt sich zum Ziel, gemeinwohlförderndes Handeln, Leistungserbringung und Struktur zu ermöglichen, zu garantieren und zu fördern. Die gemeinwohlorientierte Zielsetzung der Regulierung entstammt der Konkretisierung der einzelnen Grundrechte und Gewährleistungsaufgaben und findet sich in den unterschiedlichen einfachgesetzlichen Zielbestimmungen.

Obwohl in der Gewährleistungsverwaltung die Verantwortung für die Gemeinwohlerledigung dem gesellschaftlichen Raum übertragen ist, gewährleistet der Staat mit Hilfe des Gesetzes durch Rahmen- und Schrankensetzung die gesellschaftliche Problemlösung.[174] Dies hat zur Folge, dass die grundsätzliche Notwendigkeit, den Privaten bei der Aufgabenerfüllung einen Freiraum zu lassen, über die grundrechtliche Mindestvorgabe hinaus nichts über die Größe dieses Freiraums aussagt sowie keine bestimmte Ausgestaltung dieses Freiraums bedingt, denn die Entscheidung über die Ausgestaltung der privaten Aufgabenerfüllung steht unter dem Parlamentsvorbehalt.

Wie bei dem Thema der Ausgestaltung der öffentlichen Aufgabenerfüllung stellt sich auch bei der Regulierung ferner die Frage, ob die Liberalisierungstendenz im Ergebnis zum vollständigen Rückzug des Staates führen kann, wobei diese Frage im Ergebnis dadurch, dass die Regulierung ein Instrument der öffentlichen Aufgabenerfüllung ist, nicht anders zu beantworten wird.

Eine Besonderheit ergibt sich daraus, dass nach der herrschenden Auffassung, welche in dem Transportbereich der Energieversorgung nach wie vor ein natürliches Monopol sieht, es staatlicher Eingriffe bedarf, um die schädlichen Auswirkungen des Monopols zu minimieren. Da die Netzregulierung jedoch grundsätzlich durch staatliche Eingriffe einen freien Marktprozess und insbesondere einen Wettbewerb ohne staatliche Intervention schaffen will, ergibt sich in diesem Punkt ein Paradox.[175]

---

[174] vgl. *Hoffmann-Riem*, Der Staat 43 (2004), 203, 227 f.

[175] vgl. *Säcker*, AöR 130 (2005), 180, 197 ff.

Der Widerspruch besteht nur dann, wenn die Regulierung (obwohl sie den Als-ob-Wettbewerb fördert) die Entstehung des realen Wettbewerbs praktisch nahezu ausschließt. Der Widerspruch kann dadurch relativiert werden, wenn die Regulierung so praktiziert wird (z. B. wenn die Regulierungsvorschriften entsprechend ausgelegt und angewendet werden), dass die Entstehung des Wettbewerbs zumindest nicht behindert wird (das Erfordernis einer sog. „wettbewerblichen Tendenz“ der Regulierung mit dem Ziel der Schaffung des Wettbewerbs). Eine solche „wettbewerbliche Tendenz“ mag in der Marktwirtschaft als solchen, jedoch nicht in den als „natürliche Monopole“ eingestuften Bereichen, als eine Selbstverständlichkeit gelten. Die auf diese Weise praktizierte Regulierung (insbesondere unter der Prämisse der Möglichkeit des Wettbewerbs) würde schon den Begriff des natürlichen Monopols relativieren sowie den nur vorübergehenden Charakter (der Rechtfertigung) der Regulierung unterstreichen.

Der Staat könnte damit das besagte Paradox z. B. dadurch auflösen, dass zunächst durch einen Rahmen für die Etablierung des Wettbewerbs der Wettbewerb auch in den letzten als natürliche Monopole geltenden Bereichen geschaffen wird, und dieser sodann die darin bestehenden Ineffizienzen beseitigt.

Es stellt sich die Frage, ob der erwähnte Optimierungsbedarf im Hinblick auf die paradoxe Lage im Sinne eines Anspruchs auf Schaffung von Wettbewerb im Netz bzw. auf Schaffung eines entsprechenden Rechtsrahmens, welcher den Wettbewerb fördern würde, verstanden werden kann. Dafür würde der Umstand sprechen, dass die Regulierung als solche das Ziel der Schaffung von Wettbewerb zur Freisetzung gesellschaftlicher Kräfte haben sollte (und nach Ansicht des Verf. auch hat). Da die Schaffung von Wettbewerb jedoch nur das Mittel zur Zielerreichung und das primäre Ziel die Gemeinwohlverwirklichung ist, hat grundsätzlich der Gesetzgeber zu entscheiden, ob das Ziel „Gemeinwohl“ mithilfe des Wettbewerbs erreicht werden soll oder nicht.

Im Ergebnis bleibt festzuhalten, dass weder die Gewährleistungsverantwortung als solche (ohne eine gesetzliche Konkretisierung zugunsten des Wettbewerbs) noch die Regulierung als ihr Instrument (sowie weder Grundrechte, welche nur eine Mindestgröße für den Freiraum privater Betätigung begründen, noch das Gemeinwohl als solches, da es ebenfalls zunächst einer gesetzlichen Konkretisierung bedarf) den Gesetzgeber zwingen, der Einführung von Wettbewerb auch in dem Transportmarkt Vorrang einzuräumen, obwohl sie (die Gewährleistungsverantwortung und die Regulierung) ihre Existenz der privaten Betätigung (überwiegend im Rahmen des Wettbewerbs) im Sinne des Gemeinwohls verdanken und auch eine Tendenz zur Förderung eines wettbewerblichen Handelns aufweisen.

Zwischenfazit

Zusammenfassend lassen sich die Ergebnisse dieses Kapitels wie folgt systematisiert werden:

Mindestraum privater Betätigung – Garantie

Die Grundreche garantieren einen gewissen Mindestfreiraum für die private Betätigung in der Gewährleistungsverwaltung. Auch die „Gewährleistungsverwaltung" (insbesondere die der Gewährleistungsverwaltung immanente Verantwortungsteilung) setzt einen gewissen Mindestraum privater Betätigung per definitionem voraus.

Das Gleiche gilt für den Regulierungsbegriff: Die Regulierung als Instrument der Gewährleistungsverwaltung setzt einen Mindestraum privater Betätigung voraus.

Der Begriff einer „öffentlichen Aufgabe" (mit lediglich einer Möglichkeit der privaten Aufgabenerfüllung) dagegen garantiert unmittelbar keinen Mindestraum privater Betätigung.

Mindestraum privater Betätigung – seine Vergrößerung

Die erwähnten Garanten des Mindestraums privater Betätigung können weder für sich genommen noch gepaart mit den Liberalisierung-, Deregulierungs-, bzw. Privatisierungstendenzen herangezogen werden, um einen weiteren Rückzug des Staates sowie um eine Vergrößerung des Freiraums für private Betätigung zu begründen.

Dagegen kann die der Definition des Gemeinwohls innewohnende gemeinwohlsteigernde Tendenz gepaart mit der Prämisse „Mehr Freiraum – mehr Lukrativität/größere Gemeinwohlmehrung" den Gesetzgeber bewegen, den Mindestraum privater Betätigung zu vergrößern.

Mindestraum privater Betätigung – seine Ausgestaltung

Schließlich können die besagten Garanten (außer Gewährleistung einer Mindestgröße des Freiraums privater Betätigung) auch keine konkrete Ausgestaltung dieses Freiraums erzwingen, da seine Ausgestaltung durch den Gesetzgeber erfolgt.

Die der Regulierung inhärente wettbewerbliche Tendenz dagegen könnte einen Anreiz für den Gesetzgeber für die Ausgestaltung des Rechtsrahmens im Sinne der Förderung des Wettbewerbs schaffen.

Im Folgenden wird die Frage untersucht, ob der aktuell geltende Rechtsrahmen des Energierechts eine ausreichende Gemeinwohlbindung Privater gewährleistet[176] sowie auch die Fragen danach, ob es Gründe für eine Erweiterung des Freiraums für private Wahrnehmung der Gemeinwohlbelange im Energiesektor (etwa durch die Förderung von Leitungswettbewerb[177]) gibt und (falls eine solche Erweiterung geboten ist) ob der aktuelle Rechtsrahmen mit einer etwaigen Erweiterung dieses Freiraums kompatibel wäre, und falls nicht, welche Änderungen hierfür erforderlich wären.

---

[176] vgl. Abschnitte C. bis G.

[177] vgl. insbesondere Abschnitt D.

C. Gemeinwohlbindung im Energierecht

In diesem Abschnitt werden die gesetzlichen Ziele und Zwecke, die Grundsätze, die Aufgaben der Energieversorgungsunternehmen (auch „EVU“) sowie einige Regulierungsinstrumente (wie die Entflechtung, die Netzanschlusspflicht, der Anspruch auf Netzzugang, die Netzentgeltregulierung, die Genehmigungspflicht für die Aufnahme des Netzbetriebs, die Grundversorgungspflicht sowie die Energiepreiskontrolle) im Hinblick auf ihre Gemeinwohlbindung gewährleistende Wirkung untersucht.

I. Gesetzesziele und -zwecke

Durch die Zweckbestimmungen des § 1 Abs. 1 und Abs. 3 EnWG konkretisiert der Gesetzgeber seine Vorstellung über das Gemeinwohl und gibt eine grobe Richtung für die Gemeinwohlerreichung vor.[1] Aufgrund eines solchen abstrakten Charakters[2] dienen die in den Zweckbestimmungen konkretisierten Vorstellungen des Gesetzgebers als Leitlinien für die Auslegung des Energierechts.[3] Die das Gemeinwohl konkretisierenden Zwecke sind die folgenden.

1. Sichere Energieversorgung

Der Energieversorgungssicherheit kommt aufgrund ihrer Bedeutung für die menschliche Existenz eine besonders hohe Bedeutung zu.[4]

> „Sicherheit bedeutet zunächst eine mengenmäßig ausreichende Versorgung der Abnehmer. Es muss so viel Elektrizität und Gas bereitgestellt werden, dass auch der Spitzenbedarf jederzeit gedeckt werden kann. Sicherheit umfasst aber auch die technische Sicherheit der Erzeugungs-, Transport- und Verteilungsanlagen und bedeutet insofern Ungefährlichkeit dieser Anlagen für Menschen und Sachen.“[5]

---

[1] vgl. *Säcker*, in: Säcker, § 1, Rn. 1; *Theobald*, in: Theobald/Kühling, § 1, Rn. 5; *Hellerman/Hermes*, in: Britz/Hellermann/Hermes, § 1, Rn. 22.

[2] vgl. *Säcker*, in: Säcker, § 1, Rn. 1.

[3] vgl. BT-Drs. 15/3917, S. 48.

[4] vgl. BVerfGE 91, 186, 206; BVerfGE 66, 248, 258.

[5] vgl. BT-Drs. 13/7274, S. 14.

In einer wettbewerbsorientierten Energiewirtschaft sichern die Energieversorgungsunternehmen die Energieversorgung der Bevölkerung grundsätzlich aus eigenem Profitabilitätsinteresse.[6] Dort, wo die Gefahr besteht, dass das Profitabilitätsinteresse alleine nicht ausreicht, um die Versorgungssicherheit zu gewährleisten, greift der Gesetzgeber korrigierend ein (vgl. § 36 EnWG).[7]

Wegen der aktuell stärkeren Orientierung der Energieversorgung an Umweltaspekten und wegen der damit verbundenen steigenden Einspeisung aus erneuerbaren Energiequellen[8] muss die Sicherheit der Versorgung in Zukunft durch neue Instrumente gewährleistet werden.[9] Angesichts des Umstands, dass von dem Profitabilitätsinteresse stärkste Motivationsimpulse für die in dem Energiesektor agierenden Private ausgehen, wäre es z. B. denkbar den Bau von Leitungen zum Anschluss regenerativer Energien lukrativer zu machen.

2. Preisgünstige Energieversorgung

Nach der Intention des Gesetzgebers soll die Preisgünstigkeit in erster Linie durch die Preisbildung im Wettbewerb[10] erreicht werden: „Preisgünstigkeit verlangt eine Versorgung mit Elektrizität und Gas zu Wettbewerbspreisen, ersatzweise zu möglichst geringen Kosten. Dies setzt voraus, dass die Versorgung rationell, effizient und kostensparend durchgeführt wird. Ziel sind möglichst günstige Strom- und Gaspreise, durch die der Wirtschaftsstandort Deutschland und damit die Leistungsfähigkeit der Volkswirtschaft insgesamt gestärkt wird.“[11]

Die Monopolkommission begrüßte zu Recht die Orientierung an Wettbewerbspreisen, da ein funktionsfähiger Wettbewerb auf einem Markt impliziert, dass zu minimalen volkswirtschaftlichen Kosten produziert wird. Insofern sollte „möglichst geringe Kosten“ als eigenständiges Ziel nur dann angestrebt werden, wenn der Wettbewerb auf dem jeweiligen Markt dauerhaft marktstrukturell unterdrückt ist. Dies sei im Bereich der Energieübertragungs- und -verteilnetze der Fall.[12] Daher unterliegen die Netzentgelte, die einen erheblichen Anteil (von bis zu 30 %) der Kosten der Energieversorgung ausmachen, gem. § 21 EnWG einem Effizienzkostenmaßstab und werden im Wege der Anreizregulierung festgesetzt.[13]

---

[6] vgl. *Säcker*, in: Säcker, § 1, Rn. 7.

[7] vgl. *Kment*, in: Kment, § 1, Rn. 6.

[8] vgl. *Hellermann/Hermes*, in: Britz/Hellermann/Hermes, § 1, Rn. 22e.

[9] vgl. *Säcker*, in: Säcker, § 1, Rn. 7.

[10] vgl. *Theobald*, in: Theobald/Kühling, § 1, Rn. 21.

[11] vgl. BT-Drs. 13/7274, S. 14.

[12] vgl. Monopolkommission, Sondergutachten: Strom und Gas 2007: Wettbewerbsdefizite und zögerliche Regulierung, BT-Drs. 16/7087, S. 22.

[13] vgl. *Säcker*, in: Säcker, § 1, Rn. 30.

3. Verbraucherfreundliche Energieversorgung

Artikel 3 Abs. 5 der Richtlinie 2003/54/EG und Artikel 3 Abs. 3 2003/55/EG (und auch Art. 3 Richtlinie 2009/72/EG[14] und Art. 3 Richtlinie 2009/73/EG[15]) verpflichteten die Mitgliedstaaten, ein hohes Verbraucherschutzniveau zu gewährleisten.[16] Das Ziel der verbraucherfreundlichen Energieversorgung korreliert positiv mit den Zielen der Versorgungssicherheit, der Preisgünstigkeit und der Umweltverträglichkeit,[17] soll aber auch durch die folgenden in den Richtlinien vorgegebenen zu beachtenden Punkte erreicht werden: (i) Transparenz der allgemeinen Vertragsbedingungen, (ii) allgemeine Informationen, (iii) Streitbeilegungsverfahren, (iv) angemessener Schutz einschließlich Maßnahmen zur Vermeidung des Versorgungsausschlusses, (v) der Schutz von Endkunden in abgelegenen Gebieten, (vi) die Wechselmöglichkeiten zugelassener Kunden zu neuen Lieferanten und (vii) die Sicherstellung der Vorgaben des Anhangs A (allgemeine Vertragsinformationen). Der Gesetzgeber hat diese Punkte unter dem Begriff „Verbraucherfreundlichkeit“ zusammengefasst.[18]

4. Effiziente Energieversorgung

Das Ziel der effizienten Energieversorgung wurde zuerst in das EnWG 2005 aufgenommen und diente der Umsetzung europarechtlichen Vorgaben:[19]

> „Darüber hinaus soll durch die weitere Ergänzung klargestellt werden, dass die Effizienz der Energieversorgung, insbesondere auch die Kosteneffizienz der Energieversorgungsnetze, ebenfalls Zweck des Energiewirtschaftsgesetzes ist, das zur Erreichung dieses Zwecks um eine Reihe von Regelungen zur Effizienz der leitungsgebundenen Energieversorgung ergänzt worden ist.“[20]

Um dieses Ziel zu erreichen, verpflichtet § 14 Abs. 2 Satz 1 EnWG die Betreiber von Elektrizitätsverteilnetzen bei ihrer Planung die Möglichkeiten von Energieeffizienz- und Nachfragesteuerungsmaßnahmen sowie von dezentralen Erzeugungsanlagen zu berücksichtigen.[21] Die Kosteneffizienz stellt allerdings nur ein Hilfsmittel

---

[14] Art. 28 Richtlinie (EU) 2019/944 vom 5. Juni 2019, ABl. EG L 158, S. 125 vom 14. Juni 2019.

[15] hier und im Folgenden: in der Fassung der Richtlinie 2019/692 vom 17. April 2019, ABl. EG L 117, S. 1 vom 3. Mai 2019.

[16] vgl. *Säcker*, in: Säcker, § 1, Rn. 20.

[17] vgl. *Theobald*, in: Theobald/Kühling, § 1, Rn. 28.

[18] vgl. Monopolkommission, Sondergutachten: Strom und Gas 2007: Wettbewerbsdefizite und zögerliche Regulierung, BT-Drs. 16/7087, S. 23.

[19] vgl. Artikel 3 Abs. 2 der Richtlinien 2003/54/EG und 2003/55/EG.

[20] vgl. BT-Drs. 15/5268, S. 116.

[21] vgl. Monopolkommission, Sondergutachten: Strom und Gas 2007: Wettbewerbsdefizite und zögerliche Regulierung, BT-Drs. 16/7087, S. 23 f.

bei der Erreichung der konfligierenden Hauptziele Versorgungsfreiheit und Preisgünstigkeit dar.[22]

Vor diesem Hintergrund steht sie dem Netzausbau grundsätzlich nicht entgegen. Aus dem Gesetz geht jedoch nicht eindeutig hervor, ob die Kosteneffizienz einem parallelen Netzausbau entgegensteht. Dagegen würde sprechen, dass ein überkapazitärer Netzausbau grundsätzlich nicht kosteneffizient sein kann. Auf der anderen Seite soll in einem funktionierenden Leitungswettbewerb der optimale Preis (Netzentgelt) erreicht werden. Damit würde der konkurrierende Leitungsbau dem ranghöheren Ziel der (längerfristigen) Preisgünstigkeit dienen, so dass das Ziel der Kosteneffizienz dem nicht im Wege stehen darf.[23] Für diesen Zielkonflikt bedarf es einer Klarstellung durch den Gesetzgeber.

Das Ziel Energieeffizienz wird darüber hinaus auch in § 53 EnWG berücksichtigt, der die Ausschreibungen neuer Energieerzeugungskapazitäten für den Elektrizitätsbereich regelt.[24]

5. Umweltverträgliche Energieversorgung

Das Ziel „Umweltverträglichkeit" (vgl. § 3 Nr. 33 EnWG) wurde zuerst in das Zielkatalog des EnWG 1998 aufgenommen.[25]

Umweltverträglichkeit sieht der Gesetzgeber nicht als generelles Verbot (vgl. § 1 Abs. 1 EnWG: „möglichst … umweltverträgliche … Versorgung"), die Umwelt als Aufnahmemedium für Emissionen zu nutzen; er ist sich bewusst, dass die Produktion von Gütern und teilweise auch die Dienstleistungserbringung zu einer Minderung der Umweltqualität führt und so der Status quo nicht konstant gehalten werden kann.[26]

Die Umweltverträglichkeit wird insbesondere durch den Einsatz umweltschonender Technologien erreicht.[27] Vor diesem Hintergrund enthält das Energierecht

[22] vgl. *Theobald*, in: Theobald/Kühling, § 1, Rn. 31.

[23] Annahmen des Verf.: Es ist nicht zu erwarten, dass der Leitungswettbewerb dazu führt, dass die gesamte Infrastruktur verdoppelt wird. Die Zulassung des Leitungswettbewerbs, die Ausnahme von konkurrierenden Leitungen von der Regulierung machen den Netzausbau lukrativer (z. B. durch den Wegfall des Anerkennungserfordernisses bei Investitionen), beschleunigen ihn und bewirken dadurch im Ergebnis eine schnellere Transformation zu einer klimaneutralen Energieversorgung. Der mit dem von der Regulierung befreiten Netzausbau verbundene mittelfristige Anstieg von Energietransportkosten wird langfristig durch den wettbewerblichen Transportpreis ausgeglichen.

[24] vgl. Monopolkommission, Sondergutachten: Strom und Gas 2007: Wettbewerbsdefizite und zögerliche Regulierung, BT-Drs. 16/7087, S. 23 f.

[25] vgl. *Säcker*, in: Säcker, § 1, Rn. 35.

[26] vgl. Monopolkommission, Sondergutachten: Strom und Gas 2007: Wettbewerbsdefizite und zögerliche Regulierung, BT-Drs. 16/7087, S. 24.

[27] vgl. BT-Drs. 13/7274, S. 14; *Hellermann/Hermes*, in: Britz/Hellermann/Hermes, § 1, Rn. 39.

eine Reihe von Gesetzen und Verordnungen, die den Einsatz umweltschonender Technologien fördern und damit auch dem Ziel der Umweltverträglichkeit dienen.[28]

II. Zielkonflikte

Die Ziele des EnWG können miteinander kollidieren und müssen im Einzelfall im Rahmen der Auslegung gegeneinander abgewogen und ihr Spannungsverhältnis im Sinne einer Optimierung[29] aufgelöst werden (praktische Konkordanz).[30] Die Zweckbestimmungen des § 1 Abs. 1 EnWG und die Zielbestimmungen des § 1 Abs. 2 EnWG sind nach Vorstellung des Gesetzgebers gleichgeordnet.[31]

> „Um Zielkonflikte zu vermeiden, fordert das Gesetz eine möglichst sichere, preisgünstige und umweltverträgliche Versorgung mit Elektrizität und Gas. Verlangt wird also lediglich ein unter Berücksichtigung von Preisgünstigkeit und Umweltverträglichkeit vertretbares Maß an Versorgungssicherheit. Das Ziel Preisgünstigkeit rechtfertigt seinerseits keine Beeinträchtigung von Versorgungssicherheit und Umweltverträglichkeit. Vielmehr geht es um eine möglichst sichere und umweltverträgliche Elektrizitäts- und Gasversorgung zu den geringstmöglichen Kosten und damit zu möglichst günstigen Preisen. Auch die Anforderungen an die Umweltverträglichkeit der Energieversorgung müssen unter Berücksichtigung der Ziele Sicherheit und Preisgünstigkeit bestimmt werden."[32]

Ein derartiger Zielkonflikt zwischen Preisgünstigkeit und Versorgungssicherheit[33] zeigt sich bei der Regulierung der Netznutzungsentgelte in besonderer Schärfe.[34] Werden im Rahmen der Anreizregulierung die Erlösobergrenzen zu niedrig angesetzt, besteht die Gefahr, dass die Netzbetreiber schon deshalb nicht in die Sicherung und den weiteren Ausbau des Netzes investieren, weil es ihnen dafür an hinreichenden Mitteln fehlt.[35]

Es sind auch langfristige Auswirkungen bei der Lösung der Zielkonflikte zu berücksichtigen.[36] So sind Investitionen in die Sicherheit der Energieversorgung naturgemäß mit zusätzlichen Kosten verbunden. Werden diese Kosten auf den

---

[28] z. B. das Erneuerbare-Energien-Gesetz vom 21. Juli 2014, BGBl. I S. 1066 und das Kraft-Wärme-Kopplungsgesetz vom 21. Dezember 2015, BGBl. I S. 2498.

[29] vgl. *Theobald*, in: Theobald/Kühling, § 1, Rn. 32; *Hellermann/Hermes*, in: Britz/Hellermann/Hermes, § 1, Rn. 42.

[30] vgl. *Säcker*, in: Säcker, § 1, Rn. 64; Monopolkommission, Sondergutachten: Strom und Gas 2007: Wettbewerbsdefizite und zögerliche Regulierung, BT-Drs. 16/7087, S. 24.

[31] vgl. BT-Drs. 13/7274, 13 f., 31.

[32] BT-Drs. 13/7274, S. 14.

[33] vgl. *Hellermann/Hermes*, in: Britz/Hellermann/Hermes, § 1, Rn. 27; *Theobald/Theobald*, Grundzüge, S. 93.

[34] vgl. *Säcker*, in: Säcker, § 1, Rn. 65, *Lüdtke-Handjery*, in: Theobald/Kühling, B 3, StromNZV, Rn. 4.

[35] vgl. *Koenig/Kühling/Rasbach*, S. 191.

[36] vgl. *Ludwigs*, in: Elspas/Graßmann/Rasbach, § 1, Rn. 40; *Säcker*, in: Säcker, § 1, Rn. 68.

Kunden abgewälzt, so widerspricht dies aus der Kurzzeit-Perspektive dem Ziel der Preisgünstigkeit.[37] Aus der langfristigen Perspektive werden unterlassene (Vorsorge-)Investitionen in die Sicherheit der Energieversorgung zu viel höheren Folgekosten für die Schadensbeseitigung führen. Ein vorübergehender Kostenanstieg kann damit aus einer Langzeitperspektive durchaus volkswirtschaftlich sinnvoll sein.

Das Gleiche gilt für den vorübergehenden Kostenanstieg, welcher durch den Leitungswettbewerb und den damit verbundenen Bau von zusätzlichen Leitungen verursacht wird. Eine im Leitungswettbewerb besser entwickelte Netzinfrastruktur wird nicht nur sicherer sei, (weil mehr Netzkomponente redundant und im Notfall (z. B. bei Überlastung, im Falle von Hacker- und Terrorangriffen) die Funktion der ausgefallenen Komponente übernehmen können), sondern wäre auch mit anderen Vorteilen verbunden, weil etwa der im Leitungswettbewerb erfolgte Netzausbau – im Vergleich zu einem konventionellen Netzausbau ihrer jeweiligen Netze durch die etablierten Netzbetreiber – zur Etablierung von wettbewerblichen Netzentgelten, zur kosteneffizienterem Netzbetrieb sowie zur schnelleren Netzintegration von regenerativen Energiequellen (Wettbewerb um Anschlusspetenten) und der Elektromobilität führen und im Ergebnis zur Preisgünstigkeit beitragen würde.

Ein weiteres Beispiel für ein Zielkonflikt wäre der Konflikt zwischen der Preisgünstigkeit und der Umweltverträglichkeit.[38] Bei sinkenden Preisen würde die Nachfrage nach Energie – trotz ihrer geringen Volatilität – steigen, so dass günstigere Preise zu einer erhöhten Umweltbelastung aufgrund der erhöhten Energieproduktion führen würden. Umgekehrt verursacht die Energieproduktion aus erneuerbaren Energiequellen höhere Kosten und führt trotz steigender Umweltverträglichkeit zu Einbußen bei der Preisgünstigkeit.[39] Falls künftig die Kosten der regenerativen Energieproduktion (aufgrund der Optimierung der Technologie und Prozesse ihrer Herstellung), wie erwartet, sinken, kann dem Ziel der Preisgünstigkeit in größerem Umfang Rechnung getragen werden.

Ferner kann ein Zielkonflikt zwischen Umweltverträglichkeit und Sicherheit auftreten.[40] Die Schwankungen bei der sonst sehr umweltverträglichen Energieproduktion aus erneuerbaren Energiequellen führen zu Einbußen an Versorgungssicherheit. Die neuen Technologien (z. B. Power-to-Gas) können die Nachteile der Volatilität und eingeschränkter Speicherbarkeit verringern und so den beiden Zielen zur mehr Geltung verhelfen.

Schließlich begründet eine umweltverträgliche Versorgung keinen Widerspruch zur wettbewerblichen Steuerung der Energiewirtschaft[41] sowie zum Leitungswettbewerb. Zwar nehmen zusätzliche Leitungen grundsätzlich zusätzliche Fläche in

---

[37] vgl. *Theobald*, in: Theobald/Kühling, § 1, Rn. 32.

[38] vgl. *Säcker*, in: Säcker, § 1, Rn. 69; *Hellermann/Hermes*, in: Britz/Hellermann/Hermes, § 1, Rn. 41.

[39] vgl. *Säcker*, in: Säcker, § 1, Rn. 5.

[40] vgl. *Theobald/Theobald*, Grundzüge, S. 93.

[41] vgl. *Säcker*, in: Säcker, § 1, Rn. 71; *Theobald/Theobald*, Grundzüge, S. 93.

Anspruch. Diese neuen Leitungen können zum einen unterirdisch verlegt werden und zum anderen können mit ihrer Hilfe regenerativen Energiequellen erschlossen werden, so dass aus Langzeitperspektive die Vorteile des Leitungswettbewerbs die mit dem Bau zusätzlicher Leitungen verbundenen Nachteile für die Umwelt überwiegen. Konkurrierende Leitungen, welche parallel in derselben Trasse verlaufen, belasten die Umwelt zudem nicht mehr als eine Netzverstärkung durch Verlegung eines weiteren Rohrstrangs.

Die Gesetzesziele und Zwecke sind damit wertvolle richtungsweisende Programme bei der Realisierung des Gemeinwohls.[42] Eine Auslegung des Instrumentariums des Energierechts anhand dieser Leitlinien kann die Gemeinwohlbindung Privater deutlich präzisieren.[43] Es ist jedoch eine langfristige Betrachtung der Entwicklung der Energiewirtschaft beim Einsatz einzelner Instrumente geboten, um eine maximal mögliche Mehrung des Gemeinwohls zu erreichen.

In § 1 Abs. 2 EnWG finden sich die Regelungsziele eines wirksamen und unverfälschten Wettbewerbs und der Sicherung eines langfristig angelegten leistungsfähigen und zuverlässigen Betriebs der Energieversorgungsnetze als spezielle Ziele des EnWG.[44] Die Regulierung soll insbesondere den Wettbewerb in Netzen, zwischen Netzen und um Netze sicherstellen.[45]

Die Zielbestimmungen des § 1 Abs. 4 EnWG treten neben die Ziele des § 1 Abs. 2 EnWG. Die in § 1 Abs. 4 aufgelisteten Zielbestimmungen dienen dazu, die in Abs. 1 benannten Zwecke zu erreichen und konkretisieren diese.[46] Sie dienen daher einer weiteren Konkretisierung der Art und Weise der Gemeinwohlverwirklichung und enthalten eine weitere Orientierung für die Applikation der Gemeinwohlbindung. Nach der Intention des Gesetzgebers[47] soll insbesondere dem Wettbewerb bei der Realisierung des Gemeinwohls eine wichtige Rolle zukommen (vgl. § 1 Abs. 4 Nr. 1 EnWG).[48]

Die zweite Zielsetzung des § 1 Abs. 4 EnWG verdeutlicht, dass der Strommarkt stets in der Lage sein muss, den Ausgleich von Angebot und Nachfrage durch eine ausreichende Vorhaltung von Kapazitäten zu bewältigen.[49]

---

[42] vgl. BVerfG NJW 1984, 1872; BVerfG NJW 1990, 1783.

[43] vgl. *Hellermann/Hermes*, in: Britz/Hellermann/Hermes, § 1, Rn. 22; *Kment*, in: Kment, § 1, Rn. 3.

[44] vgl. *Hellermann/Hermes*, in: Britz/Hellermann/Hermes, § 1, Rn. 22; *Kment*, in: Kment, § 1, Rn. 46 f.

[45] vgl. *Theobald*, NJW 2003, 324 ff.; *Hellermann/Hermes*, in: Britz/Hellermann/Hermes, § 1, Rn. 22; *Kment*, in: Kment, § 1, Rn. 49.

[46] vgl. BT-Drs. 18/7317, 75 f.; *Theobald*, in: Theobald/Kühling, § 1, Rn. 49.

[47] vgl. BT-Drs. 18/7317, 75.

[48] vgl. *Theobald*, in: Theobald/Kühling, § 1, Rn. 51.

[49] vgl. BT-Drs. 18/7317, 75 f.; *Theobald*, in: Theobald/Kühling, § 1, Rn. 52 und § 1a, Rn. 3; *Kment*, in: Kment, § 1, Rn. 16.

Die dritte Zielsetzung des § 1 Abs. 4 EnWG unterstreicht die Bedeutung eines flexiblen Einsatzes von Erzeugungsanlagen, Anlagen zur Speicherung elektrischer Energie und Lasten.[50] Zum Beispiel können die thermischen Kraftwerke ihre Stromproduktion an die Schwankungen des Verbrauchs und der Erzeugung von Windenenergie- und Solaranlagen anpassen, wobei Letztere wiederum bei geringer Residuallast oder drohenden Netzengpässen ihre Erzeugung verringern können.[51]

Der Elektrizitätsbinnenmarkt und die intensive Zusammenarbeit, welche in § 1 Abs. 4 Nr. 4 EnWG erwähnt sind, sollen der Versorgungsicherheit und der Kosteneffizienz dienen.[52] Hierfür sollen nationale Märkte gekoppelt und die Verbindungsnetze ausgebaut werden.[53] Die Verbindung nationaler Netze kann darüber hinaus auch zur Preisgünstigkeit beitragen, wenn Energie aus den Netzzonen mit dem günstigeren Strompreis in die benachbarten Netzzonen mit dem höheren Preis verkauft wird.

III. Grundsätze des § 1 a EnWG

Die Grundsätze des § 1a EnWG konkretisieren die Vorgaben des § 1 EnWG in Bezug auf den Strommarkt (Normprogramm zur Weiterentwicklung des Strommarktes[54]), setzen diese teilweise um und dienen der Auslegung der übrigen Vorschriften des EnWG.[55] Wie die Zweckbestimmungen des § 1 EnWG werden die Grundsätze des § 1a EnWG erst durch eine Konkretisierung in anderen Vorschriften des EnWG vollziehbar (so wird § 1a Abs. 4 EnWG (hinsichtlich eines bedarfsgerechten Ausbaus) durch § 11 Abs. 1 EnWG konkretisiert).[56]

Nach § 1a Abs. 1 S. 1 EnWG wird der Preis für Elektrizität nach wettbewerblichen Grundsätzen am Markt gebildet. Der Grundsatz des § 1a Abs. 1 S. 1 EnWG setzt das Ziel des § 1 Abs. 4 Nr. 1 EnWG (Stärkung der freien Preisbildung für Elektrizität durch wettbewerbliche Marktmechanismen) um und soll den potenziellen Investoren im Bereich der Energieversorgung mehr Planungs- und Investitionssicherheit bieten.[57]

---

[50] vgl. *Theobald*, in: Theobald/Kühling, § 1, Rn. 53.

[51] vgl. *Kment*, in: Kment, § 1, Rn. 17.

[52] vgl. *Theobald*, in: Theobald/Kühling, § 1, Rn. 54; *Kment*, in: Kment, § 1, Rn. 18.

[53] vgl. BT-Drs. 18/7317, 76.

[54] vgl. BT-Drs. 18/7317, 76; *Säcker*, in: Säcker, § 1a, Rn. 1 f.

[55] vgl. *Kment*, in: Kment, § 1a, Rn. 2 m. w. N.

[56] vgl. *Theobald*, in: Theobald/Kühling, § 1a, Rn. 1; *Kment*, in: Kment, § 1a, Rn. 2.

[57] vgl. BT-Drs. 18/7317, 76; *Säcker*, in: Säcker, § 1a, Rn. 4; *Theobald*, in: Theobald/Kühling, § 1a, Rn. 3; *Kment*, in: Kment, § 1a, Rn. 4.

In § 1a Abs. 4 EnWG unterstreicht der Gesetzgeber auch die Bedeutung der volkswirtschaftlichen Effizienz des Netzausbaus[58] (z. B. Möglichkeit der „Spitzenkappung“[59]). Wie bereits erörtert, darf die Frage nach der Kosteneffizienz nicht nur aus der Perspektive der kurzfristigen Kostensteigerung beantwortet werden, sondern muss auch die mittel- und langfristigen Auswirkungen berücksichtigen.

Mit § 1a Abs. 6 EnWG wird die Einbindung des Strommarktes in die europäischen Strommärkte und den Elektrizitätsbinnenmarkt geregelt und die stärkere europäische Zusammenarbeit verankert und dadurch die Zielbestimmung des § 1 Abs. 4 Nr. 4 EnWG konkretisiert.[60] § 1a Abs. 6 EnWG gibt letztgenannter Zielbestimmung weitere Konturen, muss aber auch in ihrem Lichte – wie auch im Lichte des übrigen § 1 EnWG – verstanden werden.[61] Diese Wechselbeziehung – die Grundsätze konkretisieren die Zwecke und werden im Lichte der Zweckbestimmungen ausgelegt – besteht zwischen allen Zwecken und Grundsätzen.[62]

Im Hinblick auf die Gemeinwohlbindung Privater bei der Erfüllung der Aufgabe der Energieversorgung spielen die gesetzlichen Zweck- und Zielbestimmungen sowie Grundsätze eine entscheidende Rolle. Zwar sind sie aufgrund ihres abstrakten Charakters nicht unmittelbar vollziehbar,[63] sie sind jedoch ein wichtiges Bindeglied zwischen dem kaum greifbaren Gemeinwohl und dem imperativen Programm der einzelnen Bestimmungen des Energierechts, welche der Gemeinwohlverwirklichung dienen und Private im Sinne dieser Verwirklichung steuern.

IV. Aufgaben der Energieversorgungsunternehmen

Die Regelung der Aufgaben der Energieversorgungsunternehmen wurde mit dem EnWG 2005[64] in das Gesetz aufgenommen.[65] Diese Regelung „betont die wirtschaftliche Eigenverantwortung der Unternehmen und ergänzt die Zweckbestimmung des Gesetzes nach § 1 um eine Klarstellung, dass die Eigenverantwortung eine grundsätzliche Verpflichtung der Energieversorgungsunternehmen umfasst, im

---

[58] vgl. BT-Drs. 18/7317, 77; *Säcker*, in: Säcker, § 1a, Rn. 10; *Theobald*, in: Theobald/Kühling, § 1a, Rn. 6; *Kment*, in: Kment, § 1a, Rn. 10.

[59] BMWi, Ein Strommarkt für die Energiewende – Ergebnispapier des Bundesministeriums für Wirtschaft und Energie (Weißbuch), 2015, S. 75 f., https://www.bmwi.de/Redaktion/DE/Publikationen/Energie/weissbuch.pdf?__blob=publicationFile&v=33, abgerufen am 21. 08. 2020.

[60] vgl. BT-Drs. 18/7317, S. 77; *Säcker*, in: Säcker, § 1a, Rn. 12; *Theobald*, in: Theobald/Kühling, § 1a, Rn. 8.

[61] vgl. *Kment*, in: Kment, § 1a, Rn. 12.

[62] vgl. *Hellermann/Hermes*, in: Britz/Hellermann/Hermes, § 1, Rn. 40; *Kment*, in: Kment, § 1a, Rn. 2.

[63] vgl. BT-Drs. 15/3917, 47 f.; *Kment*, in: Kment, § 1, Rn. 2 und § 1a, Rn. 2.

[64] Zweites Gesetz zur Neuregelung des Energiewirtschaftsrechts vom 7. Juli 2005, BGBl. 2005 I 1970.

[65] vgl. *Kment*, in: Kment, § 2, Rn. 1.

Rahmen der Vorschriften zu einer dem Zweck des Gesetzes entsprechenden leitungsgebundenen Energieversorgung beizutragen.

Die Einfügung dieser Vorschrift trägt insbesondere der Erwartung Rechnung, dass infolge der Entflechtungsvorschriften des Teiles 2 dieses Gesetzes die Netzbetreiber zukünftig in den meisten Fällen rechtlich selbständige juristische Personen sein werden und die notwendige Zusammenarbeit zwischen Energieerzeugern, Netzbetreibern und Stromhändlern nicht mehr innerhalb einer Gesellschaft erfolgen wird."[66]

Die Notwendigkeit der Hervorhebung[67] der grundsätzlichen Verpflichtung[68] der Energieversorgungsunternehmen, eigenverantwortlich zur Energieversorgung beizutragen, resultiert aus der Neuausrichtung der Energiewirtschaft am Wettbewerb und ist damit eine Folge der Liberalisierung.[69]

Vor dem EnWG 1998 gewährte der Gesetzgeber den EVU eine Monopolstellung in ihrem jeweiligen geschlossenen Versorgungsgebiet und verlangte im Gegenzug die Erfüllung einer Versorgungsaufgabe unter Androhung von Betriebsuntersagungen.[70]

In der liberalisierten Energiewirtschaft soll die Versorgungssicherheit im freien Wettbewerb der Energieversorger untereinander sichergestellt werden.[71] Da im freien, wettbewerblichen Markt Akteure frei darüber entscheiden, ob sie jemanden mit Energie beliefern oder nicht, hielt es der Gesetzgeber des EnWG 2005 für angebracht, die Versorger an ihre Allgemeinwohlverpflichtung zu erinnern.[72]

Auf den ersten Blick erscheint eine solche Regelung konsequent und richtig, denn nach dem Wegfall der allgemeinen Versorgungspflicht des § 6 EnWG 1935 war es erforderlich, die Gemeinwohlbindung Privater wiederherzustellen.[73] Das Problem besteht allerdings darin, dass eine allgemeine Versorgungspflicht nicht in das liberale

---

[66] vgl. BT-Drs. 15/3917, S. 48.

[67] vgl. *Säcker*, in: Säcker, § 2, Rn. 1.

[68] bereits in § 2 Abs. 2 EnWG 1935 angelegt: „Energieversorgungsunternehmen im Sinne dieses Gesetzes sind ohne Rücksicht auf Rechtsformen und Eigentumsverhältnisse alle Unternehmen und Betriebe, die andere mit elektrischer Energie oder Gas versorgen oder Betriebe dieser Art verwalten (öffentliche Energieversorgung)" i. V. m. der Sanktionierung des § 8 EnWG 1935.

[69] vgl. *Stappert/Groß*, in: Rosin, § 2, Rn. 3; *Säcker*, EnWZ 2015, 531 ff.

[70] vgl. § 8 Abs. 1 EnWG 1935: „Zeigt sich ein Energieversorgungsunternehmen außerstande, seine Versorgungsaufgaben, insbesondere die ihm auf Grund dieses Gesetzes auferlegten Pflichten, zu erfüllen, und können zur Beseitigung der das Energieversorgungsunternehmen an der Erfüllung seiner Versorgungsaufgaben hindernden Umstände ausreichende Maßnahmen nicht getroffen werden, so kann ihm der Reichswirtschaftsminister nach Durchführung eines Untersagungsverfahrens den Betrieb ganz oder teilweise untersagen."; vgl. auch *Kment*, in: Kment, § 2, Rn. 1.

[71] vgl. *Theobald*, in: Theobald/Kühling, § 2, Rn. 3.

[72] vgl. *Hellermann*, in: Britz/Hellermann/Hermes, § 2, Rn. 2; *Kment*, in: Kment, § 2, Rn. 1.

[73] vgl. *Ruge*, S. 160 ff.

Ordnungssystem des EnWG 2005 passt. Deswegen beschränkt sich die Verpflichtung zur Versorgung auf den „Rahmen der Vorschriften dieses Gesetzes".[74]

Da der gesetzliche Rahmen jedoch selbst Regelungen zu Betriebs-,[75] Anschluss- und Versorgungspflicht[76] enthält, wird die Regelung in § 2 Abs. 1 EnWG teilweise als überflüssig kritisiert.[77]

Daher erschöpft sich die Regelung inhaltlich in einem Appell an die Energieversorgungsunternehmen, ihrer Allgemeinwohlverpflichtung nachzukommen, ohne eine gesetzliche Bindungswirkung zu entfalten.[78]

Da die Betriebspflicht aus § 11 Abs. 1 EnWG nur die Netzbetreiber, nicht aber alle anderen EVU adressiert[79] und sich die Pflicht zur Grundversorgung aus § 36 EnWG nur auf Haushaltskunden bezieht, kann es zu Situationen kommen, in welchen der gesetzliche Rahmen keinen Anspruch auf Versorgung gewährt (z. B. bei Weigerung eines Stromhändlers wegen Unrentabilität einen Sondervertragskunden zu beliefern).[80] In solchen Situationen würde eine allgemeine Versorgungspflicht Abhilfe schaffen. Jedoch passt diese, wie bereits erwähnt, nicht in das System der liberalisierten Energiewirtschaft.

Eine allgemeine Versorgungspflicht ist in einem liberalisierten System der Energieversorgung auch nicht erforderlich.[81] In dem dargestellten Beispiel könnte der Sondervertragskunde z. B. einen Standort wählen, an welchem die Energieversorgung nicht aufgrund der Unrentabilität unmöglich wäre. Alternativ kann der Sondervertragskunde auch eine Direktleitung bauen lassen.

Dennoch ist die Regelung der Versorgungspflicht in § 2 Abs. 1 EnWG sinnvoll. Sie fasst die Gemeinwohlbindungen aus den einzelnen Regelungen des EnWG in einer Versorgungspflicht zusammen[82] und stellt auch eine Verbindung zwischen den konkreten Handlungsaufträgen der einzelnen Regelungen und den Zwecken und Zielen des Gesetzes her.[83] Hierdurch wird der gesetzliche Auftrag an Private verdeutlicht, im Sinne der Gemeinwohlverwirklichung zu handeln.[84]

---

[74] vgl. § 2 Abs. 1 EnWG.

[75] vgl. § 11 EnWG.

[76] vgl. §§ 36, 53a EnWG.

[77] vgl. *Salje*, EnWG, § 2, Rn. 9.

[78] vgl. *Kment*, in: Kment, § 2, Rn. 5.

[79] vgl. *Koenig/Kühling/Rasbach*, S. 52, Rn. 29.

[80] vgl. *Salje*, EnWG, § 2, Rn. 6.

[81] vgl. *Hellermann*, in: Britz/Hellermann/Hermes, § 2, Rn. 10.

[82] vgl. *Hellermann*, in: Britz/Hellermann/Hermes, § 2, Rn. 7.

[83] § 2 Abs. 1 EnWG: „zu einer Versorgung im Sinne des § 1 verpflichtet" i. V. m. § 1 Abs. 1 EnWG: „ist eine möglichst sichere, preisgünstige, verbraucherfreundliche, effiziente und umweltverträgliche leitungsgebundene Versorgung der Allgemeinheit mit Elektrizität und Gas, die zunehmend auf erneuerbaren Energien beruht".

[84] vgl. *Säcker*, in: Säcker, § 2, Rn. 4.

Zwar sind die Ziele bzw. Zwecke und die Versorgungspflicht nicht einzeln vollziehbar, sie entfalten aufgrund ihres Leitliniencharakters dennoch Rechtswirkung, wenn sie z. B. im Rahmen von Aufsichtsmaßnahmen nach § 65 EnWG als Auslegungshilfe bei der Auslegung von Eingriffsvoraussetzungen („den Bestimmungen dieses Gesetzes sowie den auf Grund dieses Gesetzes ergangenen Rechtsvorschriften“ entgegenstehendes Verhalten) dienen.[85]

§ 11 EnWG enthält eine Konkretisierung der Versorgungspflicht für die Betreiber von Energieversorgungsnetzen und fasst ihre Aufgaben allgemein zusammen.[86] Die Betreiber von Energieversorgungsnetzen sind danach (vgl. § 11 Abs. 1 S. 1 und 2 EnWG) „verpflichtet, ein sicheres, zuverlässiges und leistungsfähiges Energieversorgungsnetz diskriminierungsfrei zu betreiben, zu warten und bedarfsgerecht zu optimieren, zu verstärken und auszubauen, soweit es wirtschaftlich zumutbar ist. Sie haben insbesondere die Aufgaben nach den §§ 12 bis 16a zu erfüllen.“

§§ 12 bis 16a EnWG regeln die Aufgaben der Betreiber von Energieversorgungsnetzen im Detail. §§ 11 bis 16a EnWG sind der verbindliche Teil der gesetzlichen Gemeinwohlbindung Privater im Hinblick auf den Netzbetrieb[87] im Rahmen der Gewährleistungsverantwortung.[88]

V. Entflechtung

Nach § 6 Abs. 1 EnWG sind vertikal integrierte Energieversorgungsunternehmen und rechtlich selbstständige Betreiber von Elektrizitäts- und Gasversorgungsnetzen, die im Sinne des § 3 Nummer 38 EnWG mit einem vertikal integrierten Energieversorgungsunternehmen verbunden sind, zur Gewährleistung von Transparenz sowie diskriminierungsfreier Ausgestaltung und Abwicklung des Netzbetriebs verpflichtet. Um dieses Ziel zu erreichen, müssen sie die Unabhängigkeit der Netzbetreiber von anderen Tätigkeitsbereichen der Energieversorgung nach den §§ 6a bis 10e EnWG sicherstellen.

Die vorgeschriebene Unabhängigkeit soll durch die buchhalterische (§ 6b EnWG), die informatorische (§ 6a EnWG), die organisatorische (§ 6 EnWG), die rechtliche (§ 7 EnWG), die operationelle (§ 7a EnWG) sowie die eigentumsrechtliche Entflechtung (§ 8 EnWG) erreicht werden. Die strenge eigentumsrechtliche Entflechtung mit Alternativen der Benennung eines unabhängigen Systembetreibers (§ 9 EnWG) und eines unabhängigen Transportnetzbetreibers (§ 10 EnWG) gelten nur für Transportnetzbetreiber. Allerdings stellt die Übereignungspflicht nach § 46

---

[85] vgl. *Säcker*, in: Säcker, § 2, Rn. 2.

[86] vgl. *Sötebier*, in: Britz/Hellermann/Hermes, § 11, Rn. 1; *Tüngler*, in: Kment, § 11, Rn. 2.

[87] vgl. *Sötebier*, in: Britz/Hellermann/Hermes, § 11, Rn. 8.

[88] vgl. BVerwGE 116, 365 ff., Rn. 11, 15, 18.

Abs. 2 EnWG einen nicht weniger einschneidenden Eingriff in die Rechte der Verteilernetzbetreiber dar.

Die Entflechtung ist eine notwendige Konsequenz der Liberalisierung[89] und trägt wesentlich zur Maximierung des Gemeinwohls bei.[90]

EVU waren vor ihrer Entflechtung vertikal integriert, d. h. auf sämtlichen Stufen der Energieversorgung (Erzeugung, Transport, Handel und Vertrieb) tätig.[91] Durch Demarkationsverträge wurde EVU ein bestimmter räumlicher Bereich zugewiesen, in dem sie unter Ausschluss anderer Versorgungsunternehmen Energie liefern konnten. Als Konsequenz solcher Marktstruktur waren die Verbraucherpreise tendenziell überhöht (Monopolrendite[92]) und der Marktzutritt für neue Unternehmen war nahezu ausgeschlossen.[93]

Durch die Trennung der Netzbetreiber von anderen Tätigkeiten der Energieversorgung auf den dem Energietransport vor- und nachgelagerten Stufen sollen Diskriminierung (insbesondere beim Netzzugang) sowie Quersubventionierungen bekämpft und dadurch der Wettbewerb gestärkt werden:[94]

> „Diese [Entflechtungsvorschriften] dienen dem Zweck, neben erhöhter Transparenz dazu beizutragen, dass Ausgestaltung und Abwicklung des Netzbetriebs in diskriminierungsfreier Weise geschehen und sie keine Grundlage für mögliche verdeckte Quersubventionen zwischen den Tätigkeiten des Netzbetriebsbereichs und denen der anderen Geschäftsbereiche des vertikal integrierten Unternehmens bieten. [...]
>
> Die Unabhängigkeit von sonstigen Interessen im vertikal integrierten Unternehmen gewährleistet den Netzbetreibern den nötigen unternehmerischen Freiraum, ihr Geschäft ausschließlich an netzeigenen Interessen auszurichten und damit allen Netznutzern gleichermaßen einen diskriminierungsfreien Zugang zum Netz zu verschaffen."[95]

Die EU hat sich die Errichtung und Vollendung eines Energiebinnenmarkts zum Ziel gesetzt.[96] In den 1990er-Jahren, als auf den meisten nationalen Märkten für

---

[89] vgl. *Knauff*, in: Kment, § 6, Rn. 1 f.; *Heinlein/Büsch*, in: Theobald/Kühling, § 6, Rn. 4.

[90] Die eigentumsrechtliche Entflechtung erfolgte erst im weiteren Verlauf der Liberalisierung infolge der Nachsteuerung der Gemeinwohlrealisierung im 3. Energiebinnenmarktpaket der EU (Richtlinien 2009/72/EG und 2009/73/EG): § 8 EnWG in der am 04.08.2011 geltenden Fassung, Änderung durch Artikel 1 G. vom 26.07.2011, BGBl. I S. 1554.

[91] vgl. *Hölscher*, in: Britz/Hellermann/Hermes, Vorb. § 6, Rn. 4.

[92] vgl. *Säcker/Schönborn*, in: Säcker, § 6, Rn. 17.

[93] vgl. *Knauff*, in: Kment, § 6, Rn. 1.

[94] vgl. *Säcker/Schönborn*, in: Säcker, § 6, Rn. 2.

[95] vgl. BT-Drs. 17/6072, S. 54.

[96] vgl. Art. 114, 194 AEUV, Vertrag über die Arbeitsweise der Europäischen Union, ABl. EU Nr. C 326, S. 1 ff. vom 26. Oktober 2012; *Hölscher*, in: Britz/Hellermann/Hermes, Vorb. § 6, Rn. 4.

Strom und Erdgas Monopole herrschten, beschlossen die Europäische Union und die Mitgliedstaaten, die Märkte schrittweise für Wettbewerb zu öffnen.[97]

Die Richtlinie 96/92/EG[98] und die Richtlinie 98/30/EG[99] enthielten zu diesem Zweck einige Regelungen, die auf eine rechtliche und operationelle Entflechtung der EVU abzielten.[100]

Diese wurden in den letzten Richtlinien für den Energiebinnenmarkt[101] aktualisiert, wobei das Entflechtungskonzept mit dem Ziel, durch eine Trennung von Energieerzeugung und Vertrieb einerseits und dem Betrieb von Energieversorgungsnetzen andererseits die Markttransparenz zu erhöhen und den Wettbewerb zu fördern, unberührt blieb.[102]

Die Entflechtung ist ein sehr komplizierter Vorgang mit vielen Detailfragen. Diesem Umstand tragen die relativ allgemein gehaltenen Entflechtungsvorgaben im Gesetz nicht ausreichend Rechnung. Da es keine Verordnungsermächtigung zur Regelung der Einzelheiten der Entflechtung gibt, blieb die weitere Konkretisierung von Entflechtungsvorgaben zunächst der Regulierungs- und Gerichtspraxis vorbehalten.[103]

Um die Konkretisierung der Entflechtungsvorgaben zu beschleunigen[104] gaben die Regulierungsbehörden ihre Auslegung und ihr Verständnis von den Entflechtungsbestimmungen in rechtlich unverbindlichen Auslegungsgrundsätzen[105] bekannt. Die Regulierungsbehörden messen alle Adressaten der Entflechtungsbestimmungen an den Vorgaben dieser regulierungsbehördlichen Auslegungsgrundsätze.[106] Dieses Beispiel verdeutlicht die Rolle der Regulierungspraxis als eines weiteren Instruments der Gemeinwohlbindung.

---

[97] vgl. https://www.europarl.europa.eu/factsheets/de/sheet/45/energiebinnenmarkt; *Heinlein/Büsch*, in: Theobald/Kühling, § 6, Rn. 5 f.

[98] vgl. Art. 13–15 Richtlinie 96/92/EG betreffend gemeinsame Vorschriften für den Elektrizitätsbinnenmarkt vom 19. Dezember 1996.

[99] vgl. Art. 12, 13 Richtlinie 98/30/EG betreffend gemeinsame Vorschriften für den Erdgasbinnenmarkt vom 22. Juni 1998.

[100] vgl. *Knauff*, in: Kment, § 6, Rn. 2; *Säcker/Schönborn*, in: Säcker, § 6, Rn. 1, 4.

[101] Richtlinie (EU) 2019/944 und Richtlinie 2009/73/EG in der Fassung der Richtlinie 2019/692.

[102] vgl. *Knauff*, in: Kment, § 6, Rn. 2.

[103] vgl. *Hölscher*, in: Britz/Hellermann/Hermes, Vorb. § 6, Rn. 27, 29.

[104] vgl. *Säcker/Schönborn*, in: Säcker, § 6, Rn. 19.

[105] zu finden unter https://www.bundesnetzagentur.de/DE/Sachgebiete/ElektrizitaetundGas/Unternehmen_Institutionen/EntflechtungKonzessionenVerteilernetze/EntflechtungVNB/entflechtung_node.html.

[106] vgl. *de Wyl/Finke*, in: Schneider/Theobald, § 4, Rn. 15.

Die Entflechtung gehört – trotz einiger Bedenken gegen Verfassungskonformität der eigentumsrechtlichen Entflechtung[107] – zu den wichtigsten Instrumenten der Gemeinwohlverwirklichung. Ihre starke Gemeinwohlbindung besteht in der Schaffung einer Marktstruktur (Reduzierung des Monopolbereichs auf den Transportmarkt), in welcher im Idealfall in ganzen Bereichen der Energieversorgung (Erzeugung, Handel, Vertrieb) die Gefahren der Quersubventionierung und der Monopolpreisbildung ausgeschlossen sind.[108] Eine weitere vorteilhafte Konsequenz des die Entflechtung voraussetzenden disaggregierten Regulierungsansatzes[109] ist die Reduzierung der regulierten Bereiche.[110]

VI. Netzanschluss

Nach § 17 Abs. 1 EnWG haben die Betreiber von Energieversorgungsnetzen Letztverbraucher, gleich- oder nachgelagerte Elektrizitäts- und Gasversorgungsnetze sowie -leitungen, Ladepunkte für Elektromobile, Erzeugungs- und Speicheranlagen sowie Anlagen zur Speicherung elektrischer Energie zu technischen und wirtschaftlichen Bedingungen an ihr Netz anzuschließen, die angemessen, diskriminierungsfrei, transparent und nicht ungünstiger sind, als sie von den Betreibern der Energieversorgungsnetze in vergleichbaren Fällen für Leistungen innerhalb ihres Unternehmens oder gegenüber verbundenen oder assoziierten Unternehmen angewendet werden.

Daneben besteht eine allgemeine Anschlusspflicht für Verbraucher gemäß § 18 Abs. 1 EnWG:

> „Abweichend von § 17 haben Betreiber von Energieversorgungsnetzen für Gemeindegebiete, in denen sie Energieversorgungsnetze der allgemeinen Versorgung von Letztverbrauchern betreiben, allgemeine Bedingungen für den Netzanschluss von Letztverbrauchern in Niederspannung oder Niederdruck und für die Anschlussnutzung durch Letztverbraucher zu veröffentlichen sowie zu diesen Bedingungen jedermann an ihr Energieversorgungsnetz anzuschließen und die Nutzung des Anschlusses zur Entnahme von Energie zu gestatten."

---

[107] vgl. zum Streitstand: *Baur/Salje/Schmidt-Preuß/Storr*, Kap. 94, Rn. 88 ff.; *Kaiser/Wischmeyer*, VerwArch 101 (2010), 34, 43 ff.; *Gundel/Germelmann*, EuZW 2009, 763, 766; *Pielow/Ehlers*, IR 2007, 259, 264; *Holznagel/Theurl/Meyer/Schumacher*, S. 77 ff.; Schmidt-Preuß, EuR 2006, 463, 484 f.; *Kahle*, RdE 2007, 293, 294 ff.; *Mayen/Karpenstein*, RdE 2008, 33, 45; *Müller-Terpitz/Weigl*, EuR 2009, 348, 360 ff.

[108] vgl. *Säcker/Schönborn*, in: Säcker, § 6, Rn. 2.

[109] vgl. *Knieps*, ZfE, 2007, 229 ff.

[110] vgl. *Hölscher*, in: Britz/Hellermann/Hermes, § 6, Rn. 10.

Während § 17 EnWG, welcher in EnWG 2005 eingeführt wurde, der Umsetzung des Art. 23 Abs. 2 der Stromrichtlinie und des Art. 25 Abs. 2 der Gasrichtlinie dient,[111] entspricht der § 18 Abs. 1 EnWG dem § 10 Abs. 1 des EnWG 1998.[112]

Da der Netzanschluss technische und rechtliche Voraussetzung für den Netzzugang ist,[113] war bereits vor Einführung des § 17 EnWG 2005 anerkannt, dass die Vorschriften über den Netzzugang nach den §§ 6, 6a EnWG 1998 ein Recht auf Anschluss voraussetzten, weil ohne Netzanschluss eine Verpflichtung zur Verschaffung des Netzzugangs physikalisch nicht möglich ist.[114] Da mit dem EnWG 2005 ein Wechsel vom System des verhandelten Netzzugangs zum regulierten Netzzugang mit seinem Zugangsanspruch stattfand, wurde der besondere Netzanschluss durch das EnWG von 2005 ebenfalls der Regulierung unterworfen.[115]

Aus der Perspektive der Gemeinwohlbindung sichert § 17 EnWG eine Vorstufe zum Netzzugang und ermöglicht diesen. § 18 EnWG dagegen adressiert die Letztverbraucher in Niederspannung/Niederdruck und gewährleistet damit die „Grundversorgung"[116] der Bevölkerung mit Netzanschlüssen und sichert dadurch die Vorstufe zur Grundversorgung.

Da das Rechtsverhältnis zwischen dem Netzbetreiber und dem Anschlusskunden in §§ 17 Abs. 1 und 18 Abs. 1 EnWG lediglich dem Grunde nach geregelt wird, enthalten §§ 17 Abs. 3 und 18 Abs. 3 EnWG Verordnungsermächtigungen für seine konkrete Ausgestaltung.[117] Die auf diesen Grundlagen erlassenen Rechtsverordnungen dienen der Konkretisierung der Gemeinwohlbindung der §§ 17, 18 EnWG.[118] Darüber hinaus ist der vorrangige Anschluss von Anlagen, die Strom aus erneuerbaren Energien oder mittels Kraft-Wärme-Kopplung gewinnen, in Spezialgesetzen geregelt.[119]

Die durch die §§ 17 und 18 EnWG (wie auch durch die übrigen Vorschriften der Abschnitte B. (Netzanschluss) und C. (Netzzugang)) des EnWG geregelte Gemeinwohlbindung wird durch § 31 und § 30 Abs. 1 S. 1 und 2 Nr. 1 und 2 EnWG

---

[111] Richtlinien 2003/54/EG und 2003/55/EG; vgl. *Säcker/Boesche*, in: Säcker, § 17, Rn. 5.

[112] vgl. BT-Drs. 15/3917, S. 58.

[113] vgl. *Hartmann*, in: Theobald/Kühling, § 17, Rn. 1.

[114] vgl. *Salje*, EnWG, vor §§ 17 bis 19, Rn. 1.

[115] vgl. *Theobald/Zenke/Dessau*, in: Schneider/Theobald, § 15, Rn. 31.

[116] vgl. *Bourwieg*, in: Britz/Hellermann/Hermes, § 17, Rn. 1; *Theobald/Zenke/Dessau*, in: Schneider/Theobald, § 15, Rn. 32.

[117] vgl. *Hartmann*, in: Theobald/Kühling, § 17, Rn. 162 f.

[118] z. B. Verordnung über den Zugang zu Elektrizitätsversorgungsnetzen (StromNZV) vom 25. Juli 2005, BGBl. I S. 2243; Verordnung über den Zugang zu Gasversorgungsnetzen (GasNZV) vom 3. September 2010, BGBl. I S. 1261; Verordnung über Allgemeine Bedingungen für den Netzanschluss und dessen Nutzung für die Elektrizitätsversorgung in Niederspannung (NAV) vom 1. November 2006, BGBl. I S. 2477; Verordnung über Allgemeine Bedingungen für den Netzanschluss und dessen Nutzung für die Gasversorgung in Niederdruck (NDAV) vom 1. November 2006, BGBl. I S. 2485.

[119] vgl. §§ 8–10 EEG bzw. § 3 KWKG.

zusätzlich abgesichert.[120] Die Regulierungsbehörde kann das Verhalten eines Betreibers von Energieversorgungsnetzen überprüfen (§ 31 EnWG). Nach § 30 Abs. 1 S. 1 EnWG ist den Betreibern von Energieversorgungsnetzen ein Missbrauch ihrer Marktstellung verboten. Ein Missbrauch liegt insbesondere vor, wenn ein Betreiber von Energieversorgungsnetzen Bestimmungen der Abschnitte B. und C. des Gesetzes oder der auf Grund dieser Bestimmungen erlassenen Rechtsverordnungen nicht einhält. In diesem Fall verfügt die Regulierungsbehörde über eine Reihe von Eingriffsbefugnissen, insbesondere kann sie Änderungen bei den Entgelten oder aber Bedingungen für den Netzanschluss verlangen oder den Netzanschluss anordnen.[121]

VII. Netzzugang und Netzentgelte

Nach § 20 Abs. 1 S. 1 EnWG haben die Betreiber von Energieversorgungsnetzen jedermann nach sachlich gerechtfertigten Kriterien diskriminierungsfrei Netzzugang zu gewähren sowie die Bedingungen, einschließlich möglichst bundesweit einheitlicher Musterverträge, Konzessionsabgaben und unmittelbar nach deren Ermittlung, aber spätestens zum 15. Oktober eines Jahres für das Folgejahr Entgelte für diesen Netzzugang im Internet zu veröffentlichen.

Bis 1998 bestand im EnWG keine Regelung des Netzzugangs.[122] Zwar enthielt § 103 Abs. 5 S. 2 Nr. 4 GWB in der Fassung der 5. GWB-Novelle einen Missbrauchstatbestand für den Fall einer unbilligen Behinderung der Durchleitung von Energie; diese Vorschrift kam jedoch faktisch so gut wie nie zur Anwendung.[123]

Mit § 6 EnWG 1998 wurde erstmals eine Vorgängerregelung für den Zugang zu den Elektrizitätsnetzen in das EnWG eingefügt.[124] Da es sich jedoch um eine Regelung des verhandelten Zugangs[125] handelte und daher eine mit dem § 21 EnWG vergleichbare Regelung der Netzentgelte fehlte (die Verordnungsermächtigung des § 6 Abs. 2 EnWG 1998 hinsichtlich der Kriterien zur Bestimmung von Durchleitungsentgelten wurde nicht umgesetzt und die Bildung der Entgelte für den Netzzugang wurde in den Verbändevereinbarungen (VV Strom II plus, VV Gas II) geregelt)[126], stellen die im Jahr 2005 eingeführten Netzzugangsvorschriften der §§ 20 bis 28a EnWG ein Novum im System des Energierechts dar.[127]

---

[120] vgl. *Hartmann*, in: Theobald/Kühling, § 17, Rn. 164f.

[121] vgl. *Theobald/Zenke/Dessau*, in: Schneider/Theobald, § 15, Rn. 35.

[122] vgl. *Britz/Herzmann*, in: Britz/Hellermann/Hermes, Vorb. § 20, Rn. 7.

[123] vgl. *Theobald/Zenke/Dessau*, in: Schneider/Theobald, § 15, Rn. 79.

[124] vgl. *Britz/Herzmann*, in: Britz/Hellermann/Hermes, Vorb. § 20, Rn. 8.

[125] vgl. § 5 EnWG 1998.

[126] vgl. *Säcker*, in: Säcker, Vorb. § 20, Rn. 3, 12.

[127] vgl. *Säcker*, in: Säcker, Vorb. § 20, Rn. 2; *Hartmann/Wagner*, in: Theobald/Kühling, § 20, Rn. 2.

„Die Vorschrift [des § 20 EnWG] setzt gemeinsam mit den weiteren Vorschriften der §§ 21 bis 24, die ebenfalls Netzzugangsbedingungen regeln, die Vorgaben für die Regulierung des Netzzugangs und der Ausgleichsleistungen um, die sich aus Artikel 23 Abs. 2 der Elektrizitätsrichtlinie [Richtlinie 2003/54/EG] und Artikel 25 Abs. 2 der Gasrichtlinie [Richtlinie 2003/55/EG] ergeben."[128]

Für die Inanspruchnahme des Netzzugangs ist es nicht erforderlich, dass der Netznutzer über ein eigenes Netz verfügt.[129] Der Netzzugang greift damit die Monopolstellung des Netzbetreibers an,[130] er ist im gewissen Maße (solange nicht ein Verweigerungsgrund berechtigterweise geltend gemacht wird) gegen ihre Wirkung immun, weil er trotz des Alleinstellungsmerkmals „Verfügung über das Netz" den Netzbetreiber verpflichtet, seine Infrastruktur für die Nutzung durch Dritte zu öffnen.[131] Die Einführung des Netzzugangs ist damit eine Kernfrage für die Herstellung von Wettbewerb in der Energiewirtschaft, mittelbar auch in den dem Transportnetz vor- und nachgelagerten Bereichen[132] und damit auch für die mit der Einführung von Wettbewerb bezweckte Steigerung des Gemeinwohls.

Wie auch beim Netzanschluss sichert § 30 Abs. 1 S. 2 Nr. 1 EnWG zusätzlich die Steuerung des Handelns Privater im Sinne des Gemeinwohls.[133] Danach liegt ein Missbrauch der Marktstellung des Netzbetreibers vor, wenn der Netzbetreiber den Netzzugang verweigert, ohne dass ihm ein Verweigerungsgrund zusteht. Die Regulierungsbehörde kann in einem solchen Fall Änderungen bei den Entgelten oder Bedingungen für die Gewährung des Netzzugangs verlangen oder den Netzzugang selbst anordnen (vgl. § 30 Abs. 2 EnWG).[134]

Die Grundlagen der Bedingungen und Entgelte für den Netzzugang werden in § 21 EnWG geregelt.[135] Die systematische Nähe zur Regelung des Netzzugangs verdeutlicht, dass der Gesetzgeber die Netzentgelte nicht als eigene Regelungsmaterie ansieht, sondern zu den Voraussetzungen eines wettbewerbskonformen Netzzugangssystems zählt.[136]

Die Entgelte sind damit nach der Vorstellung des Gesetzgebers eine Unterart von Zugangsbedingungen.[137] In § 21a EnWG (Anreizregulierung) und § 23a EnWG (kostenorientierte Entgeltbildung) werden die detaillierteren Anforderungen an die Entgeltbildung gestellt. Weitere Konkretisierung erfährt die Entgeltbildung in den

---

[128] BT-Drs. 15/3917, S. 59.

[129] vgl. *Britz/Herzmann*, in: Britz/Hellermann/Hermes, Vorb. § 20, Rn. 2.

[130] vgl. *Britz/Herzmann*, in: Britz/Hellermann/Hermes, Vorb. § 20, Rn. 2 f.; *Hartmann/Wagner*, in: Theobald/Kühling, § 20, Rn. 25.

[131] vgl. *Säcker*, in: Säcker, § 20, Rn. 1.

[132] vgl. *Theobald/Zenke/Dessau*, in: Schneider/Theobald, § 15, Rn. 83.

[133] vgl. *Säcker*, in: Säcker, § 20, Rn. 61.

[134] vgl. *Britz/Herzmann/Arndt*, in: Britz/Hellermann/Hermes, § 20, Rn. 26.

[135] vgl. *Missling*, in: Theobald/Kühling, § 21, Rn. 1.

[136] vgl. *Theobald/Zenke/Dessau*, in: Schneider/Theobald, § 15, Rn. 86.

[137] vgl. *Missling*, in: Theobald/Kühling, § 21, Rn. 20.

aufgrund der §§ 21a Abs. 6, 24 EnWG erlassenen Verordnungen,[138] welche die Einzelheiten und die Methode der kostenorientierten Entgeltbildung genau vorschreiben.[139]

Die Regulierung der Netzentgelte zielt darauf ab, dass die Nutzung des Netzes im Wege des Netzzugangsanspruchs zu quasi wettbewerblichen Bedingungen erfolgt.[140]

Der Regulierung der Netzentgelte liegt die Annahme zu Grunde, dass die Netzentgelte aufgrund überlegener Marktmacht (aufgrund eines natürlichen Monopols)[141] der Netzbetreiber von ihnen einseitig festgesetzt und nicht im Wettbewerb gebildet werden.[142] Zudem sei der Markt „Netze" nicht angreifbar, denn konkurrierende Infrastrukturen, die den Nachfragern etwa bei überhöhten Preisen ein Ausweichen auf andere Anbieter ermöglichten, bestehen nicht; die Errichtung paralleler Strom- oder Gasnetze in einem Gebiet sei regelmäßig ökonomisch nicht sinnvoll, so dass für die Netzbetreiber mangels Wettbewerbs daher kein Anreiz besteht, ihre Netzentgelte niedrig und kundenfreundlich festzulegen.[143]

Diese strukturellen Marktdefizite sollen nach Intention des Gesetzgebers durch hoheitliche Maßnahmen der Entgeltregulierung dadurch ausgeglichen werden, dass für den Netzzugang solche Bedingungen gelten sollen, wie sie sich bei einem bestehenden Wettbewerb herausbilden würden (sog. „Als-Ob-Wettbewerb").[144] Die Kosten und Kostenbestandteile, die sich ihrem Umfang nach im Wettbewerb nicht einstellen würden, dürfen nicht berücksichtigt werden (§ 21 Abs. 2 S. 2 EnWG). Die Entgeltregulierung zielt daher auf eine Simulierung von Wettbewerb.[145]

Mit Inkrafttreten der ARegV wurde die bislang angewandte kostenbasierte Entgeltbildung (bei welcher sich die Erlöse der Netzbetreiber an deren Kosten orientieren und ein angemessener Gewinn addiert wird) abgelöst.[146] Der Nachteil der kostenbasierten Entgeltbildung besteht darin, dass für den Netzbetreiber kein

---

[138] die Stromnetzentgeltverordnung (Verordnung über die Entgelte für den Zugang zu Elektrizitätsversorgungsnetzen (StromNEV) vom 25. Juli 2005, BGBl. I S. 2225) und die Gasnetzentgeltverordnung (Verordnung über die Entgelte für den Zugang zu Gasversorgungsnetzen (GasNEV) vom 25. Juli 2005, BGBl. I S. 2197) sowie die Anreizregulierungsverordnung (Verordnung über die Anreizregulierung der Energieversorgungsnetze vom 29. Oktober 2007, BGBl. I S. 2529).

[139] vgl. *Theobald/Zenke/Dessau*, in: Schneider/Theobald, § 15, Rn. 86.

[140] vgl. *Groebel*, in: Britz/Hellermann/Hermes, § 21, Rn. 2.

[141] vgl. *Britz/Herzmann*, in: Britz/Hellermann/Hermes, Vorb. § 20, Rn. 2 m. w. N.

[142] vgl. *Baur/Salje/Schmidt-Preuß/Bettzüge/Kesting*, § 4, Rn. 6 ff.

[143] vgl. *Schütte*, in: Kment, § 21, Rn. 3.

[144] vgl. *Schütte*, in: Kment, § 21, Rn. 2; *Groebel*, in: Britz/Hellermann/Hermes, § 21, Rn. 4.

[145] vgl. BGH, RdE 2008, 337, 340; *Müller-Kirchenbauer*, in: Theobald/Kühling, § 21a, Rn. 7.

[146] vgl. *Groebel*, in: Britz/Hellermann/Hermes, § 21, Rn. 5; *Missling*, in: Theobald/Kühling, § 23a, Rn. 9.

wirksamer Anreiz zur effizienten Kostengestaltung gegeben ist, da seine Kosten anerkannt und in Form von Entgelten an die Netznutzer abgewälzt werden.[147]

Bei der Anreizregulierung dagegen werden den Netzbetreibern individuelle, effizienzbasierte Erlösobergrenzen vorgegeben.[148] Falls ein Netzbetreiber die Effizienzvorgaben übererfüllt, erwirtschaftet er eine höhere Rendite als inneffiziente Netzbetreiber und verbucht einen zusätzlichen Gewinn, worin die Incentivierung zur Effizienzsteigerung besteht.[149] Doch der Gewinn an Effizienz kommt nicht nur dem Netzbetreiber zugute, denn in der nachfolgenden Regulierungsperiode wird die Effizienzsteigerung im Betrieb des Netzbetreibers an die Kunden in Form von niedrigeren Netznutzungsentgelten weitergereicht.[150] Wegen der mit ihr verbundenen Vorteile (z. B. Erreichung des Ziels „Gewinne aus natürlichen Monopolen zu begrenzen und Effizienzgewinne an die Kunden weiterzugeben“[151]) sowohl für Netzbetreiber als auch für Kunden ist die Anreizregulierung ein besonders effektives Instrument im Hinblick auf die Gemeinwohlverwirklichung.

Als problematisch gilt allerdings, dass die Anreizregulierung in Zeit verstärkter Investitionsbedürfnisse, wie des Netzausbaus, Anwendung findet, so dass befürchtet wird, dass sich eine zu starke Orientierung an Effizienz investitionshemmend auswirken kann.[152] Der Verordnungsgeber hat auf diese Problematik reagiert und einige Anpassungen vorgenommen (z. B. die Beseitigung des Zeitverzugs bei genehmigten Investitionsmaßnahmen, die Einführung der volatilen Kosten, § 11 Abs. 5 ARegV, die Einführung eines Kapitalkostenaufschlags und eines Effizienzbonus sowie die Implementierung der operativen Kosten als Teil der Investitionsmaßnahmen).[153]

Die Bereiche des Netzzugangs und der Netzentgelte weisen als regulierte Bereiche besonders hohen Grad an Gemeinwohlbindung auf. Die hohe Regelungsdichte dieser „wirksamen Instrumente“[154] korrespondiert zum einen mit der zentralen Bedeutung der Infrastruktur, ist aber auch aufgrund des Schwierigkeitsgrades der mithilfe der Regulierung zu lösender Aufgabe (Aufbrechen des Monopols) geboten.

Die hier beschriebene starke, bis ins kleinste Detail gehende Bindung des Handelns Privater im Sinne einer Gemeinwohlorientierung wirkt sich gemeinwohlbin-

---

[147] vgl. *Averch/Johnson*, S. 1052 ff.; *Müller-Kirchenbauer*, in: Theobald/Kühling, § 21a, Rn. 6; *Schumacher*, in: Holznagel/Schütz, Einführung, Rn. 3.

[148] vgl. *Missling*, in: Theobald/Kühling, § 23a, Rn. 9; *Steffens*, in: Säcker, § 23a, Rn. 9.

[149] vgl. *Kuhlmann*, S. 494 f.

[150] vgl. *Albrecht/Herrmann*, in: Kment, § 21a, Rn. 3.

[151] vgl. BNetzA, Bericht der Bundesnetzagentur nach § 112a zur Einführung der Anreizregulierung nach § 21a, S. 13, https://www.bundesnetzagentur.de/SharedDocs/Downloads/DE/Sachgebiete/Energie/Unternehmen_Institutionen/Netzentgelte/Anreizregulierung/BerichtEinfuehrgAnreizregulierung.pdf?__blob=publicationFile&v=3.

[152] vgl. *Albrecht/Herrmann*, in: Kment, § 21a, Rn. 139.

[153] vgl. *Schneider/Theobald/Ruge*, § 18, Rn. 102; *Groebel*, in: Britz/Hellermann/Hermes, § 21a, Rn. 13b f.

[154] vgl. *Schütte*, in: Kment, § 21, Rn. 10.

dend auch in anderen Bereichen (z. B. bei der Planung der Netze, bei der Ermittlung des energetischen Bedarfs) aus.[155] Dementsprechend kann bei der Planung der Netze sowie bei der Ermittlung des energetischen Bedarfs den Privaten mehr Entscheidungsfreiheit überantwortet werden und zwar nicht nur weil dort andere Mechanismen der Gemeinwohlbindung installiert sind, sondern auch deswegen, weil bereits aufgrund einer „Ausstrahlungswirkung“ von soeben beschriebenen Gemeinwohlbindungen ohnehin gewährleistet ist, dass Private mit den neuen Infrastrukturen im Sinne des Gesetzes verfahren.

Bis zur Etablierung des Leitungswettbewerbs bleibt der Durchleitungswettbewerb ein zentrales Instrument[156] der Gemeinwohlbindung und -verwirklichung. Die Regulierung soll allerdings Anreize zugunsten des Baus von konkurrierenden Leitungen schaffen und zwar nicht nur weil sich beim konkurrierenden Leitungsbau im Ergebnis der Wettbewerbspreis einstellt, sondern auch weil im Leitungswettbewerb angesichts der geringen Nachfragevolatilität der notwendige Netzausbau lukrativ wird (weil der zusätzliche Transportbedarf prognostizierbar und auch durch andere Marktteilnehmer befriedigt werden kann) und schneller vollzogen werden kann.

VIII. Genehmigungspflicht als Marktzutrittskontrolle

Im § 3 EnWG 1998 („Die Aufnahme der Energieversorgung anderer bedarf der Genehmigung durch die Behörde.“[157]) wurde die präventive Betriebsaufnahmekontrolle[158] des EnWG 1935 fortgesetzt[159] („Wenn Unternehmen und Betriebe, die nicht Energieversorgungsunternehmen sind, die Versorgung anderer mit Energie aufnehmen, so bedürfen sie hierzu der Genehmigung des Reichswirtschaftsministers.“[160]).

Die Beschränkung der Genehmigungspflicht auf die Tätigkeiten der Netzbetreiber erfolgte im § 4 Abs. 1 EnWG 2005.[161] Da die dem Transportbereich vor- und nachgelagerten Bereiche der Energieversorgung durch die Liberalisierung in den Wettbewerb entlassen wurden, erscheint es konsequent, dass die Genehmigungserfordernisse für diese Bereiche abgeschafft wurden, damit sie keine Marktzutrittsschranken darstellen. Aufgrund der besonderen Bedeutung der Energienetze als Infrastruktureinrichtung blieb das Genehmigungserfordernis für den Transportbereich erhalten.[162]

---

[155] vgl. *Groebel*, in: Britz/Hellermann/Hermes, § 21a, Rn. 1.

[156] vgl. *Britz/Herzmann/Arndt*, in: Britz/Hellermann/Hermes, § 20, Rn. 1.

[157] vgl. § 3 Abs. 1 EnWG 1998.

[158] vgl. *Hermes*, in: Britz/Hellermann/Hermes, § 4, Rn. 3.

[159] vgl. *Kment*, in: Kment, § 4, Rn. 1.

[160] vgl. § 5 Abs. 1 EnWG 1935.

[161] vgl. Salje, EnWG, § 4, Rn. 2; *Hermes*, in: Britz/Hellermann/Hermes, § 4, Rn. 1 f., 4.

[162] vgl. *Kment*, in: Kment, § 4, Rn. 1; *Säcker/Steffens*, in: Säcker, § 4, Rn. 1.

Unter dem Blickwinkel der Gemeinwohlverwirklichung ist der Verzicht auf das Genehmigungserfordernis für einige Bereiche der Energieversorgung nicht unbedingt optimal.[163] Die präventive Kontrolle als Marktzutrittsschranke schränkt den Wettbewerb nicht erheblich ein (im Vergleich z. B. zu kontingentierten Zulassungen) und gewährleistet ein Mindestmaß an Qualität bereits im Zeitpunkt der Betriebsaufnahme (was die allgemeine Aufsicht ohne Genehmigungskontrolle erst zeitverzögert gewährleisten kann).

Die Notwendigkeit einer präventiven Kontrolle gilt umso mehr, als die Möglichkeiten der Versagung einer Genehmigung durch das EnWG 2005 im Vergleich zum EnWG 1998 erheblich reduziert wurden.[164] So sieht § 4 Abs. 2 S. 1 EnWG nur noch eine Versagung aufgrund fehlender personeller, technischer oder wirtschaftlicher Leistungsfähigkeit sowie wegen Unzuverlässigkeit vor. Die noch in § 3 Abs. 2 Nr. 2 EnWG 1998 enthaltene Versagungsgründe für den Fall, dass „die beantragte Versorgungstätigkeit zu ungünstigeren Versorgungsbedingungen für die betroffenen Abnehmer insgesamt führen würde oder sich für das verbleibende Gebiet des bisherigen Versorgers erhebliche Nachteile ergeben würden“ sind dagegen entfallen.[165] Die Verpflichtung zur Berücksichtigung der Gesetzesziele im Rahmen der Versagungsentscheidung wurde ebenfalls nicht in das EnWG 2005 übernommen.[166]

Die Streichung der oben genannten Versagungsgründe passt zur Systementscheidung des Gesetzgebers zugunsten einer liberalisierten Energieversorgung, in welcher die Steuerung durch Marktkräfte und nicht durch eine Prognoseentscheidung der Verwaltung (z. B. über die Wahrscheinlichkeit von erheblichen Nachteilen) maßgebend ist.[167] Allerdings wäre es, wie bereits erwähnt, insbesondere angesichts der ohnehin gesunkenen Marktzutrittsschwelle geboten, sämtlichen Marktzuttritspetenten durch die präventive Kontrolle ihre Verpflichtungen im Hinblick auf die Gemeinwohlverwirklichung vor Augen zu führen.[168]

Eine weitere Möglichkeit für die Optimierung des Marktzutrittsregimes im Sinne der Gemeinwohlverwirklichung wäre eine Vergabe von Konzessionen zum Energietransport. Kommt die angeregte Untersuchung[169] zu dem Ergebnis, dass auch die Ferntransportnetze im Demsetz-Wettbewerb[170] sinnvoll betrieben werden können, so könnten Konzessionen für ihren Betrieb analog § 46 Abs. 2 EnWG vergeben werden. Zusätzliche Anreize für den konkurrierenden Leitungsbau könnten in diesem Fall dadurch gesetzt werden, dass konkurrierende Infrastrukturen (nicht nur Direktleitungen, sondern auch konkurrierende Transportleitungen) bis zur Etablierung des

---

[163] vgl. *Theobald*, in: Theobald/Kühling, § 4, Rn. 3.

[164] vgl. *Theobald*, in: Theobald/Kühling, § 4, Rn. 7.

[165] vgl. *Säcker/Steffens*, in: Säcker, § 4, Rn. 1.

[166] vgl. *Kment*, in: Kment, § 4, Rn. 1.

[167] vgl. *Säcker/Steffens*, in: Säcker, § 4, Rn. 1.

[168] vgl. *Theobald*, in: Theobald/Kühling, § 4, Rn. 3.

[169] vgl. unter G. III. a. E.

[170] vgl. *Peneder*, WuG 1996, Heft 2, S. 218.

Leitungswettbewerbs oder für eine bestimmte Anzahl von Konzessionsperioden von der Regulierung und auch von der Konzessionsvergabe freizustellen wären.

Die Erlöse aus Konzessionsvergabeverfahren könnten zu Mitfinanzierung des Netzausbaus und zum Ausbau und zum Anschluss regenerativer Energiequellen verwendet werden. Dadurch würde die Vergabe von Konzessionen zum Energietransport gepaart mit dem Leitungswettbewerb zum (im Zuge der Energiewende dringend notwendigen) Netzausbau beitragen. Selbst wenn die beschriebene Option der Konzessionierung nicht zur Optimierung des Netzausbau umgesetzt wird, so könnte bereits eine Diskussion um ihre Einführung Signale für die Beschleunigung des Netzausbaus setzen.

IX. Grundversorgungspflicht

§ 36 EnWG regelt die Grundversorgungspflicht gegenüber Haushaltskunden.[171] Die Energieversorgung ist Teil der öffentlichen Daseinsvorsorge,[172] die „zur Sicherung einer menschenwürdigen Existenz unumgänglich" ist.[173] Daraus ergibt sich auch eine besondere Schutzbedürftigkeit von Letztverbrauchern.[174] Jeder Haushaltskunde hat einen Anspruch auf die Versorgung mit Energie zu angemessenen Preisen und Bedingungen von zumindest einem Energieversorgungsunternehmen, was das Institut der Grundversorgung als notwendiges Korrektiv im Konzept einer „Daseinsvorsorge durch Wettbewerb" sicherstellen soll.[175]

Die Grundversorgungspflicht hat den folgenden Hintergrund. Die in der marktwirtschaftlichen Ordnung verfassungsrechtlich garantierte Vertragsfreiheit unterliegt wiederum den Schranken der verfassungsmäßigen Ordnung, die es gebietet, sozialem und wirtschaftlichem Ungleichgewicht entgegenzuwirken[176] und, wenn nötig, die Vertragsabschlussfreiheit durch den Kontrahierungszwang einzuschränken.[177] Eine solche Einschränkung bedarf jedoch einer besonderen Rechtfertigung.[178]

In der Vergangenheit wurde die Monopolstellung des Versorgungspflichtigen als Rechtfertigungsgrund für die Grundversorgungspflicht herangezogen.[179] Die Monopolstellung der Versorger und damit der mit ihr verbundene Rechtfertigungsgrund

[171] vgl. *Heinlein/Weitenberg*, in: Theobald/Kühling, § 36, Rn. 1.

[172] vgl. BVerfGE 66, 248, 258; BVerfG, NJW 1990, 1783; BVerwGE 98, 273, 275; Rheinl.-Pf.VerfGH, NVwZ 2000, 801 ff.; *Hermes*, Infrastrukturverantwortung, S. 94 ff., 116 ff.

[173] vgl. BVerfG, NJW 1984, 1872 f.

[174] vgl. *Rasbach*, in: Kment, § 36, Rn. 6.

[175] vgl. *Koenig/Kühling/Rasbach*, ZNER 2003, 3 ff.

[176] vgl. BVerfGE 12, 341, 347.

[177] vgl. *Nipperdey*, S. 7; *Heinlein/Weitenberg*, in: Theobald/Kühling, § 36, Rn. 7.

[178] vgl. *Heinlein/Weitenberg*, in: Theobald/Kühling, § 36, Rn. 12.

[179] vgl. *Heinlein/Weitenberg*, in: Theobald/Kühling, § 36, Rn. 8.

sind im Zuge der Liberalisierung und Etablierung des Wettbewerbs auf dem Energieliefermarkt jedoch weggefallen.[180] Grundversorger ist nunmehr dasjenige EVU, welches in dem jeweiligen Netzgebiet der allgemeinen Versorgung die meisten Haushaltskunden beliefert.[181] Fraglich ist daher, ob die Grundversorgungspflicht noch gerechtfertigt werden kann.

Da nach der Entflechtung der vertikal integrierten EVU eine Abkehr vom Prinzip der geschlossenen Versorgungsgebiete hin zu einer wettbewerblichen Ordnung stattgefunden hat, widerspricht das vom Gesetzgeber eingeführte Wettbewerbsprinzip grundsätzlich dem Kontrahierungszwang der Grundversorgungsverpflichtung.[182] In der Praxis führt dies dazu, dass der Grundversorger im Wettbewerb zu anderen EVU, stets einen Nachteil dadurch erleidet, dass er nicht nur wirtschaftlich lukrative Kunden versorgen kann.[183]

Der Kontrahierungszwang des § 36 Abs. 1 EnWG stellt damit einen Eingriff in die Berufsfreiheit des Grundversorgers dar. Einige Autoren gehen von der Verfassungswidrigkeit dieses Eingriffs aufgrund seiner Unverhältnismäßigkeit aus.[184] Als milderes Mittel könne eine Grundversorgung nämlich auch selbstregulativ durch den Wettbewerb gewährleistet werden.[185]

Dagegen spricht zunächst, dass die Rechtsprechung bei daseinsvorsorgerelevanten Gemeinschaftsgütern einen Kontrahierungszwang grundsätzlich zulässt.[186] Darüber hinaus gewährt die Grundversorgungspflicht einen Belieferungsanspruch auf erstes Anfordern, was bei einer Grundversorgung im Wettbewerb und damit ohne den Kontrahierungszwang nicht sichergestellt wäre.[187]

Weitere Argumente gegen die gleiche Wirksamkeit der wettbewerblichen Grundversorgung ergeben sich bereits aus dem Wesen des Kontrahierungszwangs, denn im Wettbewerb kann im Gegensatz zu einer Versorgungsverpflichtung mit Kontrahierungszwang eine durchgehende Lieferbereitschaft zumindest eines Lieferanten für jeden Kunden nicht gewährleistet werden.[188] Die wettbewerbliche Grundversorgung ist daher kein gleich wirksames Mittel zur Gewährleistung einer flächendeckenden Grundversorgung.[189] Daher ist die Grundversorgungspflicht auch erforderlich und verfassungsgemäß.[190]

---

[180] vgl. *de Wyl*, in: Schneider/Theobald, § 14, Rn. 4.

[181] vgl. § 36 Abs. 2 S. 1 EnWG.

[182] vgl. *Heinlein/Weitenberg*, in: Theobald/Kühling, § 36, Rn. 10.

[183] vgl. *de Wyl*, in: Schneider/Theobald, § 14, Rn. 7.

[184] vgl. *Traugott*, WuW 1997, 486, 487.

[185] vgl. *Hampel*, ZNER 2004, 117, 125.

[186] vgl. BGH, NJW 2004, 693, 694.

[187] vgl. *Büdenbender*, Schwerpunkte, Rn. 712; *Heinlein/Weitenberg*, in: Theobald/Kühling, § 36, Rn. 12.

[188] vgl. *Hempel*, in: Hempel/Franke, § 36, Rn. 6.

[189] vgl. *de Wyl*, in: Schneider/Theobald, § 14, Rn. 7.

[190] vgl. *Heinlein/Weitenberg*, in: Theobald/Kühling, § 36, Rn. 12.

Nach § 10 Abs. 1 S. 1 EnWG 1998 hatten die allgemeinen Versorger, jedermann an ihr Versorgungsnetz sowohl anzuschließen als auch zu versorgen.[191] Im EnWG 2005 sind an die Stelle der Anschluss- und Versorgungspflicht zwei Verpflichtungen getreten: die Anschlusspflicht nach den §§ 17 ff. EnWG sowie die Grundversorgungspflicht nach den §§ 36 ff. EnWG.[192]

Als Konsequenz dieser Aufspaltung sind die Gemeinden im Rahmen des Vergabeverfahrens nach § 46 Abs. 2 EnWG nunmehr auf die Auswahl des örtlichen Verteilernetzbetreibers beschränkt und können den Grundversorger nicht mehr wählen.[193] Es wurde vereinzelt kritisiert, dass der Wegfall des Rechts zur Auswahl des Grundversorgers zu einer unzulässigen Einschränkung der kommunalen Gewährleistungsverantwortung unter Verletzung der kommunalen Selbstverwaltungsgarantie des Art. 28 Abs. 2 GG führe.[194]

Dagegen wurde eingewendet, dass nunmehr nur die gemeindliche Wahrnehmung der Infrastrukturverantwortung „im Rahmen der Gesetze“[195] zum Kern der Selbstverwaltungsgarantie gehöre.[196]

Fraglich bleibt jedoch, ob die Reduzierung der kommunalen Gewährleistungsverantwortung[197] auch zur Reduzierung der Gemeinwohlbindung Privater führt. Dies ist nicht der Fall. Ein Verlust an Gemeinwohlbindung ist mit der Aufspaltung der Anschluss- und Versorgungspflicht sowie mit der durch diese Aufspaltung bedingten Reduzierung der gemeindlichen Gewährleistungsverantwortung nicht verbunden, da der Grundversorger nunmehr nach den konkreten gesetzlichen Vorgaben des § 36 Abs. 2 EnWG[198] durch den Wettbewerb bestimmt wird,[199] was eine nicht weniger effektive Gemeinwohlbindung als die Auswahl durch die Verwaltung gewährleistet.

Die Instrumente der Gemeinwohlsicherung die Grundversorgungspflicht[200] gepaart mit der Anschlusspflicht haben existenzielle Bedeutung. Dem Gesetzgeber ist es gelungen, diese Instrumente mit einem grundsätzlich anti-wettbewerblichen Charakter mit Elementen des Wettbewerbs auszustatten (Bestimmung des Grundversorgers durch den Wettbewerb).

---

191 vgl. *Hellermann*, in: Britz/Hellermann/Hermes, § 36, Rn. 4.

192 vgl. *Hellermann*, in: Britz/Hellermann/Hermes, § 36, Rn. 5.

193 vgl. *Hellermann*, in: Britz/Hellermann/Hermes, § 36, Rn. 10.

194 vgl. *Hellermann*, ZNER 2004, 329, 331.

195 vgl. Art. 28 Abs. 2 S. 1 GG.

196 vgl. BT-Drs. 15/4068, S. 7.

197 vgl. *Hellermann*, in: Britz/Hellermann/Hermes, § 36, Rn. 11.

198 vgl. § 36 Abs. 2 EnWG: „das Energieversorgungsunternehmen, das die meisten Haushaltskunden in einem Netzgebiet der allgemeinen Versorgung beliefert.“

199 vgl. *Heinlein/Weitenberg*, in: Theobald/Kühling, § 36, Rn. 85, 96.

200 vgl. *Busche*, in: Säcker, Vorb. § 36, Rn. 6.

Vor dem Hintergrund der Gemeinwohlmaximierung (sowie vor dem Hintergrund der in der Praxis auftretenden Abgrenzungsschwierigkeiten)[201] wäre es ratsam, zu untersuchen, ob die Erweiterung der Grundversorgungspflicht auf Kleinunternehmer, *wie* es die Richtlinie 2009/72/EG[202] in Art. 3 Abs. 3 S. 1 unverbindlich vorschlägt (also für Kleinunternehmen, als „Unternehmen, die weniger als 50 Personen beschäftigen und einen Jahresumsatz oder eine Jahresbilanzsumme von höchstens 10 Mio. EUR haben" und nicht nur für „Letztverbraucher, die Energie [...] für den einen Jahresverbrauch von 10 000 Kilowattstunden nicht übersteigenden Eigenverbrauch für berufliche, landwirtschaftliche oder gewerbliche Zwecke kaufen", vgl. § 3 Nr. 22 EnWG), trotz der damit verbundenen Einschränkung des Wettbewerbs auf dem Energieliefermarkt dennoch (aufgrund ihrer wirtschaftsfördernden Wirkung) volkswirtschaftlich sinnvoll ist.

X. Energiepreiskontrolle

§ 39 Abs. 1 EnWG ermächtigt das Wirtschaftsministerium zur Gestaltung der allgemeinen Preise für die Grundversorgung und die Ersatzversorgung unter Berücksichtigung der Zwecke des § 1 Abs. 1 EnWG.[203] Vor dem Hintergrund der Gemeinwohlverwirklichung stellt sich die Frage, ob die Festlegung dieser allgemeinen Preise geboten ist.

Preiskontrollen haben nicht zwangsläufig ausschließlich positive Auswirkungen auf den Markt. Preiskontrollen können auch negative Wirkungen entfalten, ähnlich den Wirkungen eines staatlich verordneten Preiskartells. Dies kann dann geschehen, wenn teure Energielieferanten zur Absenkung ihres Preises auf das Preisniveau anderer günstiger Anbieter veranlasst werden und sich dadurch ein einheitlicher Preis einstellt.[204] Da die zwischen den einzelnen Versorgungsgebieten bestehenden strukturellen Unterschiede, die über das Niveau der Netznutzungsentgelte abgebildet werden, auch bei der kartellbehördlichen Preiskontrolle Berücksichtigung finden, ist ein solches Preiskartell jedoch nahezu ausgeschlossen.[205]

Ferner können Preiskontrollen aufgrund ihrer Rückwirkung zur Verunsicherung potenzieller Marktteilnehmer führen und diese vom Markteintritt abhalten, denn eine nachträgliche Korrektur der Kartellbehörden am vermeintlichen Marktergebnis birgt für potenzielle Marktteilnehmer das Risiko einer nicht tragfähigen Preiskalkulation und stellt damit für sie eine Marktzutrittsschranke dar.[206]

---

[201] vgl. *Heinlein/Weitenberg*, in: Theobald/Kühling, § 36, Rn. 44, 45 ff.

[202] Art. 27 Abs. 1 Richtlinie (EU) 2019/944.

[203] vgl. *Heinlein/Weitenberg*, in: Theobald/Kühling, § 39, Rn. 1; *Rasbach*, in: Kment, § 39, Rn. 1.

[204] vgl. *Becker/Blau*, in: Schneider/Theobald, § 12, Rn. 8.

[205] vgl. *Becker/Blau*, in: Schneider/Theobald, § 12, Rn. 56.

[206] vgl. *Becker/Blau*, in: Schneider/Theobald, § 12, Rn. 8.

Vor diesem Hintergrund hat der Verordnungsgeber von der Ermächtigung zur Gestaltung der allgemeinen Preise im Rahmen von §§ 36 und 38 EnWG bislang keinen Gebrauch gemacht.[207] Ein Regelungsbedürfnis zur Gestaltung allgemeiner Preise der Grund- und Ersatzversorgung ist nicht erkennbar.[208] Darüber hinaus erscheint die staatliche Preisvorgabe in einem System der „Daseinsvorsorge durch Wettbewerb" nicht systemgerecht.[209]

Der funktionierende Wettbewerb auf den Endkundenmärkten[210] dämpft die Preise des Grundversorgers, da jeder grundversorgte Kunde gemäß § 20 Abs. 1 StromGVV, § 20 Abs. 1 GasGVV innerhalb von zwei Wochen den Grundversorgungsvertrag kündigen und den Energielieferanten wechseln kann.[211]

Die allgemeinen Preise des Grundversorgers unterliegen zusätzlich der kartellrechtlichen Missbrauchsaufsicht gemäß § 29 GWB.[212] Die im Gesetzgebungsverfahren zum EnWG 2005 diskutierte besondere Missbrauchsaufsicht über die Preise der Grund- und Ersatzversorgung (Überführung der Preisaufsicht nach der BTOElt in § 40[213]) wurde nicht in das finale Gesetz übernommen.[214] Ferner berechtigen Preisanpassungen im laufenden Grundversorgungsverhältnis gemäß § 5 Abs. 2, 3 StromGVV bzw. § 5 Abs. 2, 3 GasGVV den Kunden zu einer fristlosen Kündigung.

Die allgemeinen Preise unterliegen schließlich der allgemeinen gerichtlichen Billigkeitskontrolle gem. § 315 BGB,[215] was eine ausreichende Absicherung der Gemeinwohlbindung Privater bei der Bildung der Energiepreise darstellt. Aus den dargestellten Gründen ist eine Gestaltung der Preise der Grund- und Ersatzversorgung nach § 39 EnWG nicht geboten.

Zu beachten ist in diesem Zusammenhang auch, dass die allgemeine Preisaufsicht nach § 29 GWB und § 315 BGB auch dann Anwendung finden soll, wenn konkurrierende Leitungen aus dem Regulierungsregime entlassen werden (im Falle von

---

[207] vgl. *Hellermann*, in: Britz/Hellermann/Hermes, § 39, Rn. 28; *Rasbach*, in: Kment, § 39, Rn. 3.

[208] vgl. *Heinlein/Weitenberg*, in: Theobald/Kühling, § 39, Rn. 13.

[209] vgl. *Heinlein/Weitenberg*, in: Theobald/Kühling, § 39, Rn. 10, *Rasbach*, in: Kment, § 39, Rn. 4.

[210] vgl. BNetzA/BKartA, Monitoringbericht 2018, S. 9 ff., https://www.bundesnetzagentur.de/SharedDocs/Downloads/DE/Allgemeines/Bundesnetzagentur/Publikationen/Berichte/2018/Monitoringbericht_Energie2018.pdf?__blob=publicationFile&v=5.

[211] vgl. BKartA, Tätigkeitsbericht des Bundeskartellamtes 2017/2018, BT-Drs. 19/10900, S. 104, https://www.bundeskartellamt.de/SharedDocs/Publikation/DE/Taetigkeitsberichte/Bundeskartellamt%20-%20T%C3%A4tigkeitsbericht%202017_2018.pdf?__blob=publication%20File&v=6.

[212] vgl. *Hellermann*, in: Britz/Hellermann/Hermes, § 39, Rn. 28.

[213] vgl. BT-Drs. 15/3917, S. 22, 66 f.

[214] vgl. BT-Drs. 15/5268, S. 121.

[215] vgl. BGH, NJW 2007, 2540; *Busche*, in: Säcker, § 39, Rn. 6; *Rasbach*, in: Kment, § 39, Rn. 4.

§ 29 GWB z.B. bei All-inclusive-Preisen gegenüber Letztverbrauchern,[216] da § 111 Abs. 1 und 3 EnWG dann nicht anwendbar ist), so dass auch für diese Konstellation ein Auffangmechanismus im Sinne der Gewährleistung der Gemeinwohlbindung bereits existiert.

Im Rahmen von Diskussionen zur Energiepreiskontrolle wird auch gefordert, den Energiepreis dahingehend zu regulieren, dass die Energielieferanten gezwungen werden, Sozial-Stromtarife für Bedürftige anzubieten.[217] Dagegen sprechen zugleich mehrere Gründe. Das Hauptargument dagegen könnte sein, dass einige Energielieferanten solche Tarife bereits auf freiwilliger Basis anbieten, so dass ein gesetzgeberisches Tätigwerden nicht erforderlich ist.

Wollte man solche Tarife auf der Grundlage der § 39 EnWG einführen, so würde eine entsprechende Verpflichtung nur die Grundversorger (bzw. Ersatzversorger) treffen,[218] was zu ihrer Diskriminierung im Vergleich zu anderen Energielieferanten führen würde.

Ferner ist die soziale Absicherung sowie die Gewährleistung eines menschenwürdigen Existenzminimums[219] Sache des Staates und nicht der Energielieferanten. Da die soziale Absicherung eine Staatsaufgabe ist, kann sich der Staat dieser Saatsaufgabe nicht dadurch entledigen, dass er ihre Erledigung einem Bereich mit der privaten Aufgabenerfüllung, wie dem Bereich der Energiewirtschaft, überantwortet.

XI. Zusammenfassung und Zwischenfazit zur Gemeinwohlbindung

Zusammenfassung

In diesem Abschnitt wurden einige wichtige Elemente des Energieregulierungsrechts (die gesetzlichen Ziele und Zwecke, die Grundsätze, die Aufgaben der Energieversorgungsunternehmen, die Entflechtung, die Netzanschlusspflicht, der Anspruch auf Netzzugang, die Netzentgeltregulierung, die Genehmigungspflicht für die Aufnahme des Netzbetriebs, die Grundversorgungspflicht sowie die Energiepreiskontrolle) dahingehend untersucht, ob sie geeignet sind, eine ausreichende Gemeinwohlbindung der der Gemeinwohlbelange wahrnehmenden Privaten zu gewährleisten.

---

[216] vgl. *Hölscher*, in: Britz/Hellermann/Hermes, § 111, Rn. 16.

[217] vgl. Antwort der Bundesregierung auf die Kleine Anfrage, Auswirkung der steigenden Stromkosten auf Endverbraucher und drohende Energiearmut, BT-Drs. 19/9905, S. 1 f., 8.

[218] vgl. *Hellermann*, in: Britz/Hellermann/Hermes, § 39, Rn. 15.

[219] vgl. Art. 1 Abs. 1 GG in Verbindung mit dem Sozialstaatsprinzip aus Art. 20 Abs. 1 GG; dazu BVerfG, BVerfGE 125, 175, sowie *Voßkuhle*, JuS 2019, 417, 420.

Ziele und Zwecke des Gesetzes

Durch die Zweckbestimmungen und Gesetzesziele konkretisiert der Gesetzgeber seine Vorstellung über das Gemeinwohl und gibt eine grobe Richtung für die Gemeinwohlerreichung (im Sinne von Leitlinien für die Auslegung des Energierechts) im Energiesektor vor.[220]

Eine Auslegung des Instrumentariums des Energierechts anhand dieser Leitlinien kann die Gemeinwohlbindung Privater deutlich präzisieren. Eine langfristige Betrachtung der Entwicklung der Energiewirtschaft beim Einsatz einzelner Instrumente ist besonders wichtig, um eine maximal mögliche Mehrung des Gemeinwohls zu erreichen. Eine derartige langfristige Betrachtungsweise ist grundsätzlich weder dem deutschen Recht insgesamt noch dem EnWG fremd.[221]

Allerdings geht aus dem Gesetz nicht eindeutig hervor (was den Umstand widerspiegelt, dass Abwägungen (zumal mit Prognoseelementen) durch Einschätzungsspielräume geprägt sind), welchem Aspekt des positivrechtlich konkretisierten Gemeinwohls (insbesondere aus Langzeitperspektive) Vorrang einzuräumen ist (der Vermeidung von Eingriffen in Natur und Landschaft oder dem Zubau von Erzeugungsanlagen aus erneuerbaren Energiequellen, der kurzfristigen Preisgünstigkeit durch die Meidung von Kosten zusätzlicher Leitungen oder etwaigen langfristigen Vorteilen des Leitungswettbewerbs).

Die Ziele des EnWG können miteinander kollidieren und müssen im Einzelfall im Rahmen der Auslegung gegeneinander abgewogen werden (praktische Konkordanz).[222] Auch bei der Lösung von Zielkonflikten sind aus Gründen der Wohlfahrtsmaximierung langfristige Auswirkungen zu berücksichtigen.

So kann z. B. ein vorübergehender Kostenanstieg (aufgrund von Abwälzung von Kosten der Investitionen in die Netzsicherheit auf Verbraucher) aus einer Langzeitperspektive trotzdem volkswirtschaftlich sinnvoll sein.[223]

Das Gleiche muss gelten, wenn der vorübergehende Kostenanstieg durch den Bau von zusätzlichen (konkurrierenden) Leitungen im Leitungswettbewerb verursacht wird. Eine im Leitungswettbewerb besser entwickelte Netzinfrastruktur wäre nicht nur sicherer, sondern sie wäre auch mit anderen Vorteilen verbunden, weil etwa der durch im Leitungswettbewerb erfolgte Netzausbau zur Etablierung von wettbewerblichen Netzentgelten, zur kosteneffizienterem Netzbetrieb und damit im Er-

---

[220] vgl. BT-Drs. 15/3917, S. 48; BVerfG NJW 1984, 1872; BVerfG NJW 1990, 1783.

[221] vgl. Art. 20a GG: „in Verantwortung für die künftigen Generationen“; vgl. auch § 12a Abs. 1 S. 3 EnWG: „Eines der Szenarien muss die wahrscheinliche Entwicklung für die mindestens nächsten 15 und höchstens zwanzig Jahre darstellen;“ vgl. § 1 Abs. 2 EnWG: „Sicherung eines langfristig angelegten leistungsfähigen und zuverlässigen Betriebs von Energieversorgungsnetzen;“ vgl. § 3 Nr. 33: „dass die Energieversorgung den Erfordernissen eines nachhaltigen, insbesondere rationellen und sparsamen Umgangs mit Energie genügt.“

[222] vgl. Monopolkommission, Sondergutachten: Strom und Gas 2007: Wettbewerbsdefizite und zögerliche Regulierung, BT-Drs. 16/7087, S. 24.

[223] vgl. dazu C. II., S. 52.

gebnis zur Preisgünstigkeit beitragen sowie (aufgrund von Wettbewerb um Anschlusspetenten) zur schnelleren Netzintegration von regenerativen Energiequellen führen würde.

Vor diesem Hintergrund wäre es im Hinblick auf die Wohlfahrtsmaximierung zielführend, wenn der Gesetzgeber die Notwendigkeit der Berücksichtigung von langfristigen Auswirkungen über den gegenwärtig besonders praxisrelevanten Bereich des Umweltschutzes (Art. 20a GG) ausweiten würde.

Dem Wettbewerb soll nach der Intention des Gesetzgebers bei der Realisierung des Gemeinwohls eine wichtige Rolle zukommen, was dadurch zum Ausdruck kommt, dass der Wettbewerb sowohl als Gesetzesziel[224] als auch als Zielbestimmung[225] in das Gesetz aufgenommen wurde. Auch die Preisgünstigkeit soll in erster Linie durch Wettbewerb (Preisbildung im Wettbewerb) erreicht werden.[226]

Wettbewerbliche Steuerung der Energiewirtschaft und insbesondere der Leitungswettbewerb stehen nicht im Widerspruch zu Umweltverträglichkeit der Energieversorgung. Die neuen konkurrierenden Leitungen können zum einen unterirdisch verlegt werden und zum anderen können mit ihrer Hilfe auch regenerative Energiequellen erschlossen werden, so dass aus Langzeitperspektive Vorteile des Leitungswettbewerbs die mit dem Bau zusätzlicher Leitungen verbundenen Nachteile für die Umwelt überwiegen.

Die Gesetzesziele, Zwecke und Grundsätze sind damit wertvolle richtungsweisende Programme bei der Realisierung des Gemeinwohls.[227] Im Hinblick auf die Gemeinwohlbindung Privater bei der Erfüllung der Aufgabe der Energieversorgung sind sie ein wichtiges Bindeglied zwischen dem kaum greifbaren Gemeinwohl und dem imperativen Programm der einzelnen Bestimmungen des Energierechts, welche der Gemeinwohlverwirklichung dienen und Private im Sinne dieser Verwirklichung steuern.

Es ist eine langfristige Betrachtung der Entwicklung der Energiewirtschaft beim Einsatz einzelner Instrumente geboten, um eine maximal mögliche Mehrung des Gemeinwohls zu erreichen.

Aufgaben der Energieversorgungsunternehmen

Die Regelung der Aufgaben der Energieversorgungsunternehmen „ergänzt die Zweckbestimmung des Gesetzes nach § 1 um eine Klarstellung, dass die Eigenverantwortung eine grundsätzliche Verpflichtung der Energieversorgungsunternehmen umfasst, im Rahmen der Vorschriften zu einer dem Zweck des Gesetzes ent-

---

[224] vgl. § 1 Abs. 2 EnWG: Regulierung dient dem Ziel der Sicherstellung eines wirksamen und unverfälschten Wettbewerbs.

[225] vgl. § 1 Abs. 4 Nr. 1 EnWG: Notwendigkeit von wettbewerblichen Mechanismen.

[226] vgl. BT-Drs. 13/7274, S. 14.

[227] vgl. BVerfG NJW 1984, 1872; BVerfG NJW 1990, 1783.

sprechenden leitungsgebundenen Energieversorgung beizutragen."[228] Die Notwendigkeit einer solchen Klarstellung resultiert aus der Neuausrichtung der Energiewirtschaft am Wettbewerb und ist damit eine Folge der Liberalisierung.

Diese Regelung erschöpft sich zwar inhaltlich in einem Appell an die Energieversorgungsunternehmen, ihrer Allgemeinwohlverpflichtung nachzukommen, ohne eine gesetzliche Bindungswirkung zu entfalten,[229] dennoch ist diese Regelung sinnvoll im Hinblick auf die Gemeinwohlbindung. Sie fasst die Gemeinwohlbindungen aus den einzelnen Regelungen des EnWG in einer Versorgungspflicht zusammen und stellt auch eine Verbindung zwischen den konkreten Handlungsaufträgen der einzelnen Regelungen und den Zwecken und Zielen des Gesetzes her.[230] Hierdurch wird der gesetzliche Auftrag an Private verdeutlicht, im Sinne der Gemeinwohlverwirklichung zu handeln.

Entflechtung

Die Entflechtung ist ein weiterer Schritt auf dem Weg der Liberalisierung und trägt wesentlich zur Maximierung des Gemeinwohls bei.

Die gemeinwohlbindende Wirkung der Entflechtung besteht in der Schaffung einer Marktstruktur, in welcher im Idealfall in ganzen Bereichen der Energieversorgung (Erzeugung, Handel und Vertrieb) die Gefahren der Quersubventionierung und der Monopolpreisbildung ausgeschlossen sind und dadurch der Wettbewerb gestärkt wird. Eine weitere vorteilhafte Konsequenz für die Praxis ist die Reduzierung der regulierten Bereiche (der disaggregierte Regulierungsansatz[231]).

Netzanschluss

Aus der Perspektive der Gemeinwohlbindung sichert § 17 EnWG eine Vorstufe zum Netzzugang und ermöglicht diesen. § 18 EnWG dagegen adressiert die Letztverbraucher in Niederspannung/Niederdruck und gewährleistet damit die „Grundversorgung"[232] der Bevölkerung mit Netzanschlüssen und sichert dadurch die Vorstufe zur Grundversorgung.

§ 30 Abs. 1 S. 1 und 2 Nr. 1 EnWG sichert die durch die §§ 17 und 18 EnWG geregelte Gemeinwohlbindung zusätzlich ab, indem er den Betreibern von Energieversorgungsnetzen den Missbrauch ihrer Marktstellung verbietet.

---

[228] vgl. BT-Drs. 15/3917, S. 48.

[229] vgl. *Kment*, in: Kment, § 2, Rn. 5.

[230] § 2 Abs. 1 EnWG: „zu einer Versorgung im Sinne des § 1 verpflichtet" i. V. m. § 1 Abs. 1 EnWG: „ist eine möglichst sichere, preisgünstige, verbraucherfreundliche, effiziente und umweltverträgliche leitungsgebundene Versorgung der Allgemeinheit mit Elektrizität und Gas, die zunehmend auf erneuerbaren Energien beruht."

[231] vgl. *Knieps*, ZfE 2007, 229 ff.

[232] vgl. *Theobald/Zenke/Dessau*, in: Schneider/Theobald, § 15, Rn. 32.

Netzzugang und Netzentgelte

Der Netzzugang greift die monopolartige Stellung des Netzbetreibers an, er ist im gewissen Maße, solange nicht ein Verweigerungsgrund berechtigterweise geltend gemacht wird, gegen diese monopolartige Wirkung immun, weil er trotz des Alleinstellungsmerkmals „Verfügung über das Netz" den Netzbetreiber verpflichtet, seine Infrastruktur für die Nutzung durch Dritte zu öffnen. Die Einführung des Netzzugangs ist damit ein Kernelement für die Herstellung von Wettbewerb in der Energiewirtschaft, mittelbar auch in den dem Transportnetz vor- und nachgelagerten Bereichen[233] und damit auch für die mit der Einführung von Wettbewerb bezweckte Steigerung des Gemeinwohls.

Wie auch beim Netzanschluss sichert § 30 Abs. 1 S. 2 Nr. 1 EnWG zusätzlich die Steuerung des Handelns Privater im Sinne des Gemeinwohls, indem er den Netzbetreibern den Missbrauch der Marktstellung als Netzbetreiber durch Verweigerung des Netzzugangs ohne einen Verweigerungsgrund verbietet.

Die Regulierung der Netzentgelte zielt darauf ab, dass die Nutzung des Netzes im Wege des Netzzugangsanspruchs zu quasi wettbewerblichen Bedingungen erfolgt (sog. „Als-Ob-Wettbewerb"). Dabei ist die Anreizregulierung wegen der mit ihr verbundenen Vorteile (Begrenzung der Gewinne aus natürlichen Monopolen und Weitergabe von Effizienzgewinnen an Kunden[234]) ein besonders effektives Instrument im Hinblick auf die Gemeinwohlverwirklichung.

Die Bereiche des Netzzugangs und der Netzentgelte weisen als regulierte Bereiche besonders hohen Grad an Gemeinwohlbindung auf. Die hohe Regelungsdichte dieser „wirksamen Instrumente"[235] korrespondiert zum einen mit der zentralen Bedeutung der Infrastruktur, ist aber auch aufgrund des Schwierigkeitsgrades der mithilfe der Regulierung zu lösender Aufgabe des Aufbrechens des „Netzmonopols" geboten.

Diese starke, sehr ausdifferenzierte Bindung (einschneidender Eingriff durch die Regelung des Zugangsanspruchs und seinen konkreten Voraussetzungen sowie detaillierte Regelung, zu welchen Bedingungen der Zugang gewährt werden muss) des Handelns Privater im Sinne einer Gemeinwohlorientierung wirkt sich gemeinwohlbindend auch in anderen Bereichen (z. B. bei der Planung der Netze, bei der Ermittlung des energetischen Bedarfs) aus. Dementsprechend kann in diesen Bereichen den Privaten mehr Freiraum gewährt werden, und zwar nicht nur weil dort andere Mechanismen der Gemeinwohlbindung installiert sind, sondern auch deswegen, weil bereits aufgrund einer „Ausstrahlungswirkung" von soeben beschrie-

---

[233] vgl. *Theobald/Zenke/Dessau*, in: Schneider/Theobald, § 15, Rn. 83.

[234] vgl. BNetzA, Bericht der Bundesnetzagentur nach § 112a zur Einführung der Anreizregulierung nach § 21a, S. 13, https://www.bundesnetzagentur.de/SharedDocs/Downloads/DE/Sachgebiete/Energie/Unternehmen_Institutionen/Netzentgelte/Anreizregulierung/BerichtEinfuehrgAnreizregulierung.pdf?__blob=publicationFile&v=3.

[235] vgl. *Schütte*, in: Kment, § 21, Rn. 10.

benen Gemeinwohlbindungen gewährleistet ist, dass Private im Sinne des Gesetzes handeln.

Der durch den Netzzugang ermöglichte Durchleitungswettbewerb bleibt bis zur Etablierung des Leitungswettbewerbs ein zentrales Instrument der Gemeinwohlbindung und -verwirklichung. Wenn die Regulierung Anreize zugunsten des Baus von konkurrierenden Leitungen schafft, könnte sich das gemeinwohlsteigernd auswirken und zwar nicht nur weil sich beim konkurrierenden Leitungsbau im Ergebnis der Wettbewerbspreis einstellt, sondern auch weil im Leitungswettbewerb angesichts der geringen Nachfragevolatilität der notwendige Netzausbau lukrativ wird und schneller vollzogen werden kann, weil der zusätzliche Bedarf prognostizierbar und auch durch andere Marktteilnehmer befriedigt werden kann.

Genehmigungspflicht als Marktzutrittskontrolle

Die Beschränkung der Genehmigungspflicht auf die Tätigkeiten der Netzbetreiber erfolgte, nachdem die dem Transportbereich vor- und nachgelagerten Bereiche der Energieversorgung durch die Liberalisierung in den Wettbewerb entlassen wurden.

Unter dem Blickwinkel der Gemeinwohlbindung und -verwirklichung ist der (nicht zwingende) Verzicht auf das Genehmigungserfordernis für einige Bereiche der Energieversorgung nicht unbedingt optimal. Die präventive Kontrolle als Marktzutrittsschranke schränkt den Wettbewerb nicht erheblich ein (im Vergleich z. B. zu kontingentierten Zulassungen) und gewährleistet ein Mindestmaß an Qualität bereits im Zeitpunkt der Betriebsaufnahme, was die allgemeine Aufsicht ohne Genehmigungskontrolle erst zeitverzögert gewährleisten kann.

Die Notwendigkeit einer präventiven Kontrolle gilt umso mehr, als die Möglichkeiten der Versagung einer Genehmigung im EnWG 2005 im Vergleich zum EnWG 1998 erheblich reduziert wurden. Angesichts der damit verbundenen, gesunkenen Marktzutrittsschwelle ist es geboten, sämtlichen Marktzuttritspetenten durch die präventive Kontrolle ihre Verpflichtungen im Hinblick auf die Gemeinwohlverwirklichung vor Augen zu führen.

Eine weitere Möglichkeit für die Optimierung des Marktzutrittsregimes im Sinne der Gemeinwohlverwirklichung wäre eine Vergabe von Konzessionen zum Energietransport. Eine solche Inhaltsbestimmung wäre im Gegensatz zur Verstaatlichung der Planung nicht ausgleichspflichtig, da die damit einhergehende Einschränkung bzw. Wegfall der Verfügungsbefugnis am Ende einer Konzessionsperiode durch die „Zahlung einer wirtschaftlich angemessenen Vergütung" analog § 46 Abs. 2 S. 2 EnWG auszugleichen wäre.

Zusätzliche Anreize für den konkurrierenden Leitungsbau könnten in diesem Fall dadurch gesetzt werden, dass konkurrierende Infrastrukturen (nicht nur Direktleitungen, sondern auch konkurrierende Transportleitungen) bis zur Etablierung des Leitungswettbewerbs oder für eine bestimmte Anzahl von Konzessionsperioden von der Regulierung und auch von der Konzessionsvergabe freizustellen wären.

Die Erlöse aus Konzessionsvergabeverfahren könnten zu Mitfinanzierung des Netzausbaus sowie zum Ausbau und zum Anschluss regenerativer Energiequellen verwendet werden. Dadurch würde die Vergabe von Konzessionen zum Energietransport gepaart mit dem Leitungswettbewerb zum ökologischen Netzausbau beitragen.

Grundversorgungspflicht

Das Institut der Grundversorgung als notwendiges, gemeinwohlbindendes Korrektiv im Konzept einer „Daseinsvorsorge durch Wettbewerb" soll sicherstellen, dass jeder Haushaltskunde einen Anspruch auf die Versorgung mit Energie zu angemessenen Preisen und Bedingungen von zumindest einem Energieversorgungsunternehmen hat.[236]

Da nach der Entflechtung der vertikal integrierten EVU eine Abkehr vom Prinzip der geschlossenen Versorgungsgebiete hin zu einer wettbewerblichen Ordnung stattgefunden hat, widerspricht der Kontrahierungszwang der Grundversorgungsverpflichtung dem vom Gesetzgeber eingeführten Wettbewerbsprinzip.[237] In der Praxis führt dies dazu, dass der Grundversorger im Wettbewerb zu anderen EVU stets einen Nachteil dadurch erleidet, dass er nicht nur wirtschaftlich lukrative Kunden versorgen kann.[238]

Allerdings kann in einem rein wettbewerblich organisierten Markt im Gegensatz zu einem Markt mit einer Versorgungsverpflichtung mit Kontrahierungszwang eine durchgehende Lieferbereitschaft zumindest eines Lieferanten für jeden Kunden nicht gewährleistet werden,[239] so dass die wettbewerbliche Grundversorgung daher kein gleich wirksames Mittel zur Gewährleistung einer flächendeckenden Grundversorgung ist.[240]

Die Liberalisierung hatte eine Aufspaltung der Anschluss- und Versorgungspflicht zur Folge. Ein Verlust an Gemeinwohlbindung ist jedoch mit dieser Aufspaltung sowie mit der durch diese Aufspaltung bedingten Reduzierung der gemeindlichen Gewährleistungsverantwortung nicht verbunden, da der Grundversorger nunmehr nach den konkreten gesetzlichen Vorgaben des § 36 Abs. 2 EnWG durch den Wettbewerb bestimmt wird, was eine nicht weniger effektive Gemeinwohlbindung als die Auswahl durch die Verwaltung gewährleistet.

Die Grundversorgungspflicht gepaart mit der Anschlusspflicht als Instrumente der Gemeinwohlsicherung haben existenzielle Bedeutung. Dem Gesetzgeber ist es gelungen, diese Instrumente mit einem grundsätzlich anti-wettbewerblichen Cha-

---

[236] vgl. *Koenig/Kühling/Rasbach*, ZNER 2003, 3 ff.

[237] vgl. *Heinlein/Weitenberg*, in: Theobald/Kühling, § 36, Rn. 10.

[238] vgl. *de Wyl*, in: Schneider/Theobald, § 14, Rn. 7.

[239] vgl. *Hempel*, in: Hempel/Franke, § 36, Rn. 6.

[240] vgl. *de Wyl*, in: Schneider/Theobald, § 14, Rn. 7.

rakter mit Elementen des Wettbewerbs auszustatten (Bestimmung des Grundversorgers mittelbar durch den Wettbewerb).

Vor dem Hintergrund der Gemeinwohlmaximierung wäre es ratsam, zu untersuchen, ob die Erweiterung der Grundversorgungspflicht auf Kleinunternehmer, wie es die Richtlinie 2009/72/EG[241] in Art. 3 Abs. 3 S. 1 unverbindlich vorschlägt, trotz der damit verbundenen Einschränkung des Wettbewerbs auf dem Energieliefermarkt, aufgrund ihrer wirtschaftsfördernden Wirkung dennoch volkswirtschaftlich sinnvoll ist.

Energiepreiskontrolle

Ein Regelungsbedürfnis zur Gestaltung allgemeiner Preise der Grund- und Ersatzversorgung ist vor dem Hintergrund der Gemeinwohlbindung Privater nicht erkennbar. Die staatliche Preisvorgabe in einem System der „Daseinsvorsorge durch Wettbewerb" wäre nicht systemgerecht.[242] Die allgemeinen Preise des Grundversorgers unterliegen zudem der kartellrechtlichen Missbrauchsaufsicht gem. § 29 GWB und zusätzlich der allgemeinen gerichtlichen Billigkeitskontrolle gem. § 315 BGB,[243] so dass eine ausreichende Gemeinwohlbindung bei der Bildung der Energiepreise besteht. Deswegen hat der Verordnungsgeber zu Recht von der Ermächtigung zur Gestaltung der allgemeinen Preise im Rahmen von §§ 36 und 38 EnWG bislang keinen Gebrauch gemacht.[244]

Zu beachten ist in diesem Zusammenhang auch, dass die allgemeine Preisaufsicht nach § 29 GWB und § 315 BGB auch dann Anwendung finden soll, wenn konkurrierende Leitungen aus dem Regulierungsregime entlassen werden,[245] so dass auch für diese Konstellation ein Auffangmechanismus im Sinne der Gewährleistung der Gemeinwohlbindung bereits existiert.[246]

Zwischenfazit

Zusammenfassend kann festgehalten werden, dass die bisher untersuchten Regulierungselemente[247] im Ergebnis einen hohen Grad an Gemeinwohlbindung aufweisen und in der Lage sind, das Handeln Privater im Sinne der Gemeinwohlverwirklichung zu lenken.

---

[241] Art. 27 Abs. 1 Richtlinie (EU) 2019/944.

[242] vgl. *Rasbach*, in: Kment, § 39, Rn. 4.

[243] vgl. BGH, NJW 2007, 2540.

[244] vgl. *Rasbach*, in: Kment, § 39, Rn. 3.

[245] im Falle von § 29 GWB z. B. bei All-inclusive-Preisen gegenüber Letztverbrauchern, da § 111 Abs. 1 und 3 EnWG dann nicht anwendbar ist.

[246] vgl. *Hölscher*, in: Britz/Hellermann/Hermes, § 111, Rn. 16.

[247] wie die gesetzlichen Ziele und Zwecke, die Grundsätze, die Aufgaben der Energieversorgungsunternehmen, die Entflechtung, die Netzanschlusspflicht, der Anspruch auf Netzzugang, die Netzentgeltregulierung, die Genehmigungspflicht für die Aufnahme des Netzbetriebs, die Grundversorgungspflicht sowie die Energiepreiskontrolle.

Ein Verbesserungsbedarf besteht im Hinblick auf die Regulierung insofern, als diese in größerem Maße dem Gedanken der Nachhaltigkeit, der Berücksichtigung der langfristigen Perspektive (insbesondere bei der Lösung von Zielkonflikten) sowie der wettbewerblichen Ausrichtung der Energiewirtschaft Rechnung tragen soll, um möglichst eine noch größere Gemeinwohlmehrung zu erreichen.

Mehr Nachhaltigkeit

Die Verlagerung des Fokus der Betrachtung auf die Nachhaltigkeit ist besonders wichtig, denn in einigen Fällen (z. B. besonders am Anfang teure Förderung von Solarenergie, Förderung des Leitungswettbewerbs) werden viele gemeinwohlmehrenden Vorteile erst bei einer Betrachtung aus der Langzeitperspektive sichtbar (z. B. mittelfristiger Kostenanstieg, dafür Beitrag zur Nachhaltigkeit und zur Umweltverträglichkeit aus der Langzeitperspektive).

Deutlichere wettbewerbliche Ausrichtung

Was die wettbewerbliche Ausrichtung der Energiewirtschaft anbelangt, so ist zu hinterfragen, ob der geltende Regulierungsrahmen passende Vorschriften für den Fall des Übergangs einiger Leitungen in den Wettbewerb enthält (es fehlt z. B. eine Ausnahme von der Entgelt- sowie Zugangsregulierung). Solche Vorschriften würden zur größeren Rechts- und Planungssicherheit beitragen.

Mit den stark ausgeprägten Gemeinwohlbindungen in den Bereichen Netzzugang und Netzentgelte muss mehr Freiheit bei der Netzplanung korrespondieren, und zwar mit einer (klargestellten) Option, auch konkurrierende Leitungen zu bauen und dadurch die Regulierung zu verlassen.

Ferner könnte das (auf die höheren Stufen des Energietransports auszudehnende) Instrument des Wettbewerbs um Netze (Konzessionsvergabe, z. B. mit einer konkretisierten Netzausbauzusage als ein Auswahlkriterium) eine weitere Option der wettbewerblichen Steuerung werden.

D. Leitungswettbewerb als ein Instrument der Gemeinwohlverwirklichung

Es ist zu untersuchen, ob der Leitungswettbewerb ein taugliches Instrument für die Gemeinwohlverwirklichung ist.

I. Ökonomische Möglichkeit des Leitungswettbewerbs

Energienetze galten lange Zeit als natürliche Monopole.[1] Als natürliches Monopol wird eine Situation bezeichnet, in der sich aufgrund hoher Fixkosten und niedriger Grenzkosten[2] besonders ausgeprägte steigende Skalenerträge ergeben.[3] In diesem Fall sind also die Gesamtkosten zur Bereitstellung eines Gutes deutlich niedriger, wenn nur ein Unternehmen und nicht mehrere konkurrierende Unternehmen den Markt versorgt.[4]

Monopolmärkte werden in Theorie und Praxis dafür kritisiert, dass ein Monopolist die Marktstellung zu seinen Gunsten und damit zu Lasten von potenziellen Konkurrenten, von Nachfragern bzw. der Allgemeinheit ausnutzen kann.[5] Vor diesem Hintergrund schränkt die Theorie angreifbarer Märkte[6] die Theorie vom natürlichen Monopol ein.[7] Danach wirke der Wettbewerb in latenter Weise, obwohl er nicht in Form eines Wettbewerbs zwischen mehreren Anbietern sichtbar ist (potenzieller Wettbewerb diszipliniert den Monopolisten).

Wenn der Marktzugang völlig frei ist und keine versunkenen Kosten entstehen, dann kann ein Monopolist gezwungen sein, einen Preis zu setzen, der ihm gerade einen Nullgewinn sichert.[8] Wenn aber versunkene Kosten auftreten, dann entsteht eine bedeutende Asymmetrie zwischen aktuellen und potenziellen Anbietern, da der Markteintritt bzw. - austritt dann nicht mehr völlig kostenlos ist. Für den etablierten

---

[1] vgl. *Frantzke*, S. 220 ff.; *Britz/Herzmann*, in: Britz/Hellermann/Hermes, Vorb. § 20, Rn. 2.

[2] vgl. *Varian*, S. 435 f.

[3] vgl. *Stocker*, S. 75.

[4] vgl. *Cezanne*, S. 63; *Knieps*, Wettbewerbsökonomie, S. 21 ff.

[5] vgl. *Diekmann/Leprich/Ziesing*, S. 20; *Britz/Herzmann*, in: Britz/Hellermann/Hermes, Vorb. § 20, Rn. 4.

[6] vgl. *Baumol/Panzar/Willig*, Contestable Markets and the Theory of Industry Structure.

[7] vgl. *Knieps*, N&R 2004, 7, 10.

[8] vgl. *Diekmann/Leprich/Ziesing*, S. 20.

Anbieter stellen die versunkenen, nicht reversiblen Kosten (z. B. Kosten für die gebauten Netze, für die kein Gebrauchtmarkt existiert) keine Opportunitätskosten dar, er hat insofern einen Vorteil gegenüber Newcomern, der wie eine Eintrittsbarriere wirkt.[9]

Gegen ein natürliches Monopol im Bereich der Energieversorgung wird vorgebracht, es sei als eine vom Staat eingeräumte und gesicherte Monopolstellung entstanden.[10] Diese staatlichen Monopole seien lediglich nachträglich ökonomisch gerechtfertigt worden.[11]

Mit zunehmender Kritik des natürlichen Monopols ändert sich auch die Vorstellung über den rechtlichen Umgang mit der als „natürliches Monopol" bezeichneten Situation.[12] Während früher die regulative Steuerung als eine Antwort auf die Herausforderungen durch das natürliche Monopol favorisiert wurden, wird heute vermehrt vertreten, dass in den ehemaligen Bereichen des natürlichen Monopols die Selbstregulierung durch den Wettbewerb zugelassen werden sollte.[13]

Der Verordnungsgeber erkennt die Möglichkeit eines Leitungswettbewerbs zumindest in dem Bereich des Gasferntransports an, was § 3 Abs. 2 GasNEV[14] belegt.[15] Danach können Betreiber von überregionalen Gasfernleitungsnetzen die Entgelte für die Nutzung der Fernleitungsnetze abweichend von den §§ 4 bis 18 GasNEV nach Maßgabe des § 19 GasNEV bilden, wenn das Fernleitungsnetz zu einem überwiegenden Teil wirksamem bestehenden oder potenziellen Leitungswettbewerb ausgesetzt ist.

Voraussetzung für die Feststellung eines wirksamen bestehenden oder potenziellen Wettbewerbs ist zumindest, dass die überwiegende Zahl der Ausspeisepunkte dieses Netzes in Gebieten liegt, die auch über überregionale Gasfernleitungsnetze Dritter erreicht werden oder unter kaufmännisch sinnvollen Bedingungen erreicht werden können, oder die überwiegende Menge des transportierten Erdgases in Gebieten ausgespeist wird, die auch über überregionale Gasfernleitungsnetze Dritter erreicht werden oder unter kaufmännisch sinnvollen Bedingungen erreicht werden können (vgl. § 3 Abs. 2 GasNEV).

Da sich der Leitungswettbewerb und ein unbestreitbares natürliches Monopol bereits begrifflich ausschließen, ist zumindest der Ferntransportnetz nach der aktuellen Einschätzung des Verordnungsgebers kein „natürliches Monopol".

---

[9] vgl. *Diekmann/Leprich/Ziesing*, S. 21.

[10] vgl. *DiLorenzo*, The Review of Austrian Economics Vol. 9, Nr. 2, S. 43 ff.

[11] vgl. *DiLorenzo*, The Review of Austrian Economics Vol. 9, Nr. 2, S. 53 f.; *Primeaux*, S. 175.

[12] vgl. *Drasdo*, S. 31 ff.

[13] vgl. Nachweise bei *Hermes*, Infrastrukturverantwortung, S. 322.

[14] Verordnung über die Entgelte für den Zugang zu Gasversorgungsnetzen vom 25. Juli 2005, BGBl. I S. 2197, Gasnetzentgeltverordnung, GasNEV; Zweifel an der Vereinbarkeit des § 3 Abs. 2 GasNEV mit dem EU-Recht äußerten *Däuper/Scharrer*, ZNER 2007, S. 18 ff.

[15] vgl. *Missling*, in: Theobald/Kühling, GasNEV, Einführung, Rn. 23.

Auch nach Aufhebung der Verordnungsermächtigung in § 24 Satz 2 Nr. 5 EnWG mit der zum 4. August 2011 in Kraft getretenen Novelle sind die Verordnungsvorschriften trotz der nunmehr fehlenden Ermächtigungsgrundlage gültig.[16] Dass der Verordnungsgeber § 3 Abs. 3 S. 1 GasNEV im Jahr 2017 dahingehend geändert hat, dass Fernleitungsnetzbetreiber die Entgeltbildung nach § 3 Abs. 2 GasNEV der BNetzA auch elektronisch anzeigen können,[17] verdeutlicht, dass der Verordnungsgeber auch heute davon ausgeht, dass das Fernleitungsnetz nicht zwingend ein natürliches Monopol darstellen muss.

Im Falle des parallelen Leitungsbaus wird vereinzelt befürchtet, dass Oligopole entstehen werden.[18] Ferner wird angenommen, dass im Falle von konkurrierenden und deshalb aus der Regulierung entlassenen Leitungen die Gefahr von abgestimmten Verhaltensweisen der Netzbetreiber („strategisches Parallelverhalten")[19] besteht, so dass der Leitungswettbewerb nicht effektiv gelebt wird. Beides stellt jedoch eine allgemeine, jedem Wettbewerb immanente Gefahr dar und kann durch die Missbrauchsaufsicht des GWB wirksam adressiert werden.

II. Wettbewerb im deutschen Fernleitungsnetz

Es ist umstritten, ob in den Energietransportnetzen in Deutschland ein Wettbewerb herrscht.[20] Diese Frage nach dem Leitungswettbewerb wurde bisher insbesondere im Zusammenhang mit dem Fernleitungsnetz untersucht.[21]

---

[16] vgl. BVerfGE 9, 3, 12; BVerfGE 14, 245, 249; 31, 357, 362 f., 44, 216, 226; gegen die Gültigkeit: *Schütz/Schütte*, in: Holznagel/Schütz, StromNEV, § 3; GasNEV, § 3, Rn. 50; *Säcker/Meinzenbach*, in: Säcker, § 21, Rn. 206; *Schütte*, in: Kment, § 21, Rn. 98 f.

[17] vgl. Artikel 118 des Gesetzes zum Abbau verzichtbarer Anordnungen der Schriftform im Verwaltungsrecht des Bundes vom 29. März 2017, BGBl. I S. 626. Eine weitere Änderung des § 3 GasNEV erfolge im Jahr 2019 durch Artikel 2 der Verordnung über Netzentgelte bei der Landstromversorgung und zur redaktionellen Anpassung von Vorschriften im Regulierungsrecht vom 23. Dezember 2019, BGBl. I S. 2935. Auch anlässlich dieser Änderung hätte der Verordnungsgeber die Regelung des § 3 Abs. 2 GasNEV abschaffen können.

[18] vgl. Gemeinsames Positionspapier von VIK und bne zum Prüfverfahren beim Fernleitungswettbewerb im deutschen Gasmarkt, S. 6, https://www.bne-online.de/fileadmin/bne/Dokumente/Positionspapiere/2005-2007/20070814_bne_Position_Leitungswettbew.pdf, abgerufen am 2. August 2020.

[19] vgl. Monopolkommission, Sondergutachten 54, Strom und Gas 2009: Energiemärkte im Spannungsfeld von Politik und Wettbewerb, S. 150.

[20] Dagegen z. B. *Diekmann/Leprich/Ziesing*, S. 10; *Missling*, in: Theobald/Kühling, GasNEV, Einführung, Rn. 27; dafür z. B. OLG Koblenz, Beschlüsse vom 4. Mai 2007, Az. W 621/06; W 595/06; W 605/06, IR 2007, 133 ff.; *Knieps*, ZfE 2002, 171 ff. und (in einem Fall) auch das BKartA, vgl. BKartA, Fallbericht vom 27. Juli 2012, B8–89/12, https://www.bundeskartellamt.de/SiteGlobals/Forms/Suche/Entscheidungssuche_Formular.html;jsessionid=45DF26E6A13522B8B66D93E2339B8C45.1_cid387?nn=3590118&cl2Categories_Format=Fallberichte&cl2Categories_Arbeitsbereich=Missbrauchsaufsicht&docId=3590118.

[21] vgl. *Säcker/Meinzenbach*, in: Säcker, § 21, Rn. 211.

Wie bereits erörtert, sind die Bedingungen für eine monopolistische Bottleneck-Einrichtung erfüllt, falls:

(1) Eine Einrichtung unabdingbar ist, um Kunden zu erreichen, wenn es also keine zweite oder dritte solche Einrichtung gibt, d. h. kein aktives Substitut verfügbar ist. Dies ist dann der Fall, wenn aufgrund von Bündelungsvorteilen eine natürliche Monopolsituation vorliegt, so dass ein Anbieter diese Einrichtung kostengünstiger als mehrere Anbieter bereitstellen kann;

(2) sowie gleichzeitig die Einrichtung mit angemessenen Mitteln nicht dupliziert werden kann, um den aktiven Anbieter zu disziplinieren, d. h. es ist kein potenzielles Substitut verfügbar. Dies ist dann der Fall, wenn die Kosten der Einrichtung irreversibel sind und folglich auch kein funktionsfähiger Second Hand-Markt für diese Einrichtungen existiert.[22]

Die erste Voraussetzung (Fehlen eines Substituts) ist nach Knieps[23] im Bereich des innerdeutschen Ferntransports mittels Hochdruckleitungen nicht gegeben, weshalb dieser Bereich keinen monopolistischen Bottleneck darstellt,[24] denn einige Abnahmestellen können theoretisch über die Netze verschiedener Netzbetreiber erreicht werden.

Die Wingas GmbH hat ein zu den bestehenden Leitungsnetzen anderer Fernleitungsnetzbetreiber paralleles Netz gebaut und damit einen Substituten geschaffen und so den Leitungswettbewerb ermöglicht.[25]

Da der Wettbewerb ein Streben von mindestens zwei Akteuren nach einem Ziel, wobei der höhere Zielerreichungsgrad eines Akteurs einen niedrigeren Zielerreichungsgrad des anderen bedingt, bedeutet, und die Errichtung des Wingas-Netzes in erster Linie der Befriedigung konzerninterner Versorgungsinteressen und nicht der Schaffung einer Konkurrenzsituation diente, wurde argumentiert, dass der durch die Tätigkeit der Wingas GmbH entstandene Leitungswettbewerb ein bloßer Nebeneffekt ist.[26] Unabhängig von der Frage, ob im konkreten Fall die Absicht, in Leitungswettbewerb zu treten, die Hauptmotivation war oder nicht, widerlegt dieses Beispiel den Charakter eines unbestreitbaren natürlichen Monopols für die betroffenen Fernleitungen.

---

[22] vgl. *Knieps*, ZfE 2002, 171 ff.

[23] vgl. a. a. O., S. 178 f.

[24] vgl. *Knieps*, Der Wettbewerb und seine Grenzen, S. 14 f., https://portal.uni-freiburg.de/vw/files/files-publikationen/disk/disk93.

[25] vgl. *Wegner*, Regulierungsfreistellungen für neue Elektrizitäts- und Erdgasinfrastrukturen, S. 224. Weiters Beispiel für Leitungswettbewerb: Die Open Grid Europe GmbH (vormals: E.ON Gastransport GmbH), Essen, und die Gasunie Deutschland Transport Services GmbH, Hannover, verfügen in den neuen Bundesländern über hohe Kapazitäten in Folge von Bruchteilseigentum an großen Ferngasleitungen, vgl. *Fabritius*, in: Säcker, GasNEV, § 3, Rn. 2.

[26] vgl. Monopolkommission, XVI. Hauptgutachten 2004/2005, BT-Drs. 16/2460, S. 24, 65.

Im Jahr 2005 konnte in Deutschland 70 % des Gasabsatzes über mindestens zwei Netzbetreiber erreicht werden.[27] Danach kann von keinem natürlichen Monopol im Fernleitungsnetz ausgegangen werden.

Andere Studien[28] zur Wettbewerbssituation in dem Fernleitungsnetz in Deutschland kommen dagegen zu dem Ergebnis, dass es im Erdgasferntransport keinen wirksamen oder potenziellen Leitungswettbewerb gibt.

Nach Auffassung der Monopolkommission „entbehrt die Annahme, dass im Bereich der Gasfernleitungsnetze funktionsfähiger aktueller oder potenzieller Leitungswettbewerb herrscht, [...], jeder Grundlage."[29]

Auch die Verwaltungspraxis ging zunächst vom Fehlen des Leitungswettbewerbs auf dem Ferntransportmarkt aus.[30] Vor diesem Hintergrund wurden sämtliche Anträge der Netzbetreiber nach § 3 Abs. 2 GasNEV durch die BNetzA abgelehnt.[31] Die BNetzA stellte im Einvernehmen mit dem Bundeskartellamt fest, dass die betroffenen Unternehmen im Ferngasbereich weder einem wirksam bestehenden noch einem potenziellen Leitungswettbewerb ausgesetzt sind.

Ferner stellte die BNetzA Folgendes fest: Die Marktstruktur im Bereich von Gastransportleistungen überregionaler Fernleitungsnetze erschwere den Marktzutritt potenzieller Wettbewerber.[32] Diese strukturrelevanten Faktoren seien die derzeitige hohe Kapazitätsauslastung,[33] die langwierigen planungs- und umweltrechtlichen Genehmigungsverfahren[34] sowie die Tatsache, dass es sich bei überregionalen Gasfernleitungen in der Regel um natürliche Monopole oder wesentliche Einrichtungen (essential facilities) handele.[35] Die Investitionskosten für den Bau einer Leitung stellen sich für Newcomer als versunkene Kosten dar.[36] Insofern bestünden für bereits im Markt etablierte Unternehmen deutlich größere Preissetzungsspielräume,[37] da Investitionskosten nicht erst erwirtschaftet werden müssen, sondern

---

[27] vgl. *Floren*, et al. 2005, Heft 10, S. 2 ff.

[28] vgl. z. B. *Hirschhausen/Neumann/Rüster*, Wettbewerb im Ferntransport von Erdgas? Technisch-ökonomische Grundlagen und Anwendung auf Deutschland, S. 3.

[29] vgl. Monopolkommission, XVI. Hauptgutachten 2004/2005, BT-Drs. 16/2460, S. 14; Monopolkommission, Sondergutachten: Strom und Gas 2007: Wettbewerbsdefizite und zögerliche Regulierung, BT-Drs. 16/7087, S. 139; Monopolkommission, Sondergutachten 54, Strom und Gas 2009: Energiemärkte im Spannungsfeld von Politik und Wettbewerb, S. 149.

[30] vgl. *Säcker/Meinzenbach*, in: Säcker, § 21, Rn. 211; Schütz/*Schütte*, in: Holznagel/Schütz, StromNEV, § 3; GasNEV, § 3, Rn. 49.

[31] vgl. BNetzA, Beschlüsse vom 22. September 2008 und 20. Oktober 2008, BK4-07-100 bis -111.

[32] vgl. z. B. BNetzA, Beschluss vom 22. September 2008, BK4-07-100, S. 54.

[33] vgl. a. a. O., S. 53.

[34] vgl. a. a. O., S. 54.

[35] vgl. a. a. O., S. 55.

[36] vgl. a. a. O., S. 54.

[37] vgl. a. a. O., S. 29

abgeschrieben werden können. Zudem könnten die etablierten Unternehmen den Marktzutritt Dritter durch eine Kampfpreisstrategie oder aber durch Abschluss von langfristigen oder Ausschließlichkeitsverträgen erschweren.[38]

Alle diese ablehnenden Verfügungen wurden vom OLG Düsseldorf rechtskräftig bestätigt und damit das Vorliegen wirksamen oder potenziellen Leitungswettbewerbs verneint.[39]

Zu beachten ist im Zusammenhang mit der damaligen Spruchpraxis der BNetzA, dass diese Spruchpraxis insbesondere im Hinblick auf die umstrittene Frage, ob technisch bzw. prinzipiell möglicher Wettbewerb überhaupt eine angemessene Rechtfertigungsgrundlage für die Zulassung von marktbasierten Tarifen bildet,[40] und nicht im Hinblick auf die Frage nach der Möglichkeit eines etwaigen Beitrags des Leitungswettbewerbs zur Mehrung des Gemeinwohls ergangen ist.

Vor dem Hintergrund der damals kurz vor ihrer Anwendung stehenden Anreizregulierung ließ sich die BNetzA offenbar von folgenden (auch von der Monopolkommission geteilten) Erwägungen leiten und beantwortete daher die Frage nach dem Leitungswettbewerb ergebnisorientiert:[41]

> „Die Vergleichspreise zumeist marktbeherrschender Unternehmen stellen keine Wettbewerbspreise dar. Sie liegen in der Regel über dem Wettbewerbspreisniveau, wodurch das Ziel, ‚Wettbewerbspreise zu erreichen', verfehlt wird."[42] „Eine größere Chance, Effizienz- und Wettbewerbsaspekten in zunehmendem Maße gerecht zu werden, stellt die Anreizregulierung dar, welche die Kostenregulierung ab 1. Januar 2009 ablösen wird."[43]

Es gibt Anzeichen dafür, dass sich die bisherige Einstellung der Verwaltungspraxis zum Leitungswettbewerb möglicherweise mit der Zeit ändert.[44] So führte das BKartA im Zusammenhang mit dem Verkauf der E.ON-Tochter Open Grid Europe an ein Konsortium aus vier Investoren, darunter die australische Macquarie Bank, der die Märkte für ein- und ausspeiseseitige Gastransportdienstleistungen betraf,[45] aus:

---

[38] vgl. a. a. O., S. 54.

[39] vgl. OLG Düsseldorf, Beschlüsse vom 25. November 2009, VI-3 Kart 58/08 (V), VI-3 Kart 59/08 (V), VI-3 Kart 73/08 (V), VI-3 Kart 48/08 (V), VI-3 Kart 63/08 (V), VI-3 Kart 57/08 (V); Beschluss vom 13. Januar 2010, VI-3 Kart 72/08 (V); Beschluss vom 21. April 2010, VI-3 Kart 67/08 (V).

[40] vgl. *Lapuerta/Moselle*, Convergence of Non-Discriminatory Tariff and Congestion Management Systems in the European Gas Sector, www.brattle.com/_documents/UploadLibrary/Upload591.pdf.

[41] vgl. BNetzA, Beschluss vom 22. September 2008, BK4-07-100, S. 24, 55.

[42] Monopolkommission, Sondergutachten: Strom und Gas 2007: Wettbewerbsdefizite und zögerliche Regulierung, BT-Drs. 16/7087, S. 23.

[43] Monopolkommission, Sondergutachten: Strom und Gas 2007: Wettbewerbsdefizite und zögerliche Regulierung, BT-Drs. 16/7087, S. 22.

[44] vgl. *Säcker/Meinzenbach*, in: Säcker, § 21, Rn. 213.

[45] vgl. BKartA, Fallbericht vom 27. Juli 2012, B8-89/12, https://www.bundeskartellamt.de/SiteGlobals/Forms/Suche/Entscheidungssuche_Formular.html;jsessionid=45DF26E6A13522

„Zwar existieren nach den Ermittlungen des Bundeskartellamtes Anhaltspunkte dafür, dass zwischen Open Grid Europe und Thyssengas innerhalb des Regulierungsrahmens ein faktischer Leitungswettbewerb besteht. Die Unternehmen betreiben gemeinsame Ein- und Ausspeisepunkte, an denen sie unterschiedliche Netzentgelte erheben, die Transportkunden Wahlmöglichkeiten zwischen Transportdienstleistern eröffnen. Open Grid Europe und Thyssengas werden jedoch als unabhängige Transportnetzbetreiber nach § 10ff. EnWG geführt.

Dieses Entflechtungsmodell stellt sicher, dass die Transportnetzbetreiber die Entscheidungsbefugnisse in Bezug auf Betrieb, Wartung und Ausbau des Netzes von der Konzernleitung unabhängig ausüben. Eine Entstehung oder Verstärkung einer marktbeherrschenden Stellung ging von dem Zusammenschluss daher nicht aus.“[46]

Die erwähnten behördlichen[47] und gerichtlichen[48] Entscheidungen betreffen die Marktsituation vor 2009.[49]

Die Marktsituation hat sich seit 2009 geändert:

„Zu dieser Zeit waren die verfügbaren Transportkapazitäten sehr begrenzt. Vor allem aufgrund regulatorischer Vorgaben (z.B. Art. 14 VO (EG) Nr. 715/2009 auf europäischer Ebene sowie §§ 11 ff. GasNZV auf nationaler Ebene) sind jedoch in den Fernleitungsnetzen sowie an den grenzüberschreitenden Netzkopplungspunkten und den Kopplungspunkten zwischen den deutschen Marktgebieten von Net Connect Germany (NCG) und Gaspool Engpässe nunmehr weniger wahrscheinlich. Auch das Bundeskartellamt sieht das Durchqueren von mehr als einem Marktgebiet nicht mehr als unmittelbares Wettbewerbshindernis (BKartA, Beschluss vom 31.1.2012, Az. B 8 – 116/11, Rn. 150, 152 – Gazprom/VNG). Folglich ist zumindest fraglich, ob die marktbezogenen Feststellungen der BNetzA und des OLG Düsseldorf in den Jahren 2008 und 2009 heute noch so zutreffen würden.“[50]

Die Idee, dass der Leitungswettbewerb vorteilhaft für die Energiewirtschaft sein könnte, ist nicht neu.[51] So schlug bereits vor 40 Jahren der Wettbewerbsrechtler Volker Emmerich – neben einer Reihe anderer Liberalisierungsmaßnahmen – Maßnahmen vor, welche der Etablierung des Leitungswettbewerbs dienen sollten (Verbot von Ausschließlichkeitsklauseln in den Konzessionsverträgen, verbunden mit einer Einschränkung des Wegemonopols der Gemeinden, um die Verlegung konkurrierender Leitungen zu ermöglichen).[52]

B8B66D93E2339B8C45.1_cid387?nn=3590118&cl2Categories_Format=Fallberichte&cl2Categories_Arbeitsbereich=Missbrauchsaufsicht&docId=3590118.

[46] Tätigkeitsbericht des Bundeskartellamtes 2011/2012, BT-Drs. 17/13675, S. 102.

[47] BNetzA, Beschlüsse vom 22. September 2008 und 20. Oktober 2008, BK4-07-100 bis -111.

[48] OLG Düsseldorf, Beschlüsse vom 25. November 2009, VI-3 Kart 58/08 (V), VI-3 Kart 59/08 (V), VI-3 Kart 73/08 (V), VI-3 Kart 48/08 (V), VI-3 Kart 63/08 (V), VI-3 Kart 57/08 (V); Beschluss vom 13. Januar 2010, VI-3 Kart 72/08 (V); Beschluss vom 21. April 2010, VI-3 Kart 67/08 (V).

[49] vgl. *Säcker/Meinzenbach*, in: Säcker, § 21, Rn. 213.

[50] *Säcker/Meinzenbach*, in: Säcker, § 21, Rn. 213.

[51] vgl. *Eising*, Liberalisierung und Europäisierung, S. 275.

[52] vgl. *Emmerich*, S. 72.

Die ein Jahrzehnt später eingesetzte Deregulierungskommission war zurückhaltender mit ihren Vorschlägen und wies nur auf Teilmärkte hin, welche schrittweise in den Wettbewerb entlassen werden konnten.[53] Die Netzebene galt zur damaligen Zeit noch als ein natürliches Monopol.

Es gibt jedoch gute Gründe dafür, diese Auffassung zu überdenken:

> „Die Vorzüge des marktmäßigen Wettbewerbs werden darin gesehen, dass zum einen die individuelle Gewinnabsicht durch das Streben nach Wertschöpfung auch das allgemeine Wohl fördert und zum anderen die Konkurrenz die Marktakteure zu rationeller Produktion sowie kostengünstigen und qualitätsvollen Angeboten zwingt. Soll die Verwaltung diese Vorteile zur Gemeinwohlerfüllung nutzen, so muss sie vielfach einen funktionsfähigen Wettbewerb erst herstellen."[54]

Das bestehende Energienetz ist nicht das einzige Einsatzfeld für die Gemeinwohlmaximierung durch den Wettbewerb. Insbesondere in künftigen Netzsystemen, in welchen es noch keinen Monopolisten gibt (insbesondere beim Aufbau der Ladesäuleninfrastruktur für Elektroautos), soll das Potenzial des Wettbewerbs genutzt werden:

> „Vor diesem Hintergrund sieht es die Monopolkommission geboten, beim Aufbau der Ladesäuleninfrastruktur auch wettbewerbliche Überlegungen stärker zu berücksichtigen. Dies könnte insbesondere auf Ebene der Kommunen geschehen, die bei ihren Bemühungen, ein örtliches Ladenetz aufzubauen, strukturelle Faktoren stärker in den Blickpunkt nehmen sollten. Den Kommunen ist zu empfehlen, beim Abschluss von Verträgen über den Aufbau eines Ladesäulennetzes und bei der Vergabe von Sondernutzungserlaubnissen darauf zu achten, dass der Aufbau in ihrem Verantwortungsbereich durch mehrere unterschiedlichen Betreiber erfolgt. Dadurch ließe sich erreichen, dass den Kunden Ladestrom zu einem wettbewerblich determinierten Preis angeboten wird."[55]

Ein Hindernis für die Etablierung des Wettbewerbs im Ladesäulennetz könnte der hoheitliche Charakter des kommunalen Handelns sein. Denn die kartellrechtlichen Regeln finden keine Anwendung (vgl. § 1 GWB), wenn die Kommunen den Aufbau des Ladesäulennetzes ausschließlich über die Erteilung von Sondernutzungserlaubnissen steuern und die Erteilung einer Sondernutzungserlaubnis durch die Kommunen an weitere Anbieter mit dem Hinweis darauf verweigert wird, dass bereits mit einem anderen Anbieter ein Vertrag über den Aufbau der Ladesäuleninfrastruktur geschlossen worden ist.[56]

Es darf jedoch nicht außer Acht gelassen werden, dass die Wettbewerbsfreiheit verfassungsrechtlichen Schutz genießt, so dass wettbewerbliche Aspekte auch bei

---

[53] vgl. Deregulierungskommission, Marktöffnung und Wettbewerb, Rn. 276 ff.

[54] *Potacs*, VVDStRL, 69 (2010), S. 283.

[55] Monopolkommission, 7. Sektorgutachten Energie, Wettbewerb mit neuer Energie, S. 120.

[56] vgl. Monopolkommission, 7. Sektorgutachten Energie, Wettbewerb mit neuer Energie, S. 111.

planerischen Entscheidungen von Kommunen nicht unberücksichtigt bleiben dürfen.[57]

In diesem Zusammenhang empfiehlt die Monopolkommission, die Berücksichtigung wettbewerblicher Aspekte bei der Erteilung von Sondernutzungserlaubnissen im FStrG und in den Landesstraßengesetzen klarstellend festzuschreiben, um den Aufbau einer wettbewerblich geprägten Ladeinfrastruktur gezielt zu fördern.[58] Ein ähnliches Vorgehen empfiehlt sich im Bereich der herkömmlichen Energienetze, in welchem es noch umstritten ist, ob die Förderung des Leitungswettbewerbs zu den Gesetzeszielen gehört.[59]

Nur als second best Lösung für den Fall des Scheiterns der Etablierung des Wettbewerbs in der Ladeinfrastruktur empfiehlt die Monopolkommission die Einführung einer sektorspezifischen Regulierung des Zugangs sowie der Zugangsentgelte.[60]

Vor dem Hintergrund des eben Gesagten kann festgehalten werden, dass die Monopolkommission den grundsätzlichen Vorrang des Wettbewerbs aufgrund seiner Vorteile (z. B. die durch Wettbewerb erfolgende Preisbildung führt zur Pareto-optimalen Allokation von Ressourcen, so dass ein funktionsfähiger Wettbewerb auf einem Markt impliziert, dass zu minimalen volkswirtschaftlichen Kosten produziert wird[61]) auch im Bereich der bisher als natürliches Monopol geltenden Infrastruktur anerkennt. Es wäre daher zielführend, wenn die Monopolkommission Vorschläge zur Etablierung des Wettbewerbs im Bereich des Energietransports unterbreiten würde.

III. Leitungswettbewerb und befristete Ausnahme neuer Infrastrukturen von der Regulierung

Eine weitere auch den Leitungswettbewerb fördernde Regelung findet sich in § 28a EnWG. Nach § 28a EnWG können neue Infrastrukturen im Sinne neuer Verbindungsleitungen zwischen Deutschland und anderen Staaten oder LNG- und Speicheranlagen von der Anwendung der §§ 8 bis 10e sowie §§ 20 bis 28 EnWG befristet ausgenommen werden, wenn durch die Investition der Wettbewerb bei der Gasversorgung und die Versorgungssicherheit verbessert werden, es sich um größere

[57] vgl. BKartA/BNetzA, Gemeinsamer Leitfaden von Bundeskartellamt und Bundesnetzagentur zur Vergabe von Strom und Gaskonzessionen und zum Wechsel des Konzessionsnehmers, S. 7.

[58] vgl. Monopolkommission, 7. Sektorgutachten Energie, Wettbewerb mit neuer Energie, S. 121.

[59] vgl. *Hermes*, in: Schneider/Theobald, § 10, Rn. 54.

[60] vgl. Monopolkommission, 7. Sektorgutachten Energie, Wettbewerb mit neuer Energie, S. 121.

[61] vgl. Monopolkommission, Sondergutachten: Strom und Gas 2007: Wettbewerbsdefizite und zögerliche Regulierung, BT-Drs. 16/7087, S. 22.

neue Infrastrukturanlagen im Sinne des Artikel 36 Absatz 1 der Richtlinie 2009/73/EG[62] handelt, bei denen insbesondere das mit der Investition verbundene Risiko so hoch ist, dass die Investition ohne eine Ausnahmegenehmigung nicht getätigt würde, die Infrastruktur Eigentum einer natürlichen oder juristischen Person ist, die entsprechend der §§ 8 bis 10e EnWG von den Netzbetreibern getrennt ist, in deren Netzen die Infrastruktur geschaffen wird, von den Nutzern dieser Infrastruktur Entgelte erhoben werden und die Ausnahme sich nicht nachteilig auf den Wettbewerb auf den jeweiligen Märkten, die wahrscheinlich von der Investition betroffen sein werden, auf das effiziente Funktionieren des Erdgasbinnenmarktes, auf das effiziente Funktionieren der betroffenen regulierten Netze oder auf die Erdgasversorgungssicherheit der Europäischen Union auswirkt (vgl. § 28a Abs. 1 EnWG).[63]

Die Gewährung dieser Ausnahme hat zur Folge, dass der Netzbetreiber jedermann vom Zugang zu seinen neuen Infrastruktureinrichtungen ausschließen kann, da die Verpflichtung gem. § 20 EnWG, jedermann Netzzugang zu gewähren, auf die neue Infrastruktur keine Anwendung findet.[64]

Die Einführung dieser Ausnahmeregelung diente der Umsetzung des ex Art. 22 der Richtlinie 2003/55/EG[65] und wurde mit dem Umstand begründet, dass zur Deckung des zukünftig steigenden Gasverbrauchs der Bau neuer Transitleitungen, Speicheranlagen und LNG-Terminals, welche erhebliche Investitionen erfordern, notwendig wird.[66]

Eine Regulierung neuer Infrastrukturen lässt die Investitionsbereitschaft der Unternehmen sinken, weil sie dann Gewinn nicht im vollen Umfang schöpfen können.[67] Die mangelnde Investitionsbereitschaft in den Bau neuer Verbindungsleitungen führt wiederum zu einer Gefährdung der Versorgungssicherheit,[68] da die Eigenproduktion in Deutschland stetig abnimmt, während sich die Nachfrage erhöht.[69] Die Ausnahmeregelung, welche die Investitionsbereitschaft im Sinne der

---

[62] Richtlinie 2009/73/EG über gemeinsame Vorschriften für den Erdgasbinnenmarkt vom 13. Juli 2009.

[63] Praxisbeispiel: die Befreiung der Ostsee-Pipeline-Anbindungsleitung OPAL, vgl. BNetzA, Beschluss vom 25. Februar 2009, Az. BK 7-08-009, geändert durch Beschluss vom 7. Juli 2009; weitere Beispiele bei Arndt, in: Britz/Hellermann/Hermes, § 28a, Rn. 3.

[64] vgl. *Siegel*, in: Kment, § 28a, Rn. 1; kritisch: *Thole*, in: Säcker, § 28a, Rn. 1: „Wettbewerbs- und ordnungspolitisch mag dies bedenklich sein, da das Wettbewerbsverhältnis zwischen bestehenden Infrastrukturen und neu hinzukommenden Infrastrukturen durch Ausnahmeregelungen grundsätzlich gestört werden kann."

[65] Richtlinie 2003/55/EG über gemeinsame Vorschriften für den Erdgasbinnenmarkt vom 26. Juni 2003; aktueller Art. 36 der Richtlinie 2009/73/EG in der Fassung der Richtlinie 2019/692.

[66] vgl. *Thole*, in: Säcker, § 28a, Rn. 3; *Däuper*, in: Theobald/Kühling, § 28a, Rn. 1.

[67] vgl. Monopolkommission, Sondergutachten: Strom und Gas 2007: Wettbewerbsdefizite und zögerliche Regulierung, BT-Drs. 16/7087, S. 131.

[68] vgl. *Thole*, in: Säcker, § 28a, Rn. 1.

[69] vgl. BT-Drucks. 15/3917, S. 87 f.; *Siegel*, in: Kment, § 28a, Rn. 1.

Versorgungssicherheit erhöhen soll,[70] schafft damit zusätzliche Anreize für Gemeinwohlverwirklichung durch Private.

Die Monopolkommission kritisierte dennoch die Ausnahme neuer Infrastrukturen von der Netzzugangsregulierung gemäß § 28a EnWG, weil durch diese Ausnahme die Position der etablierten inländischen Gasversorger gestärkt wird, da diese aufgrund ihrer bereits bestehenden Leitungsnetze und der abgeschlossenen Lieferverträge einen größeren Anreiz zum Bau neuer Anlagen und Kapazitätsaufstockungen haben als neue Marktteilnehmer.[71]

Hier schafft § 28a Abs. 1 Nr. 3 EnWG Abhilfe. Danach setzt die Ausnahme von der Anwendung der §§ 8 bis 10e sowie §§ 20 bis 28 EnWG voraus, dass „die Infrastruktur Eigentum einer natürlichen oder juristischen Person ist, die entsprechend der §§ 8 bis 10e von den Netzbetreibern getrennt ist, in deren Netzen die Infrastruktur geschaffen wird.“ Hierdurch werden die Infrastrukturaktivitäten der etablierten Fernleitungsnetzbetreiber ausreichend abgegrenzt.[72]

Der Bau konkurrierender Leitungen kann sowohl für die etablierten Netzbetreiber als auch für neue Marktteilnehmer noch größere Investitionsanreize als der Bau neuer Infrastrukturen im Sinne des § 28a EnWG schaffen, weil konkurrierende Leitungen im Gegensatz zu neuen Infrastrukturen unbefristet von der Regulierung auszunehmen sind (dazu sogleich).

Für den Fall, dass große neue Erdgasinfrastrukturen im Sinne des Art. 36 Abs. 1 der Richtlinie 2009/73/EG sowohl als neue Infrastrukturen nach § 28a EnWG als auch als konkurrierende neue Infrastrukturen errichtet werden können, soll zwecks Etablierung des Leitungswettbewerbs grundsätzlich den konkurrierenden Leitungen der Vorrang eingeräumt werden. Gibt es mehrere potenziellen Vorhabenträger und kann z. B. nur eine Leitung errichtet werden (bzw. grundsätzlich in einer Konstellation, in welcher es mehr Vorhabenträger als mögliche Leitungen gibt), so soll auf der Grundlage eines ausschreibungsähnlichen Verfahrens entschieden werden, wer das Vorhaben realisieren darf.

Im Zusammenhang mit der Ausnahme des § 28a EnWG wurde ferner von der Monopolkommission kritisiert, dass obwohl Betreiber neuer Infrastrukturen aus rein betriebswirtschaftlichen Gründen einen Anreiz haben sollten, anderen Transportkunden bei Nichtauslastung der Anlage den Zugang dazu zu gewähren, sie dies nicht tun.[73] Im Gegenteil zeige die Praxis, dass existierende, aber ungenutzte Leitungskapazitäten in großem Umfang gehortet und damit strategisch dem Markt entzogen

---

[70] vgl. *Arndt*, in: Britz/Hellermann/Hermes, § 28a, Rn. 1.

[71] vgl. Monopolkommission, Sondergutachten: Strom und Gas 2007: Wettbewerbsdefizite und zögerliche Regulierung, BT-Drs. 16/7087, S. 131.

[72] vgl. *Däuper*, in: Theobald/Kühling, § 28a, Rn. 13.

[73] vgl. Monopolkommission, Sondergutachten: Strom und Gas 2007: Wettbewerbsdefizite und zögerliche Regulierung, BT-Drs. 16/7087, S. 132.

werden.[74] Im Falle von konkurrierenden neuen Infrastrukturen wäre dieses Problem nicht gegeben, da neue Marktteilnehmer nicht nur ihre Netze amortisieren, sondern auch Marktanteile gewinnen müssen und daher, im Gegensatz zu den etablierten Netzbetreibern, an einer künstlichen Verknappung der Netzkapazität nicht interessiert sind.

Insgesamt stellt sich der Zusammenhang des Leitungswettbewerbs und der Ausnahme nach § 28a EnWG wie folgt dar. Für eine neue konkurrierende Direktleitung ist eine Ausnahme als neue Infrastruktur nicht erforderlich, da eine Direktleitung kein Teil des Energieversorgungsnetzes[75] und gänzlich von der Regulierung ausgeschlossen ist.[76]

Wenn eine neue Verbindungsleitung nicht konkurriert, findet § 28a EnWG beim Vorliegen von übrigen Voraussetzungen Anwendung. Konkurriert eine Verbindungsleitung, so ist eine solche Leitung von der Regulierung ausgenommen. Wie bereits unter D.I. erläutert, versucht die regulative Steuerung, die Nachteile des natürlichen Monopols auszugleichen; zugleich wird der regulatorische Eingriff durch seine Aufgabe der Bekämpfung eines natürlichen Monopols gerechtfertigt. Im Falle einer Leitungskonkurrenz ist eine Monopolsituation nicht mehr gegeben, so dass auch die Anwendung der Regulierung nicht mehr gerechtfertigt ist.

Knieps stellt bei der Ausnahme von der Regulierung auf die Ferntransportebene insgesamt ab[77] und führt hierzu aus:

> „Da die Nachfrager auf der nachgelagerten Ebene (regionale Netzgesellschaften, bzw. lokale Versorgungsunternehmen) jeweils zumindest die Wahl zwischen zwei unterschiedlichen Betreibern von Ferntransportnetzen besitzen, ist der Zugang zu dem Netz einer bestimmten Ferntransportgesellschaft nicht unabdingbar erforderlich und folglich die monopolistische Bottleneck-Eigenschaft auf der Ferntransportebene nicht gegeben. Eine ex ante Regulierung von Marktmacht auf der innerdeutschen Ferntransportebene ist deshalb nicht erforderlich. Unbestritten ist dagegen, dass das allgemeine Wettbewerbsrecht – etwa zur Verhinderung von Kartellabsprachen – wie in allen anderen Wirtschaftssektoren auch hier zur Anwendung kommen muss."[78]

Es ist jedoch – insbesondere im Hinblick auf die Fragen der Gemeinwohlbindung sowie der Gemeinwohlmaximierung – fraglich, ob die Konkurrenz von einzelnen Leitungen eine Ausnahme des kompletten Ferntransportbereichs zu rechtfertigen

---

[74] vgl. Monopolkommission, Sondergutachten: Strom und Gas 2007: Wettbewerbsdefizite und zögerliche Regulierung, BT-Drs. 16/7087, S. 132; BNetzA, Monitoringbericht 2007, S. 108, https://www.bundesnetzagentur.de/SharedDocs/Mediathek/Monitoringberichte/Monitoringbericht2007.html?nn=875402, abgerufen am 24.08.2020.

[75] vgl. *Theobald*, in: Theobald/Kühling, § 3, Rn. 127–131.

[76] vgl. *Brahms*, in: Maslaton, Rn. 528.

[77] vgl. *Knieps*, Disaggregierte Regulierung in Netzsektoren: Normative und positive Theorie, S. 9, https://portal.uni-freiburg.de/vw/files/files-publikationen/disk/disk116.

[78] *Knieps*, Disaggregierte Regulierung in Netzsektoren: Normative und positive Theorie, S. 9, https://portal.uni-freiburg.de/vw/files/files-publikationen/disk/disk116.

vermag. Denn die Ausnahme würde auch den Leitungen zugutekommen, welche noch nicht angegriffen wurden, was unter Verzicht auf die Regulierung dazu führen würde, dass ihre Stellung als Bottleneck (insbesondere durch den Wegfall des Zugangsanspruchs) perpetuiert wird.

Im Ergebnis kann festgehalten werden, dass sich § 28a EnWG und Leitungswettbewerb gegenseitig ergänzen, wobei der Leitungswettbewerb größere Investitionsanreize schafft, da in seinem Fall die Ausnahme von der Regulierung unbefristet ist.

Es gibt zwei weitere Beispiele für Ausnahmen von der Regulierung. Geschlossene Verteilernetze im Sinne des § 110 EnWG[79] sowie Kundenanlagen bzw. Kundenanlagen zur betrieblichen Eigenversorgung im Sinne des § 3 Ziff. 24a[80] und 24b[81] EnWG. Sie sind jedoch aufgrund ihrer Eigenschaft als „letzte Meile" und im Falle von Kundenanlagen auch bereits begrifflich „für die Sicherstellung eines wirksamen und unverfälschten Wettbewerbs bei der Versorgung mit Elektrizität und Gas unbedeutend",[82] da der Wettbewerb auf vorgelagerten Stufen des Transportnetzes (in Bereichen der Energieversorgungsnetze und Direktleitungen) stattfindet.

IV. Leitungswettbewerb und Merchant Lines als weiteres Instrument zur Gemeinwohlmaximierung

Ein weiteres Instrument, welches dem Wettbewerb in der Energieversorgung und zugleich der Gemeinwohlsteigerung dient, ist die Ausnahme nach Art. 63 der VO 2019/943.[83] Diese Ausnahmeregelung für Elektrizitätsverbindungsleitungen (Gleichstromverbindungsleitungen gem. Art. 63 Abs. 1 und Wechselstromverbindungsleitungen gem. Art. 63 Abs. 2 der VO 2019/943, sog. „Merchant Lines")[84] ist ein Pendant zu der Ausnahmeregelung für den Bereich Gas gemäß Art. 36 Absatz 1 der Richtlinie 2009/73/EG sowie ihrer Umsetzung in § 28a EnWG.

Nach Art. 63 der VO 2019/943 können neue Gleichstromverbindungsleitungen (sowie in Ausnahmefällen auch Wechselstromverbindungsleitungen, sofern die Kosten und die Risiken dieser Investition besonders hoch sind; es muss sich um Vorhaben handeln, welche erhebliche Kapazitätserhöhungen zum Gegenstand haben) unter folgenden Voraussetzungen auf Antrag für eine begrenzte Dauer von Artikel 19 Abs. 2 und 3 der VO 2019/943 (Zielsetzungen für die Zuteilung von

---

[79] vgl. *Bourwieg*, in: Britz/Hellermann/Hermes, § 110, Rn. 5.

[80] vgl. *Hellermann*, in: Britz/Hellermann/Hermes, § 3, Rn. 43a.

[81] vgl. *Hellermann*, in: Britz/Hellermann/Hermes, § 3, Rn. 43b.

[82] vgl. § 3 Ziff. 24a EnWG.

[83] Verordnung 2019/943 über den Elektrizitätsbinnenmarkt vom 5. Juni 2019, ABl. EG Nr. L 158, S. 54 vom 14. Juni 2019.

[84] vgl. *Bourwieg*, in: Britz/Hellermann/Hermes, § 12e, Rn. 12.

Einnahmen aus der Vergabe von zonenübergreifender Kapazität) und der Artikel 6 (Netzzugang), Artikel 43 (eigentumsrechtliche Entflechtung), Artikel 59 Abs. 7 (Festlegung von Bedingungen für den Anschluss, für den Netzzugang sowie für die Erbringung von Systemdienstleistungen) und Artikel 60 Abs. 1 (Befugnis der Regulierungsbehörde, Änderungen von Übertragungs- und Verteilungstarifen zu verlangen) der Richtlinie (EU) 2019/944 ausgenommen werden (vgl. Art. 63 Abs. 1 der VO 2019/943):

„a) Durch die Investition wird der Wettbewerb in der Stromversorgung verbessert.

b) Das mit der Investition verbundene Risiko ist so hoch, dass die Investition ohne die Gewährung einer Ausnahme nicht getätigt würde.

c) Die Verbindungsleitung muss Eigentum einer natürlichen oder juristischen Person sein, die zumindest der Rechtsform nach von den Netzbetreibern getrennt ist, in deren Netzen die entsprechende Verbindungsleitung gebaut wird.

d) Von den Nutzern dieser Verbindungsleitung werden Entgelte verlangt.

e) Seit der Teilmarktöffnung gemäß Artikel 19 der Richtlinie 96/92/EG des Europäischen Parlaments und des Rates dürfen keine Anteile der Kapital- oder Betriebskosten der Verbindungsleitung über irgendeine Komponente der Entgelte für die Nutzung der Übertragungs- oder Verteilernetze, die durch diese Verbindungsleitung miteinander verbunden werden, gedeckt worden sein.

f) Die Ausnahme darf sich nicht nachteilig auf den Wettbewerb oder das echte Funktionieren des Elektrizitätsbinnenmarkts oder das effiziente Funktionieren des regulierten Netzes auswirken, an das die Verbindungsleitung angeschlossen ist.“

Das europäische Verbundnetz wird aufgrund der Zunahme des grenzüberschreiten Handels mit Strom immer öfter an seiner Belastungsgrenze betrieben.[85] Die nicht ausreichenden und zögerlichen Investitionen in den Ausbau von Interkonnektoren resultiert vor allem daraus, dass im regulierten Umfeld der Investor Gewinne nicht vollumfänglich schöpfen kann und sich dadurch seine Investition langsamer amortisiert.[86] Die Europäische Union versucht, diese Problematik dadurch zu lösen, dass es Investoren ermöglicht wird, neue grenzüberschreitende Verbindungsleitungen außerhalb des regulatorischen Regimes zu bauen.[87] Die Einnahmen des Investors ergeben sich bei den Verbindungsleitungen aus der Preisdifferenz zwischen den verbundenen Marktgebieten.[88]

Im Falle von zwei nur durch eine neue Verbindungsleitung verbundenen Marktgebieten und ausreichender Verbindungskapazität würde sich in beiden Marktgebieten derselbe Preis einstellen, was aus der Perspektive der Gemeinwohlmaximierung optimal wäre (auch wäre durch die Verknüpfung der beiden Marktgebiete mit ihrer jeweiligen Infrastruktur die Versorgungssicherheit erhöht).[89]

---

[85] vgl. *Nacht/Stigler*, IEWT 2011, S. 1.

[86] vgl. *Hauteclocque/Rious*, Energy Policy 39 (2011), 7068, 7073.

[87] vgl. 66. Erwägungsgrund der VO 2019/943.

[88] vgl. *Nacht/Stigler*, IEWT 2011, S. 5.

[89] vgl. *Joskow/Tirole*, Journal of Industrial Economics 2005, Vol. 53, No. 2, 233, 240.

Allerdings könnte im Falle von Preisparität in den beiden Marktgebieten der Investor nicht mehr von der Preisdifferenz profitieren.[90] Der Investor wird daher eine solche (geringere als optimale)[91] Verbindungskapazität zur Verfügung stellen, bei welcher der Preis der beiden Marktgebiete sich nicht angleicht und der Investor von der Engpassrendite profitieren kann.[92]

Der Leitungswettbewerb zwischen den Verbindungsleitungen[93] könnte den Druck auf ihre jeweiligen Betreiber erhöhen und sie dazu zwingen, die nicht zur Verfügung gestellte Verbindungskapazität möglichst gering zu halten.

Ein weiteres Problem ergibt sich daraus, dass der Investor der ersten Verbindungsleitung die maximale Kapazität seiner Leitung so bemessen wird, dass sich der Bau einer zweiten Verbindungsleitung für einen weiteren Investor nicht mehr lohnt.[94] Zugleich wird er beim Betrieb der Verbindungsleitung die Kapazitäten horten,[95] damit der gewünschte Engpass gegeben ist.

Um dem entgegenzuwirken, wäre eine Regelung erforderlich, nach welcher der Betreiber der Verbindungsleitung verpflichtet wäre – trotz der Nichtanwendung der Zugangsverpflichtung – einen bestimmten prozentualen Anteil der maximalen Kapazität seiner Leitung tatsächlich zur Verfügung zu stellen[96] (nach dem sog. „Use-It-Or-Lose-It-Prinzip“[97] mit bestimmten Untergrenzen, z. B. mit den Untergrenzen der Regelung in Art. 16 Abs. 8 der VO 2019/943). Das Ziel der Vermeidung des Hortens von Kapazitäten, um künstlich Engpässe aufrechtzuerhalten, kann alternativ über eine nach Art. 63 Abs. 4 S. 2 der VO 2019/943 zulässige Ausnahme von nur einem Teil der Kapazität der Verbindungsleitung erreicht werden.

Der Nachteil der beiden Lösungsoptionen wird darin gesehen, dass wenn ein potenzieller Investor in eine Verbindungsleitung verpflichtet werden kann, einen Teil der Kapazität seiner Verbindungsleitung Dritten zur Verfügung zu stellen, wenn er diese Kapazität nicht nutzt, er die maximale Kapazität der geplanten Verbindungsleitung so bemisst, dass diese den Transportbedarf nicht vollumfänglich abdeckt und der Investor – selbst bei einer Vollauslastung der Verbindungsleitung –

---

[90] vgl. *Joskow/Tirole*, Journal of Industrial Economics 2005, Vol. 53, No. 2, 233 f.

[91] vgl. *Joskow/Tirole*, Journal of Industrial Economics 2005, Vol. 53, No. 2, 233, 236, 250.

[92] vgl. *Hauteclocque/Rious*, Energy Policy 39 (2011), 7068, 7072; *Nacht/Stigler*, IEWT 2011, S. 8.

[93] vgl. *Joskow/Tirole*, Journal of Industrial Economics 2005, Vol. 53, No. 2, 233, 239: der findet, dass das Modell „Merchant Investment“ nur im Falle von konkurrierenden Verbindungsleitungen („Independent Network Expansion Investments“) erfolgreich sein kann.

[94] vgl. *Nacht/Stigler*, IEWT 2011, S. 8.

[95] vgl. 27. Erwägungsgrund der VO 2019/943; *Hauteclocque/Rious*, Energy Policy 39 (2011), 7068, 7074.

[96] sog. „Must-Offer-Provision“, vgl. *Brunekreeft/Newbery*, Journal of Regulatory Economics 30 (2006), 233, 237 ff.

[97] vgl. *Hauteclocque/Rious*, Energy Policy 39 (2011), 7068, 7074 f.

noch von einer Engpassrendite profitieren kann.[98] Aus der Gemeinwohlperspektive wäre das suboptimal. Eine Ausschreibung einer Verbindungsleitung (mit einer bedarfsdeckenden Kapazität und einer „Use-It-Or-Lose-It"-Verpflichtung) könnte eine Option sein, um dieses Problem zu adressieren.[99]

Der Nachteil der Ausnahme für nur eine Verbindungsleitung mit der hohen maximalen Kapazität (welche ohnehin aus Effizienzgründen für einen etablierten Netzbetreiber viel lukrativer ist)[100] im Vergleich zum Leitungswettbewerb besteht darin, dass weitere Investitionen nicht lukrativ sind, denn nach Ablauf der Ausnahmeperiode und nach Übergang der Verbindungsleitung in die Regulierung (mit geringeren Transportpreisen als während der Ausnahmeperiode) wird ihre Monopolstellung nur perpetuiert.

Was die Gemeinwohlbindung der Investoren, welche in den Genuss der Ausnahmeregelung kommen, anbelangt, so ist diese grundsätzlich ausreichend durch die Ausnahmevoraussetzungen gesichert (wobei die Auswirkungen der Verbindungsleitung auf den Wettbewerb sogar doppelt geprüft werden, vgl. Art. 63 Abs. 1 Buchstaben a) und f) der VO 2019/943). Das Problem der Hortung von Kapazitäten soll allerdings künftig besser berücksichtigt werden.

V. Leitungswettbewerb durch Direktleitungen

Der Leitungswettbewerb war bereits 1998 – neben dem (damals verhandelten) Netzzugang – nach der gesetzgeberischen Intention[101] ein Instrument zur Liberalisierung des Energiemarktes.[102]

Die zahlreichen Gegner des Leitungswettbewerbs[103] haben kritisiert, dass der Bau von konkurrierenden Leitungen (in den meisten Fällen)[104] erhebliche versunkene Kosten verursache und damit volkswirtschaftlich nicht sinnvoll ist,[105] dass sich der Direktleitungsbau mit der Einführung des Durchleitungstatbestands als Liberali-

---

[98] vgl. *Brunekreeft/Newbery*, Journal of Regulatory Economics 30 (2006), 233, 245, 255 f.

[99] zu Ausschreibungen von Kapazitäten bei einer bestehenden Leitung als Mittel gegen die Hortung von Kapazitäten, vgl. *Brunekreeft/Newbery*, Journal of Regulatory Economics 30 (2006), 233, 245, 257; *Gilbert/Neuhoff/Newbery*, RAND Journal of Economics, 2004, 35 (4), 691 ff.

[100] vgl. *Joskow/Tirole*, Journal of Industrial Economics 2005, Vol. 53, No. 2, 233, 239.

[101] vgl. Gesetzesbegründung, BT-Drs. 13/7274, S. 10 f., 19, 30. Zu § 11a EnWG 2011, vgl. BT-Drs. 14/4599, S. 161. Vgl. auch *Theobald/Theobald*, Grundzüge, S. 95 f.

[102] vgl. *Theobald/Theobald*, Grundzüge, S. 28.

[103] vgl. *Hermes*, Infrastrukturverantwortung, S. 454 ff., 473 ff.; weitere Nachweise bei *Klees*, S. 19.

[104] vgl. *Hermes*, Infrastrukturverantwortung, S. 454.

[105] vgl. *Schneider*, Liberalisierung, S. 477.

sierungsinstrument erübrigt,[106] dass der freie Leitungsbau im System der staatlichen Infrastrukturverantwortung einen nicht zu integrierenden Fremdkörper darstelle,[107] dass der Direktleitungsbau bis zu Erschöpfung der bereits vorhandenen Netzkapazität aus verfassungsrechtlichen Gründen ausscheidet,[108] dass durch den überkapazitären Direktleitungsbau die Umwelt unnötig belastet wird.[109]

Gegen den Vorwurf der Unwirtschaftlichkeit[110] im Falle von Direktleitungen kann eingewendet werden, dass durch den Direktleitungsbau nicht das gesamte Netz dupliziert, sondern nur einzelne Leitungen gebaut werden sollten[111] (welche zudem nicht ein Teil des Energieversorgungsnetzes sind,[112] so dass sie nicht unmittelbar die Gesamtkosten des Energieversorgungsnetzes erhöhen), falls es wirtschaftlich und rentabel ist.[113] So können insbesondere Direktleitungen über kürzere Entfernungen wirtschaftlich sinnvoll sein.[114]

Die Entscheidung darüber, ob eine bestimmte Leitung rentabel ist oder nicht, wurde nach dem neuen ordnungspolitischen Ansatz[115] Privaten und nicht der staatlichen Investitionskontrolle überlassen.[116] Der Wettbewerb erhöht den Druck zugunsten einer noch sorgfältigeren Planung von Investitionsentscheidungen, er führt jedoch nicht automatisch zu einer dauerhaften Fehlallokation von Kapital.[117]

Dass die Durchleitung und der Leitungswettbewerb und insbesondere der Direktleitungsbau sich nicht ausschließen, sondern sinnvoll ergänzen können, so dass sich der Direktleitungsbau und der Bau von anderen konkurrierenden Leitungen mit der Einführung des Durchleitungstatbestands als Liberalisierungsinstrument nicht erübrigen,[118] wird noch erläutert.[119]

---

[106] vgl. *Becker*, ZNER 1998, 51 ff.; *Hermes*, Infrastrukturverantwortung, S. 474; *Pielow*, in: Säcker, § 43, Rn. 42 f.

[107] vgl. *Hermes*, Infrastrukturverantwortung, S. 472.

[108] vgl. *Hermes*, Infrastrukturverantwortung, S. 471 ff.

[109] vgl. *Steinberg/Britz*, RdE 1996, 165, 171; *Hermes*, Infrastrukturverantwortung, S. 471 ff.

[110] vgl. *Schneider*, Liberalisierung, S. 477.

[111] vgl. *Salje*, EnWG, § 13, S. 37 f.; *Klees*, S. 21.

[112] vgl. *Boesche*, in: Säcker, § 3, Rn. 40

[113] vgl. *Kühne/Scholtka*, NJW 1998, 1902, 1904 f.: „Energieversorgungsunternehmen können im Rahmen der Ziele des Energiewirtschaftsgesetzes nach marktwirtschaftlichen Gesichtspunkten über Investitionsvorhaben entscheiden."

[114] vgl. Vorschlag für eine Richtlinie des Rates betreffend gemeinsame Vorschriften für den Elektrizitätsbinnenmarkt, KOM (91) 548 endg. vom 21. Februar 1992, B, 3.3, S. 18.

[115] vgl. BT-Drs. 13/7274, S. 13.

[116] anders als in § 4 EnWG 1935.

[117] vgl. *Bräuer/Egeln/Werner*, S. 51; *Klees*, S. 22.

[118] Für Vorrang der Durchleitung, vgl. *Becker*, ZNER 1998, 51 ff.; *Hermes*, Infrastrukturverantwortung, S. 474; *Pielow*, in: Säcker, § 43, Rn. 43.

[119] vgl. unter F. IV. 3.

Gegen das Argument, dass der freie Leitungsbau im System der staatlichen Infrastrukturverantwortung einen nicht zu integrierenden Fremdkörper[120] darstellen würde, könnte Folgendes eingewendet werden. Es wurde bereits dargelegt,[121] dass die staatliche Infrastrukturverantwortung in einem Gewährleistungsstaat im Sinne einer arbeitsteiligen Gemeinwohlverwirklichung gewährleisten soll, dass die Aufgabe der Energieversorgung durch Private erfüllt wird.

Nur im Falle eines Scheiterns privater Aufgabenerfüllung greift die staatliche Auffangverantwortung ein. Für den Fall des Leitungsbaus bedeutet das, dass die staatliche Infrastrukturverantwortung in einer sozialen Marktwirtschaft (als ein gesellschafts- und wirtschaftspolitisches Leitbild mit dem Ziel, auf der Basis der Wettbewerbswirtschaft die freie Initiative mit einem gerade durch die wirtschaftliche Leistung gesicherten sozialen Fortschritt zu verbinden)[122] den Staat nicht dazu zwingt, den energetischen Bedarf selbst zu ermitteln und die Netze selbst zu planen.

Solange Private auch im Sinne der in den Gesetzeszielen ausgeformten Gemeinwohlverwirklichung handeln (d.h. u.a. sichere, preisgünstige, verbraucherfreundliche, effiziente und umweltverträgliche leitungsgebundene Energieversorgung mithilfe von bedarfsgerecht ausgebauten, sicheren, zuverlässigen und leistungsfähigen Netzen gewährleisten), ist der staatliche Infrastruktursicherungsauftrag erfüllt.

Dass eine Enteignung auch zugunsten von konkurrierenden Leitungen erfolgen darf und die Eigentumsgarantie einer solchen Enteignung nicht per se entgegensteht, so dass der Direktleitungsbau (und auch der Bau von anderen konkurrierenden Leitungen) nicht bis zu Erschöpfung der bereits vorhandenen Netzkapazität aus verfassungsrechtlichen Gründen ausscheidet,[123] wird ebenfalls im Abschnitt „Enteignung" erörtert.[124]

Ferner darf nicht pauschal von einer unnötigen Umweltbelastung[125] durch den Direktleitungsbau ausgegangen werden. Es muss in jedem Einzelfall geprüft werden, ob ein durch das Vorhaben des Direktleitungsbaus (oder durch ein anderes Vorhaben des konkurrierenden Leitungsbaus) hervorgerufener Eingriff in die Natur mit den umwelt- und naturschützenden Vorschriften vereinbar ist.[126]

Dabei ist nicht jeder zusätzliche Eingriff (selbst wenn er mit den ökologischen Vorgaben im Einklang steht und/oder kompensiert werden kann) nur dadurch für die Umwelt nicht hinnehmbar, weil er hätte vermieden werden können. Wenn Direkt-

---

[120] vgl. *Hermes*, Infrastrukturverantwortung, S. 472.

[121] vgl. unter B. III.

[122] vgl. *Müller-Armack*, S. 245.

[123] vgl. *Hermes*, Infrastrukturverantwortung, S. 471 ff.

[124] vgl. unter F. IV. 3.

[125] vgl. *Steinberg/Britz*, RdE 1996, 165, 171; *Hermes*, Infrastrukturverantwortung, S. 471 ff.

[126] vgl. BT-Drs. 13/7274, S. 11; *Klees*, S. 24.

leitungen z. B. dazu dienen, Kunden verbrauchsnah an dezentrale Energieerzeuger aus erneuerbaren Energiequellen anzuschließen und zu versorgen, dann tragen solche Direktleitungen zur Steigerung der Umweltverträglichkeit der Energieversorgung bei (und vermeiden zudem möglicherweise den Bau einer Anbindungsleitung an das Netz der allgemeinen Versorgung). Der Direktleitungsbau ist damit nicht per se umweltschädlich.

Schließlich wird kritisiert, dass eine Direktleitung nicht die gleiche Versorgungssicherheit bietet wie das Verbundnetz.[127] Diese Kritik ist jedoch bei einer genaueren Betrachtung unzutreffend.

Im Falle wenn der Kunde sowohl an das Verbundnetz als auch an eine konkurrierende Direktleitung angeschlossen ist, hat er eine noch größere Versorgungssicherheit, denn er kann sowohl alle Sicherheitsvorteile des Verbundnetzes (Absicherung durch das (n-1)-Prinzip[128] sowie mehrere Kraftwerke, welche die Versorgung im Falle des Ausfalls eines Kraftwerks übernehmen können) als auch die Direktleitung mit dediziertem Erzeuger nutzen. Im Falle von an das Verbundnetz angeschlossenen konkurrierenden Transportleitungen wird die Versorgungssicherheit durch die damit verbundene Redundanz der betroffenen Netzkomponente noch erhöht.

Wenn ein Kunde jedoch nur über eine Direktleitung mit seinem Erzeuger verbunden ist, hinkt der Vergleich in der Ausgangsthese, denn ein Ausfall der Direktleitung ist nicht mit dem Ausfall irgendeiner Leitung im Verbundnetz vergleichbar, welche umgangen werden kann. Der Ausfall einer Direktleitung ist vergleichbar mit dem Ausfall einer Anschlussleitung des Kunden. Bei einem solchen Ausfall der letzten Meile kann keine andere Leitung im Verbundnetz ihre Funktion übernehmen. Daher führen Direktleitungen nicht automatisch zu Einbußen an Versorgungssicherheit.

Im Ergebnis kann festgehalten werden, dass keines der Gegenargumente gegen den Direktleitungsbau (und gegen den Leitungswettbewerb insgesamt) ohne Weiteres greift und es auch eine Reihe Vorteile gibt, welche mit dem Leitungswettbewerb verbunden sind.

---

[127] vgl. *Bräuer/Egeln/Werner*, S. 113 f.; *Klees*, S. 25, der trotz Bedenken gegen den Direktleitungsbau aufgrund der negativen Auswirkungen auf die Versorgungssicherheit den Direktleitungsbau als „noch vertretbar" einstuft.

[128] Der Grundsatz der (n-1)-Sicherheit in der Netzplanung besagt, dass in einem Netz bei prognostizierten maximalen Übertragungs- und Versorgungsaufgaben die Netzsicherheit auch dann gewährleistet bleiben soll, wenn eine Komponente, etwa ein Transformator oder ein Stromkreis, ausfällt oder abgeschaltet wird. Das heißt, es darf in diesem Fall nicht zu unzulässigen Versorgungsunterbrechungen oder einer Ausweitung der Störung kommen. Außerdem muss die Spannung innerhalb der zulässigen Grenzen bleiben und die verbleibenden Betriebsmittel dürfen nicht überlastet werden. Diese allgemein anerkannte Regel der Technik gilt grundsätzlich auf allen Netzebenen, vgl. www.netzausbau.de Glossar unter https://www.netzausbau.de/service/glossar/Functions/glossar.html?nn=231010&cms_lv2=495836&cms_lv3=239008.

VI. Zusammenfassung und Zwischenfazit zum Leitungswettbewerb

Zusammenfassung

Energienetze galten lange Zeit als natürliche Monopole.[129] Doch auch die Idee, dass der Leitungswettbewerb vorteilhaft für die Energiewirtschaft sein könnte, ist nicht neu und wurde bereits vor 40 Jahren vorgeschlagen.[130] Seitdem wird die Einstufung des Bereichs „Netz" als natürliches Monopol zunehmend kritisiert[131] und eine Selbstregulierung des ehemaligen Bereichs des natürlichen Monopols durch den Wettbewerb favorisiert.[132]

Dabei werden die Vorzüge des marktmäßigen Wettbewerbs darin gesehen, dass zum einen die individuelle Gewinnabsicht durch das Streben nach Wertschöpfung auch das allgemeine Wohl fördert und zum anderen die Konkurrenz die Marktakteure zu rationeller Produktion sowie kostengünstigen und qualitätsvollen Angeboten zwingt.[133]

Der deutsche Verordnungsgeber hat sich diesen Argumenten nicht verschlossen und erkennt die Möglichkeit eines Leitungswettbewerbs zumindest in dem Bereich des Gasferntransports an.[134]

Einige Marktteilnehmer ergriffen diese Gelegenheit und bauten ein zu den bestehenden Leitungsnetzen anderer Fernleitungsnetzbetreiber paralleles Netz und schafften damit einen Substituten und ermöglichten dadurch den Leitungswettbewerb in der Praxis.[135]

Die Verwaltungspraxis ging – kurz vor der Einführung der Anreizregulierung, von welcher sie sich eine optimalere Gemeinwohlverwirklichung als von der kurz vom Auslaufen stehenden kostenorientierten Entgeltbildung versprach – jedoch zunächst vom Fehlen des Leitungswettbewerbs auf dem Ferntransportmarkt aus, so dass sämtliche Anträge der Netzbetreiber nach § 3 Abs. 2 GasNEV durch die BNetzA abgelehnt wurden.[136]

---

129 vgl. *Frantzke*, S. 220 ff.

130 vgl. *Eising*, Liberalisierung und Europäisierung, S. 275; *Emmerich*, S. 72.

131 vgl. *Drasdo*, S. 31 ff.

132 vgl. Nachweise bei *Hermes*, Infrastrukturverantwortung, S. 322.

133 vgl. *Potacs*, VVDStRL, 69 (2010), S. 283.

134 vgl. § 3 Abs. 2 GasNEV.

135 vgl. *Wegner*, Regulierungsfreistellungen für neue Elektrizitäts- und Erdgasinfrastrukturen, S. 224.

136 vgl. BNetzA, Beschlüsse vom 22. September 2008 und 20. Oktober 2008, BK4-07-100 bis -111.

Ein Beleg dafür, dass sich diese Verwaltungspraxis mit der Zeit ändert, liefern die Ausführungen des BKartA in einem aktuellen Fall.[137] Hier geht das BKartA davon aus, dass es Anhaltspunkte dafür gibt, dass zwischen den beteiligten Gastransportnetzbetreibern ein faktischer Leitungswettbewerb besteht.[138]

Neue Netze – Beispiel Ladesäuleninfrastruktur

Künftige Netzsysteme (wie etwa Ladesäuleninfrastruktur für Elektroautos), in welchen es noch keinen Monopolisten mit amortisierten Investitionskosten gibt, eignen sich besonders für die Etablierung des Leitungswettbewerbs. Wenn der Aufbau einer solchen neuen Infrastruktur durch mehrere Betreiber erfolgt, ließe sich erreichen, dass den Kunden Ladestrom zu einem wettbewerblich determinierten Preis angeboten wird.[139]

In diesem Zusammenhang empfiehlt die Monopolkommission, die Berücksichtigung wettbewerblicher Aspekte bei der Erteilung von Sondernutzungserlaubnissen im FStrG und in den Landesstraßengesetzen klarstellend festzuschreiben, um den Aufbau einer wettbewerblich geprägten Ladeinfrastruktur gezielt zu fördern.[140] Sollte sich nach einer eingehenden ökonomischen Untersuchung eine gemeinwohlmehrende Wirkung des Leitungswettbewerbs auf dem Energietransportmarkt bestätigen, könnte es – analog zu Forderungen nach Festschreibung der Berücksichtigung von wettbewerblichen Aspekten im Falle der Ladeinfrastruktur – zielführend sein, die Beachtung von wettbewerblichen Faktoren auch im Rahmen der Netzplanung (sowie im Rahmen der Enteignung) festzuschreiben.

Leitungswettbewerb und befristete Ausnahme neuer Infrastrukturen von der Regulierung

Nach § 28a EnWG können neue Infrastrukturen (neue Verbindungsleitungen) befristet von der Regulierung (Netzzugang-, Netzentgeltregulierung sowie von der Verpflichtung zu Entflechtung) ausgenommen werden.

Diese Ausnahmeregelung ist dem Umstand geschuldet, dass eine Regulierung neuer Infrastrukturen die Investitionsbereitschaft der Unternehmen sinken lässt, weil sie dann Gewinn nicht im vollen Umfang schöpfen können.[141] Die Ausnahmeregelung des § 28a EnWG, welche die Investitionsbereitschaft im Sinne der Versor-

---

[137] Verkauf der E.ON-Tochter Open Grid Europe an ein Konsortium aus vier Investoren, der die Märkte für ein- und ausspeiseseitige Gastransportdienstleistungen betraf.

[138] vgl. BKartA Fallbericht vom 27. Juli 2012, B8–89/12, https://www.bundeskartellamt.de/SiteGlobals/Forms/Suche/Entscheidungssuche_Formular.html;jsessionid=45DF26E6A13522B8B66D93E2339B8C45.1_cid387?nn=3590118&cl2Categories_Format=Fallbericht&cl2Categories_Arbeitsbereich=Missbrauchsaufsicht&docId=3590118.

[139] vgl. Monopolkommission, 7. Sektorgutachten Energie, Wettbewerb mit neuer Energie, S. 120 f.

[140] vgl. Monopolkommission, 7. Sektorgutachten Energie, Wettbewerb mit neuer Energie, S. 121.

[141] vgl. Monopolkommission, Sondergutachten: Strom und Gas 2007: Wettbewerbsdefizite und zögerliche Regulierung, BT-Drs. 16/7087, S. 131.

gungssicherheit erhöhen soll, schafft damit zusätzliche Anreize für Gemeinwohlverwirklichung durch Private.

Da konkurrierende Leitungen nach dem disaggregierten Regulierungsansatz unbefristet von der Regulierung auszunehmen sind (da die Regulierung im Falle des Leitungswettbewerbs nicht mehr gerechtfertigt wäre), kann der Bau konkurrierender Leitungen größere Investitionsanreize als der Bau neuer Infrastrukturen im Sinne des § 28a EnWG schaffen und wäre im Hinblick auf die Wohlfahrtsoptimierung vorzugswürdig.

Wenn neue Infrastrukturen sowohl als neue Infrastrukturen nach § 28a EnWG (durch einen etablierten Netzbetreiber) als auch als konkurrierende neue Infrastrukturen (durch einen Newcomer oder durch einen konkurrierenden Netzbetreiber) errichtet werden können, soll (bei sonst gleicher Eignung) zwecks Etablierung des Leitungswettbewerbs sowie im Hinblick auf die damit verbundene Wohlfahrtsoptimierung grundsätzlich den konkurrierenden Leitungen der Vorrang eingeräumt werden.

Gibt es mehrere potenziellen Vorhabenträger von künftig konkurrierenden Leitungen (wobei z. B. nur ein konkurrierendes Vorhaben realisiert werden kann, weil der Realisierung von beiden Vorhaben zwingende rechtliche Gründe entgegenstehen, z. B. die des Naturschutzes), so soll auf der Grundlage eines ausschreibungsähnlichen Verfahrens entschieden werden, wer von den potenziellen Wettbewerbern das Vorhaben realisieren darf.

Insgesamt stellt sich der Zusammenhang zwischen dem Leitungswettbewerb und der Ausnahme nach § 28a EnWG wie folgt dar. Für eine neue konkurrierende Direktleitung ist eine Ausnahme als neue Infrastruktur nicht erforderlich, da sie kein Teil des Energieversorgungsnetzes und gänzlich von der Regulierung ausgeschlossen ist.

Wenn eine neue Transportleitung nicht konkurriert, findet § 28a EnWG beim Vorliegen von übrigen Voraussetzungen Anwendung. Konkurriert eine Transportleitung, so ist eine solche Leitung von der Regulierung ausgenommen.

Knieps dagegen stellt bei der Ausnahme von der Regulierung auf die Ferntransportebene in ihrer Gesamtheit ab.[142] Dies erscheint jedoch – insbesondere vor dem Hintergrund der Gemeinwohlbindung sowie der Gemeinwohlmaximierung – fraglich. Denn die Ausnahme der gesamten Ferntransportebene von der Regulierung würde auch den Leitungen zugutekommen, welche noch nicht im Wettbewerb angegriffen wurden, so dass der Wegfall der Gemeinwohlbindung in Form des Zugangsanspruchs in solchen Fällen eine monopolartige Stellung von diesen Leitungen verstärken würde.

---

[142] vgl. *Knieps*, Disaggregierte Regulierung in Netzsektoren: Normative und positive Theorie, S. 9, https://portal.uni-freiburg.de/vw/files/files-publikationen/disk/disk116.

§ 28a EnWG und Leitungswettbewerb ergänzen sich gegenseitig im Rahmen der Gemeinwohlverwirklichung. Der Leitungswettbewerb schafft allerdings größere Investitionsanreize, da in seinem Fall die Ausnahme von der Regulierung unbefristet ist.

Leitungswettbewerb und Merchant Lines

Ein weiteres Instrument, welches dem Wettbewerb in der Energieversorgung und zugleich der Gemeinwohlsteigerung dient, ist die Ausnahme nach Art. 63 der VO 2019/943. Danach können sog. Merchant Lines unter bestimmten Voraussetzungen für eine begrenzte Dauer von der Energieregulierung ausgenommen werden.

Dadurch versucht die Europäische Union, die Problematik der zögerlichen Investitionen in den Ausbau von Interkonnektoren dadurch zu lösen, dass es Investoren ermöglicht wird, neue grenzüberschreitende Verbindungsleitungen außerhalb des regulatorischen Regimes zu bauen. Gegen die Hortung von Kapazitäten im Falle von Merchant Lines könnte eine Ausschreibung einer Verbindungsleitung (mit einer bedarfsdeckenden Kapazität und einer „Use-It-Or-Lose-It“-Verpflichtung) helfen.

Der Nachteil einer befristeten Ausnahme von der Regulierung im Vergleich zum Leitungswettbewerb besteht jedoch darin, dass nach Ablauf der Ausnahmeperiode weitere Investitionen weniger lukrativ werden.

Leitungswettbewerb durch Direktleitungen

Seit seiner Einführung im Gesetz als ein Instrument zur Liberalisierung des Energiemarktes[143] im Jahr 1998 wurde der Leitungswettbewerb heftiger Kritik ausgesetzt. Die Gegenargumente waren im Wesentlichen:

- dass der Bau von konkurrierenden Leitungen erhebliche versunkene Kosten verursache und volkswirtschaftlich nicht sinnvoll ist,[144]
- dass sich der Direktleitungsbau mit der Einführung des Durchleitungstatbestands erübrigt,[145]
- dass der freie Leitungsbau im System der staatlichen Infrastrukturverantwortung systemfremd ist,[146]
- dass der Direktleitungsbau bis zu Erschöpfung der bereits vorhandenen Netzkapazität aus verfassungsrechtlichen Gründen ausscheidet,[147]
- dass durch den überkapazitären Direktleitungsbau die Umwelt unnötig belastet wird.[148]

---

[143] vgl. Gesetzesbegründung, BT-Drs. 13/7274, S. 10f.

[144] vgl. *Schneider*, Liberalisierung, S. 477.

[145] vgl. *Becker*, ZNER 1998, 51 ff.

[146] vgl. *Hermes*, Infrastrukturverantwortung, S. 472.

[147] vgl. *Hermes*, Infrastrukturverantwortung, S. 471 ff.

[148] vgl. *Steinberg/Britz*, RdE 1996, 165, 171; *Hermes*, Infrastrukturverantwortung, S. 471 ff.

Es finden sich jedoch auch Argumente pro Leitungswettbewerb, so dass im Ergebnis keiner der contra Argumente ohne weiteres greift.

So lässt sich gegen den Vorwurf der Unwirtschaftlichkeit einwenden, dass durch den Direktleitungsbau nicht das gesamte Netz dupliziert, sondern nur einzelne Leitungen gebaut werden, was insbesondere über kürzere Entfernungen wirtschaftlich sinnvoll sein kann.[149]

Die Investitionsentscheidungen wurden nach dem neuen ordnungspolitischen Ansatz Privaten und nicht der staatlichen Investitionskontrolle überlassen, so dass alleine Private die Rentabilität ihrer Vorhaben zu beurteilen haben. Der Wettbewerb zwingt Private zudem dazu, ihre Investitionsentscheidungen noch sorgfältiger zu überdenken.[150]

Die Durchleitung und der Direktleitungsbau schließen sich nicht gegenseitig aus.[151] Nach Intention des Gesetzgebers sollte es insbesondere keinen Vorrang der Durchleitung vor dem Bau konkurrierender Leitungen geben, weil durch die Einräumung des Vorrangs der Durchleitung der Leitungsbau als Hebel zur Durchsetzung des Netzzugangs verlorenginge, was den Wettbewerb beeinträchtigen würde.[152]

Der freie Leitungsbau würde nicht im System der staatlichen Infrastrukturverantwortung einen nicht zu integrierenden Fremdkörper darstellen,[153] denn die staatliche Infrastrukturverantwortung muss im Kontext des Gewährleistungsstaats mit seiner arbeitsteiligen Gemeinwohlverwirklichung gesehen werden. Diese Arbeitsteilung gepaart mit der staatlichen Auffangverantwortung kann auch so ausgestaltet werden, dass der Leitungswettbewerb zugelassen wird, Private also den energetischen Bedarf selbst ermitteln und die Netze selbst planen dürfen.

Solange Private auch im Sinne des in den Gesetzeszielen ausgeformten Gemeinwohls handeln, ist der staatliche Infrastruktursicherungsauftrag erfüllt. Erst im Falle eines Scheiterns privater Aufgabenerfüllung greift die staatliche Auffangverantwortung ein und es werden Schritte Richtung Infrastrukturerfüllung[154] durch den Staat erforderlich.

Der Direktleitungsbau scheidet auch nicht bis zu Erschöpfung der bereits vorhandenen Netzkapazität aus verfassungsrechtlichen Gründen aus, weil angeblich die Eigentumsgarantie einer Enteignung zugunsten konkurrierenden Leitungen per se entgegensteht.[155] Denn das Instrument der Enteignung gilt nach dem Gesetzgeber auch für zusätzliche Direktleitungen, da das Wettbewerbsinstrument „Direktleitung“

---

[149] vgl. Vorschlag für eine Richtlinie des Rates betreffend gemeinsame Vorschriften für den Elektrizitätsbinnenmarkt, KOM (91) 548 endg. vom 21. Februar 1992, B, 3.3, S. 18.

[150] vgl. *Bräuer/Egeln/Werner*, S. 51.

[151] vgl. unter F. IV. 3.

[152] vgl. BT-Drs. 13/7274, S. 36, 38.

[153] vgl. unter B. III. und D. V.

[154] z. B. nach § 12c Abs. 8 EnWG.

[155] vgl. unter F. IV. 3.

für die im Allgemeininteresse angestrebte Einführung eines stärker wettbewerblich geprägten Ordnungsrahmens von besonderer Bedeutung ist.[156] Daher müssen die Belange des Wettbewerbs als gleichwertige Gemeinwohlbelange im Rahmen der Enteignung anerkannt werden, um durch den Direktleitungsbau den Wettbewerb zu sichern.[157]

Ferner darf nicht pauschal von einer unnötigen Umweltbelastung durch den Direktleitungsbau ausgegangen werden.[158] Wenn Direktleitungen z. B. dazu dienen, Kunden verbrauchsnah an dezentrale Energieerzeuger aus erneuerbaren Energiequellen anzuschließen und zu versorgen, dann tragen solche Direktleitungen zur Steigerung der Umweltverträglichkeit der Energieversorgung bei, was bei der Prüfung von Umwelteingriffen zu berücksichtigen ist.

Schließlich wird kritisiert, dass eine Direktleitung nicht die gleiche Versorgungssicherheit bietet wie das Verbundnetz.[159] Wenn ein Kunde nur über eine Direktleitung mit seinem Erzeuger verbunden ist, ist ein Ausfall seiner Direktleitung nicht mit dem Ausfall irgendeiner redundanten Leitung im Verbundnetz, sondern mit dem Ausfall einer Anschlussleitung des Kunden vergleichbar. Bei einem solchen Ausfall der letzten Meile kann keine andere Leitung im Verbundnetz ihre Funktion übernehmen. Das Argument, Direktleitungen würden automatisch zu Einbußen an Versorgungssicherheit führen, verfängt daher nicht.

Der Leitungswettbewerb ist damit nicht nur rechtlich und ökonomisch möglich, sondern bringt eine Reihe Vorteile mit sich und ist damit ein taugliches Instrument für die Gemeinwohlverwirklichung. Er fördert im Ergebnis die Preisgünstigkeit der Energieversorgung (weil er zur Pareto-optimalen Allokation von Ressourcen führt), wenn man seine Auswirkungen in ihrer Gesamtheit und nicht nur vor dem Hintergrund eines kurzfristigen Anstiegs der Kosten des Netzes (welcher im Übrigen auch bei einem Netzausbau ohne Leitungswettbewerb verursacht wird) betrachtet.

Ein weiterer möglicher Vorteil des konkurrierenden Leitungsbaus ist die Beschleunigung des Netzausbaus. Hierzu sollten die neuen (mit dem Transportnetz)

---

[156] vgl. BT-Drs. 13/7274, S. 20.

[157] vgl. *Horstmann*, S. 372.

[158] Dies darf auf der anderen Seite nicht dazu führen, dass Alternativen zum Netzausbau als solchem (wie z. B. Regionalisierung der Preisbildung bis zum extremen Fall des Nodal Pricing) bei der Diskussion etwaiger Optimierungsansätze innerhalb des geltenden Rechtsrahmens unberücksichtigt bleiben. Denn es sind Fälle denkbar, in welchen sowohl der Netzausbau (z. B. aufgrund des Netzmanagements und aufgrund der Regionalisierung) vermieden als auch ein Wohlfahrtsgewinn generiert werden kann, vgl. Monopolkommission, Energie 2015: Ein wettbewerbliches Marktdesign für die Energiewende, Sondergutachten 71, S. 96 f.; *Grimm/Zöttl/Rückel/Sölch*, Regionale Preiskomponenten im Strommarkt. Gutachten im Auftrag der Monopolkommission in Vorbereitung des 71. Sondergutachtens „Energie 2015" der Monopolkommission, S. 40 und 47 ff., http://www.wirtschaftstheorie.wiso.uni-erlangen.de/wp-content/uploads/2016/02/gutachten_regionale-preiskomponenten07.10.15.pdf, abgerufen am 2. August 2020.

[159] vgl. *Bräuer/Egeln/Werner*, S. 113 f.

konkurrierenden Infrastrukturen von der Regulierung ausgenommen werden, wozu es einer Einführung von entsprechenden Vorschriften im Gesetz bedarf. Der beschleunigte Netzausbau trägt zum schnelleren Anschluss regenerativer Energiequellen und damit auch zum Umstieg auf eine umweltverträglichere Energiewirtschaft bei. Im Bereich der Netzbau-Technologie führt der konkurrierende Leitungsbau mit seiner großen Nachfrage mittelfristig zur Senkung der Kosten der Erdverkabelung. Ferner wird die Versorgungssicherheit durch den Bau von konkurrierenden Leitungen im Sinne des (n-1)-Prinzips erhöht.

Stellt sich im Rahmen dieser Untersuchung heraus, dass die Etablierung des Leitungswettbewerbs nicht zur Reduzierung der Gemeinwohlbindung Privater führt,[160] wobei gleichzeitig mit den oben genannten gemeinwohlmehrenden Vorteilen zu rechnen ist, so wäre die Förderung des Leitungswettbewerbs (z. B. durch die Anpassung der (Planungs-)Verfahren an die Besonderheiten des Leitungswettbewerbs,[161] durch Klarstellungen im Hinblick auf die Erforderlichkeit von Enteignungen zugunsten von konkurrierenden Leitungsvorhaben[162]) durch den Gesetzgeber die logische Konsequenz. Dabei ist zu beachten, dass nicht nur der Wettbewerb zwischen Direktleitungen und dem Verbundnetz, sondern auch zwischen Transportleitungen möglich und für die Gemeinwohlmaximierung von Vorteil ist.

Zwischenfazit

Der Leitungswettbewerb passt im Ergebnis in den durch die vorliegende Untersuchung umrissenen konzeptionellen Rahmen, wenngleich auf den ersten Blick nicht alle Kritikpunkte ausgeräumt werden können.

1. Der Leitungswettbewerb wird initiiert durch das auf die Gewinnerzielung gerichtete Handeln Privater. Damit steht er allerdings nicht konträr zur Wohlfahrtsmaximierung, sondern im Gegenteil dient er gleichzeitig der Gemeinwohlmehrung (Der Leitungswettbewerb entspricht der Prämisse „Mehr Freiraum – mehr Lukrativität/größere Gemeinwohlmehrung“).[163] So bietet der dauerhaft von der Regulierung befreite Leitungswettbewerb größere Anreize für den zügigen Netzausbau als eine Ausnahme nach § 28a EnWG, da sie nur befristet erfolgt.

2. Der Leitungswettbewerb ist nicht nur theoretisch geeignet, die Struktur des „natürlichen Monopols“ in dem Bereich Netz aufzubrechen, sondern er tut dies bereits in der Praxis.[164]

---

[160] vgl. Abschnitt H. Fazit.

[161] vgl. Abschnitt E. Planung.

[162] vgl. Abschnitt F. Enteignung.

[163] vgl. *Potacs*, VVDStRL, 69 (2010), S. 283.

[164] vgl. BKartA Fallbericht vom 27. Juli 2012, B8–89/12, https://www.bundeskartellamt.de/SiteGlobals/Forms/Suche/Entscheidungssuche_Formular.html;jsessionid=45DF26E6A13522B8B66D93E2339B8C45.1_cid387?nn=3590118&cl2Categories_Format=Fallbericht&cl2Categories_Arbeitsbereich=Missbrauchsaufsicht&docId=3590118.

3. Die „wettbewerbliche Tendenz" der Regulierung wird zwar im Energiewirtschaftsrecht berücksichtigt (§§ 1, 1a EnWG, § 28a EnWG, § 3 Abs. 2 GasNEV, § 46 Abs. 1 EnWG), jedoch kommt sie nicht deutlich genug zum Ausdruck, was seinerseits zu Meinungsstreiten über den Gehalt von entsprechenden Normen sowie über die generelle Zulässigkeit des Leitungswettbewerbs führt (z. B. „Der konkurrierende Leitungsbau sei mit der Einführung des Netzzugangsanspruchs obsolet geworden";[165] „Der Bau von konkurrierenden Leitungen sei bis zur Erschöpfung der Kapazität des vorhandenen Netzes nicht erforderlich";[166] „Eine Enteignung für den Bau von konkurrierenden Leitungen sei grundsätzlich nicht zulässig"[167]).

   Eine Aufnahme von entsprechenden Klarstellungen im Hinblick auf die Zulässigkeit von konkurrierenden Leitungen sowie im Hinblick auf die Zulässigkeit von Enteignungen zugunsten ihrer Realisierung wäre daher (insbesondere vor dem Hintergrund der wettbewerblichen und der gemeinwohlsteigernden Tendenzen) begrüßenswert. Das Gleiche gilt für den Aufbau von neuen Infrastrukturen (z. B. Ladenetze für Elektrofahrzeuge, Wasserstoffnetze). M. a. W. soll die Regulierung – wie bereits in dem allgemeinen Teil gesehen – so praktiziert werden, dass die Entstehung des Wettbewerbs zumindest nicht behindert wird. Des Weiteren fehlt eine ganze Reihe von Detailregelungen zu der Ausnahme von konkurrierenden Leitungen aus der Regulierung.[168] Bei der Ausgestaltung dieser Detailregelungen darf nicht aus den Augen verloren werden, dass je restriktiver diese Ausgestaltung ist, desto weniger lukrativ der konkurrierende Leitungsbau wird, wodurch einer seiner wichtigsten gemeinwohlmehrenden Vorteile – Beschleunigung des Netzausbaus (auf dem Weg zur klimaneutralen Energieversorgung) aufgrund seiner Lukrativität (im Vergleich zu den unter dem Regulierungsregime gebauten Leitungen – Stichwort: Anerkennungsfähigkeit von Kosten, § 23 ARegV, § 11 EnWG) verlorengehen kann.

4. Zu beachten in diesem Zusammenhang ist, dass einige Kritikpunkte (z. B. Belastung der Umwelt durch den überkapazitären Bau von konkurrierenden Leitungen sowie die Verteuerung des Netzes) zunächst – ausgehend von der an den Gesetzeswortlaut angelehnten Auslegung – valide erscheinen und erst unter Zugrundelegung einer Langzeitperspektive ausgeräumt werden können (der Ausgleich des Eingriffs in die Natur durch den Bau von zusätzlichen Leitungen durch den zügigeren Anschluss von regenerativen Energiequellen sowie der Ausgleich des mittelfristigen Anstiegs von Kosten des Netzes durch die Etablierung von wettbewerblichen Netznutzungsentgelten). Dieses Beispiel – wie

---

[165] vgl. F. IV. 3.

[166] vgl. D. V.

[167] vgl. F. IV. 3 und D. V.

[168] z. B. zum Zeitpunkt der Freistellung, zum Verfahren: Automatismus/Anzeige/Freigabeschreiben; zu den materiellen Anforderungen: potenzieller Wettbewerb ausreichend/Anträge auf Netzzugang erforderlich, daran anknüpfend: Freistellung der gesamten Leitung/der bestimmten Kapazität.

bereits in dem Kapitel über die Gemeinwohlbindung erwähnt[169] – verdeutlicht die Bedeutung der Berücksichtigung der Langzeitperspektive im Anwendungsbereich der Regulierung und führt vor Augen, dass die Nachhaltigkeit stärker in den Fokus des Gesetzgebers rücken soll.

[169] vgl. C.

E. Fachplanung als ein Instrument der Gemeinwohlbindung

Im Folgenden wird ein kurzer Überblick über die Fachplanung im Energierecht skizziert, soweit dies für die vorliegende Aufgabenstellung von Relevanz ist.

I. Erforderlichkeit der Fachplanung in der Energiewirtschaft

Die Notwendigkeit der energierechtlichen Planung, also der Planung von Energieleitungen und Energieerzeugungsanlagen, wird in der planungsrechtlichen Literatur[1] vor allem damit begründet, dass „[d]ie Konflikte, die durch Energieanlagen hervorgerufen werden, [...] Rechte und rechtlich geschützte Belange [betreffen], die außerhalb der Verfügungsbefugnis der die Anlage betreibenden EVU stehen. Sie können deshalb nur im Wege demokratisch legitimierter staatlicher Entscheidungen gelöst werden."[2]

Nach dieser klassischen planungsrechtlichen Betrachtung soll das Planungsrecht der EVU „rechtlich verbindliche Vorgaben" machen, welche die EVU bei ihrer Planung zu beachten haben. Ferner soll das Fachplanungsrecht nicht nur das Verfahren des Zustandekommens, sondern auch den Inhalt verbindlicher planerischer Entscheidungen festlegen.[3]

Die besagten Konflikte resultieren danach zum einen aus den beträchtlichen raumbezogenen Auswirkungen[4] und zum anderen aus der in der Praxis oft vorkommenden und im EnWG in § 45 explizit zugelassenen Enteignung von Grundstücken Privater zum Zwecke der Realisierung von energetischen Vorhaben.[5]

---

[1] vgl. *Hermes*, in: Schneider/Theobald, § 7, Rn. 6 ff., *Hermes*, Infrastrukturverantwortung, S. 356 ff., 400 ff.; *Missling*, in: Theobald/Kühling, Vor §§ 43 ff., Rn. 2; *Pielow*, in: Säcker, Vorb. §§ 43–45b, Rn. 2; *Hermes/Kupfer*, in: Britz/Hellermann/Hermes, § 43, Rn. 2.

[2] *Hermes*, in: Schneider/Theobald, § 7, Rn. 6.

[3] vgl. *Hermes*, in: Schneider/Theobald, § 7, Rn. 6.

[4] vgl. *Missling*, in: Theobald/Kühling, Vor §§ 43 ff., Rn. 2; *Hermes*, in: Schneider/Theobald, § 7, Rn. 7 f.; *Hermes/Kupfer*, in: Britz/Hellermann/Hermes, § 43, Rn. 2.

[5] vgl. *Pielow*, in: Säcker, Vorb. §§ 43–45b, Rn. 2; *Hermes*, in: Schneider/Theobald, § 7, Rn. 9 f.; *Hermes/Kupfer*, in: Britz/Hellermann/Hermes, § 43, Rn. 2.

II. Raumbezogene Konflikte

Die raumbezogenen Konflikte können ihrerseits in Raumnutzungs- sowie in Raumordnungskonflikte unterteilt werden. Die raumordnungsrechtliche Relevanz[6] der energetischen Vorhaben resultiert daraus, dass sie „raumbedeutsame Maßnahmen“ i. S. d. § 3 Abs. 1 Nr. 6 ROG und deswegen Gegenstand der gesamträumlichen Planung sind.[7]

Die Raumnutzungskonflikte, welche durch energetische Vorhaben ausgelöst werden, führen aus planungsrechtlicher Sicht deswegen zur Erforderlichkeit der energierechtlichen Fachplanung, weil solche Konflikte insbesondere auch öffentliche Interessen betreffen und deswegen zur ihrer Lösung einer hoheitlichen Entscheidung bedürfen, etwa wenn Belange des Naturschutzes betroffen sind.[8]

Der planungsrechtlichen Betrachtung ist zuzustimmen, soweit sie auf potenzielle Konflikte hinweist, in welchen öffentliche Belange betroffen sind. Lösung solcher Konflikte ist eine staatliche Aufgabe, welche demokratisch legitimierten Stellen vorbehalten ist.

Fraglich ist jedoch, ob solche potenziellen Konflikte geeignet und insbesondere auseichend sind, um eine zusätzliche (zu den bereits bestehenden Planungen, wie etwa der Raumordnungs-, Landesentwicklung-, Bauleit-, immissionsschutzrechtlichen (-)Planungen) energetische Fachplanung zu rechtfertigen. Wäre die Aufgabe der Energieversorgung eine staatliche Aufgabe gewesen,[9] welche durch staatliche Stellen zu erfüllen gewesen wäre, so hätte die Etablierung einer ausschließlich staatlichen energetischen Fachplanung ohnehin keiner besonderen Rechtfertigung bedurft.

Will man dagegen bei einer heute bestehenden arbeitsteiligen Erfüllung der Gemeinwohlaufgabe der Energieversorgung (Erfüllung durch Private und Gewährleistungsverantwortung bzw. Auffangverantwortung bei dem Staat) eine früher nichtexistierende zusätzliche staatliche Planung, welche „den Inhalt verbindlicher planerischer Entscheidungen festlegen“ soll,[10] einführen, so bedarf das allein schon im Hinblick auf die Handlungsfreiheit Privater einer Rechtfertigung.[11]

---

[6] vgl. *Schmitz/Uibeleisen*, Rn. 9.

[7] vgl. *Hermes*, in: Schneider/Theobald, § 7, Rn. 7, Fn. 24 m. w. N.

[8] vgl. *Hermes*, in: Schneider/Theobald, § 7, Rn. 8; *Missling*, in: Theobald/Kühling, Vor §§ 43 ff., Rn. 2.

[9] vgl. *Straßburg*, in: de Witt/Scheuten, Einleitung, Rn. 5.

[10] vgl. *Hermes*, in: Schneider/Theobald, § 7, Rn. 6.

[11] Diese Rechtfertigung darf aufgrund der Trennung der Verantwortungsbereiche im Rahmen der Gewährleistungsverantwortung nicht mit der Rechtfertigung der Netzausbauverpflichtung verwechselt werden, welche aufgrund einer „besonderen Verantwortungsbeziehung zum Gemeinwohl“ eine staatliche Indienstnahme der privaten Netzbetreiber rechtfertigt, vgl. *Glaser*, DVBl. 2012, 1283, 1285 f.; *Straßburg*, in: de Witt/Scheuten, Einleitung, Rn. 48.

Die Einführung einer zusätzlichen energetischen Planung kann insbesondere nicht damit begründet werden, dass der Staat den Kreis der selbst zu erfüllenden staatlichen Aufgaben bestimmen kann.[12] Wenn der Staat die Aufgabe der Energieversorgung den Privaten wieder entziehen und zu einer staatlichen Aufgabe erklären kann, dann kann er erst recht den Inhalt der Aufgabenerfüllung so ausformen, dass er als ein Minus im Vergleich zu einem vollständigen Aufgabenentzug eine energetische staatliche Planung einführen darf.

Eine solche Argumentation übersieht zum einen, dass ein vollständiger Aufgabenentzug mit einhergehender Verstaatlichung von EVU nicht entschädigungslos möglich ist[13] und damit (nicht nur politisch nicht gewollt, sondern auch) nicht praktikabel wäre, so dass ein solcher Erst-Recht-Argument spätestens an der praktischen Umsetzbarkeit scheitern dürfte. Zum anderen – selbst wenn man bei der Verstaatlichung (nur der Planung) nicht von einer Enteignung, sondern von einer Inhaltsbestimmung ausgehen würde – spricht einiges dafür, dass eine solche Inhaltsbestimmung ausgleichspflichtig wäre, was wiederum an ihrer Umsetzbarkeit zweifeln lässt.

Damit bleibt die Frage nach der Begründung der Erforderlichkeit einer zusätzlichen energetischen Planung offen. Der planungsrechtliche Ansatz[14] (energetische Vorhaben seien raumbedeutsam – sie seien Gegenstand von zahlreichen Planungen (z. B. nach ROG) – und erfordern daher einer [zusätzlichen] Energiefachplanung – woraus dann im Ergebnis auch die Notwendigkeit einer Energiebedarfsplanung abgeleitet wird[15]) ist in diesem Zusammenhang kritisch zu hinterfragen.

III. Enteignungsmöglichkeit

Ferner wird die Erforderlichkeit einer staatlichen Energieplanung im Rahmen des planungsrechtlichen Ansatzes damit begründet, dass „zu Realisierung planfestgestellter oder plangenehmigter Energieanlagen gem. § 45 EnWG die Enteignung zulässig ist und dass eine spätere Enteignung ohne vorangehende staatliche Planung mit dem Grundrecht des Enteigneten aus Art. 14 GG unvereinbar wäre.“[16]

---

[12] vgl. BVerfGE 12, 205, 243.

[13] vgl. auch zu den möglichen Maßnahmen auf der Grundlage des Katastrophen- und Sicherstellungsrechts im Falle des Scheiterns des Netzausbaus: *v. Lewinski*, EnWZ 2013, 439, 445.

[14] vgl. *Hermes*, in: Schneider/Theobald, § 7, Rn. 6 ff., *Hermes*, Infrastrukturverantwortung, S. 356 ff., 400 ff.; *Missling*, in: Theobald/Kühling, Vor §§ 43 ff., Rn. 2; *Pielow*, in: Säcker, Vorb. §§ 43–45b, Rn. 2; *Hermes/Kupfer*, in: Britz/Hellermann/Hermes, § 43, Rn. 2.

[15] vgl. dazu unter E. VII.

[16] *Hermes*, in: Schneider/Theobald, § 7, Rn. 9; vgl. auch *Pielow*, in: Säcker, Vorb. §§ 43–45b, Rn. 2; *Hermes/Kupfer*, in: Britz/Hellermann/Hermes, § 43, Rn. 2.

Der zwingende Zusammenhang zwischen der Planung und nachfolgender Enteignung resultiert daraus, dass „das die Enteignung rechtfertigende Allgemeinwohl auch bei strengen Anforderungen an die gesetzliche Konkretisierung der Enteignungszwecke auf gesetzlicher Ebene immer nur ungenau und in allgemeiner Form bestimmt werden kann und unausweichlich auf die weitere Konkretisierung durch die Verwaltung angewiesen bleibt, die üblicherweise in gestuften Verfahren Vorentscheidungen trifft, Fixpunkte für die spätere Notwendigkeit von Enteignungen setzt und insgesamt Gestaltungsspielräume umfasst."[17] Dieser Zusammenhang und sein zwingender Charakter sind aus der planungsrechtlichen Sicht seit langem anerkannt.[18]

Nach der Rechtsprechung ist es dagegen nicht – auch nicht im Hinblick auf die Eigentumsgarantie – zwingend, dass der Bau von Energieleitungen einem fachplanerischen Planfeststellungsverfahren mit enteignungsrechtlicher Vorwirkung unterworfen werden muss.[19]

In einer weiteren Entscheidung hat das BVerwG[20] festgestellt, dass im Falle einer Inanspruchnahme eines privaten Grundstücks für den Bau einer Energieleitung ein derartiges Vorhaben nicht nur wegen Art. 14 Abs. 3 GG, sondern auch aus allgemeinen rechtsstaatlichen Gründen einem grundsätzlich nicht eingeschränkten behördlichen Prüfungsverfahren unterworfen ist, in dessen Rahmen die Behörde – nicht eine originäre die Enteignung vorbereitende Planungsentscheidung trifft – sondern die Vorhabenplanung Privater abwägend nachzuvollziehen[21] hat:

> „[...] eine Energieversorgungsanlage, die nur im Wege einer Enteignung verwirklicht werden kann, im Hinblick auf Art. 14 III GG und das jeweilige landesrechtliche Enteignungsgesetz einem grundsätzlich nicht eingeschränkten behördlichen Prüfungsverfahren unterworfen ist.
>
> In diesem Prüfungsverfahren, das auch aus allgemeinen rechtsstaatlichen Gründen geboten ist, hat die Behörde die Rechtmäßigkeitsvoraussetzungen der beantragten Enteignung zu prüfen, insbesondere ob das Vorhaben zum Wohle der Allgemeinheit erforderlich und ob der Verhältnismäßigkeitsgrundsatz beachtet ist. *Soweit dabei eine Würdigung der für und wider das Vorhaben streitenden öffentlichen Belange untereinander und im Verhältnis zu den privaten Belangen erforderlich ist, hat die Behörde die Vorhabenplanung abwägend nachzuvollziehen.* Kommt sie dabei aufgrund einer anderen Gewichtung der zu berücksichtigenden öffentlichen und privaten Belange zu der Überzeugung, daß eine schonende Trassenführung möglich ist, so darf sie die Enteignung für das Vorhaben in der ursprünglich

---

[17] *Schmidt-Aßmann*, NJW 1987, 1587, 1589; vgl. auch *Hermes*, Infrastrukturverantwortung, S. 358 ff.

[18] vgl. *Hermes*, in: Schneider/Theobald, § 7, Rn. 9 m. w. N.

[19] vgl. BVerwGE 116, 365 ff.: „Die Eigentumsgarantie des Art. 14 GG zwingt nicht dazu, Bau und Betrieb einer 110 kV-Stromfreileitung generell einem fachplanerischen Planfeststellungsverfahren mit enteignungsrechtlicher Vorwirkung zu unterwerfen." (Ls) m. w. N. in Rn. 25 und einem Verweis u. a. auf BVerwGE 115, 17.

[20] BVerwGE 72, 365, 367.

[21] vgl. auch VGH Mannheim, NuR 2000, 455, 456.

geplanten Form nicht anordnen. Läßt sich das Vorhaben bereits durch Maßgaben oder Modifikationen schonender gestalten, so kann die Enteignungsbehörde ihre Entscheidung mit entsprechenden Nebenbestimmungen versehen.

Das Gericht hat in dem anschließenden Anfechtungsprozeß die angefochtene Enteignungsverfügung darauf zu prüfen, ob die Behörde die Enteignungsvoraussetzungen zutreffend erkannt und im Einzelfall hinreichend beachtet hat. Diese rechtliche Überprüfung ist allerdings insoweit beschränkt, als die Entscheidung darüber, ob eine Maßnahme mehr schadet als nützt oder ob das Vorhaben in geeigneter Weise auch anders verwirklicht werden könnte, wertende Einschätzungen, Prognosen und Abwägungen voraussetzt, die vom Gericht nicht durch eigene zu ersetzen, sondern als rechtmäßig hinzunehmen sind, soweit sie methodisch einwandfrei zustande gekommen und in der Sache vernünftig sind."

Ferner wird bei der kritischen Betrachtung der planungsrechtlichen Argumentation deutlich, dass diese davon ausgeht, dass in der Praxis für Realisierung sämtlicher energetischen Vorhaben private Grundstücke enteignet werden müssen. Selbst wenn man mit dieser Auffassung von der Maßgeblichkeit der Enteignung für die Erforderlichkeit der energetischen Planung ausgehen würde, stellt sich in diesem Zusammenhang dennoch die Frage, ob die Erforderlichkeit einer Enteignung in einigen Fällen (in der Praxis werden in den meisten Fällen übertragbare (§ 1092 Abs. 3 S. 1 BGB) beschränkte persönliche Dienstbarkeiten bestellt) ausreicht, um die Einführung einer zusätzlichen energetischen Fachplanung (welche für alle Fälle in der Praxis gelten würde) zu rechtfertigen.

Es sind zudem auch praxisrelevante Fälle denkbar, in welchen EVU gar nicht auf Inanspruchnahme Grundstücke Privater angewiesen sind (z.B. wenn sämtliche Grundstücke käuflich erworben werden konnten und/oder (teilweise) durch Gemeinden zur Verfügung gestellt wurden, sowie wenn auf bereits bestehenden Trassen parallele Leitungsstränge verlegt werden).

Auf alternative Optionen der Konkretisierung des Gemeinwohls wird unter F. III. eingegangen. Es wird erläutert, dass der Zusammenhang zwischen der vorgeschalteten staatlichen Planungsentscheidung und der nachfolgenden Enteignung nicht zwingend ist.

Selbst wenn man unterstellt, dass es einen Zusammenhang zwischen der Enteignungs- und der vorgeschalteten Planungsentscheidung geben muss, reicht dies nicht aus, um die Einführung einer eigenständigen Energieplanung zu rechtfertigen. Der Rechtsprechung ,[22] welche lediglich eine „abwägende Nachvollziehung" des Vorhabens durch die Verwaltung fordert, ist zuzustimmen.

Kann eine Enteignungsbehörde die Entscheidung eines EVU zugunsten der Realisierung eines Vorhabens „abwägend nachvollziehen", ist für eine darüberhinausgehende staatliche Planung kein Raum. Denn wenn eine staatliche, demokratisch legitimierte Stelle die Planung des Vorhabens nachvollziehen konnte, indem sie (die bisher in anderen Planungen (z.B. nach ROG) noch nicht abgewogenen) abwägungsrelevante Belange abgewogen und festgestellt hat, dass sie in der privaten

[22] vgl. BVerwGE 72, 365, 367.

Planung ausreichende Berücksichtigung gefunden haben, und mögliche Konflikte gelöst sind, so dass ihrer bestätigenden Entscheidung nichts im Weg steht, so ist der Mehrwert einer zusätzlichen „Konkretisierung des Gemeinwohls" durch eine energierechtliche Fachplanung zweifelhaft und vor dem Hintergrund der Rechtfertigungsbedürftigkeit einer mit der Einführung einer solchen Planung verbundenen Einschränkung privaten Handelns fraglich.

Dennoch können staatliche Planungsverfahren als Instrument der Legitimierung[23] sowie der Verfahrensführung sinnvoll sein. Sie können die private Planung der EVU unterstützen, indem sie durch eigene Abwägung die „Nachvollziehbarkeit"[24] der privaten Planung herstellen. Durch eine Bestätigung vermittelt die Verwaltung der Planung Privater eine demokratische Legitimation. Durch die Partizipationselemente einer solchen an die Planung angelehnten Verfahrensführung werden auch die Transparenz der privaten Planung und ihre Akzeptanz[25] in der Bevölkerung (im Idealfall) gewährleistet.

Weitere Vorteile der planungsrechtlichen Verfahrensführung sind ihre kanalisierende Wirkung, die Konzentrationswirkung (vgl. § 43c EnWG i. V. m. § 75 Abs. 1 VwVfG) sowie die an das Ergebnis einer solchen „Planung" anknüpfenden enteignungsrechtlichen Wirkungen (vgl. § 45 Abs. 2 EnWG).

Macht die Verwaltung die private Planung nach einer abwägenden Nachvollziehung zu eigen, so können hierdurch Bedenken hinsichtlich der Legitimation zu einer Entscheidung über die Enteignung zugunsten Privater ausgeräumt werden. Denn in diesem Fall übernimmt die Verwaltung eine private Planungsentscheidung und wiederholt sie, indem sie diese als eine eigene Entscheidung trifft. An dieser Stelle muss betont werden, dass die Entscheidung der Verwaltung keine originäre eigene Planungsentscheidung ist.

Daraus folgt, dass, wenn die Verwaltung im Rahmen ihrer Abwägung zu dem Ergebnis kommt, dass die im konkreten Fall getroffene private Planungsentscheidung aufgrund der entgegenstehenden öffentlichen Belange nicht realisiert werden kann, sie die Planung nicht durch eigene ersetzen darf, sondern den Privaten die Gelegenheit geben muss, die Planung nachzubessern.

---

[23] vgl. *Hermes*, in: Schneider/Theobald, § 7, Rn. 6.

[24] vgl. BVerwGE 72, 365, 367.

[25] vgl. *Pielow*, in: Säcker, Vorb. §§ 43–45b, Rn. 2.

IV. Historische Entwicklung des Planungsrechts

Im Folgenden wird ein historischer Überblick über das Planungsrecht skizziert.

1. UVPG

Bis 2001 existierte kein Planfeststellungsverfahren für Energieleitungen.[26] Durch die UVP-Änderungsrichtlinie[27] sowie das Umsetzungsgesetz zur UVP-Änderungsrichtlinie[28] wurde es notwendig, das Planfeststellungsverfahren als Trägerverfahren[29] für die Umweltverträglichkeitsprüfung („UVP") einzuführen.[30]

Die energierechtliche Planung erfolgte bis zu diesem Zeitpunkt ohne eine Eröffnungskontrolle.[31] Einige Autoren sahen darin unter anderem eine Verletzung des allgemeinen Gleichheitssatzes und forderten die Einführung eines energierechtlichen Planungsfeststellungsverfahrens für Leitungen.[32] Die Rechtsprechung ist diesen Forderungen nicht gefolgt. So urteilte – wie bereits erörtert – das BVerwG, dass das Verfassungsrecht es nicht zwingend voraussetzt, dass die Planung von Energieleitungen einem Fachplanungsregime unterworfen wird.[33]

Nichtsdestotrotz zwang[34] die unionsrechtliche Umsetzungspflicht den nationalen Gesetzgeber dazu, das Planfeststellungsverfahren für Leitungsanlagen und vor allem

---

[26] im Zuge der ersten EnWG-Reform von 1998 war bereits ein Planfeststellungsverfahren für „Höchstspannungsfreileitungen" vorgesehen, BT-Drs. 13/7274, S. 18; dieser Passus wurde indes im Laufe des Gesetzgebungsverfahrens wieder gestrichen, vgl. *Pielow*, in: Säcker, Vorb. §§ 43–45b, Rn. 15.

[27] Richtlinie 97/11/EG zur Änderung der Richtlinie 85/337/EWG über die Umweltverträglichkeitsprüfung bei bestimmten öffentlichen und privaten Projekten vom 3. März 1997, ABl. EG Nr. L 73, S. 5 vom 14. März 1997.

[28] Gesetz zur Umsetzung der UVP-Änderungsrichtlinie, der IVU-Richtlinie und weiterer EG-Richtlinien zum Umweltschutz vom 27. Juli 2001, BGBl. I 1950, vgl. Art. 1 Ziff. 21: „§ 20 Planfeststellung, Plangenehmigung. Absatz 1: Vorhaben [...] bedürfen der Planfeststellung durch die zuständige Behörde, sofern dafür [...] eine Verpflichtung zur Durchführung einer Umweltverträglichkeitsprüfung besteht. Absatz 2: Sofern keine Verpflichtung zur Durchführung einer Umweltverträglichkeitsprüfung besteht, bedarf das Vorhaben der Plangenehmigung. Die Plangenehmigung entfällt in Fällen von unwesentlicher Bedeutung."

[29] vgl. *Hermes/Kupfer*, in: Britz/Hellermann/Hermes, § 43, Rn. 4.

[30] vgl. Erwägungsgrund 11 der UVP-Änderungsrichtlinie: „Es ist angebracht, ein Verfahren einzuführen, damit der Projektträger von den zuständigen Behörden eine Stellungnahme zu Inhalt und Umfang der Angaben erhalten kann, die für die Umweltverträglichkeitsprüfung erstellt und vorgelegt werden müssen."

[31] vgl. *Durner*, in: Ziekow, § 22, Rn. 1 m. w. N.

[32] vgl. *Hermes*, Infrastrukturverantwortung, S. 358 ff.; *Durner*, in: Ziekow, § 22, Rn. 1; *Breuer*, S. 92; *Evers*, S. 81; *Rieger*, S. 154 ff.

[33] vgl. BVerwG, NJW 2003, 232.

[34] „durch die UVP-Änderungsrichtlinie des Rates vom 3. 3. 1997 (RL 97/11/EG) erzwungen", vgl. *Hermes/Kupfer*, in: Britz/Hellermann/Hermes, § 43, Rn. 4.

für Rohrleitungsanlagen zu etablieren. Diese Entscheidung des Gesetzgebers bedeutet keine Systementscheidung zugunsten einer staatlichen energetischen Fachplanung, denn der Gesetzgeber selbst sah das eingeführte Planfeststellungsverfahren lediglich als „Trägerverfahren" für die UVP.[35]

Einige Autoren plädieren dafür, dass sich das energierechtliche Planfeststellungsverfahren mittlerweile von der Abhängigkeit vom UVP-Erfordernis gelöst hat.[36] Es ist fraglich, ob dies allein durch den Zeitablauf bzw. lediglich durch die Streichung des Verweises auf die UVP-Pflicht in § 43 EnWG („soweit dafür nach dem Gesetz über die Umweltverträglichkeitsprüfung eine Umweltverträglichkeitsprüfung durchzuführen ist", § 43 EnWG in der am 17. Dezember 2006 geltenden Fassung[37]) möglich ist.

Die Modifikationen des § 43 EnWG dienten in erster Linie der Beschleunigung der Realisierung von Vorhaben[38] und nicht der Einführung einer staatlichen energetischen Fachplanung. Hinzu kommt, dass die Anknüpfung an die UVP-Pflicht im EnWG nicht vollständig aufgegeben wurde. So stellt z. B. § 43f EnWG nach wie vor darauf ab, ob eine Umweltverträglichkeitsprüfung durchzuführen ist oder nicht (vgl. § 43f Abs. 1 S. 2 Nr. 1 EnWG).

Für einen solchen qualitativen Wechsel, für eine Hochstufung des Trägerverfahrens zu einem Fachplanungsverfahren fehlt es an einer definitiven und verbindlichen Entscheidung des Gesetzgebers. Vor dem Hintergrund der Aufteilung der Verantwortung im Rahmen des Systems der Energieversorgung im Gewährleistungsstaat wäre eine solche Hochstufung ohne eine Gegenleistung (i. S. e. Ausgleichs für eine rechtfertigungsbedürftige Einschränkung) an die EVU verfassungsrechtlich bedenklich. Alternativ hätte es einer Änderung des Gewährleistungssystems selbst und Übernahme auch der Erfüllungsverantwortung durch den Staat bedurft.

Für die mittlerweile stattgefundene Aufwertung des Planungsfeststellungsverfahrens wird unter anderem angeführt, dass es für den Bereich des Energierechts in dem Fachgesetz selbst und nicht in dem UVPG[39] geregelt wurde, wie es z. B. bei bestimmten Leitungsanlagen[40] der Fall ist. Dies sei ein Beleg für eine „dienende Funktion" des Planfeststellungsverfahrens nur in bestimmten Fällen.[41] Die Bindung an die UVP-Pflichtigkeit[42] sei zudem in § 43 EnWG entfallen.[43]

---

[35] vgl. BT-Drs. 14/4599, S. 65, 103, 161; *Schink*, DVBl. 2001, 321, 324; *Hermes/Pöcker*, RdE 2002, 85; *Rojahn*, in: Burgi, Planungssicherheit, S. 66 f.

[36] vgl. *Durner*, in: Ziekow, § 22, Rn. 2 m. w. N.; *Hermes/Kupfer*, in: Britz/Hellermann/Hermes, § 43, Rn. 5.

[37] vgl. Artikel 7 des Gesetzes vom 9. Dezember 2006 BGBl. I S. 2833.

[38] vgl. *Cancik*, DÖV 2007, 107 ff.

[39] Gesetz über die Umweltverträglichkeitsprüfung vom 24. Februar 2010, BGBl. I S. 94.

[40] vgl. § 65 UVPG.

[41] vgl. *Enders/Krings*, DVBl. 2001, 1242, 1251.

[42] vgl. § 11a EnWG 2001.

Dem ist nicht zuzustimmen. Zum einen ist die Regelung in einem Verfahrensgesetz, wie das UVPG, oder in einem Fachgesetz mit zum Teil verfahrensrechtlichen Regelungen, wie das EnWG, nicht aussagekräftig. Zumal wenn der Gesetzgeber selbst, den Charakter[44] des Planungsfeststellungsverfahrens (auch in der Begründung zum UVPG 2017)[45] trotz Regelung in einem Fachgesetz betont. Zum anderen ist es für einen Vorhabenträger, dessen Vorhaben nicht UVP-pflichtig ist, möglich, anstelle eines Planfeststellungsbeschlusses eine Plangenehmigung zu beantragen, sodass die Bindung an die UVP-Pflichtigkeit nach wie vor (wenn auch nicht mehr so explizit formuliert wie früher) erhalten bleibt (wie bereits erwähnt, wurde diese Bindung in § 43f Abs. 1 S. 2 Nr. 1 EnWG behalten).[46]

Die Einführung des Planfeststellungs*verfahrens* durch den Gesetzgeber bedeutet damit keinen Systemwechsel zugunsten einer energetischen (Staats-)Fachplanung.[47]

2. Infrastrukturplanungsbeschleunigungsgesetz

Am 17. Dezember 2006 trat das Infrastrukturplanungsbeschleunigungsgesetz in Kraft.[48] Mit diesem Gesetz beabsichtigte der Gesetzgeber eine Verkürzung der Planungsverfahren durch eine Verkürzung der Rechtsschutzmöglichkeiten (Bundesverwaltungsgericht als erste und letzte Instanz), durch Erweiterung der Duldungspflicht der von einem Vorhaben betroffenen Eigentümer sowie durch Eingrenzung von Informationspflichten der Planungsbehörde.[49] Dies ist ein Beleg dafür, dass sich das Planfeststellungsverfahren (= UVP-Trägerverfahren) zum damaligen Zeitpunkt nicht als Fachplanungsverfahren bewährt[50] hatte, so dass eine weitere Vereinfachung und Beschleunigung erforderlich war.[51]

---

[43] vgl. *Hermes*, in: Schneider/Theobald, § 7, Rn. 74; *Hermes/Kupfer*, in: Britz/Hellermann/Hermes, § 43, Rn. 5.

[44] „Trägerverfahren", vgl. BT-Drs. 14/4599, S. 65, 103, 161.

[45] vgl. BT-Drs. 18/11499, S. 75 f.

[46] vgl. *Durner*, in: Ziekow, § 22, Rn. 12.

[47] vgl. *Pielow*, in: Säcker, Vorb. §§ 43–45b, Rn. 10; für die Einstufung nur als ein Trägerverfahren, vgl. *Pielow*, in: Säcker, Vorb. §§ 43–45b, Rn. 27c, 16.

[48] Gesetz zur Beschleunigung von Planungsverfahren für Infrastrukturvorhaben, vom 9. Dezember 2006, BGBl. I S. 2833, InfPBG.

[49] vgl. *Pielow*, in: Säcker, Vorb. §§ 43–45b, Rn. 19; *Missling*, in: Theobald/Kühling, Vor §§ 43 ff., Rn. 18–20.

[50] a. A. *Kment*, in: Kment, § 43, Rn. 3, der in den Änderungen durch das InfPBG eine qualitative Aufwertung des Planfeststellungsverfahrens zum Standardinstrument des Leitungsbaus sieht.

[51] vgl. *Pielow*, in: Säcker, Vorb. §§ 43–45b, Rn. 18.

3. EnLAG

Bis zum Jahr 2009 existierte kein kodifiziertes Bedarfsplanverfahren für Energienetze und die Verantwortung für die Ermittlung des Bedarfs lag alleine bei den Netzbetreibern, was der unternehmerischen Eigenverantwortung der Netzbetreiber für Infrastrukturinvestitionen entsprach[52] und von den Planungsrechtlern als Mangel im deutschen Recht empfunden wurde.[53]

Am 26. August 2009 trat dann das Gesetz zum Ausbau von Energieleitungen[54] in Kraft.

Dieses Gesetz steht im Zusammenhang mit der Liberalisierung der Energiemärkte sowie mit der Notwendigkeit des Netzausbaus insbesondere zur Anbindung und Integration von Windkraftanlagen Onshore und Offshore.[55] Mit dem Gesetz wurden einige Höchstspannungsleitungen definiert, die ab 2009 vordringlich auszubauen sind.[56]

Mit der Feststellung der energiewirtschaftlichen Notwendigkeit und des vordringlichen Bedarfs für diese Vorhaben wurde auch ihre Planrechtfertigung mit Bindungswirkung für das Planfeststellungsverfahren bestätigt,[57] so dass die Frage nach der Erforderlichkeit eines Vorhabens bereits vor Einleitung eines Planfeststellungsverfahrens abgeschichtet wurde.[58] Zugunsten der Verfahrensbeschleunigung wurden zudem, wie im Rahmen des Infrastrukturplanungsbeschleunigungsgesetzes, die Rechtsschutzmöglichkeiten verkürzt.

Die planungsrechtliche Schule sah in dem Gesetz Ansätze einer gesetzlichen Netzbedarfsplanung.[59] Die Auswahl[60] der Vorhaben mit dem vordringlichen Bedarf geschah allerdings in erster Linie aufgrund der dena-Netzstudie I[61] und der Leitlinien für die transeuropäischen Energienetze (TEN-E) der Europäischen Union.[62]

---

[52] vgl. *Weyer*, ZNER 2009, 210.

[53] vgl. *Hermes*, in: Schneider/Theobald, § 7, Rn. 59 m.w.N.

[54] Energieleitungsausbaugesetz, EnLAG, BGBl. I S. 2870.

[55] vgl. *Missling*, in: Theobald/Kühling, Vor §§ 43 ff., Rn. 25; *Pielow*, in: Säcker, Vorb. §§ 43–45b, Rn. 23.

[56] vgl. *Pielow*, in: Säcker, Vorb. §§ 43–45b, Rn. 24; *Kment*, in: Kment, § 43, Rn. 4.

[57] vgl. *Hermes/Kupfer*, in: Britz/Hellermann/Hermes, § 43, Rn. 5b.

[58] vgl. BVerwG, ZUR 2012, 499.

[59] vgl. *Hermes*, in: Schneider/Theobald, § 7, Rn. 11; *Hermes/Kupfer*, in: Britz/Hellermann/Hermes, § 43, Rn. 5b.

[60] vgl. *Missling*, in: Theobald/Kühling, Vor §§ 43 ff., Rn. 30.

[61] vgl. dena-Netzstudie – Energiewirtschaftliche Planung für die Netzintegration von Windenergie in Deutschland an Land und Offshore bis zum Jahr 2020 vom 24. Februar 2005, https://www.dena.de/newsroom/publikationsdetailansicht/pub/studie-dena-netzstudie-i/, abgerufen am 12. August 2018, dena-Netzstudie I.

[62] Entscheidung Nr. 1364/2006/EG des Europäischen Parlaments und des Rates vom 6. September 2006 zur Festlegung von Leitlinien für die transeuropäischen Energienetze, ABl. EG Nr. L 262, S. 1 vom 22. September 2006.

Die dena-Netzstudie wurde im Auftrag von der Deutschen Energie-Agentur GmbH (dena) durch das Konsortium DEWI/E.ON Netz/EWI/RWE Transportnetz Strom/VE Transmission durchgeführt.[63] So dass die der dena-Netzstudie I entnommenen Vorhaben im Ergebnis das Resultat der Netzplanung der Netzbetreiber sind.

Ähnlich verhält es sich bei den Vorhaben von gemeinsamem Interesse (EU projects of common interest, PCIs). Die 10-jährige Netzentwicklungspläne der EU (Ten-Year Network Development Plan, TYNDP)[64] werden heute durch den Verband Europäischer Übertragungsnetzbetreiber (European Network of Transmission System Operators for Electricity, ENTSO-E) sowie durch den Verband Europäischer Fernleitungsnetzbetreiber für Gas (European Network of Transmission System Operators for Gas, ENTSO-G) entwickelt. Diese Pläne bilden eine Basis für die Bestimmung von PCIs durch die EU-Kommission und die Mitgliedstaaten.[65]

Die Übernahme von bestimmten Vorhaben aus der Bedarfsplanung der Netzbetreiber zunächst auf europäischer Ebene als PCIs und danach auch auf nationaler Ebene als Vorhaben mit vordringlichem Bedarf kann in der Tat als „Ansatz einer gesetzlichen Netzbedarfsplanung“ verstanden werden, insofern als die private Planung im Ergebnis in den gesetzgeberischen Willen übernommen und in Gesetzesform verabschiedet wird. Eine solche Form der Transformation der privaten Bedarfsplanung führt allerdings nicht per se zur Entwicklung einer staatlichen Bedarfsplanung,[66] sondern ähnelt im Kern einem Prozess der „abwägenden Nachvollziehung“ der Planung Privater.

4. Energiewende

Im Zuge der Energiewende erforderte der Ausbau der Energieerzeugung aus erneuerbaren Energiequellen, welche überwiegend dezentral erfolgt, den entsprechenden Ausbau und Verstärkung des Energienetzes.[67] Um die ambitionierten Ziele der Energiewende zu erreichen, war es nach dem Energiekonzept der Bundesregierung erforderlich, den Netzausbau zu beschleunigen, die Netze intelligent zu machen sowie die Netzanbindung von insbesondere Offshore-Wind voranzutreiben.[68]

---

[63] vgl. dena-Netzstudie I, Vorbl., S. 2.

[64] vgl. https://tyndp.entsoe.eu/documents und https://www.entsog.eu/tyndp.

[65] vgl. Verordnung (EU) Nr. 347/2013 vom 17. April 2013, ABl. EG Nr. L 115, S. 39 vom 25. April 2013, TEN-E VO.

[66] vgl. *Pielow*, in: Säcker, Vorb. §§ 43–45b, Rn. 23: „weiterhin nicht von einer originär „staatlichen“ Bedarfsplanung die Rede sein kann.“

[67] vgl. *Pielow*, in: Säcker, Vorb. §§ 43–45b, Rn. 25.

[68] vgl. Energiekonzept für eine umweltschonende, zuverlässige und bezahlbare Energieversorgung vom 28. September 2010, https://www.bmwi.de/Redaktion/DE/Downloads/E/energiekonzept-2010.html, abgerufen am 12. August 2018.

5. NABEG

Zu dem oben genannten Zweck der Beschleunigung des Netzausbaus erfolgte eine Reihe von gesetzlichen Neuerungen.[69] Es wurde das Netzausbaubeschleunigungsgesetz Übertragungsnetz[70] verabschiedet. Dieses Gesetz regelt die Bundesfachplanung für die Trassenkorridore und das Planfeststellungsverfahren. Es wurden auch zahlreiche Änderungen des EnWG verabschiedet.[71] Sie betreffen insbesondere auch die Netzplanung (Bedarfsplanung und Netzentwicklungsplanung) sowie auch das Netzplanungsverfahren (gesondertes Planfeststellungsverfahren im NABEG für grenzüberschreitende und länderübergreifende Leitungen sowie für Offshore-Anbindungsleitungen).

Die gesetzlichen Neuerungen wurden kontrovers diskutiert. So sahen einige Autoren in den neuen Regelungen (etwa in dem Recht der Bundesnetzagentur nach Abschluss der Bundesfachplanung, den Vorhabenträger aufzufordern, den Antrag auf Planfeststellung zu stellen, vgl. § 12 Abs. 2 S. 4 NABEG oder in der „Letztentscheidungsbefugnis" der BNetzA über den Netzentwicklungsplan Strom) eine begrüßenswerte Übernahme einer größeren Verantwortung für den Netzausbau durch den Staat.[72] Die anderen Autoren waren skeptisch und bezeichneten eine solche Entwicklung als eine schleichende, aber stetige Neigung des Energiesektors einem planwirtschaftlichen System zu.[73]

Der Gesetzgeber qualifizierte die Bundesfachplanung wie folgt:[74]

> „Die Bundesfachplanung ist ein auf Höchstspannungsleitungen begrenztes, fachplanerisches Verfahren sui generis. Darin werden auf Bundesebene die Trassenkorridore der erforderlichen Höchstspannungsleitungen, die im Bundesbedarfsplan als solche mit europäischer oder überregionaler Bedeutung gekennzeichnet sind, bestimmt und die Raum- und Umweltverträglichkeit der Trassenkorridore geprüft. Die Bundesfachplanung unterscheidet sich vom Raumordnungsverfahren nach § 15 des Raumordnungsgesetzes durch die enge Verzahnung mit späteren Planfeststellungsverfahren sowie durch die Rechtswirkungen der Bundesfachplanung. Zwar entfalten auch die Ergebnisse der Bundesfachplanung gegenüber dem Vorhabenträger und gegenüber Einzelnen keine unmittelbare Rechtswirkung und ersetzen nicht die Entscheidung über die Zulässigkeit der Ausbaumaßnahme (§ 15 Absatz 3 Satz 1) […]."

Zu begrüßen in diesem Zusammenhang ist in der Tat der Umstand, dass für bestimmte Vorhaben die energiewirtschaftliche Notwendigkeit und der vordringliche Bedarf gesetzlich festgeschrieben wurden (vgl. § 1 S. 3 NABEG) und durch die

---

[69] vgl. *Kment*, in: Kment, § 43, Rn. 5.

[70] NABEG, vom 28. Juli 2011, BGBl. I S. 1690.

[71] vgl. Gesetz zur Neuregelung energiewirtschaftsrechtlicher Vorschriften vom 26. Juli 2011, BGBl. I S. 1554; Drittes Gesetz zur Neuregelung energiewirtschaftsrechtlicher Vorschriften vom 20. Dezember 2012, BGBl. I S. 2730.

[72] vgl. *Hermes*, in: Schneider/Theobald, § 7, Rn. 12; *Schmitz/Jornitz*, NVwZ 2012, 332.

[73] vgl. *Kment*, RdE 2011, 341, 344.

[74] vgl. BT-Drs. 17/6073, S. 19 f.

Verwaltung nicht mehr in Frage gestellt werden dürfen (vgl. § 15 Abs. 1 NABEG). Die Einführung der Bestimmung der Trassenkorridore durch die Bundesfachplanung im NABEG, welche eine Grundlage für die nachfolgenden Planfeststellungsverfahren ist und durch ihre Abschichtungsfunktion nicht nur die Planfeststellungsverfahren entlastet, sondern auch Rechts- und Planungssicherheit bereits im früheren Stadium der Planung schafft sowie letztlich im Ergebnis Private bei der Verwirklichung ihrer Planung unterstützt, ist ebenfalls zu begrüßen.

Dem Einwand, es handele sich um eine Art „planwirtschaftliche" Planung[75] kann entgegengehalten werden, dass der gesetzlich festgeschriebene Bedarf nichts anderes als ein Ergebnis der Planung Privater ist. Denn das NABEG dient u. a. der Trassenfindung für die im Gesetz über den Bundesbedarfsplan („BBPlG")[76] aufgelisteten Vorhaben,[77] für welche durch das BBPlG die energiewirtschaftliche Notwendigkeit und der vordringliche Bedarf verbindlich festgelegt wurden.

Das BBPlG beruht seinerseits auf dem bestätigten Netzentwicklungsplan der Übertragungsnetzbetreiber (vgl. § 1 Abs. 1 S. 1 BBPlG i. V. m. § 12e Abs. 1 und 4 EnWG), so dass es sich bei dieser Planungssystematik (besser: bei diesem Vorhaben-Realisierungs-Mechanismus) weniger um eine staatliche Planung im Sinne einer Planwirtschaft, sondern um eine private Planung handelt, welche nunmehr ausgeprägte Elemente der Koordination durch den Staat enthält. Diese Elemente dienen nicht nur der besseren praktischen Umsetzbarkeit, sondern schaffen durch die Übernahme privater Planungsentscheidungen in die staatliche Verantwortung die notwendige demokratische Legitimation[78] (welche bei der Lösung von Nutzungskonflikten und insbesondere bei der Enteignung zugunsten der privaten EVU eine wichtige Rolle spielt).

Die energetische Bedarfsplanung nach EnWG/BBPlG weist einige Gemeinsamkeiten mit den Bedarfsplanungen in den Bereichen Schienenwege (nach dem Gesetz über den Ausbau der Schienenwege des Bundes[79]) und Bundesfernstraßen (nach Fernstraßenausbaugesetz[80]) auf.[81] So entsteht als Ergebnis der Planung nach allen drei Gesetzen ein Bundesbedarfsplan. Die Feststellung des Bedarfs in dem Bundesbedarfsplan ist für die nachfolgende Planfeststellung nach diesen Gesetzen verbindlich.[82]

Die Einführung der Bedarfsplanung auch in dem Bereich Energie könnte damit gerechtfertigt werden, dass die drei großen Netzinfrastrukturen sachgesetzliche

[75] vgl. *Kment*, RdE 2011, 341, 344.

[76] Bundesbedarfsplangesetz vom 23. Juli 2013, BGBl. I S. 2543.

[77] vgl. Anlage zu § 1 Absatz 1 BBPlG.

[78] gefordert u. a. von *Hermes*, in: Schneider/Theobald, § 7, Rn. 6.

[79] Bundesschienenwegeausbaugesetz vom 15. November 1993, BGBl. I S. 1874, BSWAG.

[80] Fernstraßenausbaugesetz vom 20. Januar 2005, BGBl. I S. 201, FStrAbG.

[81] vgl. *Hermes*, in: Schneider/Theobald, § 7, Rn. 61.

[82] vgl. § 1 Abs. 2 FStrAbG, § 1 Abs. 2 BSWAG und § 12e Abs. 4 EnWG.

Gemeinsamkeiten (Bedeutung für die Gesellschaft, für die Wirtschaft, Größe und Beanspruchung des Raumes) aufweisen.[83] Es wäre demnach logisch und rechtssystematisch konsequent „Gleiches“ gleich zu behandeln und auch für die Ermittlung des energetischen Bedarfs eine gesetzliche oder gar staatliche Planung einzuführen.

Dagegen ist einzuwenden, dass die Energienetzinfrastruktur entscheidende Unterschiede aufweist, welche einer Gleichbehandlung mit den Infrastrukturen Schienennetz und Fernstraßen entgegensteht. So sind die Aufgabenerfüllung und die Verteilung der Verantwortung in den Bereichen Energie, Schienen und Fernstraßen anders strukturiert. Dies kommt auch in den jeweiligen Gesetzen zum Ausdruck. So sind der Bau und Ausbau der Bundesfernstraßen „Hoheitsaufgaben des Bundes“, vgl. § 1 Abs. 1 FStrAbG. § 1 Abs. 1 BSWAG spricht ebenfalls von „Schienenwegenetz der Eisenbahnen des Bundes“. Der Betrieb und Ausbau des Energieversorgungsnetzes sind dagegen „Aufgaben der Netzbetreiber“ (vgl. Überschrift des Abschnitts 1. im Teil 3 des EnWG sowie § 11 Abs. 1 EnWG).

Die Aufgabe des Ausbaus des Schienenwegenetzes wird zwar von einer privaten AG wahrgenommen. Die Deutsche Bahn AG befindet sich jedoch zu 100 % im Eigentum des Bundes. Die Beteiligungsführung wird durch das Bundesministerium für Verkehr und digitale Infrastruktur (BMVI) wahrgenommen.

Ferner weist auch die Finanzierung des jeweiligen Infrastrukturausbaus Unterschiede auf. Die Finanzierung des Ausbaus von Fernstraßen erfolgt aus dem Aufkommen der Mineralölsteuer (vgl. Straßenbaufinanzierungsgesetz[84]). Die Finanzierung des Schienenwegenetzes erfolgt durch Kostenübernahme des Bundes (vgl. Bedarfsplanumsetzungsvereinbarung (BUV)[85] sowie (für Maßnahmen, welche nicht Gegenstand des Bedarfsplans für die Schienenwege sind) Leistungs- und Finanzierungsvereinbarung (LuFV)[86] jeweils i. V. m. Art. 87e Abs. 4 GG), d. h. im Ergebnis ebenfalls durch Steueraufkommen.

In dem Energiesektor dagegen erfolgt die Finanzierung des Netzes durch privat organisierte Netzbetreiber,[87] welche nach § 11 EnWG verpflichtet sind, das Netz zu betreiben, bedarfsgerecht zu optimieren und auszubauen. Diese Beispiele zeigen, dass der Staat in den Bereichen Fernstraßen und Schienenwege nicht nur die Gewährleistungsverantwortung, sondern in großem Maße auch die Erfüllungsverant-

---

[83] vgl. *Hermes*, in: Schneider/Theobald, § 7, Rn. 61.

[84] Straßenbaufinanzierungsgesetz vom 28. März 1960, BGBl. III, Gliederungsnummer 912–3, StrFinG; vgl. Art. 1 S. 1 StrFinG.

[85] https://www.bmvi.de/SharedDocs/DE/Anlage/E/bedarfsplanumsetzungsvereinbarung.pdf?__ blob=publicationFile.

[86] https://www.eba.bund.de/DE/Themen/Finanzierung/LuFV/lufv_node.html;jsessionid=DAE3D5443F414CDD5EA6DAAA90BB816.live21302#doc1527880bodyText2; aktuell: Leistungs- und Finanzierungsvereinbarung III (LuFV III) zwischen der Bundesrepublik Deutschland und den Eisenbahninfrastrukturunternehmen der Deutschen Bahn AG sowie der Deutschen Bahn AG vom 14. Januar 2020.

[87] vgl. *Hermes*, in: Schneider/Theobald, § 7, Rn. 61.

wortung trägt. Dagegen tragen in dem Bereich Energie private Akteure die Erfüllungsverantwortung.

Bevor der Staat Steuermittel ausgibt, müssen Investitionsprojekte identifiziert werden, d.h. der Staat muss seine Ausgaben planen (vgl. Art. 110 GG, § 2 BHO), wozu ihn die haushaltsrechtlichen Grundsätze verpflichten. Bereits aus diesem Grund ist die Bedarfsplanung für die Bereiche Schienennetz und Fernstraßennetz erforderlich. Anders verhält es sich bei dem Ausbau des Energienetzes. Hier tätigt der Staat keine Ausgaben und deswegen bedarf es auch keiner staatlichen Investitions- und Bedarfsplanung. Vor diesem Hintergrund reicht es, wenn private Akteure ihre Investitionen planen.

Eine solche private Planung ist trotz Nichteinmischung des Staates in vielerlei Hinsicht begrenzt. Zum einen wird sie begrenzt durch die Kräfte des Marktes, welche unvernünftige Investitionsentscheidungen bestrafen, so dass ein Missbrauch der Planungsfreiheit eher ein theoretisches Risiko darstellt. Zum anderen wird sie begrenzt durch die Gewährleistungsverantwortung des Staates, welcher gewisse Erfüllungsstandards vorschreibt[88] und schließlich durch konkurrierende Raumnutzungen (durch andere Vorhaben, durch konfligierende Nutzungen in dem Bereich Naturschutz usw.).

Angesichts dieser effektiven Schranken der privaten Planung erscheint die Befürchtung, der Bundesgesetzgeber als „Träger" (i.S.e. Übernahme der Verantwortung durch die Bestätigung in einem Bundesgesetz) der neuen Bedarfsplanung gerate leicht in Gefahr, die Planungen der Netzbetreiber „mehr oder weniger ungeprüft zu übernehmen", was im Ergebnis zum Wirksamwerden einer fehlerhaften privaten Planung führt,[89] unbegründet.

Interessant ist auch die Frage, welche Konsequenzen es hat, wenn der Gesetzgeber die private Planung nicht übernimmt und an ihrer Stelle eine eigene Planung setzt (als eine Maßnahme im Rahmen seiner Auffangverantwortung beim Scheitern privater Aufgabenerfüllung). Der Bedarf wäre in diesem Fall durch den Staat festgelegt und der Netzbetreiber, der unter anderem verpflichtet ist, das Netz bedarfsgerecht auszubauen, müsste ein andere Leitung als von ihm geplant bauen (Die Konstellation, in welcher der Netzbetreiber eine Leitung nicht bauen darf, weil zwingende Gründe, z.B. des Naturschutzes, entgegenstehen, jedoch keine andere Leitung als Ersatzmaßnahme bauen muss, weist keine Besonderheiten im Vergleich zu der Situation auf, in welcher ein Bauherr sein Vorhaben aufgrund entgegenstehender Belange nicht realisieren darf.). Der Staat würde in diesem Fall eine private Investitionsentschei-

---

[88] vgl. z.B. § 11 EnWG: Verpflichtung, das Netz bedarfsgerecht zu optimieren und auszubauen; § 2 Abs. 1 EnWG: Verpflichtung zu einer Versorgung im Sinne des § 1 EnWG i.V.m. § 1 Abs. 1 EnWG: sichere, preisgünstige, verbraucherfreundliche, effiziente und umweltverträgliche leitungsgebundene Versorgung der Allgemeinheit mit Elektrizität und Gas, die zunehmend auf erneuerbaren Energien.

[89] am Beispiel des EnLAG, vgl. *Hermes*, in: Schneider/Theobald, § 7, Rn. 61.

dung beeinflussen und im Ergebnis über private Mittel verfügen, d.h. Eigentum Privater antasten.

Fraglich ist, ob dies entschädigungslos erfolgen kann. Eine solche einzelfallbezogene Entziehung von Rechtspositionen (Verbot des Baus einer Leitung und eine Verpflichtung zum Bau einer anderen Leitung) wäre mangels des abstrakt-generellen Charakters keine Inhalts- und Schrankenbestimmung im Sinne des Art. 14 Abs. 1 S. 2 GG (jede abstrakt-generelle Festlegung der mit dem Eigentum verbundenen Rechte und Pflichten gegenüber dem Einzelnen oder gegenüber der Allgemeinheit;[90] eine Inhalts- und Schrankenbestimmung wäre theoretisch z.B. eine Sonderabgabe aller Netzbetreiber zur Finanzierung eines staatlichen Netzausbaufonds), sondern hätte eine enteignungsähnliche Wirkung analog zum Art. 14 Abs. 3 S. 1 GG (Entziehung konkreter subjektiver Eigentumspositionen zur Erfüllung bestimmter öffentlicher Aufgaben[91]), welche nach Art. 14 Abs. 3 S. 2 GG stets[92] entschädigungspflichtig wäre.

Vor dem Hintergrund der Finanzierung der Netzplanung verbleiben zwei Optionen, welche im Einklang mit der Verfassung stünden. Nach der ersten Option kann der Staat die private Planung nachvollziehen und in seinen Willen übernehmen. Alternativ kann der Staat auch seine staatliche Bedarfsplanung anstelle der privaten Planung setzen, sei es bei einzelnen Vorhaben, sei es durch Verstaatlichung der Planung (was seinerseits weitere verfassungsrechtliche Fragen aufwirft). Im Falle einer staatlichen Planung (sei es im Einzelfall oder als Regelfall) müsste der Staat auch die Finanzierung ihrer Umsetzung tragen.

V. Allgemeines zu Leitungsplanung

Am Anfang einer Leitungsplanung steht die fachliche Bedarfsplanung, welche „den energiewirtschaftlichen Bedarf für ein Vorhaben einschließlich der damit zusammenhängenden Einschätzungen und Prognosen bewertet".[93]

1. Europarechtliche Ansätze einer Netzplanung

Vor Einführung der *gesetzlichen*[94] Bedarfsplanung auf der nationalen Ebene durch das EnLAG 2009 gab es planerische Ansätze im europäischen Recht. Sie wurden mit

[90] vgl. BVerfGE 110, 1, 24f.

[91] vgl. BVerfGE 112, 93, 109; BVerfGE 143, 246, 333.

[92] da sonst nichtig, vgl. BVerfGE 58, 300, 319.

[93] vgl. *Riese/Wilms*, ZNER 2009, 107ff.

[94] nicht *staatlichen*; für den staatlichen Charakter der Bedarfsermittlung insbesondere *Hermes*, in: Schneider/Theobald, § 7, Rn. 18ff.

dem Vertrag von Maastricht[95] eingeführt und betreffen die Zugänglichkeit und den Ausbau transeuropäischer Netze.[96]

Zu beachten ist jedoch, dass sich aus diesen Normen keine Kompetenzen der EU ergeben,[97] so dass der Bau, der Betrieb und insbesondere auch die Planung von Leitungen in der Kompetenz der Mitgliedstaaten bleiben.[98] Art. 171 AEUV ermächtigt lediglich zum Erlass von Planungsleitlinien sowie zur Ausweisung von Vorhaben von gemeinsamem Interesse.[99]

2. Transeuropäische Netze

Auf dem EU-Gipfel von Essen im Jahr 1994 wurden mehrere Vorhaben im Bereich der Energienetze als vorrangig eingestuft.[100] Mit der Entscheidung Nr. 1254/96/EG vom 5. Juni 1996[101] wurden Leitlinien für die transeuropäischen Netze im Energiebereich („TEN-E“) aufgestellt, die es der EU ermöglichen sollten, Vorhaben von gemeinsamem Interesse (vgl. Auflistung dieser Vorhaben im Anhang der Entscheidung Nr. 1254/96/EG) zu ermitteln, und die dazu beitragen sollten, günstige Rahmenbedingungen für die Umsetzung dieser Vorhaben zu schaffen.[102]

Mit der Entscheidung Nr. 1364/2006/EG vom 6. September 2006[103] wurden neue Leitlinien zur Aktualisierung der TEN-E eingeführt:[104] Die EU hat Vorhaben ermittelt, welche förderfähig sind und mit EU-Mitteln gefördert werden können,[105] und diese in drei Kategorien eingeteilt: Vorhaben von gemeinsamem Interesse, die die Elektrizitäts- und Erdgasnetze umfassen und potenziell wirtschaftlich tragfähig sein

---

[95] vgl. Vertrag über die Europäische Union vom 7. Februar 1992, https://europa.eu/european-union/law/treaties_de, abgerufen am 26.08.2020.

[96] vgl. Art. 170 – 172 AEUV, ex. Art. 154 – 156 EGV.

[97] vgl. *Pielow*, in: Säcker, Vorb. §§ 43–45b, Rn. 28.

[98] vgl. *Schneider*, in: Schneider/Theobald, § 2, Rn. 7.

[99] vgl. Art. 171 Abs. 1 1. Gedankenstrich AEUV: „Zur Erreichung der Ziele des Artikels 170 geht die Union wie folgt vor: Sie stellt eine Reihe von Leitlinien auf, in denen die Ziele, die Prioritäten und die Grundzüge der im Bereich der transeuropäischen Netze in Betracht gezogenen Aktionen erfasst werden; in diesen Leitlinien werden Vorhaben von gemeinsamem Interesse ausgewiesen [...]“.

[100] vgl. http://www.europarl.europa.eu/factsheets/de/sheet/135/trans-european-networks-guidelines, S. 4, abgerufen am 13. Oktober 2019.

[101] vgl. Entscheidung Nr. 1254/96/EG des Europäischen Parlaments und des Rates vom 5. Juni 1996 über eine Reihe von Leitlinien betreffend die transeuropäischen Netze im Energiebereich, ABl. EG Nr. L 161, S. 147 vom 29. Juni 1996.

[102] vgl. a. a. O.

[103] vgl. Entscheidung Nr. 1364/2006/EG des Europäischen Parlaments und des Rates vom 6. September 2006 zur Festlegung von Leitlinien für die transeuropäischen Energienetze, ABl. EG Nr. L 262, S. 1 vom 22. September 2006.

[104] vgl. *Pielow*, in: Säcker, Vorb. §§ 43–45b, Rn. 29.

[105] vgl. *Hermes*, in: Schneider/Theobald, § 7, Rn. 54.

müssen (vgl. Art. 6), vorrangige Vorhaben, die bei der Vergabe von Unionsmitteln bevorzugt werden (vgl. Art. 7), und Vorhaben von europäischem Interesse, die ebenfalls vorrangig, jedoch grenzüberschreitend sind oder erhebliche Auswirkungen auf die grenzüberschreitenden Übertragungskapazitäten haben (vgl. Art. 8).[106]

Weitere Aktualisierung der TEN-E erfolgte durch die Verordnung (EU) Nr. 347/2013 vom 17. April 2013 zu Leitlinien für die transeuropäische Energieinfrastruktur (TEN-E VO[107]).[108]

Die TEN-E VO legt Leitlinien für die rechtzeitige Entwicklung und Interoperabilität vorrangiger transeuropäischer Energieinfrastrukturkorridore und -gebiete fest[109] und behandelt die Identifizierung von Vorhaben von gemeinsamem Interesse, die für die Realisierung von vorrangigen Korridoren und Gebieten erforderlich sind und unter die in Anhang II aufgeführten Energieinfrastrukturkategorien für Strom, Gas, Erdöl und Kohlendioxid fallen[110] und für welche finanzielle Unterstützung der Union gewährt werden kann.[111] Ferner regelt die TEN-E VO die maximale Geltungsdauer der Genehmigungsverfahren, welche Vorhaben von gemeinsamem Interesse betreffen.[112]

3. Vereinbarkeit mit EU-Recht

Die EU-Kommission wählte eine Verordnung[113] als verbindliche Handlungsform für die TEN-E-Leitlinien.[114] Dies ist insofern bedenklich als, dass die TEN-E-Leitlinien, wie bereits erörtert, gemäß Art. 171 Abs. 1 AEUV nur „die Ziele, die Prioritäten und die Grundzüge der im Bereich der transeuropäischen Netze in Betracht gezogenen Aktionen" festlegen sollen.[115] Sie sollen sich an die Mitgliedstaaten richten, welche für die Umsetzung der Leitlinien sorgen sollen, und nicht aus sich heraus (aufgrund der von der EU-Kommission gewählten Handlungsform einer Verordnung) vollziehbar sein.[116] Vor diesem Hintergrund wurde in der Literatur der Art. 194 AEUV als eine passendere Kompetenzgrundlage diskutiert.[117]

---

[106] vgl. a. a. O.

[107] s. oben Fn. 65 in diesem Abschnitt.

[108] vgl. *Pielow*, in: Säcker, Vorb. §§ 43–45b, Rn. 30.

[109] Art. 1 Abs. 1 TEN-E VO.

[110] Art. 1 Abs. 2a TEN-E VO.

[111] Art. 14 f. TEN-E VO.

[112] vgl. Art.10 TEN-E VO.

[113] Art. 288 AEUV.

[114] Art. 171 Abs. 1 AEUV.

[115] vgl. *Pielow*, in: Säcker, Vorb. §§ 43–45b, Rn. 31; *Geismann*, in: de Witt/Scheuten, Einleitung, Rn. 20.

[116] vgl. *Giesberts/Tiedge*, NVwZ 2013, 836, 840.

4. Art. 194 AEUV

Eine weitere energiespezifische Bestimmung des AEUV ist der Art. 194 AEUV. Nach Abs. 2 dieser Vorschrift erlässt die EU Maßnahmen, welche für die „Sicherstellung des Funktionierens des Energiemarkts; b) Gewährleistung der Energieversorgungssicherheit in der Union; c) Förderung der Energieeffizienz und von Energieeinsparungen sowie Entwicklung neuer und erneuerbarer Energiequellen und d) Förderung der Interkonnektion der Energienetze“ erforderlich sind. Diese Norm[118] begründet keine Kompetenzen der EU in dem Bereich der Leitungsplanung und erschließt neue Kompetenzbereiche „allenfalls graduell, etwa im Bereich der Versorgungssicherheit“,[119] so dass die Regelung der Leitungsplanung im Kompetenzbereich der Mitgliedstaaten verbleibt.[120]

5. Gemeinschaftsweiter Netzentwicklungsplan

Ferner, um den Ausbaubedarf für die kommenden zehn Jahre möglichst genau festzulegen, erstellen alle europäischen Übertragungsnetzbetreiber im Rahmen ihrer Zusammenarbeit im Verband der Europäischen Übertragungsnetzbetreiber (ENTSO-E) alle zwei Jahre einen nicht bindenden gemeinschaftsweiten Netzentwicklungsplan (Ten-Year Network Development Plan, TYNDP), welcher auch Planungen hinsichtlich der grenzüberschreitenden Verbindungsleitungen beinhaltet[121] und auch auf TEN-E-Leitlinien beruht.[122]

Dieses Beispiel zeigt, dass eine formalisierte (Bedarfs-)Planung unter Einschaltung von staatlichen Akteuren für eine Abstimmung von großräumigen Vorhaben (zumindest auf der EU-Ebene) nicht zwingend erforderlich ist.

---

[117] vgl. *Geismann*, in: de Witt/Scheuten, Einleitung, Rn. 21; *Pielow*, in: Säcker, Vorb. §§ 43–45b, Rn. 31.

[118] wie auch Art. 170–172 AEUV, vgl. *Schneider*, in: Schneider/Theobald, § 2, Rn. 7.

[119] vgl. *Schneider*, in: Schneider/Theobald, § 2, Rn. 11.

[120] a. A. *Calliess*, in: Calliess/Ruffert, EUV/AEUV, Art. 194 AEUV, Rn. 16f., der Maßnahmen im Bereich des Planungsrechts unter Beachtung des Subsidiaritätsprinzips für zulässig erachtet.

[121] vgl. Art. 8 der Verordnung (EG) Nr. 714/2009 vom 13. Juli 2009 über die Netzzugangsbedingungen für den grenzüberschreitenden Stromhandel und zur Aufhebung der Verordnung (EG) Nr. 1228/2003, ABl. EG Nr. L 211, S. 15 vom 14. August 2009; Zusammenarbeit in dem Bereich Gas – Verband Europäischer Fernleitungsnetzbetreiber für Gas, European Network of Transmission System Operators for Gas (ENTSO-G), vgl. Art. 8 der Verordnung (EG) Nr. 715/2009 vom 13. Juli 2009 über die Bedingungen für den Zugang zu den Erdgasfernleitungsnetzen und zur Aufhebung der Verordnung (EG) Nr. 1775/2005, ABl. EG Nr. L 211, S. 36 vom 14. August 2009.

[122] vgl. *Schneider*, in: Schneider/Theobald, § 7, Rn. 58.

6. Nationale Planung

Auf der nationalen Ebene wurden die Ansätze des EnLAG[123] (Feststellung der energiewirtschaftlichen Notwendigkeit und des vordringlichen Bedarfs in einem Gesetz), welche gemäß EnLAG für 24 Vorhaben galten, auf weitere Vorhaben der Übertragungsnetz- bzw. Fernleitungsnetzebene ausgeweitet.[124] Dies geschah in Umsetzung der (damaligen) Elektrizitätsrichtlinie[125] sowie der Gasrichtlinie[126] durch die Einführung der §§ 12a ff. EnWG.

Das eingeführte Bedarfsplanverfahren besteht aus drei Stufen: 1. Stufe: Szenariorahmen (vgl. § 12a EnWG), 2. Stufe: jährlich vorzulegender zehnjähriger Netzentwicklungsplan (vgl. § 12b EnWG) sowie 3. Stufe: Bundesbedarfsplan (vgl. § 12e EnWG; für den Bereich der Fernleitungsnetze gelten die Regeln des § 15a EnWG, welche keinen Bundesbedarfsplan vorsehen). Die Kodifizierung der Planung und die Beteiligung von staatlichen Stellen[127] im Zusammenspiel mit der staatlichen Infrastrukturverantwortung resultieren aus der planungsrechtlichen Sicht in einer (zumindest auch) staatlichen Bedarfsplanung auf dieser Netzebene.[128]

Diese planungsrechtliche Sicht überzeugt nicht ganz. Ihr ist beizupflichten, insofern sie davon ausgeht, dass dem Staat die Infrastrukturverantwortung obliegt. Die Privaten haben die Netzinfrastruktur mit Hilfe von Enteignungen aufbauen können.[129] Die Netzinfrastruktur ist rechtlich gesehen ein vollwertiges Eigentum. Das Netzeigentum ist jedoch zweckgebunden aufgrund seiner Zweckbestimmung als Hilfsmittel im Rahmen der Erfüllung der öffentlichen Aufgabe der Energieversorgung. Private EVU dürfen mit ihrem Eigentum nicht nach Belieben verfahren (vgl. z.B. § 13b EnWG, § 12g EnWG) und z.B. das Übertragungsnetz in Deutschland komplett zerstören.

Die staatliche Gewährleistungsverantwortung als Auffangverantwortung ließe dies nicht zu. Dem Argument, dass daraus folgen soll, dass von einem freien Leitungsbau nicht die Rede sein darf,[130] und es daher zwingend einer staatlichen Bedarfsplanung bedarf, kann jedoch nicht gefolgt werden. Aus der Infrastrukturverantwortung ergibt sich, dass der Staat gewährleisten muss, dass eine funktionsfähige und bedarfsgerechte Infrastruktur vorhanden sein muss. Dagegen bedingt die In-

---

[123] trotz fehlendem Erfolg des EnLAG, vgl. *Schmitz/Uibeleisen*, Rn. 99.

[124] vgl. *Straßburg*, in: de Witt/Scheuten, Einleitung, Rn. 30.

[125] vgl. Art. 22 Richtlinie 2009/72/EG vom 13. Juli 2009, ABl. EG Nr. L 211, S. 55 vom 14. August 2009.

[126] vgl. Art. 22 Richtlinie 2009/73/EG vom 13. Juli 2009, ABl. EG Nr. L 211, S. 94 vom 14. August 2009.

[127] vgl. *Straßburg*, in: de Witt/Scheuten, Einleitung, Rn. 30: „private Planung der Netzbetreiber wird jedoch in staatliche Planung überführt".

[128] vgl. *Hermes*, in: Schneider/Theobald, § 7, Rn. 12, Fn. 53 m. w. N.

[129] vgl. *Hermes*, in: Schneider/Theobald, § 10, Rn. 2.

[130] vgl. *Hermes*, Infrastrukturverantwortung, S. 380 f., 477 ff.

frastrukturverantwortung nicht, dass die Infrastruktur zunächst durch den Staat geplant werden muss bevor sie durch Private gebaut wird.

Der Staat kann zwar auch die Erfüllung der öffentlichen Aufgabe der Energieversorgung übernehmen und muss sie dann auch finanzieren. Überträgt der Staat dagegen die Erfüllung der Aufgabe der Energieversorgung und auch ihrer Finanzierung an Private (insbesondere ohne sich die Bedarfsplanung vorbehalten zu haben), so spricht grundsätzlich nichts auch gegen die Ermittlung des Bedarfs durch sachnähere private Akteure.[131] Versagen Private bei der Aufgabenerfüllung, so greift die Auffangverantwortung des Staates und er kann lenkend eingreifen und, wie bereits erwähnt, notfalls auch die Aufgabenerfüllung verstaatlichen.[132]

Greift dagegen der Staat außerhalb seiner Auffangverantwortung in die private Planung ein, so bedarf ein solcher Eingriff (in eine übertragene Aufgabe) einer besonderen Rechtfertigung und dieser Eingriff muss auch staatlich finanziert werden.

Die Logik – derjenige, dessen Aufgabe (im Sinne einer Letztverantwortung) es ist, bestimmt ohne Weiteres auch die Art und Weise ihrer Erfüllung, greift hier nicht. Entweder der Staat erfüllt die Aufgabe der Energieversorgung selbst und verfügt über die Art ihrer Erfüllung oder er überträgt diese Aufgabe an Private und muss sich damit abfinden, dass er die private Aufgabenerfüllung nicht als „Erfüllung durch Eigenbetrieb" behandeln darf, da Private mit eigenen Rechten ihm gegenüberstehen.

Demnach kann der Staat nicht ohne Weiteres die Planung Privater im Einzelfall beeinflussen. Auf der anderen Seite muss der Staat im Rahmen seiner Strukturschaffungspflicht[133] die Erfüllung der privaten Aufgabenerfüllung fördern. Diese Pflicht wurde durch den Staat im hiesigen Kontext dadurch erfüllt, dass Verfahrensstrukturen und Instrumente geschaffen wurden, mit deren Hilfe die Realisierung von energetischen Leitungsvorhaben erleichtert wird (z. B. durch Verbindlichkeit der Feststellung des Bedarfs für die Planfeststellungsverfahren, vgl. § 15 Abs. 1 NABEG, durch eingeschränkte Klagemöglichkeiten gegen die Feststellung des Bedarfs in einem Gesetz).

Außerhalb der Übertragungsnetz- bzw. Fernleitungsnetzebene wurde die Bedarfsplanung nicht kodifiziert, was aus der Perspektive des Planungsrechts dazu führt, dass die Beurteilung des Bedarfs zunächst in der Verantwortung des jeweiligen Netzbetreibers bleibt.[134] In einem späteren Planungsstadium, nämlich im Rahmen

---

[131] Zur Möglichkeit der Verstaatlichung der Planung vgl. E. II. a. E.

[132] Eine Entscheidung des Gesetzgebers hinsichtlich der Zuordnung des Eigentums am Elektrizitäts- oder Gasverteilernetzbetreiber wäre auch aus der Perspektive des Gemeinschaftsrechts zu respektieren und könnte das damit einhergehende Privatisierungsverbot als Beschränkung des freien Kapitalverkehrs rechtfertigen, vgl. EuGH, EuZW 2014, 61.

[133] vgl. *Franzius*, Der Staat 42 (2003), S. 493, 498; *Burgi*, Die Verwaltung 33 (2000), S. 183 ff.; *Schuppert*, WZB-Mitteilungen, Heft 104, Juni 2004, S. 8 f.

[134] vgl. *Straßburg*, in: de Witt/Scheuten, Einleitung, Rn. 30; *Hermes*, in: Schneider/Theobald, § 7, Rn. 18.

der Prüfung der Erforderlichkeit in Planfeststellungsverfahren, werden die staatlichen Stellen in die Ermittlung des Bedarfs eingeschaltet.[135] Hierbei ist jedoch – selbst aus der planungsrechtlichen Perspektive – fraglich, ob diesen staatlichen Stellen ein eigener Entscheidungsspielraum zukommt oder ob sie lediglich die Bedarfsentscheidungen eines Netzbetreibers nachzuvollziehen haben.[136]

Nach der hier vertretenen Auffassung besteht weder auf der höheren Netzebene noch auf den nachgelagerten Netzebenen eine staatliche Bedarfsplanung i. S. einer staatlichen Planung mit originären Einschätzungsspielraum von staatlichen Stellen hinsichtlich des energetischen Bedarfs.

Nach Ermittlung des energetischen Bedarfs müssen die zur Deckung dieses Bedarfs zu realisierenden Vorhaben mit konkurrierenden Nutzungen in Einklang gebracht werden.

Eine solche Abstimmung im Sinne einer hoheitlichen raumbezogenen Planung im Falle von grenzüberschreitenden Leitungen auf der Ebene der EU fehlt, denn es fehlt an entsprechenden Planungsinstrumenten, was darauf zurückzuführen ist, dass der EU die Kompetenzen für Planung bzw. Raumordnung fehlen.[137] Dies bedeutet jedoch nicht, dass eine Abstimmung im Falle von grenzüberschreitenden Leitungen unterbleibt (vgl. Art. 6 und Art. 8 Abs. 5 TEN-E VO).

Bei dem Bau von Interkonnektoren kooperieren in erster Linie die Netzbetreiber aus benachbarten Ländern (z. B. im Rahmen von TYNDP sowie im Rahmen von grenzüberschreitenden Kostenaufteilungen nach Art. 12 TEN-E VO).

7. Trassenauswahl

Obwohl der Verlauf von einzelnen Vorhaben in der Anlage zu § 1 Abs. 1 BBPlG beschrieben wird (z. B. Höchstspannungsleitung Brunsbüttel – Barlt – Heide – Husum – Klixbüll – Bundesgrenze (DK) oder Höchstspannungsleitung Urberach – Pfungstadt – Weinheim – G380 – Altlußheim – Daxlanden; Drehstrom Nennspannung 380 kV[138]), reicht der Konkretisierungsgrad einer solchen Beschreibung für eine Bestimmung einer Trasse nicht aus.[139]

Da weitere Instrumente für eine verbindliche Festlegung einer Trasse auf der Bundesebene (mit Ausnahme des Flächenentwicklungsplans nach dem Windener-

[135] vgl. *Straßburg*, in: de Witt/Scheuten, Einleitung, Rn. 30; *Hermes*, in: Schneider/Theobald, § 7, Rn. 18.

[136] vgl. *Hermes*, in: Schneider/Theobald, § 7, Rn. 132.

[137] vgl. dazu unter E. V. 4.

[138] vgl. Bundesbedarfsplangesetz vom 23. Juli 2013, BGBl. I S. 2543; 2014 I S. 148, 271, zuletzt geändert durch Artikel 3 des Gesetzes vom 13. Mai 2019, BGBl. I S. 706.

[139] unabhängig davon sind die im BBPlG getroffenen Feststellungen verbindlich, vgl. *Straßburg*, in: de Witt/Scheuten, Einleitung, Rn. 57.

gie-auf-See-Gesetz[140]) fehlen, kommt die Aufgabe der Trassenauswahl der Landesplanung zu,[141] wobei die Trassen zunächst als Ziele der Raumordnung festgelegt werden können.[142] Weitere Konkretisierung erfährt eine Trasse durch die Festlegung eines Trassenkorridors im Rahmen eines Raumordnungsverfahrens nach § 15 ROG.[143]

Der Gesetzgeber hat die Systemwidrigkeit[144] der Trassenfestlegung in einem Raumordnungsverfahren (da anderer Prüfgegenstand[145]) erkannt und zumindest für länderübergreifende und grenzüberschreitende Übertragungsleitungen das Verfahren nach §§ 4 ff. NABEG sowie für Leitungen nach dem WindSeeG Verfahren für Findung von Trassen und Trassenkorridoren vorgesehen.[146]

Wurde ein raumverträglicher Trassenkorridor festgelegt, so soll eine konkrete Trassenfestlegung innerhalb dieses Korridors erfolgen.[147] Die weitere Festlegung der Trasse hängt davon ab, ob ein Vorhaben planfeststellungs- bzw. plangenehmigungspflichtig ist oder nicht.[148] Bei fehlender Planfeststellungspflicht richtet sich die abschließende Planungsentscheidung in erster Linie nach Baurecht sowie nach anderen Fachgesetzen außerhalb des spezifischen Planungsrechts für Energieanlagen (z. B. aus den Bereichen Immissionsschutz und Umweltschutz).

Muss für ein Vorhaben dagegen ein Planfeststellungsverfahren durchgeführt werden,[149] so finden für seine Zulassung §§ 43 ff. EnWG und §§ 72 ff. VwVfG Anwendung (für länderübergreifende und grenzüberschreitende Vorhaben i. S. v. § 2 Abs. 1 und 3 NABEG – §§ 18 ff. NABEG. Für die 24 Vorhaben des EnLAG gilt nach wie vor das EnLAG.[150] Für die Vorhaben des Fernleitungsnetzes – die §§ 43 ff. EnWG). Wird ein Vorhaben planfestgestellt, so kommt es in den Genuss der Kon-

---

140 Gesetz zur Entwicklung und Förderung der Windenergie auf See, vom 13. Oktober 2016, BGBl. I S. 2258, 2310, WindSeeG.

141 vgl. *Hermes*, in: Schneider/Theobald, § 7, Rn. 19; *Hermes/Kupfer*, in: Britz/Hellermann/Hermes, § 43, Rn. 7.

142 Raumordnungsgesetz vom 22. Dezember 2008, BGBl. I S. 2986, ROG; vgl. § 4 ROG.

143 vgl. *Hermes*, in: Schneider/Theobald, § 7, Rn. 20; *Hermes/Kupfer*, in: Britz/Hellermann/Hermes, § 43, Rn. 7.

144 vgl. *Hermes*, in: Schneider/Theobald, § 7, Rn. 21 m. w. N.

145 vgl. § 15 Abs. 1 ROG: [es] „werden die Übereinstimmung mit den Erfordernissen der Raumordnung und die Abstimmung mit anderen raumbedeutsamen Planungen und Maßnahmen geprüft. Gegenstand der Prüfung nach Satz 2 sollen auch ernsthaft in Betracht kommende Standort- oder Trassenalternativen sein."

146 vgl. *Hermes/Kupfer*, in: Britz/Hellermann/Hermes, § 43, Rn. 7a.

147 da bei Abweichung von der Trassenempfehlung als Ergebnis des Raumordnungsverfahrens der Planfeststellungs- bzw. Baugenehmigungsantrag als mit den Erfordernissen der Raumordnung unvereinbar abgelehnt werden kann, vgl. *Hermes/Kupfer*, in: Britz/Hellermann/Hermes, § 43, Rn. 8.

148 vgl. *Hermes*, in: Schneider/Theobald, § 7, Rn. 22–26.

149 vgl. § 43 Abs. 1 und 2 EnWG.

150 vgl. § 2 Abs. 4 NABEG.

zentrationswirkung nach § 43c EnWG i. V. m. § 75 Abs. 1 VwVfG inklusive des Fachplanungsprivilegs nach § 38 BauGB sowie der enteignungsrechtlichen Vorwirkung nach § 45 Abs. 1 und 2 EnWG.

VI. Allgemeines zu Planung von Erzeugungsanlagen

Für Energieerzeugungsanlagen fehlt es an einer kodifizierten Bedarfsplanung[151] (Ausnahmen bilden Wasserkraftwerke, für welche ein planfeststellungspflichtiger Gewässerausbau erforderlich sein kann, vgl. § 68 Wasserhaushaltsgesetz[152] sowie Offshore-Windkraftanlagen und Kabelanbindungen, vgl. Seeanlagenverordnung[153]). Dies ist in erster Linie darauf zurückzuführen, dass der Erzeugungsmarkt wettbewerblich organisiert ist, so dass eine Bedarfsplanung für Energieerzeugungsanlagen in diesem Markt zumindest einen „besonders rechtfertigungsbedürftigen Fremdkörper darstellen würde“[154] und es weniger einschneidende Möglichkeiten der Standortsteuerung gibt.[155]

Fraglich ist, ob dieses Schema (Wettbewerb auf einer Marktstufe – staatliche Planung nicht erforderlich) auch für den Bereich der Energienetze übertragbar ist. Lässt man den Infrastrukturwettbewerb zu, so würde dies dazu führen, dass die staatliche Planung zumindest „besonders rechtfertigungsbedürftig“ wäre. Versteht man unter Planung einen Gegensatz zum Wettbewerb (wie in dem Begriffspaar Planwirtschaft – wettbewerblich organisierter Markt), so würde ein funktionierender Leitungswettbewerb die Planung obsolet machen.

Versteht man unter Planung dagegen, nicht nur ein Instrument, welches die private Ermittlung des Bedarfs verdrängt (staatliche Planung vs private Planung), sondern auch einen Mechanismus, um der sachnäheren privaten Planung zur Wirklichkeit zu verhelfen (z. B. durch die Verbindlichkeit des im Bundesbedarfsplan festgestellten Bedarfs für die nachfolgenden Planfeststellungsverfahren), wozu der Staat durch seine Gewährleistungsverantwortung im Sinne auch einer Förderung der kooperativen Erfüllung einer öffentlichen Aufgabe angehalten ist, so kommt man zum Schluss, dass die private Planung (Ermittlung des Bedarfs) und die staatliche Planung (Verleihung einer zusätzlichen demokratischen Legitimation der privaten Planung und Realisierungshilfe) nebeneinander koexistieren können.

---

[151] vgl. *Hermes*, in: Schneider/Theobald, § 7, Rn. 14.

[152] Gesetz zur Ordnung des Wasserhaushalts vom 31. Juli 2009, BGBl. I S. 2585, WHG.

[153] Verordnung über Anlagen seewärts der Begrenzung des deutschen Küstenmeeres vom 23. Januar 1997, BGBl. I S. 57, SeeAnlV; vgl. § 2 Abs. 1 SeeAnlV.

[154] *Hermes*, in: Schneider/Theobald, § 7, Rn. 52.

[155] Wie z. B. die G-Komponente als Bestandteil der Netznutzungsentgelte, welche regional variieren soll, um in Regionen mit häufiger Kapazitätsknappheit und dadurch bedingter starker Nutzung der Übertragungsnetze Zubauanreize zu setzen, vgl. Monopolkommission, Energie 2015: Ein wettbewerbliches Marktdesign für die Energiewende, Sondergutachten 71, S. 99.

Zu einem ähnlichen Ergebnis kommen auch einige Befürworter des staatlichen Planungsrechts, indem sie feststellen, dass „eine funktionsadäquate Netzausbaubedarfsplanung offensichtlich angewiesen ist auf Kooperationsstrukturen, die ohne die Einbeziehung der Netzbetreiber, exekutiver Planungskompetenz und politischer Entscheidungsinstanzen kaum auskommen dürfte.“[156]

Die Errichtung von Energieerzeugungsanlagen unterliegt den Instrumenten der räumlichen Planung.[157] Die Zulassung von Energieerzeugungsanlagen unterliegt dem jeweiligen Fachrecht (in erster Linie dem Immissionsschutzrecht).[158]

Die Energieerzeugungsanlagen werden im Rahmen der räumlichen Planung auf allen Ebenen berücksichtigt. Im Rahmen der Landesplanung können die Standorte für diese Anlagen als Ziele der Raumordnung mit Bindungswirkung für die nachgeordneten Planungen festgelegt werden.[159]

In dem Raumordnungsverfahren werden dann die Übereinstimmung einer Einzelplanung mit den Erfordernissen der Raumordnung geprüft sowie die Einzelplanung mit weiteren Einzelplanungen abgestimmt.[160]

Schließlich wird auf der bauplanungsrechtlichen Ebene geprüft, ob das Vorhaben mit den Vorgaben des Bauplanungsrechts (v. a. mit denen des Baugesetzbuchs[161]) übereinstimmt und an dem konkreten Standort zulässig ist.[162] Inzident wird auch die Übereinstimmung mit den Vorgaben der Raumordnung geprüft, da sie, wie bereits erörtert, Bindungswirkung für die Bauplanung entfaltet.[163]

VII. Netzbedarfsplanung im Detail

1. Netzentwicklungsplanung

Mit dem Szenariorahmen nach § 12a EnWG und dem Netzentwicklungsplan nach § 12b und § 12c EnWG wird der Bundesbedarfsplan nach § 12e EnWG vorbereitet.[164] Eine Literaturmeinung[165] sieht in der Netzentwicklungsplanung ein eigen-

---

[156] *Hermes*, in: Schneider/Theobald, § 7, Rn. 63.

[157] vgl. *Hermes*, in: Schneider/Theobald, § 7, Rn. 14.

[158] vgl. *Hermes*, in: Schneider/Theobald, § 7, Rn. 17.

[159] vgl. § 4 ROG.

[160] vgl. *Hermes*, in: Schneider/Theobald, § 7, Rn. 15.

[161] Baugesetzbuch in der Fassung der Bekanntmachung vom 3. November 2017, BGBl. I S. 3634, BauGB.

[162] vgl. *Hermes*, in: Schneider/Theobald, § 7, Rn. 16.

[163] vgl. auch § 1 IV BauGB.

[164] vgl. *Posser*, in: Kment, § 12a, Rn. 7; *Ruge*, in: Säcker, § 12a, Rn. 4; *Kober*, in: Theobald/Kühling, Vorb. zu §§ 12a bis 12g, Rn. 9.

[165] vgl. *Hermes*, in: Schneider/Theobald, § 7, Rn. 64.

ständiges Planungsinstrument, welches qualitativ ein Mehr darstellt im Vergleich zur Summe seiner Bestandteile. Dieses Instrument beinhalte eine eigenständige kooperative Investitionsplanung unter der „Letztentscheidungsbefugnis" der BNetzA mit (selbst-)verpflichtender Wirkung für die beteiligten Übertragungsnetzbetreiber.[166]

Das Gesetz biete „erstmals eine formale Struktur an, in deren Rahmen der bedarfsgerechte Ausbau des Übertragungsnetzes vor dem Hintergrund belastbarer Prognosen auf der Grundlage langfristiger Ziele unter Beteiligung aller Betroffenen und Interessierten in ein konsistentes Gesamtkonzept gebracht werden kann, dass trotz der Kombination selbstregulativer und regulativer Planungselemente unter maßgeblicher Beteiligung der Betreiber und dem Vorbehalt eine behördlichen Abwägungs- und Planungsentscheidung steht und mit rechtlicher Verbindlichkeit ausgestattet ist."[167]

Die „Letztentscheidungsbefugnis"[168] der BNetzA in Bezug auf den Netzentwicklungsplan ist nicht selbstverständlich und bedarf der Erörterung.

Die Netzbedarfsplanung stehe nach einigen Autoren[169] in engem Zusammenhang mit den Entflechtungsregeln[170] des 3. Energiebinnenmarktpakets.[171] Die Mechanismen der Netzbedarfsplanung hängen davon ab, ob sich ein Mitgliedstaat für das ISO- (mit nur einem verantwortlichen Netzbetreiber) oder für das ITO-Modell (mit mehreren verantwortlichen Netzbetreibern) entschieden hat. Bei dem ISO-Modell ist der verantwortlicher Netzbetreiber verpflichtet, einen zehnjährigen Netzentwicklungsplan umzusetzen, was durch die Regulierungsbehörde des Mitgliedstaates überwacht wird.[172] Eine Letztentscheidungsbefugnis steht der Regulierungsbehörde in diesem Fall also nicht zu.

---

[166] vgl. *Hermes*, in: Schneider/Theobald, § 7, Rn. 64 f.

[167] *Hermes*, in: Schneider/Theobald, § 7, Rn. 64.

[168] vgl. § 12c Abs. 1 S. 1 und 2 EnWG: „Die Regulierungsbehörde prüft die Übereinstimmung des Netzentwicklungsplans mit den Anforderungen gemäß § 12b Absatz 1, 2 und 4. Sie kann Änderungen des Entwurfs des Netzentwicklungsplans durch die Betreiber von Übertragungsnetzen mit Regelzonenverantwortung verlangen."

[169] vgl. *Däuper*, N&R 2009, 214, 220; *Gärditz/Rubel*, N&R 2010, 194, 195; *Glaser*, DVBl. 2012, 1283, 1284; *Hermes*, in: Schneider/Theobald, § 7, Rn. 65.

[170] vgl. Art. 9, 13, 14 Richtlinie 2009/72/EG/Art. 43–45 Richtlinie (EU) 2019/944; Art. 9, 14, 15 Richtlinie 2009/73/EG.

[171] VO (EG) Nr. 713/2009 zur Gründung einer Agentur für die Zusammenarbeit der Energieregulierungsbehörden; VO (EG) Nr. 714/2009 über Netzzugangsbedingungen für den grenzüberschreitenden Stromhandel; VO (EG) Nr. 715/2009 über Bedingungen für den Zugang zu den Erdgasfernleitungsnetzen; Richtlinie 2009/72/EG über den Elektrizitätsbinnenmarkt; Richtlinie 2009/73/EG über den Erdgasbinnenmarkt, alle in ABl. EG Nr. L 211 vom 14. August 2009.

[172] vgl. Art. 13 Richtlinie 2009/72/EG/Art. 44 Richtlinie (EU) 2019/944.

Bei dem ITO-Modell legen die Übertragungsnetzbetreiber der Regulierungsbehörde einen verbindlichen zehnjährigen Netzentwicklungsplan vor.[173] Daraus, dass nach Art. 22 Abs. 5 Richtlinie 2009/72/EG (Art. 51 Abs. 5 Richtlinie (EU) 2019/944) die Regulierungsbehörde vom Übertragungsnetzbetreiber die Änderung seines zehnjährigen Netzentwicklungsplans verlangen kann, wird geschlussfolgert, dass die Regulierungsbehörde ein Letztentscheidungsrecht über die konkrete Gestalt des Netzentwicklungsplans hat. Als Konsequenz gehe die Wahl des ITO-Modells durch einen Mitgliedstaat (z.B. Deutschland) mit dem Verlust an Investitionsplanungsfreiheit der Netzbetreiber einher.[174]

Gegen eine Abkehr von der privaten Planung zugunsten der staatlichen Planung mit einer Letztentscheidungsbefugnis der BNetzA alleine durch das Optieren zugunsten des ITO-Modells ist einzuwenden, dass die Differenzierung zwischen den beiden Modellen hinsichtlich der Verbindlichkeit der Netzentwicklungsplanung andere Hintergründe hat und auch andere Ziele verfolgt als Beschränkung der Planungsfreiheit der Netzbetreiber.

Im Falle des ISO-Modells (vgl. z.B. Art. 13 Richtlinie 2009/72/EG[175]/Art. 44 Richtlinie (EU) 2019/944) gibt es (vereinfacht) zwei Akteure – den verantwortlichen Netzbetreiber und die Regulierungsbehörde. Die beiden Akteure können die Netzentwicklungsplanung untereinander abstimmen. Hier reicht es, wenn ein ISO sich verpflichtet, die abgestimmte Planung umzusetzen.

Im Falle des ITO-Modells (vgl. z.B. Art. 9 Richtlinie 2009/72/EG/Art. 43 Richtlinie (EU) 2019/944) dagegen existieren mehrere verantwortlichen Netzbetreiber, welche ihre eigene Planung an der Planung des jeweils anderen Netzbetreibers auszurichten haben. Da es in einer solchen Konstellation ein Mehr an Planungssicherheit erforderlich ist, geht die Planung, welche auf die Planungen von anderen Marktteilnehmern Rücksicht nehmen muss, automatisch mit einem Verlust an Planungsfreiheit einher. Das Recht der Regulierungsbehörde, Änderungen (zugunsten einer kohärenten Planung) zu verlangen, resultiert aus der Notwendigkeit eines zusätzlichen Koordinationsinstruments für den Fall, dass die Koordination zwischen den Netzbetreibern misslingt.

Die Planungsfreiheit der Netzbetreiber wird daher bei dem ITO-Modell durch die Notwendigkeit gegenseitiger Rücksichtnahme auf die Planungen anderer Netzbetreiber und nicht dadurch eingeschränkt, dass bei dem ITO-Modell eine staatliche Planung zwingend notwendig ist. Ist die staatliche Planung unter Einschränkung der privaten Planungsfreiheit nicht zwingend, so stellt das auch die Letztentscheidungsbefugnis der BNetzA in Frage.

---

[173] vgl. Art. 22 Richtlinie 2009/72/EG/Art. 51 Richtlinie (EU) 2019/944.

[174] vgl. *Hermes*, in: Schneider/Theobald, § 7, Rn. 65.

[175] vgl. Art. 13 Abs. 1 S. 1 Richtlinie 2009/72/EG (Art. 44 Abs. 1 Richtlinie (EU) 2019/944): „einen unabhängigen Netzbetreiber benennen."

Diese „Letztentscheidungsbefugnis“ wird – wie bereits erwähnt – insbesondere damit begründet, dass nach Art. 22 Abs. 5 S. 3 Richtlinie 2009/72/EG (Art. 51 Abs. 5 S. 3 Richtlinie (EU) 2019/944) die Regulierungsbehörde vom Übertragungsnetzbetreiber Änderungen seines zehnjährigen Netzentwicklungsplans verlangen kann.[176] Gegen eine umfassende Letztentscheidungsbefugnis der Regulierungsbehörde spricht zudem die systematische Stellung des Rechts, eine Änderung zu verlangen. Danach bezieht sich dieses Recht nur auf die in Art. 22 Abs. 5 Richtlinie 2009/72/EG (Art. 51 Abs. 5 Richtlinie (EU) 2019/944) geregelten Fälle. Diese sind zum einen die Prüfung, ob der Netzentwicklungsplan den gesamten im Rahmen der Konsultationen ermittelten Bedarf umfasst und ob die Kohärenz mit dem – nicht verbindlichen[177] – gemeinschaftsweiten Netzentwicklungsplan gegeben ist.

Andere Konstellationen werden durch den Art. 22 Abs. 5 Richtlinie 2009/72/EG (Art. 51 Abs. 5 Richtlinie (EU) 2019/944) nicht erfasst, so dass die Regulierungsbehörde die private Planung nicht durch ihre eigene Planung z. B. durch eine Festlegung einer anderen Leitung als geplanten ersetzen darf.[178]

Das Vorstehende zeigt, dass eine staatliche „Investitionsplanung mit einer Letztentscheidungsbefugnis der BNetzA“[179] unionsrechtlich nicht (v. a. nicht durch Art. 22 Abs. 5 S. 3 Richtlinie 2009/72/EG/Art. 51 Abs. 5 S. 3 Richtlinie (EU) 2019/944) vorgeschrieben ist.

2. Szenariorahmen

Nach § 12a EnWG erarbeiten die Betreiber von Übertragungsnetzen mit Regelzonenverantwortung – im Rahmen der koordinierten[180] Bedarfsplanung, bei welcher die Übertragungsnetzbetreiber bei den Bestandteilen „Erstellung Szenariorahmen“ (§ 12a EnWG) und „Erstellung Netzentwicklungsplan“ (§ 12b EnWG) die Federführung innehaben[181] – alle zwei Jahre einen gemeinsamen Szenariorahmen, der Grundlage für die Erarbeitung des Netzentwicklungsplans nach § 12b EnWG ist (vgl. § 12a Abs. 1 S. 1 EnWG).

Der Szenariorahmen umfasst mindestens drei Entwicklungspfade (Szenarien), die für die mindestens nächsten zehn und höchstens 15 Jahre die Bandbreite wahrscheinlicher Entwicklungen im Rahmen der mittel- und langfristigen energiepolitischen Ziele der Bundesregierung abdecken (vgl. § 12a Abs. 1 S. 2 EnWG). Eines

---

[176] vgl. *Hermes*, in: Schneider/Theobald, § 7, Rn. 65.

[177] vgl. Erwägungsgrund 7 der VO (EG) 714/2009.

[178] vgl. *Bourwieg*, in: Britz/Hellermann/Hermes, § 12a, Rn. 7, der die Verantwortung für die Beurteilung des bedarfsgerechten Netzausbaus bei den Netzbetreibern sieht.

[179] vgl. *Hermes*, in: Schneider/Theobald, § 7, Rn. 64.

[180] vgl. *Bourwieg*, in: Britz/Hellermann/Hermes, § 12a, Rn. 1.

[181] vgl. *Kober*, in: Theobald/Kühling, Vorb. zu §§ 12a bis 12g, Rn. 9.

der Szenarien muss die wahrscheinliche Entwicklung für die mindestens nächsten 15 und höchstens zwanzig Jahre darstellen (vgl. § 12a Abs. 1 S. 3 EnWG).

Die Regulierungsbehörde macht den Entwurf des Szenariorahmens auf ihrer Internetseite öffentlich bekannt und gibt der Öffentlichkeit Gelegenheit zur Äußerung (vgl. § 12a Abs. 2 S. 2 EnWG). Danach genehmigt die Regulierungsbehörde den Szenariorahmen unter Berücksichtigung der Ergebnisse der Öffentlichkeitsbeteiligung (vgl. § 12a Abs. 3 S. 1 EnWG).

Es stellen sich in diesem Zusammenhang die Fragen nach dem Charakter der Genehmigung nach § 12a Abs. 3 S. 1 EnWG sowie nach dem Entscheidungsspielraum der BNetzA. Man könnte in dieser Genehmigung eine eigene Planungsentscheidung der BNetzA mit Prognoseelementen sehen.[182] Da, wie bereits erörtert, die Bedarfsplanung den Privaten obliegt und der BNetzA keine (insbesondere keine durch das Unionsrecht begründete) „Letztentscheidungsbefugnis" zusteht, besteht der Entscheidungsspielraum der BNetzA in einer Prüfung der Plausibilität und Nachvollziehbarkeit[183] des durch die Netzbetreiber erstellten Szenariorahmens insbesondere im Hinblick auf die mittel- und langfristigen energiepolitischen Ziele der Bundesregierung.[184] Gegen die Letztentscheidungsbefugnis der BNetzA spricht auch die Gesetzesbegründung,[185] welche nur eine Herstellung des Einvernehmens über den Szenariorahmen zwischen den Netzbetreibern und der BNetzA vorsieht.

Auch die Begründung zum BBPlG sieht in der Netzentwicklungsplanung ein dreistufiges Verfahren einer koordinierten (nicht kooperativen) Ermittlung des gesamten Netzausbaubedarfs.[186] Der BNetzA kommt danach die Rolle eines Koordinators bei der Ermittlung des Bedarfs durch Private. Ihrer Genehmigung nach § 12a Abs. 3 S. 1 EnWG kommt eine legitimierende Wirkung zu.

3. Netzentwicklungsplan

Nach § 12b EnWG legen die Betreiber von Übertragungsnetzen mit Regelzonenverantwortung der Regulierungsbehörde auf der Grundlage des Szenariorahmens

---

[182] vgl. *Hermes*, in: Schneider/Theobald, § 7, Rn. 66.

[183] als Ausfluss der staatlichen Infrastrukturverantwortung, vgl. *Posser*, in: Kment, § 12a, Rn. 12, der allerdings der BNetzA jeglichen Entscheidungsspielraum in Anlehnung an den Gesetzeswortlaut („genehmigt") abspricht, vgl. *Posser*, in: Kment, § 12a, Rn. 60; *Ruge*, in: Säcker, § 12a, Rn. 54.

[184] „Letztentscheidungsbefugnis" wird daher hier i. S. e. „Prüfung der Plausibilität und Nachvollziehbarkeit des durch die Netzbetreiber erstellten Szenariorahmens insbesondere im Hinblick auf die mittel- und langfristigen energiepolitischen Ziele der Bundesregierung" verwendet.

[185] für den Bereich Gas vgl. BT-Drs. 17/6072, S. 74, Zu Nummer 14 (§ 15a).

[186] vgl. BT-Drs. 17/12638, S. 12.

einen gemeinsamen nationalen Netzentwicklungsplan[187] zur Bestätigung vor (vgl. § 12b Abs. 1 S. 1 EnWG). Die Betreiber von Übertragungsnetzen mit Regelzonenverantwortung veröffentlichen den Entwurf des Netzentwicklungsplans vor Vorlage bei der Regulierungsbehörde auf ihren Internetseiten und geben der Öffentlichkeit Gelegenheit zur Äußerung (vgl. § 12b Abs. 3 S. 1 EnWG).

Der gemeinsame nationale Netzentwicklungsplan muss alle wirksamen Maßnahmen zur bedarfsgerechten Optimierung, Verstärkung und zum Ausbau des Netzes enthalten, die für einen sicheren und zuverlässigen Netzbetrieb erforderlich sind (vgl. § 12b Abs. 1 S. 2 EnWG). Er berücksichtigt auch den gemeinschaftsweiten Netzentwicklungsplan und vorhandene Offshore-Netzpläne (vgl. § 12b Abs. 1 S. 6 EnWG) und umfasst alle Maßnahmen, die nach den Szenarien des Szenariorahmens erforderlich sind (vgl. § 12b Abs. 2 S. 1 EnWG).

Nach § 12c EnWG prüft die Regulierungsbehörde die Übereinstimmung des Netzentwicklungsplans mit den Anforderungen gemäß § 12b EnWG (vgl. § 12c Abs. 1 S. 1 EnWG). Sie kann Änderungen des Entwurfs des Netzentwicklungsplans durch die Betreiber von Übertragungsnetzen mit Regelzonenverantwortung verlangen (vgl. § 12c Abs. 1 S. 2 EnWG). Nach Abschluss der Prüfung beteiligt die Regulierungsbehörde die Behörden, deren Aufgabenbereich berührt wird, und die Öffentlichkeit (vgl. § 12c Abs. 3 S. 1 EnWG).

Die Regulierungsbehörde soll den Netzentwicklungsplan unter Berücksichtigung des Ergebnisses der Behörden- und Öffentlichkeitsbeteiligung mit Wirkung für die Betreiber von Übertragungsnetzen bestätigen (vgl. § 12c Abs. 4 S. 1 EnWG), wodurch der Netzentwicklungsplan für diese verbindlich wird.[188]

In der Bestätigung des Netzentwicklungsplans wird von einigen Autoren[189] eine förmliche Genehmigung gesehen.

Dem kann beigepflichtet werden, solange diese „förmliche Genehmigung" nicht als ein Produkt eines Entscheidungsprozesses der Behörde mit einem eigenen Entscheidungsspielraum verstanden wird,[190] denn ein abschließendes Prüfprogramm ist in § 12c Abs. 1 S. 1 EnWG vorgegeben (Übereinstimmung des Netzentwicklungsplans mit den Anforderungen gemäß § 12b Absatz 1, 2 und 4 EnWG) und ein Planungsermessen wurde durch das Gesetz der BNetzA nicht eingeräumt.[191]

---

[187] „Investitionsrahmenplan mit dem planungsrechtlichen Charakter aufgrund seiner Scharnierfunktion zur Bundesfachplanung", vgl. *Posser*, in: Kment, § 12b, Rn. 1; *Ruge*, in: Säcker, § 12b, Rn. 9.

[188] vgl. § 65 Abs. 2a EnWG.

[189] vgl. *Schneider*, in: Heckmann/Schenke/Sydow, S. 411 ff.; *Hermes*, in: Schneider/Theobald, § 7, Rn. 67.

[190] vgl. *Ruge*, in: Säcker, § 12c, Rn. 15.

[191] der BNetzA steht kein eigenständiger Gestaltungsspielraum zu und ihr Prüfauftrag ist auf eine nachvollziehende Abwägung beschränkt, was sich bereits aus der verfahrensabschließenden Handlung (Bestätigung) ergibt, vgl. *Posser*, in: Kment, § 12c, Rn. 11; *Posser/*

Stimmt der Netzentwicklungsplan mit den genannten Anforderungen überein, „soll“ die BNetzA ihn bestätigen.[192] Eine (teilweise) Ablehnung des Netzentwicklungsplans oder gar eine generelle Verweigerung der Bestätigung sieht das Gesetz nicht vor.[193] Fehlt es in einigen Punkten an Übereinstimmung mit den Anforderungen gemäß § 12b Absatz 1, 2 und 4 EnWG, kann die BNetzA Änderungen des Entwurfs des Netzentwicklungsplans durch die Betreiber von Übertragungsnetzen mit Regelzonenverantwortung verlangen.[194] Im Umkehrschluss ist die BNetzA zur eigenständigen Ergänzung und Änderung des Entwurfs des Netzentwicklungsplans nicht befugt.[195]

Steht der Regulierungsbehörde keine Abänderungsbefugnis oder Ersetzungsbefugnis zu, kann von einem Planungsspielraum der Behörde nicht die Rede sein.[196] Demnach hat die BNetzA auch in diesem Stadium der Planung lediglich die Entscheidung Privater nachzuvollziehen.[197] Auch die Berücksichtigung des Ergebnisses der Behörden- und Öffentlichkeitsbeteiligung erfolgt danach nicht durch eine Abänderung des Entwurfs des Netzentwicklungsplans durch die BNetzA, sondern dadurch, dass die Behörde gem. § 12c Abs. 1 S. 2 EnWG von den Netzbetreibern entsprechende Änderungen des Entwurfs verlangt.[198]

Die planungsrechtliche Ansicht gelangt zu einem diametral entgegengesetzten Ergebnis.[199] Ausgehend davon, dass das Prüfprogramm der BNetzA[200] prognostisch-planerische Elemente enthält (z. B. ob der Netzentwicklungsplan alle wirksamen Maßnahmen zur bedarfsgerechten Optimierung des Netzes enthält) und davon, dass die BNetzA Änderungen des Netzentwicklungsplans verlangen „kann“,[201] räumt diese Ansicht der Regulierungsbehörde einen nicht unerheblichen Einschätzungsspielraum ein.

Dieser Einschätzungsspielraum bezieht sich jedoch – nach der hier vertretenen Ansicht – ausschließlich auf die Plausibilitätsprüfung der privaten Planungsentscheidung und stellt keinen originären Planungsspielraum dar,[202] denn, wie bereits

---

Schulze, in: Posser/Faßbender, 505, 576; *Steinbach*, in: Steinbach/Franke, Einl., Rn. 30; *Kober*, in: Theobald/Kühling, § 12c, Rn. 12.

[192] vgl. § 12c Abs. 4 S. 1 EnWG.

[193] vgl. *Posser*, in: Kment, § 12c, Rn. 46.

[194] vgl. § 12c Abs. 1 S. 2 EnWG.

[195] vgl. *Posser*, in: Kment, § 12c, Rn. 9; der Gegenstand des Änderungsverlangens ist dabei auf den Prüfauftrag gem. § 12c Abs. 1 S. 1 EnWG beschränkt; *Kober*, in: Theobald/Kühling, § 12c, Rn. 11.

[196] vgl. *Kober*, in: Theobald/Kühling, § 12c, Rn. 11 f.

[197] vgl. *Ruge*, in: Säcker, § 12c, Rn. 15.

[198] vgl. *Posser*, in: Kment, § 12c, Rn. 41.

[199] vgl. *Bourwieg*, in: Britz/Hellermann/Hermes, § 12c Rn. 20 f.; *Hermes*, in: Schneider/Theobald, § 7, Rn. 69.

[200] vgl. § 12b Absatz 1, 2 und 4 EnWG.

[201] vgl. § 12c Abs. 1 S. 2 EnWG.

[202] vgl. *Kober*, in: Theobald/Kühling, § 12c, Rn. 12.

erörtert,[203] bei der Netzentwicklungsplanung handelt es sich um die nunmehr strukturierte Planung Privater und nicht um eine staatliche oder kooperative Planung.

Auch der Umstand, dass die Befugnis, Änderungen zu verlangen, auch die planerische Abwägung zwischen verschiedenen Alternativeren betrifft, führt nicht dazu, dass die BNetzA eine originäre Planungsentscheidung trifft. Selbst wenn die BNetzA ein geplantes Vorhaben im Rahmen ihrer Prüfung nach § 12c Abs. 1 S. 1 EnWG als unplausibel einstuft, muss sie sich weiter mit einer durch den Netzbetreiber vorgeschlagenen Alternative auseinandersetzen. Sie darf aber keine eigene Alternative vorschlagen und prüfen.[204]

Das Prüfrecht der BNetzA mit dem klar eingegrenzten Prüfprogramm führt nicht zu einem Planungsrecht der Behörde.[205] Dass die Regulierungsbehörde so lange Änderungen der privaten Planung verlangen kann, bis eine ihr genehme Planung durch die Netzbetreiber vorgelegt wird, ist eine rein theoretische Möglichkeit, welche kein staatliches Planungsrecht zu begründen vermag.

Hätte der Gesetzgeber eine staatliche oder kooperative Planung einführen wollen, so hätte dies direkter geschehen können (und müssen, da eine solche Planungsermächtigung in die private Planungsfreiheit eingreifen würde und daher an die entsprechende Ermächtigungsgrundlage besonders hohe Bestimmtheitsanforderungen zu stellen wären. Die Zulässigkeit einer solchen Planung wäre zudem fraglich.) und nicht über den umständlichen Umweg eines Rechts, Änderungen zu verlangen (vgl. § 12c Abs. 1 S. 2 EnWG). Da ein solches Änderungsverlangen der BNetzA Änderungs- und Anpassungspflichten des Netzbetreibers nach § 12c Abs. 5 EnWG auslöst, einen Verwaltungsakt darstellt und damit angefochten werden kann,[206] wäre eine staatliche Planung durch die Hintertür des Rechts, Änderungen zu verlangen, auch nicht praktikabel.

Ähnlich ist die Netzentwicklungsplanung in dem Bereich Gas ausgestaltet.[207] Sie ist in § 15a EnWG geregelt. Eine wichtige Besonderheit der Netzentwicklungsplanung der Fernleitungsnetzbetreiber besteht darin, dass in dem Bereich Gas auf die ersten zwei Planungsstufen (Szenariorahmen und Netzentwicklungsplan) keine dritte Planungsstufe der gesetzlichen Verankerung der Planung in einem Bundesbedarfsplangesetz folgt.[208] Ebenso wenig muss hier der Netzentwicklungsplan durch die BNetzA bestätigt werden. Verlangt die Regulierungsbehörde keine Änderungen innerhalb von drei Monaten nach Veröffentlichung des Konsultationsergebnisses, ist der Netzentwicklungsplan für die Betreiber von Fernleitungsnetzen verbindlich (vgl. § 15a Abs. 3 S. 7 EnWG).

---

[203] vgl. unter E. VII. 2.

[204] vgl. *Posser*, in: Kment, § 12c, Rn. 9, 11.

[205] vgl. *Ruge*, in: Säcker, § 12c, Rn. 15.

[206] vgl. *Posser*, in: Kment, § 12c, Rn. 9.

[207] vgl. *Posser*, in: Kment, § 15a, Rn. 4.

[208] vgl. *Hermes*, in: Schneider/Theobald, § 7, Rn. 72; *Posser*, in: Kment, § 15a, Rn. 4.

Die Unterschiede in der Ausgestaltung der Planungen in den Bereichen Strom und Gas geben Aufschlüsse über den rechtlichen Charakter der beiden Planungen. So werden im Rahmen der Netzentwicklungsplanung Strom der Szenariorahmen genehmigt, der Netzentwicklungsplan bestätigt (wodurch er für die Netzbetreiber verbindlich wird) bevor er als Anlage zum BBPlG verabschiedet wird. Im Rahmen der Netzentwicklungsplanung Gas dagegen wird nur der Szenariorahmen bestätigt[209] bevor der Netzentwicklungsplan nach Zeitablauf (wenn keine Änderungen seitens der BNetzA verlangt werden) verbindlich wird. Die Bedarfsplanung Gas bleibt stärker ein Ausfluss aus der Betriebs- und Kooperationspflicht der Netzbetreiber aus den §§ 11 und 15 EnWG.[210]

Die Einführung eines „gesetzlich formalisierten" sowie in Form eines Gesetzes zu verabschiedenden Bundesbedarfsplans wird von den Befürwortern der staatlichen Planung als Beleg dafür angeführt, dass die bisher fehlende staatliche Bedarfsplanung nunmehr eingeführt wurde.[211] Wenn der Gesetzgeber den Bundesbedarfsplan als Gesetz verabschiedet, so trifft er als unabhängiges Verfassungsorgan eine eigene Entscheidung. Aufgrund seiner Unabhängigkeit ist er an den Entwurf des BBPlG nicht gebunden und kann – unabhängig von der Diskussion über die materielle Planungsbefugnis – von dem Entwurf abweichen.

Eine detaillierte Auseinandersetzung ist dem Gesetzgeber jedoch aus rein praktischen Gründen kaum möglich. Er darf den Entwurf des BBPlG aber auch nach einer ihm zumutbaren überschlägigen Plausibilitätsprüfung übernehmen. In einer solchen Konstellation von einer – nicht nur rein formell – staatlichen Planung auszugehen erscheint zumindest fraglich.

In dem Bereich Gas fehlt es jedoch an einem vergleichbaren Bundesbedarfsplangesetz, so dass man in diesem Fall argumentieren könnte, in diesem Bereich wollte der Gesetzgeber eine staatliche Planung nicht (oder noch nicht) einführen. Es existieren allerdings keine rechtlichen Gründe, welche eine andere Behandlung des Gassektors aus der planungsrechtlichen Perspektive rechtfertigen würden. Demnach kann die Einführung eines Bundesbedarfsplangesetzes auch nicht als ein zwingendes Argument zugunsten der staatlichen Bedarfsplanung im Energierecht (in beiden Bereichen Strom und Gas) angeführt werden.

Die unterschiedliche Behandlung der Bereiche Gas und Strom hat möglicherweise[212] auch praktische Hintergründe. Der Gesetzgeber wollte mit der Einführung des Instruments des Bedarfsplangesetzes die größtmögliche Planungssicherheit für

---

[209] wobei der BNetzA kein Beurteilungsspielraum zusteht, vgl. *Posser*, in: Kment, § 15a, Rn. 19.

[210] vgl. *Bourwieg*, in: Britz/Hellermann/Hermes, § 15a, Rn. 24.

[211] vgl. *Hermes*, in: Schneider/Theobald, § 7, Rn. 52, 59 ff.

[212] trotz nahezu identischem Wortlaut in den zu umsetzenden Richtlinien, Art. 22, Art. 37 Abs. 3 Buchst. c Richtlinie 2009/72/EG (Art. 51, Art. 59 Abs. 5 Buchst. c Richtlinie (EU) 2019/944) und Art. 22, Art. 41 Abs. 3 Buchst. c Richtlinie 2009/73/EG; keine Angaben hierzu in der Gesetzesbegründung, vgl. BT-Drs. 17/6072, S. 45, 74 f.

die beteiligten Akteure des Energiemarkts erreichen sowie die Realisierung der geplanten Vorhaben beschleunigen.[213] Dies geschieht durch die Verbindlichkeit der Planung für die Netzbetreiber und für die Planfeststellungsbehörden sowie durch die eingeschränkte Rechtsschutzmöglichkeiten gegen ein Gesetz.

In dem Bereich Gas besteht allerdings die Besonderheit, dass das Gas überwiegend im (Nicht-EU-)Ausland produziert wird,[214] so dass eine größere Flexibilität beim Ausbau des Netzes erforderlich sein kann. Würde der Gesetzgeber – ähnlich wie in dem Bereich Strom – eine Kodifizierung des Bedarfs vorsehen, so könnte dies anstelle von Planungssicherheit und Beschleunigungseffekten eine gegenteilige Wirkung haben.

Denn für die Planung und Festlegung von neuen Anbindungsleitungen in einem Bundesgesetz hätte es parlamentarischer Auseinandersetzung vor Verabschiedung eines Änderungsgesetzes zum BBPlG oder eines neuen BBPlG bedurft, was, je nach politischer Situation, zumindest zu Verzögerungen (abgesehen von Verzögerungen, welche dadurch entstehen, dass über den Entwurf des Bundesbedarfsplans grundsätzlich einmal in vier Jahren (bei wesentlichen Änderungen gegebenenfalls öfter) entschieden wird[215]) führen könnte und durch ausländische Handelspartner als eine zusätzliche Projekthürde empfunden würde.

Die Differenzierung zwischen Strom und Gas bei der Frage nach der Notwendigkeit der Festlegung des Bedarfs in einem Gesetz hat danach eher praktische Gründe. Überlegenswert könnte sein, nur die Anbindungsleitungen, welche dem Gasimport an der Bundesgrenze dienen, aus der förmlichen Festlegung in einem Gesetz auszunehmen und die restlichen Fernleitungen zwecks Beschleunigung ihrer Realisierung und zwecks schneller eintretenden Rechtssicherheit für die beteiligten Akteure einer solchen Festlegung im BBPlG zu unterwerfen.

Was die Genehmigung des Szenariorahmens Strom bzw. die Bestätigung des Szenariorahmens Gas anbelangt, so sind diese Planungsstufen in den beiden Bereichen Strom und Gas vergleichbar, so dass eine andere rechtliche Behandlung nicht gerechtfertigt wäre. Die Bestätigung des Szenariorahmens Gas qualifiziert der Gesetzgeber als eine Herstellung des Einvernehmens über den Szenariorahmen zwischen den Netzbetreibern und der BNetzA.[216]

Nichts anderes gilt für die Genehmigung des Szenariorahmens Strom. Hier soll ebenfalls nur ein Einvernehmen mit der BNetzA hergestellt werden. Ein originäres Planungsermessen der BNetzA wird hier durch das Gesetz nicht begründet (auch nicht durch die abweichende Formulierung im Gesetz: „genehmigt“ statt „bestätigt“).

---

[213] vgl. *Benzin*, in: Säcker, §12e, Rn. 35, 37, 40.

[214] vgl. *Bourwieg*, in: Britz/Hellermann/Hermes, § 15a, Rn. 20.

[215] vgl. § 12e Abs. 1 EnWG.

[216] vgl. BT-Drs. 17/6072, S. 74, Zu Nummer 14 (§15a).

Fraglich ist, wie es sich auswirkt, dass der Netzentwicklungsplan Strom von der BNetzA explizit bestätigt werden soll und der Netzentwicklungsplan Gas, wenn die BNetzA keine Änderungen verlangt, nach Ablauf einer gewissen Zeit automatisch verbindlich wird (vgl. § 15a Abs. 3 S. 7 EnWG).

Nach der planungsrechtlichen Ansicht sei der Umstand, dass der Gesetzgeber in § 15a EnWG auf eine förmliche Genehmigung des Netzentwicklungsplans Gas verzichtet hat (welche nach dieser Auffassung in der Bestätigung des Netzentwicklungsplans zu sehen ist), ohne rechtliche Auswirkung für das Planungskonzept (staatliche Bedarfsplanung in beiden Bereichen Strom und Gas).[217] Denn die Unterscheidung bleibe ohne praktische Folgerungen, da die BNetzA auch in dem Bereich Gas Änderungen mit verpflichtender Wirkung verlangen kann und der Netzentwicklungsplan, erst wenn keine Änderungswünsche seitens der BNetzA mehr bestehen, gem. § 15a Abs. 3 S. 8 EnWG Verbindlichkeit erlangen kann.[218]

Nach der hier vertretenen Auffassung resultiert die Unterscheidung im Hinblick auf die Notwendigkeit einer Bestätigung daraus, dass der Netzentwicklungsplan Strom später als Bundesgesetz verabschiedet werden soll. Bevor sich das Parlament mit dem Entwurf des Netzentwicklungsplans Strom auseinandersetzt, bedarf es einer Willensbekundung der beteiligten Akteure aus vorhergehenden Planungsebenen (im Sinne der Rechtsklarheit), dass die Planung aus ihrer Sicht abgeschlossen und nunmehr dem Parlament als einem Akteur auf der weiteren Planungsebene zugeleitet wird. Da in dem Bereich Gas kein BBPlG verabschiedet wird, bedarf es einer solchen „förmlichen Übergabe" an die nächste Planungsstufe nicht.[219]

Eine Entäußerung der Planungsergebnisse durch diese förmliche Übergabe im Sinne einer Rechtsklarheit hat formelle Hintergründe und vermag eine Letztentscheidungsbefugnis oder gar ein eigenes Planungsrecht der BNetzA nicht zu begründen.[220]

Wenn der BNetzA keine Letztentscheidungsbefugnis[221] (im Sinne einer originären Planungsbefugnis) zukommt, so stellt sich die Frage nach ihrer Rolle im Rahmen der Netzentwicklungsplanung in den Bereichen Strom und Gas.

Die planungsrechtliche Ansicht erkennt die bedeutende Rolle der BNetzA bei der Netzentwicklungsplanung aufgrund ihres „erheblichen prognostischen und planerischen Einschätzungs- und Gestaltungsspielraums."[222] Die Netzentwicklungsplanung weise jedoch eine politische Dimension auf, die alleine das fachliche Legiti-

---

[217] vgl. *Hermes*, in: Schneider/Theobald, § 7, Rn. 72; *Bourwieg*, in: Britz/Hellermann/Hermes, § 15a, Rn. 58.

[218] vgl. *Hermes*, in: Schneider/Theobald, § 7, Rn. 72.

[219] was auch der wesentliche Hintergrund für die deutlich kürzere Normierung der Netzentwicklungsplanung Gas ist, vgl. *Däuper*, in: Theobald/Kühling, § 15a, Rn. 3.

[220] vgl. *Posser*, in: Kment, § 15a, Rn. 19.

[221] vgl. *Posser*, in: Kment, § 15a, Rn. 19.

[222] vgl. *Hermes*, in: Schneider/Theobald, § 7, Rn. 69, 73.

mationspotenzial der BNetzA übersteigt.[223] Dadurch dass die BNetzA unabhängig ist,[224] verschärfe sich die Problematik der fehlenden demokratischen Legitimation der BNetzA zur Netzentwicklungsplanung zusätzlich.

Diesen Konflikt (ausreichende für die staatliche Planung erforderliche demokratische Legitimation aufgrund einer ununterbrochenen Legitimationskette und dadurch im Ergebnis Staatsnähe vs Unabhängigkeit des Regulators) könnte man aus der planungsrechtlichen Perspektive z. B. dadurch lösen, dass die Netzentwicklungsplanung durch eine andere Behörde durchgeführt wird (z. B. durch das Bundesministerium für Wirtschaft und Energie).

Das Problem eines solchen Ansatzes besteht jedoch darin, dass z. B. im Gegensatz zur Planung von Bundesfernstraßen[225] oder Schienenwegen[226] die energetische Netzentwicklungsplanung keine staatliche, sondern private Planung ist.[227] Die Einrichtung einer Planungsbehörde für Energienetze würde an dem Charakter dieser Planung als private Planung nichts ändern. Erst wenn der Staat die bis dato durch Private erfüllte Aufgabe der Energieversorgung an sich zieht, kann eine vollumfänglich staatliche Planung etabliert werden.

Bis zur Einführung einer staatlichen Planung bleibt es bei privater Netzentwicklungsplanung. Die planungsrechtliche Betrachtung, welche einerseits der Regulierungsbehörde – aufgrund ihrer Sachnähe und *Fach*kompetenz – *Planungs*kompetenzen zuspricht,[228] obwohl sie andererseits erkennt, dass der Regulierungsbehörde für die Wahrnehmung dieser Kompetenzen aufgrund ihrer Unabhängigkeit die demokratische Legitimation fehlt, ist abzulehnen.

Es stellt sich die Frage, ob die neue Struktur der koordinierten Netzentwicklungsplanung der §§ 12a ff. EnWG vor dem Hintergrund der alleinigen Kompetenz von Privaten zur Bedarfsermittlung nicht überflüssig ist. Nein, sie ist nicht überflüssig. Neben dem Beschleunigungseffekt, der Planungssicherheit im früherem Stadium der Planung (ab Verbindlichkeit der Planung für die Netzbetreiber), der größeren Rechtssicherheit (weil der Bundesbedarfsplan in Form eines formellen Gesetzes nur eingeschränkt angreifbar ist) kommt einer Planung unter Mitwirkung von staatlichen Akteuren auf der Ebene der Netzentwicklungsplanung eine weitere entscheidende Bedeutung zu.

Übernimmt der parlamentarische Gesetzgeber den privat ermittelten Bedarf in seinen Willen durch Verabschiedung des Bundesbedarfsplans in Gesetzesform, so vermittelt dies der privaten Planung die Legitimation und stärkt dadurch eine zu-

---

[223] vgl. *Hermes*, in: Schneider/Theobald, § 7, Rn. 73.

[224] vgl. Art. 35 Richtlinie 2009/72/EG/Art. 57 Richtlinie (EU) 2019/944.

[225] vgl. § 16 FStrG sowie Art. 90 GG.

[226] vgl. § 1 BSWAG sowie Art. 87e.

[227] vgl. *Straßburg*, in: de Witt/Scheuten, Einleitung, Rn. 30.

[228] vgl. *Hermes*, in: Schneider/Theobald, § 7, Rn. 73: „weil sie bereits zuvor im Rahmen der Anreizregulierung mit dem aufgezeigten Planungsbedarf konfrontiert war."

sätzliche (die ursprüngliche Legitimation resultiert aus der Übertragung der Erfüllungsverantwortung an Private und wird durch die Gemeinwohlbindung gesichert) Legitimation von späteren für die Realisierung des Bedarfs erforderlichen Enteignungen zugunsten der privaten EVU.[229]

4. Bundesbedarfsplan

Nach § 12e Abs. 1 S. 1 EnWG übermittelt die Regulierungsbehörde den Netzentwicklungsplan und den Offshore-Netzentwicklungsplan mindestens alle vier Jahre der Bundesregierung als Entwurf für einen Bundesbedarfsplan. Die Bundesregierung legt den Entwurf des Bundesbedarfsplans mindestens alle vier Jahre dem Bundesgesetzgeber vor (vgl. § 12e Abs. 1 S. 2 EnWG).[230]

Nach § 12e Abs. 4 EnWG wird mit Erlass des Bundesbedarfsplans durch den Bundesgesetzgeber[231] für die darin enthaltenen Vorhaben die energiewirtschaftliche Notwendigkeit und der vordringliche Bedarf festgestellt (§ 12e Abs. 4 S. 1 EnWG).[232] Die Feststellungen sind für die Betreiber von Übertragungsnetzen sowie für die Planfeststellung und die Plangenehmigung nach den §§ 43 ff. EnWG und §§ 18 ff. des NABEG verbindlich (§ 12e Abs. 4 S. 2 EnWG).[233]

Die Bundesregierung und der Bundestag/Bundesrat können – wie bereits erörtert – mangels Sachnähe und fachlicher Kompetenz den vorgelegten Entwurf des Bundesbedarfsplans lediglich nachvollziehen. Die Praxis des Gesetzgebungsverfahrens bestätigt diese Annahme. So wurden im Gesetzgebungsverfahren des BBPlG überwiegend allgemeine statt projektspezifischer Änderungen vorgeschlagen (z. B. eine Klarstellung, dass der Start- und Zielnetzverknüpfungspunkt nicht mit dem in der Vorhabenliste benannten Gemeinde- oder Ortsteilsnamen deckungsgleich sein muss[234]).

Obwohl sich die Bundesregierung und der Bundestag mangels eigener Fachkompetenz auf die Kompetenz der BNetzA und der Netzbetreiber faktisch ange-

---

[229] vgl. *Bourwieg*, in: Britz/Hellermann/Hermes, § 12e, Rn. 2.

[230] zur Zulässigkeit von Legalplanungen, vgl. BVerfG DVBl. 1997, 42 f.; *Eisenmenger*, NVwZ 2013, 621 ff.; *Leidinger*, in: Posser/Faßbender, S. 143; *Benzin*, in: Säcker, § 12e, Rn. 32, 37.

[231] Gegen das BBPlG als formelles Gesetz ist nur eingeschränkter direkter Rechtsschutz durch eine Verfassungsbeschwerde möglich, was nach Rechtsprechung keine Verletzung der Rechtsschutzgarantie des Art. 19 Abs. 4 GG darstellt, BVerfG, NVwZ 1998, 1060 f. Indirekter Rechtsschutz ist im Wege einer Inzidentkontrolle bei einer Klage gegen den Planfeststellungsbeschluss möglich, vgl. *Schmitz/Uibeleisen*, Rn. 165.

[232] Abschichtungs- und Beschleunigungsfunktion, vgl. *Posser*, in: Kment: § 12e, Rn. 1; *Henze*, in: Theobald/Kühling, § 12e, Rn. 22; *Schmitz/Uibeleisen*, Rn. 162; *Straßburg*, in: de Witt/Scheuten, Einleitung, Rn. 57.

[233] vgl. *Schmitz/Uibeleisen*, Rn. 161; *Straßburg*, in: de Witt/Scheuten, Einleitung, Rn. 56 f.

[234] vgl. BT-Drs. 17/12638, S. 25.

wiesen sind, sind sie als unabhängige Verfassungsorgane an den Entwurf nicht gebunden.[235] Die freie Übernahme des Entwurfs des Bundesbedarfsplans in den parlamentarischen Willen reicht jedoch aus, um der gesamten Bedarfsplanung demokratische Legitimation zu verleihen.[236]

5. Trassenfindung

Die Aufgabe der Trassenfindung ist die Abstimmung des zuvor ermittelten Netzausbaubedarfs mit anderen, möglicherweise konkurrierenden Raumnutzungen und die Realisierung der einzelnen Projekte, für welche zuvor der energetische Bedarf ermittelt wurde; sie hängt damit maßgeblich von den Erfordernissen der Raumordnung im weiteren Sinne ab.[237]

In diesem Zusammenhang stellt sich die Frage, welche Rolle private Akteure im Stadium der Trassenfindung spielen.

Grundsätzlich haben nur öffentliche Stellen die allgemeine Pflicht zur Beachtung und Berücksichtigung[238] der Erfordernisse der Raumordnung.[239] Nach § 4 Abs. 1 S. 1 Nr. 3 ROG sind bei Entscheidungen öffentlicher Stellen über die Zulässigkeit raumbedeutsamer Planungen und Maßnahmen von Personen des Privatrechts, die der Planfeststellung oder der Genehmigung mit der Rechtswirkung der Planfeststellung bedürfen, Ziele der Raumordnung zu beachten sowie Grundsätze und sonstige Erfordernisse der Raumordnung in Abwägungs- oder Ermessensentscheidungen zu berücksichtigen.[240]

Folgt man einem liberalen Ansatz, nach welchem die Netzbedarfsplanung eine rein private Planung ist, so wäre § 4 Abs. 1 S. 1 Nr. 3 ROG bei der Trassenfindung für Energieleitungen einschlägig. Denn für bestimmte Leitungen gilt die Planfeststellungs- bzw. Plangenehmigungspflicht des EnWG bzw. des NABEG und es sich bei der Netzbedarfsplanung – nach dieser Ansicht – um „raumbedeutsame Planung von Personen des Privatrechts" handelt.

Da der liberale Ansatz aufgrund von den mit ihm verbundenen Demokratiedefiziten einer rein privaten Planung abzulehnen ist, erscheint die Ansicht vorzugswürdig, nach welcher die Ermittlung des energetischen Bedarfs koordiniert erfolgt. Dies hat jedoch zu Folge, dass § 4 Abs. 1 S. 1 Nr. 3 ROG für die Trassenplanung nicht einschlägig ist, da es sich nicht um eine (rein) private Planung handelt.

---

[235] vgl. *Posser*, in: Kment: §12e, Rn. 5.

[236] vgl. *Bourwieg*, in: Britz/Hellermann/Hermes, § 12e, Rn. 2.

[237] vgl. *Hermes*, in: Schneider/Theobald, § 7, Rn. 76.

[238] vgl. §§ 4 und 5 ROG.

[239] vgl. *Hermes/Kupfer*, in: Britz/Hellermann/Hermes, § 43, Rn. 7.

[240] vgl. *Pielow*, in: Säcker, § 43, Rn. 52; *Schmitz/Uibeleisen*, Rn. 178 f., 181.

Ferner werden durch § 4 Abs 1 S. 2 ROG[241] auch Personen des Privatrechts an die raumordnerischen Ziele, Grundsätze und sonstigen Erfordernisse der Raumordnung gebunden.[242]

Erforderlich ist, dass öffentliche Stellen an solchen Personen des Privatrechts mehrheitlich beteiligt sind oder dass die Planung überwiegend mit öffentlichen Mitteln finanziert wird.[243] Da die Planung und Ausbau der Energienetze durch die Netzentgelte finanziert wird, so dass die damit verbundenen Kosten auf den Verbraucher abgewälzt werden, scheidet die Alternative der Finanzierung aus den öffentlichen Mitteln aus.[244]

Auch die Voraussetzung einer mehrheitlichen (deutschen) Beteiligung von öffentlichen Stellen ist im deutschen Transportmarkt selten gegeben.

Beispiel aus dem Bereich des Fernleitungsnetzes:

Bayernets GmbH: Zu den Gesellschaftern gehören Bayerngas GmbH (59,1 %, diese wiederum 56,3 %ige Tochtergesellschaft der SWM Gasbeteiligungs GmbH, einer Gesellschaft im Alleinbesitz der Stadt München), Stadtwerke München GmbH (32,4 %) und Stadtwerke Augsburg Holding GmbH (8,5 %).[245]

Ein Beispiel aus dem Bereich des Übertragungsnetzes:

Der Übertragungsnetzbetreiber TransnetBW[246] gehört de facto zu 100 % dem Erzeugungsunternehmen EnBW AG. Die EnBW AG gehört wiederum fast zur Hälfte (46,75 %, über eine 100 %ige Tochtergesellschaft) dem Land Baden-Württemberg und zu 46,75 % dem Zweckverband Oberschwäbische Elektrizitätswerke (OEW), welcher wiederum von Gemeinden in Baden-Württemberg gehalten wird. Der Rest verteilt sich auf kleinere Aktionäre.

Die anderen drei Übertragungsnetzbetreiber erfüllen die Voraussetzung einer mehrheitlichen staatlichen Beteiligung dagegen nicht:

Die Amprion GmbH[247] gehört zu 25,1 % der RWE AG und zu 74,9 % der M31 Beteiligungsgesellschaft mbH & Co Energie KG. Dabei handelt es sich um ein Konsortium von überwiegend deutschen Finanzinvestoren.

Der Übertragungsnetzbetreiber TenneT[248] gehört zu 100 % dem niederländischen Staat.

---

[241] vgl. § 4 Abs 1 S. 2 ROG: „Satz 1 Nr. 1 und 2 gilt entsprechend bei raumbedeutsamen Planungen und Maßnahmen, die Personen des Privatrechts in Wahrnehmung öffentlicher Aufgaben durchführen, wenn öffentliche Stellen an den Personen mehrheitlich beteiligt sind oder die Planungen und Maßnahmen überwiegend mit öffentlichen Mitteln finanziert werden."

[242] vgl. *Pielow*, in: Säcker, § 43, Rn. 52; *Hermes*, in: Schneider/Theobald, § 7, Rn. 78.

[243] z. B. Deutsche Bahn AG, Deutsche Post AG, vgl. *Schmitz/Uibeleisen*, Rn. 202.

[244] vgl. *Hermes*, in: Schneider/Theobald, § 7, Rn. 78.

[245] vgl. https://www.bayernets.de/.

[246] vgl. https://www.transnetbw.de/de.

[247] vgl. https://www.amprion.net/.

[248] vgl. https://www.tennet.eu/de/.

50Hertz gehört über ein Firmengeflecht dem belgischen Übertragungsnetzbetreiber Elia zu 80 % und der Kreditanstalt für Wiederaufbau (KfW) zu 20 %. Die Anteile der Eigner liegen in einer Holdinggesellschaft Eurogrid GmbH.[249]

Für die Netzbetreiber, die die Voraussetzung einer staatlichen Mehrheitsbeteiligung erfüllen, muss noch hinzukommen, dass die EVU die raumbedeutsamen Planungen und Maßnahmen „in Wahrnehmung öffentlicher Aufgaben erfüllen". Ob dies bei den EVU der Fall ist, wird nicht einheitlich beurteilt.[250]

Nach Rechtsprechung des BVerfG[251] stellt die Energieversorgung eine öffentliche Aufgabe der Daseinsvorsorge dar, was für die Annahme von „Planungen und Maßnahmen, die Personen des Privatrechts in Wahrnehmung öffentlicher Aufgaben durchführen" i. S. d. § 4 Abs 1 S. 2 ROG grundsätzlich ausreichen würde.[252]

Eine Literaturmeinung[253] differenziert zusätzlich nach den Bereichen der Energieversorgung (Gewinnung, Handel, Vertrieb, Transport) und stellt auf die Vergleichbarkeit mit den Aufgaben der öffentlichen Stellen ab. Danach entspreche die Auffassung des BVerfG nicht mehr dem neuen, durch Liberalisierung und Regulierung geprägten Ordnungsrahmen der leitungsgebundenen Energieversorgung.

Bei der Gewinnung bzw. Erzeugung, dem Handel und dem Vertrieb leitungsgebundener Energie handele es sich um Aufgaben, die mit denen öffentlicher Stellen i. S. d. § 4 Abs. 1 ROG nicht zu vergleichen sind, denn bei diesen Tätigkeiten handele es sich vielmehr um private Wirtschaftstätigkeit, die lediglich unter besonderer Staatsaufsicht steht. Insoweit verbiete sich die pauschale Annahme, EVU seien über § 4 Abs. 1 S. 2 ROG an die Erfordernisse der Raumordnung gebunden.[254] Etwas anderes könne allenfalls für die Netzbetreiber gelten, weil diese – u. a. deshalb, weil sie über das Privileg des Enteignungsrechts[255] verfügen – in besonderer Weise an das Allgemeinwohl gebunden und im Hinblick auf ihr Eigentum an den Netzen nicht privatautonom verfügungsbefugt sind.[256]

Da die Trassenplanung ohnehin nur für den Transportbereich relevant ist, kommen die beiden Auffassungen im Hinblick auf die Anwendbarkeit des § 4 Abs 1 S. 2 ROG auf die Trassenplanung für Energienetze zu demselben Ergebnis, so dass eine Auflösung des Meinungsstreits entbehrlich ist. Hervorzuheben ist jedoch, dass auch in den liberalisierten Bereichen der Erzeugung, des Handels und des Vertriebs Ge-

[249] Stand: Juni 2021.

[250] vgl. *Büdenbender*, Energierecht I, Rn. 306; *Hermes*, Infrastrukturverantwortung, S. 416; *Hermes*, in: Schneider/Theobald, § 7, Rn. 78.

[251] vgl. BVerfGE 66, 248, 258; BVerfG, NJW 1990, 1783.

[252] vgl. *Büdenbender*, Energierecht I, Rn. 306 m. w. N.

[253] vgl. *Hermes*, in: Schneider/Theobald, § 7, Rn. 78.

[254] vgl. *Büdenbender*, Energierecht I, Rn. 306; *Hermes*, in: Schneider/Theobald, § 7, Rn. 78.

[255] vgl. *Hermes*, in: Schneider/Theobald, § 10, Rn. 20 ff.

[256] vgl. *Hermes*, Infrastrukturverantwortung, S. 477 ff.; *Hermes*, in: Schneider/Theobald, § 7, Rn. 78.

meinwohlbindungen bestehen, so dass Private auch in diesen Bereichen in Wahrnehmung öffentlicher Aufgaben im Sinne einer arbeitsteiligen Gemeinwohlverwirklichung/Erfüllung öffentlicher Aufgaben in einem Gewährleistungsstaat handeln und damit ebenfalls an das Allgemeinwohl gebunden sind (wie auch in dem Transportbereich), auch wenn in diesen Bereichen die Enteignung eher eine untergeordnete Rolle spielt.

Auch in diesen Bereichen sind Private nicht grenzenlos privatautonom verfügungsbefugt (Beispiel: Ein (insbesondere systemrelevanter) Energieerzeuger darf seine Energieerzeugungsanlagen nicht ohne Weiteres zerstören/stilllegen[257]).

Wenn – bei staatlicher Mehrheitsbeteiligung – für raumbedeutsame Planungen und Maßnahmen, die Personen des Privatrechts in Wahrnehmung öffentlicher Aufgaben durchführen, Ziele der Raumordnung[258] zu beachten sowie Grundsätze[259] und sonstige Erfordernisse der Raumordnung in Abwägungs- oder Ermessensentscheidungen zu berücksichtigen sind, § 4 Abs. 1 S. 2 ROG[260], so stellt sich die Frage was in den Fällen gilt, in welchen eine staatliche Mehrheitsbeteiligung fehlt.

In Betracht kommt § 4 Abs. 2 ROG, nach welchem bei sonstigen Entscheidungen öffentlicher Stellen über die Zulässigkeit raumbedeutsamer Planungen und Maßnahmen von Personen des Privatrechts die Erfordernisse der Raumordnung nach den für diese Entscheidungen geltenden Vorschriften zu berücksichtigen sind.[261] Allerdings fehlt es, wie bereits erörtert, an einer rein privaten Planung, da die Ermittlung des Bedarfs koordiniert unter Einschaltung von staatlichen Stellen erfolgt.

Man könnte die Regelung des § 4 Abs. 2 ROG auf die Fälle der koordinierten Planung ohne staatliche Mehrheitsbeteiligung entsprechend anwenden oder einen Auffangtatbestand („sonstige Entscheidungen“) in dieser Regelung sehen.

Eine weitere Einschränkung für die Anwendung des § 4 Abs. 2 ROG ergibt sich aus NABEG. Für die Vorhaben, welche in den Anwendungsbereich des NABEG (länderübergreifende und grenzüberschreitende Höchstspannungsleitungen[262]) fallen, trifft das Gesetz in §§ 3a, 5, 18 NABEG spezielle Regelungen.

Für sonstige Vorhaben gilt ohnehin § 43 Abs. 3 EnWG, nach welchem bei der Planfeststellung die von dem Vorhaben berührten öffentlichen und privaten Belange (und damit auch die Erfordernisse der Raumordnung) im Rahmen der Abwägung zu berücksichtigen sind.[263]

---

[257] vgl. § 2 Abs. 1 EnWG.

[258] vgl. *Hermes*, in: Schneider/Theobald, § 7, Rn. 80.

[259] vgl. *Hermes*, in: Schneider/Theobald, § 7, Rn. 79.

[260] vgl. *Hermes/Kupfer*, in: Britz/Hellermann/Hermes, § 43, Rn. 8.

[261] vgl. *Hermes/Kupfer*, in: Britz/Hellermann/Hermes, § 43, Rn. 8.

[262] vgl. § 1 NABEG.

[263] vgl. *Hermes/Kupfer*, in: Britz/Hellermann/Hermes, § 43, Rn. 7b.

Im Ergebnis sind die Erfordernisse der Raumordnung sowohl in Fällen mit[264] als auch ohne[265] staatliche Mehrheitsbeteiligung zu berücksichtigen. Der Unterschied besteht darin, dass in den Fällen mit einer staatlichen Mehrheitsbeteiligung die Ziele der Raumordnung nicht nur zu berücksichtigen, sondern strikt zu beachten sind.

Dieser Unterschied (strikte Beachtenspflicht anstelle der Berücksichtigung) ist einerseits durch eine größere Nähe zum Staat im Falle einer staatlichen Mehrheitsbeteiligung gerechtfertigt, andererseits trägt er dem Umstand Rechnung, dass im Falle einer privaten Aufgabenerfüllung Private zwar in Wahrnehmung einer öffentlichen Aufgabe aber nicht nur ihretwegen handeln und daher eine „Berücksichtigung“ im Rahmen einer Abwägung dem Ausgleich von staatlichen und privaten Interessen besser als eine „Beachtung“ Rechnung trägt.

Eine weitere Frage, welche sich in diesem Zusammenhang stellt, ist, ob die soeben beschriebene Bindung vor dem Hintergrund der Infrastrukturverantwortung des Staates ausreichend ist. Zu beachten ist, dass der Staat grundsätzlich sowohl die Erfüllungsverantwortung anstelle nur der Gewährleistungsverantwortung für eine öffentliche Aufgabe übernehmen als auch die arbeitsteilige Wahrnehmung einer Gemeinwohlaufgabe ausgestalten kann. D. h. der Gesetzgeber könnte eine Beachtenspflicht für sämtliche Planungen einführen.

Fraglich ist jedoch, ob die Gewährleistungsverantwortung und die Infrastrukturverantwortung als ihre besondere Ausprägung dies zwingend erfordern. Dies ist zu verneinen. Die staatliche Gewährleistungsverantwortung ist eine besondere Form der Verantwortung für die Erfüllung einer öffentlichen Aufgabe. Ihre Kernelemente sind zum einen die Strukturschaffungspflicht und die Auffangverantwortung.

Im Rahmen der Strukturschaffungspflicht ist der Staat verpflichtet, (vor allem gesetzliche) Rahmenbedingungen für die private Aufgabenerfüllung zu schaffen. Bei der konkreten Ausgestaltung dieser Rahmenbedingungen hat der Gesetzgeber (unter Beachtung der verfassungsrechtlichen Bindungen) einen großen Einschätzungsspielraum. Die Rahmenbedingungen sollen auch im Sinne der Maximierung des Gemeinwohls sein und eine effiziente Aufgabenerfüllung durch Private ermöglichen.

Ist eine ausreichende Aufgabenerfüllung nicht mehr gewährleistet oder zeichnet sich das ab, so ist der Staat gehalten, entweder die Rahmenbedingungen so anzupassen, dass eine ordnungsgemäße Aufgabenerfüllung wiederhergestellt wird, oder die Erfüllung der Aufgabe zu übernehmen. Auch diese Entscheidung unterliegt der Einschätzungsprärogative des Gesetzgebers und ist nicht durch die Verfassung vorgegeben.[266]

---

[264] vgl. § 4 Abs. 1 S. 2 ROG.

[265] vgl. § 4 Abs. 2 ROG, § 43 Abs. 3 EnWG.

[266] vgl. Sachverständigenrat für Umweltfragen, Umweltgutachten 2016, Impulse für eine integrative Umweltpolitik S. 175, https://www.umweltrat.de/SharedDocs/Downloads/DE/01_Umweltgutachten/2016_2020/2016_Umweltgutachten_HD.pdf?__blob=publicationFile.

Das folgende Beispiel verdeutlicht die Weite des gesetzgeberischen Entscheidungsspielraums. Die Fürsorge für Hilfsbedürftige durch Gewährleistung eines menschenwürdigen Existenzminimums gehört zu den „selbstverständlichen Verpflichtungen" des Sozialstaats.[267] Diese Pflicht wird aus dem Sozialstaatsprinzip sowie aus dem Grundrecht auf die Unverletzlichkeit der Menschenwürde gem. Art. 1 Abs. 1 GG hergeleitet.[268]

Da aus der Verfassung nicht unmittelbar abzuleiten ist, wie das menschenwürdige Existenzminimum zu einem bestimmten Zeitpunkt zu quantifizieren ist, bedarf dieses der Konkretisierung durch den Gesetzgeber.[269] Der grundrechtliche Anspruch richtet sich daher nur darauf, dass der Gesetzgeber die von ihm vorzusehenden Leistungsansprüche an den konkreten Bedarfen der Betroffenen ausrichtet, seine Entscheidung tragfähig begründet und insgesamt die Untergrenze eines menschenwürdigen Existenzminimums nicht unterschritten wird.[270]

Was als Minimum für ein menschenwürdiges Leben anzusehen ist, richtet sich nach dem jeweiligen Entwicklungsstand und den bestehenden Lebensbedingungen der Gesellschaft.[271] Das Existenzminimum umfasst nicht nur das zum physiologisch Überleben Notwendige, sondern auch die Pflege sozialer Kontakte sowie ein Mindestmaß an gesellschaftlicher und kultureller Teilhabe.[272] Eine ausreichende Energieversorgung zum Heizen, zur Warmwasserbereitung sowie zum Betrieb heute üblicher elektrischer Geräte, etwa auch Telekommunikationsgeräte, ist daher zum Existenzminimum zu zählen.[273]

An dem Beispiel der für die Gewährleistung des Existenzminimums notwendigen Energieversorgung wird deutlich, dass die verfassungsrechtlichen Grenzen des Entscheidungsspielraums des Gesetzgebers bei der Ausgestaltung der Rahmenbedingungen für die Erfüllung der öffentlichen Aufgabe der Energieversorgung sehr weit sind. Bezogen auf die hier im Raum stehende Frage der ausreichenden Bindung Privater an Gemeinwohlbelange bei der Aufgabenerfüllung der Energieversorgung, hier insbesondere an die Ziele der Raumordnung bei der Trassenplanung, kann damit festgehalten werden, dass diese Bindung sowohl durch Beachtenspflicht im Falle von mehrheitlich staatlichen Akteuren als auch durch die Pflicht zur Berücksichtigung bei sonstigen Akteuren (in weiten Grenzen des Verfassungsrechts) gewährleistet ist.

Der Gesetzgeber kann sich selbst bei der Ausgestaltung der Rahmenbedingungen der Energieversorgung binden (wobei er wiederum eine solche Bindung im Rahmen der verfassungsmäßigen Ordnung durch eine Gesetzesänderung jederzeit beseitigen

---

[267] vgl. BVerfGE 40, 121, 133.

[268] vgl. BVerwGE 1, 159, 161 f.; BVerfGE 125, 175, 222; BVerfG, Beschluss vom 23. Juli 2014, 1 BvL 10/12, Rn. 74.

[269] vgl. *Voßkuhle*, JuS 2019, 417, 420.

[270] vgl. BVerfGE 125, 175, 225 f.; BVerfGE 132, 134, 165.

[271] vgl. BVerfGE 125, 175, 222.

[272] vgl. BVerfGE 125, 175, 223.

[273] vgl. BVerfGE 132, 134, 160.

kann), indem er in einfachen Gesetzen seinen weiten Einschätzungsspielraum konkretisiert (z. B. durch Formulierung von Grundsätzen der Raumordnung[274]).

Es sind jedoch keine zwingenden Rechtsgründe – auch im Hinblick auf die Infrastrukturverantwortung – dafür ersichtlich, die eine Verschärfung des Trassenfindungsregimes erforderlich machen würden.

6. Leitungstrassen in der Landesplanung

Gemäß § 13 Abs. 1 S. 1 ROG sind in den Ländern je ein Raumordnungsplan für das Landesgebiet (landesweiter Raumordnungsplan) und Raumordnungspläne für die Teilräume der Länder (Regionalpläne) aufzustellen.[275] Diese Raumordnungspläne sollen gemäß § 13 Abs. 5 ROG Festlegungen zur Raumstruktur, insbesondere zu den zu sichernden Standorten und Trassen für Infrastruktur (u. a. Ver- und Entsorgungsinfrastruktur einschließlich Energieleitungen und -anlagen), enthalten.[276] Gemäß § 9 ROG ist die Öffentlichkeit und damit auch die EVU von der Aufstellung des Raumordnungsplans zu unterrichten. Die Netzbetreiber bekommen damit früh die Gelegenheit zur Stellungnahme zum Entwurf des Raumordnungsplans[277]und können bereits im Rahmen der höherstufigen Planung Einfluss auf die Festlegungen zu Trassen für Infrastruktur nehmen.

Die Festlegungen gem. § 13 ROG sind gem. § 3 Abs. 1 Nr. 3 ROG Grundsätze der Raumordnung und können über §§ 4, 5 ROG Bindungswirkungen in Planfeststellungs- bzw. Plangenehmigungsverfahren entfalten.[278] Darüber hinaus sind gem. § 13 Abs. 2 S. 1 ROG die Regionalpläne aus dem Raumordnungsplan für das Landesgebiet zu entwickeln. Auch hierdurch entfalten die höherstufigen Festlegungen rechtliche Wirkungen, welche letztendlich auf der Planfeststellungsebene ihren

---

[274] z. B. nach § 2 Abs. 2 Nr. 4 S. 5 ROG: „Den räumlichen Erfordernissen für eine kostengünstige, sichere und umweltverträgliche Energieversorgung einschließlich des Ausbaus von Energienetzen ist Rechnung zu tragen. Ferner nach § 2 Abs. 2 Nr. 1 S. 1 ROG: Im Gesamtraum der Bundesrepublik Deutschland und in seinen Teilräumen sind ausgeglichene soziale, infrastrukturelle, wirtschaftliche, ökologische und kulturelle Verhältnisse anzustreben. Nach § 2 Abs. 2 Nr. 3 S. 1 ROG: Die Versorgung mit Dienstleistungen und Infrastrukturen der Daseinsvorsorge, insbesondere die Erreichbarkeit von Einrichtungen und Angeboten der Grundversorgung für alle Bevölkerungsgruppen, ist zur Sicherung von Chancengerechtigkeit in den Teilräumen in angemessener Weise zu gewährleisten; dies gilt auch in dünn besiedelten Regionen. Sowie nach § 2 Abs. 2 Nr. 4 S. 1 ROG: Der Raum ist im Hinblick auf eine langfristig wettbewerbsfähige und räumlich ausgewogene Wirtschaftsstruktur und wirtschaftsnahe Infrastruktur sowie auf ein ausreichendes und vielfältiges Angebot an Arbeits- und Ausbildungsplätzen zu entwickeln."

[275] vgl. *Hermes*, in: Schneider/Theobald, § 7, Rn. 80.

[276] dabei fungieren sie auch als bundesstaatliches Scharnier für die Energie- und Klimaschutzpolitik der Länder, vgl. *Pielow*, in: Säcker, § 43, Rn. 52.

[277] vgl. § 9 Abs. 2 ROG.

[278] vgl. *Hermes*, in: Schneider/Theobald, § 7, Rn. 79.

Niederschlag finden. Dies gilt insbesondere für die Leitungsrassen, welche meist nicht in den Landesentwicklungsplänen, sondern in den Regionalplänen dargestellt werden.[279] Diese Leitungstrassen müssen im Rahmen der Abwägung durch die Planfeststellungsbehörde berücksichtigt werden.

Dies gilt allerdings nicht ausnahmslos, denn insbesondere Leitungstrassen von größerer Bedeutung werden vereinzelt als abwägungsfeste Ziele der Raumordnung und Landesplanung ausgewiesen, so dass diese zu beachten sind. Es wird jedoch in diesem Zusammenhang bemängelt, dass es der Trassensicherung durch Ziele der Raumordnung und Landesplanung an der erforderlichen Präzision fehlt, weil sie oft nur die Anfangs- und die Endpunkte von Leitungen festlegen und auf der Maßstabsebene einer Grobtrassierung bleiben.[280]

Dies hat zur Folge, dass ein Ausgleich der widerstreitenden Interessen trotz Abwägungsfestigkeit der Ziele der Raumordnung nicht stattfindet und eine Bindung der Gemeinden gem. § 4 Abs. 1 ROG, § 1 Abs. 4 BauGB hinsichtlich konkreter Trassierung nicht eintritt.[281] Anders verhält es sich z. B. bei den länderübergreifenden oder grenzüberschreitenden Höchstspannungsleitungen im Anwendungsbereich des NABEG.

Denn für diese Leitungen findet gem. § 28 NABEG abweichend von § 15 Abs. 1 des ROG in Verbindung mit § 1 Satz 2 Nummer 14 der ROV ein Raumordnungsverfahren für die Errichtung oder die Änderung von Höchstspannungsleitungen, für die im Bundesnetzplan Trassenkorridore oder Trassen ausgewiesen sind, nicht statt.[282] Denn die Bundesfachplanung nach NABEG entfaltet gem. § 15 NABEG, im Gegensatz zur Planung nach EnLAG, Bindungswirkung nicht nur hinsichtlich der energetischen Erforderlichkeit, sondern auch hinsichtlich der Raumverträglichkeit; sie hat „grundsätzlich Vorrang vor nachfolgenden Landesplanungen und Bauleitplanungen“ (vgl. § 15 Abs. 1 S. 2 NABEG).

7. Leitungstrassen auf der mittleren Ebene der Trassierung

Die Funktion einer planerischen Entscheidung über die Festlegung von Trassenkorridoren auf mittlerer Planungsebene zwischen höherstufiger gesamträumlicher Planung und Zulassungsentscheidung kommt dem Raumordnungsverfahren zu,[283] soweit es sich nicht um Leitungen in dem Anwendungsbereich des NABEG handelt.[284]

---

279 vgl. *Hermes*, in: Schneider/Theobald, § 7, Rn. 80, 82.

280 vgl. *Hermes*, in: Schneider/Theobald, § 7, Rn. 82.

281 vgl. *Hermes*, in: Schneider/Theobald, § 7, Rn. 82.

282 vgl. *Pielow*, in: Säcker, § 43, Rn. 55.

283 vgl. *Hermes/Kupfer*, in: Britz/Hellermann/Hermes, § 43, Rn. 7; *Schmitz/Uibeleisen*, Rn. 173.

Gemäß § 15 ROG prüft die für Raumordnung zuständige Landesbehörde in einem besonderen Verfahren die Raumverträglichkeit raumbedeutsamer Planungen und Maßnahmen im Sinne von § 1 der Raumordnungsverordnung (Raumordnungsverfahren).[285] Hierbei sind die raumbedeutsamen Auswirkungen der Planung oder Maßnahme unter überörtlichen Gesichtspunkten zu prüfen; insbesondere werden die Übereinstimmung mit den Erfordernissen der Raumordnung und die Abstimmung mit anderen raumbedeutsamen Planungen und Maßnahmen geprüft.[286]

Für die Leitungen, welche in den Anwendungsbereich des NABEG fallen, gilt dagegen § 4 NABEG. Danach werden für die in einem Gesetz über den Bundesbedarfsplan nach § 12e Absatz 4 Satz 1 EnWG als länderübergreifend oder grenzüberschreitend oder als Anbindungsleitungen von den Offshore-Windpark-Umspannwerken zu den Netzverknüpfungspunkten an Land gekennzeichneten Höchstspannungsleitungen durch die Bundesfachplanung Trassenkorridore bestimmt.[287]

Vor diesem Hintergrund ist die Bestimmung der Trassenkorridore für diese Leitungen im Rahmen eines Raumordnungsverfahrens nicht mehr erforderlich.[288]

Gemäß § 5 Abs. 2 NABEG ist der Prüfungsgegenstand der Bundesfachplanung dem des Raumordnungsverfahrens nach § 15 ROG ähnlich.[289] Auch deswegen bedarf es in den Fällen des § 4 NABEG keines Raumordnungsverfahrens.[290]

Das Raumordnungsverfahren wird in der Praxis als Hebel zur Durchsetzung landesenergiepolitischer Ziele eingesetzt.[291] Die Befürworter dieser Praxis sehen hierin den Vorteil, dass hierdurch eine fehlende höherstufige staatliche Bedarfsplanung in das Raumordnungsverfahren integriert wird.[292]

---

[284] vgl. *Pielow*, in: Säcker, § 43, Rn. 54; *Hermes/Kupfer*, in: Britz/Hellermann/Hermes, § 43, Rn. 7a.

[285] vgl. *Hermes/Kupfer*, in: Britz/Hellermann/Hermes, § 43, Rn. 8; *Schmitz/Uibeleisen*, Rn. 190.

[286] vgl. *Pielow*, in: Säcker, § 43, Rn. 54.

[287] vgl. *Pielow*, in: Säcker, § 43, Rn. 55; *Hermes/Kupfer*, in: Britz/Hellermann/Hermes, § 43, Rn. 7a.

[288] vgl. § 28 NABEG: Abweichend von § 15 Absatz 1 des Raumordnungsgesetzes in Verbindung mit § 1 Satz 2 Nummer 14 der Raumordnungsverordnung findet ein Raumordnungsverfahren für die Errichtung oder die Änderung von Höchstspannungsleitungen, für die im Bundesnetzplan Trassenkorridore oder Trassen ausgewiesen sind, nicht statt. Vgl. *Hermes/Kupfer*, in: Britz/Hellermann/Hermes, § 43, Rn. 7a.

[289] vgl. § 5 Abs. 2 S. 1 NABEG: „Die Bundesnetzagentur prüft insbesondere die Übereinstimmung mit den Erfordernissen der Raumordnung im Sinne von § 3 Absatz 1 Nummer 1 des Raumordnungsgesetzes und die Abstimmung mit anderen raumbedeutsamen Planungen und Maßnahmen im Sinne von § 3 Absatz 1 Nummer 6 des Raumordnungsgesetzes."

[290] vgl. § 16 Abs. 2 ROG, vgl. *Pielow*, in: Säcker, § 43, Rn. 55.

[291] vgl. *Pielow*, in: Säcker, § 43, Rn. 52.

[292] vgl. *Hermes*, in: Schneider/Theobald, § 7, Rn. 96.

Begründet wird dies damit, dass ein rechtsstaatliches Planungssystem in der Lage sein muss, die Konflikte zu verarbeiten, die bei der Verortung von Energieanlagen zwischen divergierenden privaten und öffentlichen Belangen auftreten. Die Konfliktlösung müsse der gesamträumlichen Bedeutung der Energieversorgung gerecht werden. Sie diene auch dazu, solche energiepolitischen Vorentscheidungen zu integrieren, ohne welche die planerischen Vorentscheidungen nicht getroffen werden können. Wenn das vorhandene Instrumentarium hierfür kein Verfahren bereitstelle, so dürfe dies nicht dazu führen, dass die genannten Probleme nicht adressiert werden.

Gegen eine Bewältigung auf einer niedrigeren Planungsstufe spreche, dass die höherstufige Planungsebene aufgrund ihres weiteren „Problemhorizonts" grundsätzlich besser für die Bewältigung der besagten Probleme geeignet ist als die vorhabenbezogene Zulassungsentscheidung, und zwar insbesondere für die unter Bedarfsgesichtspunkten stets notwendige Alternativenprüfung.[293]

Dem ist insofern zuzustimmen, als die erwähnten Konflikte nicht ungelöst bleiben dürfen. Fraglich ist allerdings, ob die Art und Weise ihrer Lösung auf dieser Ebene optimal ist. Wie bereits besprochen, ist die Ermittlung des energetischen Bedarfs eine Aufgabe, welche grundsätzlich durch Private zu erledigen ist.[294] Für bestimmte Leitungen[295] erfolgt diese Ermittlung in einem koordinierten Verfahren mit klaren Regelungen und Grenzen für die Beteiligten.[296] Es stellt sich damit die Frage, ob eine ungeregelte Einmischung staatlicher Stellen in private Bedarfsplanung durch eine Zweckentfremdung des Verfahrens der Raumordnung im System der aufgeteilten Verantwortung in einem Gewährleistungsstaat sachgerecht ist.

Haben die landesenergiepolitischen Ziele ihren Niederschlag in den Zielen der Raumordnung i.S.d. § 3 ROG gefunden, so können sie berücksichtigt und in die Abwägung zwischen privaten und öffentlichen Belangen einbezogen werden.[297] Zwecks Optimierung der Abwägung könnte – analog der Regelung des § 5 Abs. 2 S. 2 NABEG – eine Beteiligung der betroffenen privaten EVU bereits in einem früheren Planungsstadium – bei der Aufstellung von Raumordnungsplänen – sinnvoll sein.

Handelt es sich dagegen lediglich um landesenergiepolitische Ziele ohne eine formelle Ausformung, welcher nach Gesetz eine Bindungswirkung zukommen kann (wie z.B. den Zielen der Raumordnung), so bedarf ihre verbindliche Berücksichtigung im Rahmen der Raumverträglichkeitsprüfung nach dem Grundsatz des Gesetzesvorbehalts einer gesetzlichen Grundlage, da sie in Rechte planender Privater

[293] vgl. *Hermes*, in: Schneider/Theobald, § 7, Rn. 96.

[294] vgl. *Schmitz/Uibeleisen*, Rn. 172.

[295] vgl. § 2 Abs. 1 NABEG.

[296] vgl. § 5 Abs. 2 NABEG.

[297] vgl. *Schmitz/Uibeleisen*, Rn. 182; *Hermes*, in: Schneider/Theobald, § 7, Rn. 82.

eingreift.[298] Da eine solche gesetzliche Grundlage fehlt, dürfen die nicht formalisierten energiepolitischen Ziele die Planung Privater nicht einschränken.

Für die Integration energiepolitischer Entscheidungen in die planerischen Entscheidungen, bedeutet dies vor allem, dass die landesenergiepolitischen Entscheidungen nur dann einen Rahmen für die private Planung bilden können, wenn sie vorher z. B. als Ziele der Raumordnung festgelegt wurden (bzw. sich in Aufstellung befanden).[299] Sie dürfen eine laufende Planung nicht nachträglich einschränken (insofern Gleichlauf mit dem Gedanken des § 15 Abs. 1 S. 2 NABEG, nach welchem die Bundesfachplanung Vorrang vor nachfolgenden Landesplanungen hat).

Auch der Umstand, dass das Ergebnis eines Raumordnungsverfahrens keine absolute Bindungswirkung für die private Planung entfaltet,[300] vermag an diesem Ergebnis nichts zu verändern.[301] Dass das Ergebnis eines Raumordnungsverfahrens im Rahmen der Abwägung zu berücksichtigen ist, reicht für die Begründung einer rechtfertigungsbedürftigen Einschränkung privater Planung aus, für welche eine Rechtfertigung allerdings nicht ersichtlich ist.[302]

8. Bundesfachplanung

Die Bundesfachplanung nach NABEG ist ein fachliches Planungsverfahren eigener Art,[303] welches die abschließende Planfeststellung vorbereitet und die erste Stufe des Verfahrens der planerischen Lokalisierung und Zulassung des Vorhabens darstellt,[304] wobei die Übertragungsnetzbetreiber Planungsträger sind.[305]

---

[298] bei unbestimmten Festlegungen auf Ebene der Landesplanung wird vorgeschlagen, diese ggf. als Grundsätze zu berücksichtigen, vgl. *Schmitz/Uibeleisen*, Rn. 186.

[299] vgl. *Hermes*, in: Schneider/Theobald, § 7, Rn. 82.

[300] vgl. § 4 Abs. 2 ROG i. V. m. § 43 Abs. 3 EnWG bzw. § 1 Abs. 5, 6 BauGB.

[301] vgl. *Pielow*, in: Säcker, § 43, Rn. 58.

[302] vgl. *Hermes/Kupfer*, in: Britz/Hellermann/Hermes, § 43, Rn. 8.

[303] vgl. *Missling*, in: Theobald/Kühling, Vor §§ 43 ff., Rn. 59.

[304] vgl. *Hermes*, in: Schneider/Theobald, § 7, Rn. 101; *Kment*, in: Kment, § 43, Rn. 6; *Pielow*, in: Säcker, § 43, Rn. 55.

[305] vgl. *Schmitz/Uibeleisen*, Rn. 512: „Denn die Bundesnetzagentur kann den Vorhabenträger zwar auffordern, einen Antrag zu stellen, kann den Antrag aber nicht selber stellen und auch die weiteren Verfahrensschritte nicht eigenhändig vornehmen. An diesem Befund ändert schließlich auch die Tatsache nichts, dass die Bundesnetzagentur abschließend über die Bundesfachplanung entscheidet; andernfalls würde etwa auch jede Fachplanung, die mit einem Planfeststellungsbeschluss endet, zu einer behördlichen Planung." Vgl. auch *de Witt*, in: de Witt/Scheuten, § 4, Rn. 4.

Ihrem Wesen nach ist die Bundesfachplanung mit dem Raumordnungsverfahren verwandt.[306] Sie ersetzt das Raumordnungsverfahren[307] und dient gem. § 12 Abs. 2 NABEG der Trassenfindung[308] und enthält auch eine Bewertung der Umweltauswirkungen[309] und der Raumverträglichkeit.[310]

Im Gegensatz zu dem Raumordnungsverfahren ist für das Verfahren der Bundesfachplanung primär die BNetzA[311] und nicht die Landesplanungsbehörden zuständig.[312] Dieser Zuständigkeitskonzentration liegen praktische Erwägungen zugrunde.[313] In der Vergangenheit mussten im Falle von grenzüberschreitenden Leitungen die Raumordnungsverfahren in sämtlichen beteiligten Bundesländern abgeschlossen sein, damit die Übergangspunkte an den Ländergrenzen bestimmt werden konnten, was zu einem erheblichen Koordinationsaufwand führte. Nunmehr soll die Koordination in solchen Fällen durch die zentrale Zuständigkeit der BNetzA verbessert und die Realisierung von Vorhaben dieser Art beschleunigt werden.[314]

Gegen die Sammelzuständigkeit der BNetzA aufgrund des Art. 87 Abs. 3 GG[315] werden vereinzelt verfassungsrechtliche Bedenken vorgebracht.[316]

Der Inhalt der Bundesfachplanung und das Prüfprogramm der BNetzA sind im § 5 NABEG geregelt.[317]

Danach bestimmt die BNetzA in der Bundesfachplanung Trassenkorridore von im Bundesbedarfsplan aufgeführten Höchstspannungsleitungen.[318] Sie prüft, ob der Verwirklichung des Vorhabens in einem Trassenkorridor überwiegende öffentliche oder private Belange entgegenstehen. Sie prüft ferner die Übereinstimmung mit den Erfordernissen der Raumordnung und die Abstimmung mit anderen raumbedeutsamen Planungen. Zu beachten ist ferner, dass die Bundesfachplanungen gem. § 15

---

[306] vgl. *Erbguth*, NVwZ 2012, 326, 328; *ders.*, DVBl. 2012, 325, 326; *Pielow*, in: Säcker, § 43, Rn. 27; *Missling*, in: Theobald/Kühling, Vor §§ 43 ff., Rn. 58; a. A. Vergleich mit den Zielen der Raumordnung, *de Witt/Durinke/Krause*, S. 148.

[307] vgl. § 28 NABEG. Vgl. *Hermes/Kupfer*, in: Britz/Hellermann/Hermes, § 43, Rn. 7a; *Drygalla-Hein*, in: de Witt/Scheuten, § 24, Rn. 117; *Rude/Wichert*, in: de Witt/Scheuten, § 28, Rn. 1.

[308] vgl. *Drygalla-Hein*, in: de Witt/Scheuten, § 24, Rn. 114, 118.

[309] vgl. *Drygalla-Hein*, in: de Witt/Scheuten, § 24, Rn. 119.

[310] vgl. *Kment*, in: Kment, § 43, Rn. 10; *Drygalla-Hein*, in: de Witt/Scheuten, § 24, Rn. 116.

[311] vgl. *Schmitz/Uibeleisen*, Rn. 416.

[312] vgl. § 31 Abs. 1 NABEG.

[313] vgl. *Kment*, in: Kment, § 43, Rn. 12.

[314] vgl. *Pielow*, in: Säcker, § 43, Rn. 27.

[315] vgl. BT-Drs. 17/6073, S. 57.

[316] vgl. *Durner*, DVBl. 2011, 853, 857 f.; *Hermes*, in: Dreier, Art. 83, Rn. 44, der im Ergebnis eine Bundesverwaltungskompetenz kraft „Natur der Sache" annimmt.

[317] vgl. *Pielow*, in: Säcker, § 43, Rn. 27; *Missling*, in: Theobald/Kühling, Vor §§ 43 ff., Rn. 59, *Schmitz/Uibeleisen*, Rn. 424.

[318] vgl. *Hermes/Kupfer*, in: Britz/Hellermann/Hermes, § 43, Rn. 7a.

Abs. 1 S. 2 NABEG Vorrang vor nachfolgenden Landesplanungen und Bauleitplanungen hat.[319]

Mit dem § 5 Abs. 2 S. 2 NABEG (bzw. § 18 Abs. 4 S. 2 NABEG) wurde ein effektives Instrument zur Beschleunigung[320] der Realisierung von Leitungsvorhaben geschaffen. Danach gilt die Bindungswirkung der Ziele der Raumordnung nur, wenn die BNetzA bei der Aufstellung, Änderung oder Ergänzung des Raumordnungsplans nach § 9 des ROG beteiligt worden ist und sie innerhalb einer Frist von zwei Monaten nach Mitteilung des rechtsverbindlichen Ziels nicht widersprochen hat.[321]

Macht die Bundesfachplanung nachträglich ein Abweichen von den Zielen der Raumordnung erforderlich, kann die BNetzA mit Zustimmung des Bundesministeriums für Wirtschaft und Energie innerhalb angemessener Frist, spätestens aber bis zum Abschluss der Bundesfachplanung nachträglich widersprechen. Dieses Widerspruchsrecht verdeutlicht den grundsätzlichen Vorrang der Bundesfachplanung vor Landesplanung.[322]

Ein weiterer Gegenstand der Prüfung nach § 5 NABEG sind auch etwaige ernsthaft in Betracht kommende Alternativen von Trassenkorridoren. Zu solchen Alternativen zählen auch die Verläufe von Trassenkorridoren, die sich aus der Berücksichtigung von möglichen Teilverkabelungsabschnitten ergeben und insbesondere zu einer Verkürzung des Trassenkorridors insgesamt führen können.[323]

a) Verantwortung für die Bundesfachplanung

„Trotz der Verkoppelung privater und behördlicher Verfahrensbeiträge trägt die BNetzA für die Beachtung dieses Prüfprogramms die Letztverantwortung, was eine eigenständige planerische Abwägungsentscheidung in ihrer alleinigen Zuständigkeit bedeutet."[324] Dem ist grundsätzlich zuzustimmen, insofern als die Beachtung des Prüfprogramms Sache der Behörde ist.

Fraglich ist jedoch, ob dies zutrifft, dass der BNetzA eigenständige planerische Abwägungsentscheidung zusteht, und ob diese Annahme mit der Erkenntnis im Einklang steht, dass die Ermittlung des energetischen Bedarfs den Privaten obliegt.[325] Auf den ersten Blick sind keine Widersprüche erkennbar: die Privaten haben in einem koordinierten Verfahren mit der Behörde den Bedarf ermittelt; danach werden

---

[319] vgl. *Hermes/Kupfer*, in: Britz/Hellermann/Hermes, § 43, Rn. 7a.

[320] vgl. *Missling*, in: Theobald/Kühling, Vor §§ 43 ff., Rn. 58; *Wolfshohl/Scheuten*, in: de Witt/Scheuten, § 1, Rn. 13.

[321] vgl. *Schmitz/Uibeleisen*, Rn. 505.

[322] vgl. *Schmitz/Uibeleisen*, Rn. 502.

[323] vgl. *Schmitz/Uibeleisen*, Rn. 420; *Hermes/Kupfer*, in: Britz/Hellermann/Hermes, § 43, Rn. 7a.

[324] *Hermes*, in: Schneider/Theobald, § 7, Rn. 104.

[325] vgl. *Schmitz/Uibeleisen*, Rn. 512; *de Witt*, in: de Witt/Scheuten, § 4, Rn. 4.

die Trassen in einem weiteren Schritt gefunden, wobei die „Letztentscheidungsbefugnis“ bei der Behörde liegt.[326]

Es können sich jedoch einige Konstellationen ergeben, welche der Erörterung bedürfen: (a) Durch eine Änderung der Trasse durch die BNetzA wird eine Teilverkabelung erforderlich. Durch die Teilverkabelung wird eine Leitung unverhältnismäßig teuer. (b) Durch eine Änderung eines Trassenkorridors durch die BNetzA wird der Bau einer Direktleitung zum Kunden, welche an die zu bauende Leitung angeschlossen worden wäre, unwirtschaftlich oder aus anderen Gründen unmöglich.

(a) Durch eine Teilverkabelung wird eine Leitung unverhältnismäßig teuer.

Mehrkosten für den Betrieb von Erdkabeln fließen als dauerhaft nicht beeinflussbare Kostenanteile in die Bewertung der Netzkosten ein[327] und können im Ergebnis als ein Teil des Netznutzungsentgelts auf die Gesamtheit der Stromkunden umgelegt werden. Anders stellt sich die Situation dar, wenn es sich bei der betreffenden Leitung um eine konkurrierende Leitung handelt, welche der Netzregulierung nicht unterliegt.

In diesem Fall können auch die Netzausbaukosten nicht auf die Gesamtheit der Stromkunden, sondern nur auf die jeweiligen Netznutzer abgewälzt werden, was den Betrieb des Netzes unter Umständen unwirtschaftlich machen kann. Dieses Beispiel verdeutlicht, dass die Belange des Vorhabenträgers bei der Trassierung keine ausreichende Berücksichtigung im Gesetz finden, falls man von einem originären Planungsrecht der BNetzA ausgeht.

(b) Durch eine Änderung eines Trassenkorridors durch die BNetzA wird der Bau einer Anschluss-Direktleitung zum Kunden unwirtschaftlich oder aus anderen Gründen unmöglich, und der Netzbetreiber, hätte er dies gewusst, hätte eine andere Leitung geplant. Auch dieses Beispiel zeigt, dass das Gesetz keine Vorkehrungen zur Sicherung der Interessen der Netzbetreiber bei der Trassenfindung trifft, was dazu führen kann, dass private Planung auf der Ebene der Trassierung unter Umständen aufgrund von anderen Vorstellungen der Behörde vom Trassenverlauf (und nicht aus zwingenden gesetzlichen Gründen) vereitelt werden kann (wenn man wiederum von einem originären Planungsrecht der BNetzA ausgeht).

Die Regelung des § 5 Abs. 1 S. 2 NABEG, nach welcher die BNetzA prüft, ob der Verwirklichung des Vorhabens in einem Trassenkorridor auch private Belange entgegenstehen, bezieht sich auf entgegenstehende Belange Dritter (d. h. nicht des Vorhabenträgers). Selbst wenn man unter „private Belange“ auch die Belange privater Netzbetreiber subsumieren würde, wäre der damit verbundene Schutz zu unbestimmt. Zumal die Voraussetzung des „Entgegenstehens“ eine relative hohe Hürde für die Berücksichtigung von privaten Belangen der Netzbetreiber ist.

[326] Dafür, dass die Grobkorridorfindung ausschließlich dem Vorhabenträger obliegt, vgl. *de Witt*, in: de Witt/Scheuten, § 4, Rn. 42.

[327] vgl. auch § 2 Abs. 5 EnLAG.

Es stellt sich damit die Frage nach Lösungsmöglichkeiten. In Betracht kommt zunächst die Bestimmung der Grobtrassierung bereits bei der Ermittlung des Netzausbaubedarfs.[328] Dadurch könnte den Belangen der Netzbetreiber im Hinblick auf die Trassierung bereits in einem frühen Planungsstadium Rechnung getragen werden. Dagegen spricht jedoch, dass die Ermittlung und Abstimmung des groben Trassenverlaufs auf dieser Planungsstufe das Verfahren der Bedarfsermittlung überfrachten würde.

Eine Alternative (wenn man von einem Planungs- und nicht lediglich von einem Prüfungsrecht der BNetzA ausgeht) wäre eine Regelung einer Beachtenspflicht für Belange der Netzbetreiber auch im Verfahren der Trassenfindung, sowie eine Konkretisierung der zu berücksichtigenden Belange. Insbesondere Regelungen dazu, welche Kostensteigerungen für den Netzbetreiber noch verhältnismäßig und damit hinzunehmen sind, sowie welche Änderungen von dem geplanten Trassenverlauf einen Netzbetreiber berechtigen würden, Abstand von dem geplanten Vorhaben zu nehmen und ggf. wie eine hierdurch entstehende Bedarfslücke zu schließen ist, sind empfehlenswert.

b) Bindungswirkung der Fachplanung

Für die Vorhaben, welche in den Anwendungsbereich des NABEG (länderübergreifende und grenzüberschreitende Höchstspannungsleitungen[329]) fallen, trifft das Gesetz in §§ 3a Abs. 2 NABEG (Notwendigkeit von Festlegungen im zu ändernden Raumordnungsplan, die sicherstellen, dass die Bundesfachplanung und die Planfeststellung nicht erschwert werden), §§ 5 und 18 NABEG (Bindungswirkung der Ziele der Raumordnung gilt nur, wenn die BNetzA bei der Aufstellung, Änderung oder Ergänzung des Raumordnungsplans nach § 9 des ROG beteiligt worden ist) spezielle Regelungen, welche durch die Bindungswirkung der Bundesfachplanung die Realisierung von Netzausbauvorhaben beschleunigen sollen.[330]

Die zentrale Norm ist hier jedoch der § 15 Abs. 1 S. 2 NABEG, nach welcher die Entscheidung nach § 12 NABEG (diese enthält den Verlauf eines raumverträglichen Trassenkorridors zu den an Landesgrenzen gelegenen Länderübergangspunkten; eine Bewertung sowie eine zusammenfassende Erklärung der Umweltauswirkungen; eine Kennzeichnung, inwieweit sich der Trassenkorridor für die Errichtung und den Betrieb eines Erdkabels eignet, und das Ergebnis der Prüfung von alternativen Trassenkorridoren) für Planfeststellungsverfahren nach §§ 18 ff. NABEG verbindlich ist.[331]

---

[328] vgl. *de Witt*, in: de Witt/Scheuten, § 4, Rn. 54 f.

[329] vgl. § 1 NABEG.

[330] vgl. *Schmitz/Uibeleisen*, Rn. 498.

[331] vgl. *Schmitz/Uibeleisen*, Rn. 500.

Diese Bindungswirkung dient der Abschichtung des Prüfungsstoffs und bewirkt dadurch auch eine Beschleunigung der Realisierung von Vorhaben insbesondere durch Vermeidung von Doppelprüfungen.[332] Dass bei gestuften Verfahren auf der letzten Prüfungsstufe im Rahmen einer Abwägung keine allumfassende Prüfung auch der Abwägungsergebnisse der vorgelagerten Stufen erfolgt, ist verfassungsrechtlich unbedenklich.[333]

Doch auf der anderen Seite hat eine solche Bindungswirkung auch nachteilige, im Hinblick auf die Gewährleistung der Gemeinwohlbildung problematische Auswirkungen. Es entfällt eine weitere Kontroll- bzw. Konfliktbewältigungsmöglichkeit und eine etwaige Fehlerkorrektur wird in den Rechtsschutzverfahren verlagert.[334]

Die Fehler der Bundesfachplanung schlagen auf die nachgeordnete Planfeststellung durch. Präklusionsregelungen sind nicht vorgesehen und können auch nicht analog auf die Bundesfachplanung angewendet werden.[335] Eine Korrektur von Fehlern in der Bundesfachplanung durch die Planfeststellungsbehörde ist aufgrund der strikten Bindung nach § 15 Abs. 1 S. 1 NABEG sowie der fehlenden Zuständigkeit der Planfeststellungsbehörde[336] rechtlich nicht zulässig.

Es stellt sich damit die Frage, ob es nicht sinnvoll wäre, für die Fälle, in welchen z. B. unvorhergesehene Hindernisse auftreten, welche in einem Planfeststellungsverfahren nicht ausgeräumt werden können (vgl. § 43d EnWG, § 76 VwVfG), oder sich derart wesentliche Änderungen auf der Stufe der Bundesfachplanung ergeben, dass ohne ihre Berücksichtigung die Planfeststellung nicht mehr rechtsfehlerfrei abgeschlossen werden kann, eine Korrekturmöglichkeit vorzusehen.[337]

Dass eine Bundesfachplanung nicht ohne Weiteres fortbestehen soll, wenn sich die maßgeblichen Umstände sich geändert haben, ergibt sich bereits aus § 15 Abs. 2 S. 3 NABEG (wonach die Fristverlängerung der Geltungsdauer der Bedarfsplanung erfolgen soll, wenn sich die für die Beurteilung maßgeblichen rechtlichen und tatsächlichen Verhältnisse nicht verändert haben).

Im Umkehrschluss soll die Entscheidung über die Bundesfachplanung angepasst werden, wenn sich die wesentlichen Umstände verändern.[338] Hier könnte man, wenn Einvernehmen zwischen der BNetzA und der Planfeststellungsbehörde über die Notwendigkeit der Anpassung gegeben ist oder wenn die BNetzA eine Anpassung

---

[332] vgl. *de Witt*, in: de Witt/Scheuten, § 4, Rn. 55; *Schmitz/Uibeleisen*, Rn. 500.

[333] vgl. *Appel*, ER, 2012, 3, 6 m. w. N.

[334] vgl. § 15 Abs. 3 S. 2 NABEG, nach welchem die Entscheidung nach § 12 NABEG nur im Rahmen des Rechtsbehelfsverfahrens gegen die Zulassungsentscheidung für die jeweilige Ausbaumaßnahme überprüft werden kann. Vgl. *de Witt*, in: de Witt/Scheuten, § 15, Rn. 32.

[335] vgl. *Appel*, 2012, 3, 11 f.

[336] vgl. § 31 Abs. 1 NABEG.

[337] vgl. *de Witt*, in: de Witt/Scheuten, § 15, Rn. 29.

[338] Als Verfahren zur Heilung von Fehlern in der Bundesfachplanung kommt das vereinfachte Verfahren hingegen grundsätzlich nicht in Betracht, vgl. *Durinke*, in: de Witt/Scheuten, § 11, Rn. 5.

ihrer Entscheidung aufgrund der Änderung von wesentlichen Umständen für zwingend geboten hält und verlangt, analog § 22 UVPG verfahren und eine Änderung nach einer auf die Änderungen beschränkten Beteiligung herbeiführen (bei unwesentlichen Änderungen auf der Ebene der Planfeststellung, vgl. § 25 NABEG).

Um längere Verzögerungen der Realisierung von Vorhaben zu vermeiden, soll eine Änderung der Bundesfachplanung deutlich schneller vollzogen werden, als dies in § 12 Abs. 1 NABEG (sechs Monate) vorgesehen ist (z. B. innerhalb von drei Monaten, in Anlehnung an § 11 Abs. 3 S. 1 NABEG). Für den betroffenen Vorhabenträger ist eine solche Verzögerung hinnehmbar, zumal ohne die Änderung der Bundesfachplanung sein Vorhaben nicht rechtsfehlerfrei planfestgestellt werden konnte. Die Frist des § 12 Abs. 2 S. 3 NABEG (Frist für einen Antrag auf Planfeststellung durch den Vorhabenträger) soll nach Abschluss der geänderten Bundesfachplanung neu bemessen werden, damit der betroffene Vorhabenträger sich auf die Änderung einstellen und seinen Antrag entsprechend ändern kann.

9. Planfeststellung

Der höheren Planungsstufen der fachlichen Bedarfsplanung und der Trassenfindung folgt die untere Stufe der Planfeststellung, welche ein konkretes Projekt planerisch gestaltet und die höherstufigen Planungen im Sinne einer Standortplanung konkretisiert und auch eine abschließende Zulassungsentscheidung darstellt.[339] Diese Zulassungsentscheidung[340] entfaltet die Genehmigungswirkung,[341] die Konzentrationswirkung[342] sowie die enteignungsrechtliche Vorwirkung[343] und genießt das Fachplanungsprivileg.[344]

Mit Wirkung zum 1. Juni 2015[345] ist § 43b Nr. 2 a. F. und damit eine der spezialgesetzlichen Regelungen des EnWG zu der Plangenehmigung entfallen.[346] Über die Verweisung des § 43b EnWG finden die Regelungen der §§ 73 und 74 VwVfG auch für die Plangenehmigung Anwendung. Gemäß § 74 Abs. 6 S. 2 Hs. 1 VwVfG hat die Plangenehmigung die Rechtswirkung der Planfeststellung. Hiervon umfasst ist gem. § 45 Abs. 1 Nr. 1 EnWG auch die enteignungsrechtliche Vorwirkung. Die

339 vgl. *Kment*, in: Kment, § 43, Rn. 16.

340 vgl. *Hermes/Kupfer*, in: Britz/Hellermann/Hermes, § 43, Rn. 10.

341 vgl. *Kment*, in: Kment, § 43, Rn. 50; *Kupfer*, in: Britz/Hellermann/Hermes, § 43c, Rn. 4.

342 vgl. § 43c EnWG i. V. m. § 75 Abs. 1 VwVfG; *Kment*, in: Kment, § 43, Rn. 51; *Missling*, in: Theobald/Kühling, § 43c, Rn. 4; *Kupfer*, in: Britz/Hellermann/Hermes, § 43c, Rn. 5.

343 vgl. § 45 EnWG; *Kment*, in: Kment, § 43, Rn. 53; *Hermes/Kupfer*, in: Britz/Hellermann/Hermes, § 43, Rn. 9, 17c; *Kupfer*, in: Britz/Hellermann/Hermes, § 43c, Rn. 8.

344 vgl. § 38 BauGB; *Missling*, in: Theobald/Kühling, § 43, Rn. 28; *Hermes/Kupfer*, in: Britz/Hellermann/Hermes, § 43, Rn. 20; *Kupfer*, in: Britz/Hellermann/Hermes, § 43c, Rn. 4.

345 vgl. Gesetz zur Verbesserung der Öffentlichkeitsbeteiligung und Vereinheitlichung von Planfeststellungsverfahren vom 31. Mai 2013, BGBl. 2013 I 1388.

346 vgl. *Pielow*, in: Säcker, § 43, Rn. 3.

nachfolgenden Ausführungen gelten daher entsprechend für die Plangenehmigung.[347]

a) Planfeststellungspflicht

§ 18 Abs. 1 NABEG regelt das Erfordernis der Planfeststellung für die Leitungen i. S. d. § 2 Abs. 1 NABEG (diese sind: länderübergreifende oder grenzüberschreitende Höchstspannungsleitungen und Anbindungsleitungen von den Offshore-Windpark-Umspannwerken zu den Netzverknüpfungspunkten an Land),[348] wobei das Planfeststellungsregime für diese Leitungen einige Besonderheiten gegenüber §§ 43 ff. EnWG aufweist.[349]

§ 43 EnWG regelt das Erfordernis der Planfeststellung für folgende Anlagen[350]:

1. Hochspannungsfreileitungen, ausgenommen Bahnstromfernleitungen, mit einer Nennspannung von 110 Kilovolt oder mehr,[351]
2. Hochspannungsleitungen, die zur Netzanbindung von Windenergieanlagen auf See im Küstenmeer als Seekabel und landeinwärts als Freileitung oder Erdkabel verlegt werden sollen,
3. grenzüberschreitende Gleichstrom-Hochspannungsleitungen, die nicht unter Nummer 2 fallen und die im Küstenmeer als Seekabel verlegt werden sollen, sowie deren Fortführung landeinwärts als Freileitung oder Erdkabel,
4. Hochspannungsleitungen nach § 2 Absatz 5 und 6 des Bundesbedarfsplangesetzes (die im Bundesbedarfsplan mit „E" gekennzeichneten Vorhaben zur Höchstspannungs-Gleichstrom-Übertragung sowie die im Bundesbedarfsplan mit „F" gekennzeichneten Vorhaben zur Höchstspannungs-Drehstrom-Übertragung),
5. Gasversorgungsleitungen mit einem Durchmesser von mehr als 300 Millimetern und
6. Anbindungsleitungen von LNG-Anlagen an das Fernleitungsnetz mit einem Durchmesser von mehr als 300 Millimetern.

§ 43 Abs. 2 EnWG listet Vorhaben auf, für welche die Durchführung eines Planfeststellungsverfahrens nicht zwingend ist, jedoch auf Antrag des Vorhaben-

---

[347] vgl. *Hermes/Kupfer*, in: Britz/Hellermann/Hermes, § 43, Rn. 13 ff.

[348] vgl. *Hermes/Kupfer*, in: Britz/Hellermann/Hermes, § 43, Rn. 5i.

[349] vgl. *Pielow*, in: Säcker, § 43, Rn. 27; *Scheuten*, in: de Witt/Scheuten, § 18, Rn. 1, 4; *Schmitz/Uibeleisen*, Rn. 413; *Hermes/Kupfer*, in: Britz/Hellermann/Hermes, § 43, Rn. 5h.

[350] vgl. *Pielow*, in: Säcker, § 43, Rn. 3, 8; *Kment*, in: Kment, § 43, Rn. 17 ff.; *Missling*, in: Theobald/Kühling, § 43, Rn. 8 ff.; *Hermes/Kupfer*, in: Britz/Hellermann/Hermes, § 43, Rn. 11 ff.

[351] vgl. auch § 1 Abs. 1 EnLAG.

trägers durchgeführt werden kann (fakultative Planfeststellung),[352] was vor allem aufgrund der Wirkungen der §§ 44a – 45 EnWG für den Vorhabenträger lukrativ sein kann:[353]

1. die für den Betrieb von Energieleitungen notwendigen Nebenanlagen, insbesondere Konverterstationen, Phasenschieber, Verdichterstationen, Umspannanlagen und Netzverknüpfungspunkte,
2. die Errichtung und der Betrieb sowie die Änderung eines Erdkabels für Hochspannungsleitungen mit einer Nennspannung von 110 Kilovolt im Küstenbereich von Nord- und Ostsee, die in einem 20 Kilometer breiten Korridor, der längs der Küstenlinie landeinwärts verläuft, verlegt werden sollen,
3. die Errichtung und der Betrieb sowie die Änderung eines Erdkabels mit einer Nennspannung von 110 Kilovolt oder mehr zur Anbindung von Kraftwerken oder Pumpspeicherkraftwerken,
4. die Errichtung und der Betrieb sowie die Änderung eines sonstigen Erdkabels für Hochspannungsleitungen mit einer Nennspannung von 110 Kilovolt oder weniger, ausgenommen Bahnstromfernleitungen,
5. die Errichtung und der Betrieb sowie die Änderung einer Freileitung mit einer Nennspannung von unter 110 Kilovolt oder einer Bahnstromfernleitung, sofern diese Leitungen mit einer Leitung nach Absatz 1 Satz 1 Nummer 1, 2 oder 3 auf einem Mehrfachgestänge geführt werden und in das Planfeststellungsverfahren für diese Leitung integriert werden; Gleiches gilt für Erdkabel mit einer Nennspannung von unter 110 Kilovolt, sofern diese im räumlichen und zeitlichen Zusammenhang mit der Baumaßnahme eines Erdkabels nach Absatz 1 Satz 1 Nummer 2 bis 4 oder nach den Nummern 2 bis 4 mit verlegt werden,
6. Leerrohre, die im räumlichen und zeitlichen Zusammenhang mit der Baumaßnahme eines Erdkabels nach Absatz 1 Satz 1 Nummer 2 bis 4 oder nach den Nummern 2 bis 4 mit verlegt werden,
7. die Errichtung und der Betrieb sowie die Änderung von Energiekopplungsanlagen und
8. die Errichtung und der Betrieb sowie die Änderung von Großspeicheranlagen mit einer Nennleistung ab 50 Megawatt, soweit sie nicht § 126 des Bundesberggesetzes unterfallen.

§ 43 EnWG ordnet zwar die Durchführung eines Planfeststellungsverfahrens auch bei Änderungen an.[354] Zu beachten ist jedoch, dass es sich hierbei um we-

---

[352] vgl. *Kment*, in: Kment, § 43, Rn. 23.

[353] es sind jedoch folgende Nachteile möglich: ein Planfeststellungsverfahren kann länger dauern und aufwändiger sein als Genehmigungsverfahren, Änderungsverfahren sind aufwändig, vgl. *Kment*, in: Kment, § 43, Rn. 25.

[354] vgl. *Pielow*, in: Säcker, § 43, Rn. 6f.; *Kment*, in: Kment, § 43, Rn. 30; *Missling*, in: Theobald/Kühling, § 43, Rn. 21; *Hermes/Kupfer*, in: Britz/Hellermann/Hermes, § 43, Rn. 13.

sentliche Änderungen handeln muss. Die unwesentlichen Änderungen dagegen können durch ein Anzeigeverfahren[355] zugelassen werden, vgl. § 43f EnWG.[356] Unwesentlich ist eine Änderung nach § 43f Abs. 1 S. 2 EnWG, wenn für ihre Realisierung keine Umweltverträglichkeitsprüfung erforderlich ist, andere öffentliche Belange nicht berührt sind oder die erforderlichen behördlichen Entscheidungen vorliegen und sie dem Plan nicht entgegenstehen und Rechte anderer nicht beeinträchtigt werden oder mit den vom Plan Betroffenen entsprechende Vereinbarungen getroffen werden.[357]

b) Ablauf des Planfeststellungsverfahrens

§ 43 Abs. 4 EnWG erklärt die §§ 72 bis 78 des Verwaltungsverfahrensgesetzes[358] für anwendbar.[359] Nach § 73 Abs. 1 S. 1 VwVfG i. V. m. § 43a EnWG beginnt[360] das Anhörungsverfahren[361] als erste Stufe des Planfeststellungsverfahrens mit der Einreichung des Plans bei der Anhörungsbehörde,[362] welche sodann die Behördenanhörung einleitet[363] und die Auslegung des Plans[364] in den betroffenen Gemeinden veranlasst.[365]

Nach Ablauf der Einwendungsfrist hat die Anhörungsbehörde die rechtzeitig gegen den Plan erhobenen Einwendungen, die rechtzeitig abgegebenen Stellungnahmen von anerkannten Naturschutzvereinen sowie die Stellungnahmen der Behörden zu dem Plan mit dem Träger des Vorhabens, den Behörden, den Betroffenen sowie denjenigen, die Einwendungen erhoben oder Stellungnahmen abgegeben haben,[366] zu erörtern.[367] Der Erörterungstermin ist die erste Gelegenheit zur (einvernehmlichen) Konfliktbewältigung.[368]

---

[355] vgl. *Pielow*, in: Säcker, § 43, Rn. 7, § 43b, Rn. 16; *Kupfer*, in: Britz/Hellermann/Hermes, § 43f, Rn. 7.

[356] zu Änderungen nach NABEG, vgl. § 18 Abs. 1 und § 25 Abs. 1 NABEG, *Scheuten*, in: de Witt/Scheuten, § 25, Rn. 6 f.

[357] vgl. *Kupfer*, in: Britz/Hellermann/Hermes, § 43f, Rn. 4.

[358] Verwaltungsverfahrensgesetz in der Fassung der Bekanntmachung vom 23. Januar 2003, BGBl. I S. 102, VwVfG.

[359] vgl. *Pielow*, in: Säcker, § 43, Rn. 29; *Kment*, in: Kment, § 43, Rn. 33; *Missling*, in: Theobald/Kühling, § 43, Rn. 51; *Hermes/Kupfer*, in: Britz/Hellermann/Hermes, § 43, Rn. 29, § 43a, Rn. 5.

[360] davor ist eine frühzeitige Öffentlichkeitsbeteiligung nach § 25 Abs. 3 VwVfG möglich und bei UVP-pflichtigen Vorhaben sind Screening und Scoping erforderlich, §§ 15, 77 UVPG, *Kment*, in: Kment, § 43, Rn. 68–70; *Missling*, in: Theobald/Kühling, § 43, Rn. 66 ff.

[361] vgl. *Missling*, in: Theobald/Kühling, § 43a, Rn. 1.

[362] vgl. *Missling*, in: Theobald/Kühling, § 43, Rn. 52; *Kment*, in: Kment, § 43, Rn. 71.

[363] vgl. *Missling*, in: Theobald/Kühling, § 43, Rn. 53; *Kment*, in: Kment, § 43, Rn. 72.

[364] vgl. *Missling*, in: Theobald/Kühling, § 43, Rn. 53; *Kment*, in: Kment, § 43, Rn. 73.

[365] vgl. § 73 Abs. 2 VwVfG.

[366] vgl. *Missling*, in: Theobald/Kühling, § 43, Rn. 54; *Kment*, in: Kment, § 43, Rn. 74.

Am Ende des Anhörungsverfahrens gibt die Anhörungsbehörde zum Ergebnis des Anhörungsverfahrens eine Stellungnahme ab[369] und leitet diese der Planfeststellungsbehörde innerhalb eines Monats nach Abschluss der Erörterung mit dem Plan, den Stellungnahmen der Behörden und der anerkannten Naturschutzvereinen sowie den nicht erledigten Einwendungen zu.[370]

Danach entscheidet die Planfeststellungsbehörde im Planfeststellungsbeschluss[371] über die Einwendungen, über die bei der Erörterung vor der Anhörungsbehörde keine Einigung erzielt worden ist.[372] Die Planfeststellungsbehörde hat dem Träger des Vorhabens Vorkehrungen oder die Errichtung und Unterhaltung von Anlagen aufzuerlegen, die zum Wohl der Allgemeinheit oder zur Vermeidung nachteiliger Wirkungen auf Rechte anderer erforderlich sind.

c) Materielle Anforderungen an einen Planfeststellungsbeschluss

Die materiellen Anforderungen an die Rechtmäßigkeit eines Planfeststellungsbeschlusses ergeben sich aus dem Abwägungsgebot,[373] aus dem Gebot der Planrechtfertigung[374] sowie aus der Bindung an die Ergebnisse der höherstufigen Planungen (gesamträumliche Planung und Trassenfindung) und an die zwingenden gesetzlichen Vorgaben.[375]

Die Planrechtfertigung[376] bedeutet die Erforderlichkeit des Vorhabens, also, dass für die konkrete Planung nach Maßgabe der vom EnWG allgemein verfolgten Ziele[377] ein Bedürfnis besteht,[378] die mit ihr geplante Maßnahme unter diesem Blickwinkel also objektiv erforderlich ist.[379]

Aus der Perspektive der Gemeinwohlbindung stellt die Planrechtfertigung eine Verknüpfung mit dem in § 1 EnWG konkretisierten Gemeinwohl ähnlich dem § 2

---

[367] vgl. § 73 Abs. 6 VwVfG.

[368] vgl. *Missling*, in: Theobald/Kühling, § 43, Rn. 55; *Kment*, in: Kment, § 43, Rn. 76.

[369] vgl. *Missling*, in: Theobald/Kühling, § 43, Rn. 57; *Kment*, in: Kment, § 43, Rn. 77.

[370] vgl. § 73 Abs. 9 VwVfG; *Missling*, in: Theobald/Kühling, § 43, Rn. 58.

[371] vgl. *Missling*, in: Theobald/Kühling, § 43, Rn. 58.

[372] vgl. § 74 Abs. 2 VwVfG.

[373] vgl. *Pielow*, in: Säcker, § 43, Rn. 66.

[374] vgl. *Pielow*, in: Säcker, § 43, Rn. 36; *Drygalla-Hein*, in: de Witt/Scheuten, § 24, Rn. 58 ff.

[375] vgl. *Kment*, in: Kment, § 43, Rn. 35; *Pielow*, in: Säcker, § 43, Rn. 51.

[376] vgl. *Kment*, in: Kment, § 43, Rn. 36; *Missling*, in: Theobald/Kühling, § 43, Rn. 23; *Hermes/Kupfer*, in: Britz/Hellermann/Hermes, § 43, Rn. 17.

[377] vgl. *Pielow*, in: Säcker, § 43, Rn. 41: Zielekonformität. Grundsätzlich gegen die Zielekonformität eines parallelen Leitungsbaus, vgl. *Pielow*, in: Säcker, § 43, Rn. 45.

[378] vgl. *Pielow*, in: Säcker, § 43, Rn. 47.

[379] vgl. BVerwGE 48, 56, 60; BVerwGE 56, 110, 118; BVerwGE 84, 123, 131; BVerwGE 114, 364, 370 ff.; BVerwGE 125, 116.

Abs. 1 EnWG her, jedoch bezogen auf ein konkretes Vorhaben.[380] Die Voraussetzung der Planrechtfertigung ist gerichtlich umfänglich überprüfbar.[381] Die Planrechtfertigung gewinnt – trotz Kritik[382] – insbesondere dann an Bedeutung, wenn sich im Rahmen der Untersuchung zeigt, dass die Bedarfsermittlung und planerische Abwägung Privaten vorbehalten sind.

Bei der Prüfung der Planrechtfertigung ist zwischen den Vorhaben zu unterscheiden, für welche die Erforderlichkeit bereits in einem besonderen Bedarfsermittlungsverfahren festgestellt wurde,[383]und sonstigen Vorhaben.[384]

Für die Vorhaben, die in dem Bedarfsplan als Anlage zu § 1 Abs. 1 EnLAG aufgeführt sind, legt § 1 Abs. 2 EnLAG fest, dass sie den Zielsetzungen des § 1 EnWG entsprechen und dass für sie die energiewirtschaftliche Notwendigkeit und der vordringliche Bedarf feststehen.[385] Die Realisierung dieser Vorhaben ist aus Gründen eines überragenden öffentlichen Interesses und im Interesse der öffentlichen Sicherheit erforderlich. Diese Feststellungen sind für die Planfeststellung und die Plangenehmigung nach den §§ 43 bis 43d des EnWG verbindlich.[386] Eine Nachprüfung der Planrechtfertigung im Planfeststellungsverfahren ist daher nicht zulässig.[387] Auch die gerichtliche Kontrolle ist in Fällen der gesetzlichen Bedarfsfestlegung eingeschränkt.[388] Die Gerichte prüfen, ob die Festlegung des Bedarfs evident unsachlich ist.[389]

Das Gleiche gilt für die Vorhaben nach dem BBPlG. Nach § 12e Abs. 4 EnWG wird mit Erlass des Bundesbedarfsplans für die darin enthaltenen Vorhaben die energiewirtschaftliche Notwendigkeit und der vordringliche Bedarf festgestellt.[390] Die Feststellungen sind für die Betreiber von Übertragungsnetzen sowie für die Planfeststellung und die Plangenehmigung nach den §§ 43 bis 43d EnWG und §§ 18 bis 24 NABEG verbindlich.

Auch im BBPlG wird in § 1 Abs. 1 die verbindliche Feststellung des vordringlichen Bedarfs nochmal betont: „Für die in der Anlage zu diesem Gesetz aufgeführten Vorhaben, die der Anpassung, Entwicklung und dem Ausbau der Übertragungsnetze […], werden die energiewirtschaftliche Notwendigkeit und der vor-

---

380 vgl. *Kment*, in: Kment, § 43, Rn. 38.

381 vgl. *Pielow*, in: Säcker, § 43, Rn. 37, 50.

382 Gegen das separate Erfordernis der Planrechtfertigung (da Bestandteil des Abwägungsgebots): *Müller*, Abschied von der Planrechtfertigung, S. 71 ff.; *Wahl/Dreier*, NVwZ 1999, 606, 613.

383 vgl. § 1 EnLAG und § 1 BBPlG.

384 vgl. *Pielow*, in: Säcker, § 43, Rn. 40.

385 vgl. *Schmitz/Uibeleisen*, Rn. 96.

386 vgl. § 1 Abs. 2 S. 3 EnLAG.

387 vgl. *Kment*, in: Kment, § 43, Rn. 38; *Pielow*, in: Säcker, § 43, Rn. 39.

388 vgl. *Ziekow*, in: Ziekow, S. 172.

389 vgl. BVerwG, NVwZ 2011, 177, Rn. 38; BVerwG, NVwZ 2013, 1209, Rn. 21.

390 vgl. *Schmitz/Uibeleisen*, Rn. 161 f.

dringliche Bedarf zur Gewährleistung eines sicheren und zuverlässigen Netzbetriebs als Bundesbedarfsplan gemäß § 12e des Energiewirtschaftsgesetzes festgestellt. Die Realisierung dieser Vorhaben ist aus Gründen eines überragenden öffentlichen Interesses und im Interesse der öffentlichen Sicherheit erforderlich."

Bei Vorhaben außerhalb der Anwendungsbereiche des NABEG und des EnLAG ist aus planungsrechtlicher Sicht[391] eine substanzielle Prüfung der energiewirtschaftlichen Erforderlichkeit erforderlich, welche als Grundlage der notwendigen Bedarfsprognose energiepolitische und energiewirtschaftliche Ziele, Prognosen und Zweckvorstellungen zu berücksichtigen hat.[392]

Danach wird das Fehlen eines kodifizierten Bedarfsermittlungsverfahrens für die Ermittlung des energetischen Bedarfs, welche, wie bereits dargestellt, den Privaten obliegt, als eine Rechtfertigung für die Übertragung der Bedarfsermittlung auf staatliche Akteure in einem dafür ungeeigneten Verfahren (Planfeststellungsverfahren dient – vereinfacht dargestellt – in erster Linie der Konfliktbewältigung und Gewährleistung der Rechtskonformität) herangezogen. Nicht nachvollziehbar ist hier insbesondere, warum bei grenzüberschreitenden und länderübergreifenden und damit besonders systemrelevanten Leitungen der Bedarf – zwar in einem koordinierten Verfahren – und dennoch durch Private ermittelt wird und bei sonstigen Leitungen der Bedarf durch eine behördliche Entscheidung abschließend festgelegt werden soll.

Als weiteren Grund für die Notwendigkeit der Überprüfung des energetischen Bedarfs als einen eigenständigen Gehalt der Planrechtfertigungsprüfung im Energiefachplanungsrecht wird der Umstand angeführt, dass Vorhabenträger regelmäßig nicht die öffentliche Hand ist, sondern private Unternehmen, bei denen – wenn es sich um vertikal integrierte Unternehmen handelt – zudem die Tendenz naheliegt, dass Netzausbauvorhaben nicht (nur) an dem öffentlichen Gesamtinteresse aller Produzenten und Verbraucher auszurichten.[393]

Dieses Argument ist besonders interessant, da es den Grad der Ausrichtung privaten und staatlichen Handels an gesetzlichen Zielen adressiert. Das Handeln Privater wird unter anderem dadurch gekennzeichnet, dass Private auch andere als gesetzliche Ziele verfolgen. Der Grad der Gesetzestreue bzw. der Bindung an die gesetzlichen Ziele (und im Ergebnis die Gemeinwohlbindung) wird durch das Gesetz selbst festgelegt.

Solange Private im Rahmen der rechtlich festgelegten Gemeinwohlbindung im Sinne der Gemeinwohlverwirklichung handeln, im Fall der Energiewirtschaft also eine möglichst sichere, preisgünstige, verbraucherfreundliche, effiziente und umweltverträgliche leitungsgebundene Versorgung der Allgemeinheit mit Elektrizität und Gas gewährleisten, dürfen Private auch andere als gesetzliche Ziele verfolgen.

---

[391] vgl. *Hermes*, in: Schneider/Theobald, § 7, Rn. 132.

[392] vgl. *Pielow*, in: Säcker, § 43, Rn. 36; *Kment*, in: Kment, § 43, Rn. 38.

[393] vgl. *Hermes*, a. a. O.

Die Gewinnerzielung schließt dabei insbesondere die Preisgünstigkeit nicht aus. So führt nach Ansicht des klassisch-liberalen Nationalökonomen Adam Smith das eigennützig-rationale Streben des einzelnen Wettbewerbers nach maximalem Gewinn zugleich zu steigendem Gemeinwohl, da es durch den Marktmechanismus (das Prinzip der unsichtbaren Hand) zur günstigsten Güterversorgung kommt.[394]

Anders wäre dies bei einer staatlichen Erfüllung der Energieversorgungsaufgabe – dann würde die Gewinnerzielung im Vergleich zur Preisgünstigkeit deutlich in den Hintergrund treten. Das Ziel der Preisgünstigkeit würde dann nicht über den Umweg der wettbewerblichen Preisbildung am Markt, sondern durch staatliches Handeln erreicht werden (z. B. durch subventionierte Leistungsbereitstellung).

Die Erfahrung zeigt zudem, dass die öffentliche Hand bzw. ihre Unternehmen oft weniger wirtschaftlich und effizient handeln als Private,[395] so dass alleine der Umstand, dass die Aufgabeerfüllung durch Private und nicht durch die öffentliche Hand erfolgt, vermag den Ersatz einer privaten Bedarfsentscheidung durch eine behördliche – um „Netzausbauvorhaben […] an dem öffentlichen Gesamtinteresse aller Produzenten und Verbraucher auszurichten“[396] – nicht zu rechtfertigen.

Ferner sprechen auch praktische Gründe gegen die Ermittlung des Bedarfs durch die Verwaltung. Die Planfeststellungsbehörde dürfte mit einer eigenständigen Bedarfsprognose überfordert sein, weil der mittel- und langfristige Bedarf nur unter Einbeziehung einer Vielzahl von Gesichtspunkten eingeschätzt werden kann und die Behörde über das für die Bedarfsermittlung erforderliche Knowhow nicht verfügt.

Demnach muss sich die Planfeststellungsbehörde auf eine Plausibilitätskontrolle der Prognosen des Netzbetreibers beschränken.[397]

---

394 vgl. *Smith*, An Inquiry into the Nature and Causes of the Wealth of Nations, 1776/1994, 369.

395 BKartA, Der Staat als Unternehmer, S. 19: „Auch wenn es viele sehr effiziente kommunale Unternehmen gibt, haben kommunale Unternehmen grundsätzlich geringere Anreize als private Anbieter, effizient zu wirtschaften. Denn die öffentliche Hand kann Verluste im Notfall in der Regel über Steuereinnahmen oder Gebühren decken, während ihre privaten Konkurrenten teures Kapital einwerben oder im Extremfall sogar aus dem Markt austreten müssten. Auch die Verfolgung besonderer kommunalpolitischer Ziele, wie zum Beispiel der Erhalt von Arbeitsplätzen in der Region, kann zu Effizienzverlusten führen. Wirtschaftet ein kommunales Unternehmen weniger effizient als ein Privater, zahlt der Bürger unter Umständen mehr für die Leistung. In der Energie- und Wasserwirtschaft zeigen zahlreiche Beispiele, dass öffentliche Versorger vielfach nicht die preisgünstigste Leistung anbieten.“ mit Verweis auf Monopolkommission, Sondergutachten Strom und Gas 2011: Wettbewerbsentwicklung mit Licht und Schatten, BT-Drs. 17/7181, Rn. 695, 709: „Demnach liegen kommunale Stromanbieter auf dem Markt für Sondervertragskunden tendenziell nicht unter den günstigsten Anbietern.“

396 *Hermes*, in: Schneider/Theobald, § 7, Rn. 132.

397 vgl. *Schiller*, UPR 2009, 245, 246.

d) Bindung an die Ergebnisse der höherstufigen Planungen

Bindungen der Planfeststellung an höherstufige Planungen können sich vor allem aus den Erfordernissen der Raumordnung ergeben.[398] Wie bereits gesehen,[399] hat die Planfeststellungsbehörde im Falle von Unternehmen der Energiewirtschaft mit mehrheitlicher staatlicher Beteiligung die Ziele der Raumordnung nach § 4 Abs. 1 ROG zu beachten (strikte Beachtenspflicht).[400] Daneben sind Grundsätze der Raumordnung und sonstige Erfordernisse der Raumordnung im Rahmen der Abwägung zu berücksichtigen. Bei Unternehmen ohne mehrheitliche staatliche Beteiligung sind die Erfordernisse der Raumordnung nach § 4 Abs. 2 ROG zu berücksichtigen.[401]

Weitere Bindungen können sich für das Planfeststellungsverfahren aus dem Bereich der Trassenfindung ergeben. Nach § 15 NABEG ist die Entscheidung nach § 12 NABEG (Trassenfindung und Raumverträglichkeit) für die Planfeststellungsverfahren nach §§ 18 ff. NABEG verbindlich. Außerhalb von NABEG fehlt es an vergleichbaren Regelungen, welche eine höherstufige Trassenfindung für verbindlich erklären würden. Deswegen kommt es den Ergebnissen anderer Trassenfindungsverfahren, welche als Raumordnungsverfahren durchgeführt werden, keine Bindungswirkung zu und sie werden als sonstiges Erfordernis der Raumordnung nach Maßgabe des § 4 Abs. 1 S. 1 i. V. m. § 3 Abs. 1 Nr. 4 ROG berücksichtigt.

e) Zwingende Bindungen materiellen Rechts

Eine wichtige Rolle bei der Steuerung der Handlung Privater im Sinne der Gemeinwohlmaximierung kommt neben den richtungsweisenden Zielbestimmungen des EnWG, welche bereits auf der Ebene der Ermittlung des energetischen Bedarfs ihre steuernde Wirkung entfalten, insbesondere dem zwingenden materiellen Recht außerhalb des EnWG.[402]

Seine abschließende Berücksichtigung in allen Details bereits im frühen Stadium der höherstufigen Planung würde diese unnötig überfrachten. In der Praxis werden Risiken für die Realisierung eines Projekts – auch durch entgegenstehende Vorgaben des materiellen Rechts – naturgemäß vorab geprüft und ihre Bewertung fließt in die Ermittlung des Bedarfs, so dass ein Leitungsvorhaben, welches zwar den Zielen des EnWG entsprechen würde, jedoch aufgrund von z. B. entgegenstehenden besonders schutzwürdigen Belangen des Naturschutzes aller Voraussicht nach nicht realisiert

---

[398] vgl. *Pielow*, in: Säcker, § 43, Rn. 52; *Missling*, in: Theobald/Kühling, § 43, Rn. 27; *Hermes/Kupfer*, in: Britz/Hellermann/Hermes, § 43, Rn. 19.

[399] vgl. u. E. VII. 5.

[400] vgl. *Hermes/Kupfer*, in: Britz/Hellermann/Hermes, § 43, Rn. 7.

[401] vgl. *Hermes/Kupfer*, in: Britz/Hellermann/Hermes, § 43, Rn. 8.

[402] vgl. *Kment*, in: Kment, § 43, Rn. 39; *Pielow*, in: Säcker, § 43, Rn. 51; *Missling*, in: Theobald/Kühling, § 43, Rn. 26; *Hermes/Kupfer*, in: Britz/Hellermann/Hermes, § 43, Rn. 18a; *Drygalla-Hein*, in: de Witt/Scheuten, § 24, Rn. 63 f.

werden darf, nicht für den bedarfsgerechten Ausbau bei der Bedarfsermittlung berücksichtigt wird, sondern es wird nach Alternativen gesucht.

Zu beachten sind insbesondere die allgemeinen naturschutzrechtlichen Regelungen[403] sowie die Vorschriften des Pflanzen-, Tier-[404] sowie des Artenschutzes[405] als auch die Vorschriften zum Schutz der Natura-2000-Gebiete.[406]

Ferner sind zu beachten die Vorgaben aus dem Baurecht, aus dem Wasserrecht, dem Denkmalrecht sowie aus den Waldgesetzen.[407]

Zwingend zu beachten sind auch die Anforderungen an die technische Sicherheit[408] sowie sonstige für Energieanlagen einschlägigen Rechtsvorschriften.[409] Diese sind z. B. die 26. BImSchV[410] sowie die Verordnung über Gashochdruckleitungen.[411]

f) Abwägung

Nach § 43 Abs. 3 EnWG sind bei der Planfeststellung die von dem Vorhaben berührten öffentlichen und privaten Belange im Rahmen der Abwägung zu berücksichtigen.[412] Gegenstand der Abwägung sind auch Trassenalternativen[413] und die Standortentscheidung sowie die Abschnittsbildung.[414]

Das allgemeine planungsrechtliche Abwägungsgebot erfordert, dass die zu berücksichtigenden Belange ermittelt und in die Abwägung eingestellt werden.[415]

---

[403] vgl. *Kment*, in: Kment, § 43, Rn. 42; *Pielow*, in: Säcker, § 43, Rn. 60 f., 65; *Missling*, in: Theobald/Kühling, § 43, Rn. 30 f.; *Hermes/Kupfer*, in: Britz/Hellermann/Hermes, § 43, Rn. 22a f.

[404] vgl. §§ 39 ff. BNatSchG.

[405] vgl. §§ 44 ff. BNatSchG.

[406] Vogelschutz-Richtlinie, Richtlinie 2009/147/EG vom 30. November 2009 über die Erhaltung der wildlebenden Vogelarten; FFH-Richtlinie, Richtlinie 92/43/EWG vom 21. Mai 1992 zur Erhaltung der natürlichen Lebensräume sowie der wildlebenden Tiere und Pflanzen.

[407] vgl. *Kment*, in: Kment, § 43, Rn. 33.

[408] vgl. § 49 EnWG.

[409] vgl. § 49 Abs. 1 S. 2 EnWG.

[410] Verordnung über elektromagnetische Felder in der Fassung der Bekanntmachung vom 14. August 2013, BGBl. I S. 3266.

[411] Gashochdruckleitungsverordnung vom 18. Mai 2011, BGBl. I S. 928, GasHDrLtgV.

[412] vgl. *Pielow*, in: Säcker, § 43, Rn. 66; *Missling*, in: Theobald/Kühling, § 43, Rn. 37; *Drygalla-Hein*, in: de Witt/Scheuten, § 24, Rn. 66 f.

[413] vgl. *Pielow*, in: Säcker, § 43, Rn. 71; *Hermes/Kupfer*, in: Britz/Hellermann/Hermes, § 43, Rn. 18, 27; *Missling*, in: Theobald/Kühling, § 43, Rn. 44; *Drygalla-Hein*, in: de Witt/Scheuten, § 24, Rn. 99 ff.

[414] vgl. *Kment*, in: Kment, § 43, Rn. 44; *Missling*, in: Theobald/Kühling, § 43, Rn. 44c; *Hermes/Kupfer*, in: Britz/Hellermann/Hermes, § 43, Rn. 27; *Drygalla-Hein*, in: de Witt/Scheuten, § 24, Rn. 92 ff.

[415] vgl. *Ziekow*, in: Ziekow, S. 179.

Sodan müssen diese Belange entsprechend ihrem Gewicht bewertet werden.[416] Schließlich muss ein Ausgleich zwischen den berührten privaten und öffentlichen Belangen vorgenommen werden. Der Ausgleich darf nicht außer Verhältnis zur objektiven Gewichtigkeit der berührten Belange stehen.[417]

Die objektive Gewichtigkeit der Belange bildet den äußeren Rahmen für die Abwägung. Innerhalb dieses Rahmens steht der Planfeststellungsbehörde ein Abwägungsspielraum zu.[418] Jedoch auch innerhalb des Abwägungsspielraums entscheidet die Behörde nicht völlig frei.

Die Grenze planerischer Gestaltung bei der Auswahl zwischen Trassenvarianten ist erst dann überschritten, wenn sich der Behörde eine andere als die planfestgestellte Trasse hätte aufdrängen müssen.[419]

Ferner hat das BVerwG – wie bereits erwähnt – festgestellt, dass im behördlichen Prüfungsverfahren die Vorhabenplanung abwägend nachzuvollziehen sei. D. h. die Behörde darf nicht bei gleichwertigen Konfliktbewältigungsalternativen von der privaten Vorhabenplanung abweichen und die von ihr favorisierte Alternative ohne weiteres an die Stelle des vom Vorhabenträger gewählten Lösungsoption setzten. Nur wenn es sich aufdrängt, dass der durch die Behörde gewählte Ausgleich nachweislich besser ist als der vom Vorhabenträger vorgeschlagene, darf die Behörde die Entscheidung des Vorhabenträgers durch ihre eigene Entscheidung ersetzen.[420]

Die gegenteilige Auffassung geht von einer alleinigen Abwägungsbefugnis der Planungsbehörde aus:

> „Die im sonstigen Fachplanungsrecht anzutreffende Auffassung, die planerische Gestaltungsfreiheit stehe allein oder in erster Linie dem Vorhabenträger zu und sei von der Planfeststellungsbehörde lediglich abwägend nachzuvollziehen, kann im Rahmen des § 43 EnWG keine Geltung beanspruchen, weil den privaten Trägern von Energievorhaben für eine behördlich und/oder gerichtlich nicht voll überprüfbare Abwägung die erforderliche demokratische Legitimation fehlt."[421]

Die Forderung der Gegenauffassung nach der demokratischen Legitimation der planenden Stelle ist grundsätzlich berechtigt. Allerdings muss im Hinblick auf die Anforderungen an die demokratische Legitimation nach der Art der Erfüllung einer öffentlichen Aufgabe unterschieden werden. Im Falle einer staatlichen Erfüllung einer öffentlichen Aufgabe, dürfte das Erfordernis, aber auch das Vorliegen einer

---

[416] vgl. *Ziekow*, in: Ziekow, S. 183.

[417] vgl. *Ziekow*, in: Ziekow, S. 183.

[418] Die Planfeststellungsbehörde überprüft die Konzeption des Vorhabenträgers auf Grundlage einer eigenen Abwägungsentscheidung, vgl. BVerwG, NVwZ 2016, 844, Rn. 170.

[419] vgl. BVerwGE 121, 72; *Missling*, in: Theobald/Kühling, § 43, Rn. 44d.

[420] vgl. BVerwGE 72, 365, 367; 97, 143, 148 f.

[421] *Hermes*, in: Schneider/Theobald, § 7, Rn. 143; gegen einen umfassenden behördlichen Gestaltungsspielraum: BVerwGE 127, 259, Rn. 28; BVerwG, NVwZ 2007, 833, Rn. 27; BVerwG, NVwZ 2007, 841, Rn. 21; VGH München, UPR 2011, 449, 451; OVG Koblenz, NVwZ-RR 2013, 630, 631; *Ziekow*, in: Ziekow, § 6, Rn. 3.

demokratischen Legitimation außer Frage stehen. Anders ist die Situation im Falle eine Aufgabenerfüllung durch Private in einem Gewährleistungsstaat zu beurteilen.

Dass, wenn der Staat Private öffentliche Aufgaben erfüllen lässt, die demokratische Legitimation nicht dic gleiche Intensität wie im Falle einer staatlichen Aufgabenerfüllung hat, liegt auf der Hand. Hierin sieht die die Einführung einer staatlichen Planung favorisierende Auffassung den Kern des Problems und begründet die Notwendigkeit des Belassens der Planung in der staatlichen Domäne mit der besonderen Infrastrukturverantwortung des Staates.[422]

Fraglich bleibt, ob das Ziel der strikten Infrastrukturverantwortung auch ohne eine rein staatliche Planung erreicht werden kann, denn, rein praktisch gesehen, ist eine ausschließlich staatliche energetische Planung im Falle der privaten Aufgabenerfüllung nicht möglich, da der Staat auf die Angaben der EVU zum Energiesystem sowie auf ihre Bedarfsprognosen angewiesen ist.

Vor dem Hintergrund der Sicherung der Infrastrukturverantwortung könnte es ausreichen, wenn der Gesetzgeber durch den Rechtsrahmen des Energierechts sowie durch andere zwingende Vorgaben (Naturschutz, Sicherheit, Umweltschutz) Bindungen der EVU an das Gemeinwohl schafft, so dass – im Sinne der Infrastrukturverantwortung – gewährleistet ist, dass die Marktakteure, obwohl sie in erster Linie von privaten Interessen geleitet werden, im Sinne der Gemeinwohlmaximierung handeln.

Wenn die rechtlichen Rahmenbedingungen gewährleisten, dass Private gemeinwohlorientiert agieren (und insbesondere auch planen) und zwar so, dass auch eine staatliche Stelle im Hinblick auf die Gemeinwohlerreichung im Ergebnis nicht anders gehandelt hätte, so stellt sich die Frage, ob dann noch ein Mehr an demokratischer Legitimation einen Zugewinn für die Gemeinwohlmaximierung bedeuten würde.

Stellt man nicht das Gemeinwohl, sondern die Einhaltung verfassungsrechtlicher Vorgaben zur demokratischen Legitimation (Legitimationskettentheorie[423]) in den Vordergrund und geht davon aus, dass die demokratische Legitimation nur innerhalb des Staates durchgereicht werden kann, so könnte eine die private Planung abwägend nachvollziehbare Verwaltungsentscheidung ein Anknüpfungspunkt für die Verleitung der demokratischen Legitimation für die private Planung sein (die Verwaltung macht sich die private Planung zu eigen und aus einer privaten Planungsentscheidung wird eine staatlich legitimierte Planungsentscheidung).

Allerdings könnte der letzte Punkt der Übernahme der privaten Planung durch die Verwaltung für die Schaffung der demokratischen Legitimation nicht zwingend sein. Dass Private demokratisch legitimiert sein können, dürfte unstreitig sein (etwa bei Beleihung, wobei die EVU keine Beliehene sind, da es an einem förmlichen Be-

---

[422] vgl. *Hermes*, Infrastrukturverantwortung, S. 356 ff., 380 f., 400 ff. 477 ff.

[423] vgl. *Böckenförde*, in: Isensee/Kirchhof, Bd. II, § 24, Rn. 11–25.

leihungsakt fehlt). Die Verwaltung schöpf ihre demokratische Legitimation vor allem aus der Bindung an Recht und Gesetz.[424]

Wenn der energierechtliche Rahmen die Bindung Privater an das durch ebendiesen Rechtsrahmen ausgeformte Gemeinwohl gewährleistet, spricht einiges dafür, dass durch diese Bindung dem Handeln Privater auch die demokratische Legitimation vermittelt wird. Dieses Ergebnis hätte unter anderem zur Konsequenz, dass das als Trägerverfahren für die UVP eingeführte Planfeststellungsverfahren mit einer staatlichen – wenn auch nur abwägend nachvollziehbaren – Abwägungsentscheidung (als energierechtliches Planungsverfahren) obsolet wäre (es bleiben die einschlägigen Genehmigungsverfahren, z. B. Baugenehmigungsverfahren bei Leitungen, BImSchG-Genehmigungsverfahren bei bestimmten Erzeugungsanlagen).

Will man dennoch – entweder aus rein formellen Gründen (z. B. aus Gründen der Notwendigkeit der Vermittlung der demokratischen Legitimation für die private Planung) an dem Erfordernis eines staatlichen Aktes als Abschluss der Planung festhalten, so könnte auf eine Genehmigung des Plans (keine Plangenehmigung im Sinne des EnWG) zurückgegriffen werden (energierechtliche Genehmigung, mit einer abwägenden Nachvollziehung als interner Vorgang im Rahmen der Prüfung der privaten Planung, jedoch ohne Ersetzungsbefugnis der Behörde, d. h. private Planung darf nicht durch das Ergebnis der behördlichen Abwägung ersetzt werden).

10. Planfeststellung nach §§ 18 ff. NABEG

Aus den §§ 18 ff. NABEG ergeben sich einige Abweichungen von den allgemeinen Vorschriften der §§ 43 ff. EnWG in Bezug auf länderübergreifende und grenzüberschreitende Höchstspannungsleitungen.[425]

Nach § 18 Abs. 5 NABEG sind für das Planfeststellungsverfahren und daran anknüpfende Verfahren die Bestimmungen in Teil 5 des EnWG entsprechend anzuwenden, sofern das NABEG keine abweichenden Regelungen enthält.[426] Über die Verweisung in § 43 Abs. 4 EnWG finden daher auch die §§ 72 bis 78 VwVfG auf Planfeststellungsverfahren nach §§ 18 ff. NABEG Anwendung.[427]

In dem § 2 Abs. 2 NABEG wurde die Bundesregierung ermächtigt, in einer Rechtsverordnung mit Zustimmung des Bundesrates für länderübergreifende oder grenzüberschreitende Höchstspannungsleitungen und Anbindungsleitungen von den Offshore-Windpark-Umspannwerken zu den Netzverknüpfungspunkten an Land festzulegen, dass die Planfeststellungsverfahren von der BNetzA durchgeführt

[424] vgl. Art. 20 Abs. 3 GG.

[425] vgl. *Schmitz/Uibeleisen*, Rn. 411; *Scheuten*, in: de Witt/Scheuten, § 18, Rn. 4 f.

[426] vgl. *Scheuten*, in: de Witt/Scheuten, § 18, Rn. 101.

[427] vgl. *Schmitz/Uibeleisen*, Rn. 541.

werden.[428] Von dieser Ermächtigung hat die Bundesregierung durch Erlass der Planfeststellungszuweisungverordnung[429] Gebrauch gemacht.

Nach § 1 PlfZV ist die BNetzA für die Durchführung von Planfeststellungsverfahren betreffend die im BBPlG mit „A1“ gekennzeichneten länderübergreifenden Höchstspannungsleitungen und die mit „A2“ gekennzeichneten grenzüberschreitenden Höchstspannungsleitungen zuständig.[430] Eine solche Konzentration der Zuständigkeit dient der Beschleunigung der Planfeststellungsverfahren.[431]

Es werden jedoch – wie bereits erwähnt – gegen eine Übertragung der Zuständigkeit auf die BNetzA verfassungsrechtliche Bedenken vorgebracht (Fehlen einer ausreichenden verfassungsrechtlichen Grundlage für die Begründung der Bundesverwaltung sowie Fehlerhaftigkeit der Begründung der Bundesverwaltung durch eine Rechtsverordnung anstelle eines Parlamentsgesetzes[432]).

Eine verfahrenstechnische Besonderheit ergibt sich ferner aus § 20 NABEG, wonach vor dem Anhörungsverfahren[433] und unverzüglich nach Einreichung des Antrags[434] eine Antragskonferenz mit dem Vorhabenträger sowie den betroffenen Trägern öffentlicher Belange und Vereinigungen durchzuführen ist.[435] Die Antragskonferenz bildet eine Vorstufe zur Anhörung und bietet erste Gelegenheit zur Konfliktlösung.[436]

Nach § 21 NABEG wird der bereits an die Ergebnisse der Antragskonferenz angepasste Plan bei der Planfeststellungsbehörde eingereicht.[437] Sodann findet das eigentliche Anhörungsverfahren[438] mit der Veröffentlichung des Plans im Internet[439] und einem Erörterungstermin[440] statt. § 23 NABEG bestimmt, dass die UVP auf Grund der in der Bundesfachplanung bereits durchgeführten Strategischen Umweltprüfung auf zusätzliche oder andere erhebliche Umweltauswirkungen der be-

---

[428] vgl. *Scheuten*, in: de Witt/Scheuten, § 18, Rn. 54.

[429] Verordnung über die Zuweisung der Planfeststellung für länderübergreifende und grenzüberschreitende Höchstspannungsleitungen auf die Bundesnetzagentur vom 23. Juli 2013, BGBl. I S. 2582, PlfZV.

[430] vgl. *Pielow*, in: Säcker, § 43, Rn. 34.

[431] vgl. *Schmitz/Uibeleisen*, Rn. 540; *Missling*, in: Theobald/Kühling, § 43a, Rn. 4.

[432] vgl. *Hermes*, in: Schneider/Theobald, § 7, Rn. 157 m. w. N.

[433] vgl. § 22 NABEG.

[434] vgl. § 19 NABEG; *Schmitz/Uibeleisen*, Rn. 549; *Wiesendahl*, in: de Witt/Scheuten, § 19, Rn. 2.

[435] vgl. *Schmitz/Uibeleisen*, Rn. 544, 546.

[436] vgl. *Wiesendahl*, in: de Witt/Scheuten, § 20, Rn. 3.

[437] vgl. *Schmitz/Uibeleisen*, Rn. 543; *Wiesendahl*, in: de Witt/Scheuten, § 21, Rn. 5.

[438] vgl. *Wiesendahl*, in: de Witt/Scheuten, § 22, Rn. 1, 3; *Schmitz/Uibeleisen*, Rn. 552 f.

[439] vgl. § 33 Abs. 4 NABEG; *Wiesendahl*, in: de Witt/Scheuten, § 22, Rn. 53.

[440] vgl. § 22 Abs. 7 NABEG; *Schmitz/Uibeleisen*, Rn. 556; *Wiesendahl*, in: de Witt/Scheuten, § 22, Rn. 76.

antragten Stromleitung beschränkt werden kann, was der Abschichtung des Prüfungsstoffes dient und dadurch hilft, Doppelprüfungen zu vermeiden.[441]

Materiellrechtliche Besonderheiten ergeben sich aufgrund der Bindungswirkung des in dem Bedarfsplan[442] sowie im Rahmen der Bedarfsplanung ermittelten Bedarfs[443] für die nachfolgende Planfeststellung, so dass es im Rahmen der Planfeststellung keiner Prüfung der Frage der Planrechtfertigung für länderübergreifende und grenzüberschreitende Höchstspannungsleitungen mehr bedarf.[444]

Eine darüberhinausgehende fachplanungsrechtliche Abwägung zwecks Standortermittlung und Zulassung findet gemäß § 18 Abs. 4 S. 1 NABEG statt.[445]

Weitere Abweichung der Planfeststellung nach NABEG von einer solchen nach EnWG ergibt sich aus dem Vorrang der Bundesfachplanung vor der Landesplanung.[446] Aus § 15 Abs. 1 S. 1 i.V.m. § 5 Abs. 2 NABEG ergibt sich, dass die Feststellung der Übereinstimmung mit den bestehenden Erfordernissen der Raumordnung nach § 12 NABEG für die Planfeststellungsverfahren nach §§ 18ff. verbindlich ist und daher nicht mehr geprüft werden muss.[447]

Die nachfolgenden Landesplanungen sind nach § 15 Abs. 1 S. 2 NABEG nachrangig. Danach spielt § 4 ROG keine Rolle mehr für die Planfeststellung nach §§ 18 NABEG, was im Hinblick auf das Ziel der Vermeidung von Doppelprüfungen (bzgl. bestehenden Erfordernissen der Raumordnung) sowie im Hinblick auf den Beschleunigungsgedanken und Planungssicherheit (bzgl. nachfolgenden Landesplanungen) folgerichtig ist. Das Planfeststellungsverfahren wird dadurch abgeschlossen, dass die Planfeststellungsbehörde den Plan feststellt.[448]

11. Rechtsschutzfragen

Wie bereits gesehen,[449] bedeutet die „Strukturschaffungspflicht“[450] im Kontext des Gewährleistungsstaats den Auftrag an den Staat, eine geeignete Struktur, einen Rechtsrahmen für die arbeitsteilige Gemeinwohlverwirklichung zu schaffen.

---

441 vgl. *Wiesendahl*, in: de Witt/Scheuten, § 23, Rn. 2.

442 vgl. § 12e Abs. 4 EnWG.

443 vgl. § 15 Abs. 1 NABEG; *Schmitz/Uibeleisen*, Rn. 498.

444 vgl. *Scheuten*, in: de Witt/Scheuten, § 18, Rn. 74f.; *Drygalla-Hein*, in: de Witt/Scheuten, § 24, Rn. 109, 268.

445 vgl. *Scheuten*, in: de Witt/Scheuten, § 18, Rn. 87f.

446 vgl. *Schmitz/Uibeleisen*, Rn. 512f.; *Scheuten*, in: de Witt/Scheuten, § 18, Rn. 90.

447 vgl. *Scheuten*, in: de Witt/Scheuten, § 18, Rn. 76.

448 vgl. § 24 Abs. 1 NABEG; *Schmitz/Uibeleisen*, Rn. 557; *Pielow*, in: Säcker, § 43b, Rn. 4; *Missling*, in: Theobald/Kühling, § 43b, Rn. 1; *Drygalla-Hein*, in: de Witt/Scheuten, § 24, Rn. 1, 19ff.

449 vgl. B.III.

In diesem Zusammenhang stellt sich die Frage, ob der Gesetzgeber seiner Pflicht zur Schaffung eines geeigneten Rechtsrahmens für die private Aufgabenerledigung im Rahmen der arbeitsteiligen Gemeinwohlverwirklichung auch im Hinblick auf den Rechtsschutz genügt.

Dies ist insofern von Bedeutung als die Ebene des Rechtsschutzes nicht nur eine Kontrollebene für die Überprüfung der Gemeinwohlbindung ist, sondern weil sie auch der Rechtsdurchsetzung dient und damit letztendlich den Vorstellungen des Gesetzgebers über die Konkretisierung des Gemeinwohls zur Wirksamkeit verhilft. Darüber hinaus sichert sie (als eine Kontrollinstanz) die Balance zwischen der Gemeinwohlerreichung und der Gewährleistung der grundrechtlich garantierten Freiheiten Privater.

Ein effektives Rechtsschutzsystem widerspiegelt idealiter die Struktur der Regulierung auf der Ebene der Rechtsdurchsetzung, es komplementiert die Regulierung.

Zu begrüßen ist hier vor allem, dass der Gesetzgeber – wie sich im Folgenden[451] zeigen wird – nicht nur die Bedeutung eines effektiven Rechtsschutzes im Bereich der energetischen Gemeinwohlverwirklichung erkennt und ihn im Ergebnis gewährleistet, sondern dass er insbesondere auch Beschleunigungspotenziale nutzt (wie z. B. Rechtswegverkürzung, Wegfall der aufschiebenden Wirkung, Begründungsfrist).

a) Vorbemerkung

Nach § 15 Abs. 3 S. 2 NABEG wird Rechtsschutz gegen die Bundesfachplanung nicht unmittelbar gewährt, sondern nur im Rahmen des Rechtsbehelfsverfahrens gegen die Zulassungsentscheidung für die jeweilige Ausbaumaßnahme; auch der Vorhabenträger kann gegen die Entscheidung nach § 12 Abs. 2 NABEG grundsätzlich nicht vorgehen, da sie keine unmittelbare Außenwirkung hat (vgl. § 15 Abs. 3 S. 1 NABEG).[452]

b) Zuständigkeit

Nach § 50 Abs. 1 Nr. 6 VwGO ist das Bundesverwaltungsgericht im ersten und letzten Rechtszug für sämtliche Streitigkeiten, die Planfeststellungsverfahren und

[450] vgl. *Franzius*, Der Staat 42 (2003), S. 493, 498; *Burgi*, Die Verwaltung 33 (2000), S. 183 ff.; *Schuppert*, WZB-Mitteilungen, Heft 104, Juni 2004, S. 8 f.

[451] vgl. auch E. VII. 12. e), E. VIII. (Zusammenfassung) a. E., F. V., G. IV.

[452] vgl. *Schmitz/Uibeleisen*, Rn. 518, 521; Bedenken wegen einer möglichen Verletzung der Garantie des effektiven Rechtsschutzes, vgl. *Erbguth*, DVBl. 2012, 325, 328.

Plangenehmigungsverfahren für Vorhaben betreffen, die in dem EnLAG sowie dem BBPlG (vgl. § 6 BBPlG)[453] bezeichnet sind, zuständig.[454]

Nach § 48 Abs. 1 S. 1 Nr. 4 und 4 a VwGO entscheidet das Oberverwaltungsgericht im ersten Rechtszug über sämtliche Streitigkeiten, die Planfeststellungsverfahren gemäß § 43 EnWG betreffen, soweit nicht die Zuständigkeit des Bundesverwaltungsgerichts nach § 50 Absatz 1 Nr. 6 VwGO begründet ist, sowie welche Planfeststellungsverfahren für die Errichtung, den Betrieb und die Änderung von Einrichtungen nach § 45 Abs. 1 WindSeeG betreffen.[455]

Nach § 48 Abs. 1 S. 2 VwGO gilt die Zuständigkeit der Oberverwaltungsgerichte auch für Streitigkeiten über Genehmigungen, die anstelle einer Planfeststellung erteilt werden, sowie für Streitigkeiten über sämtliche für das Vorhaben erforderlichen Genehmigungen und Erlaubnisse, auch soweit sie Nebeneinrichtungen betreffen, die mit ihm in einem räumlichen und betrieblichen Zusammenhang stehen.

c) Aufschiebende Wirkung

Nach § 43e Abs. 1 S. 1 EnWG hat eine Anfechtungsklage gegen einen Planfeststellungsbeschluss oder eine Plangenehmigung keine aufschiebende Wirkung.[456] Dies trägt dem Interesse des Vorhabenträgers an Planungssicherheit Rechnung[457] und dient der Beschleunigung der Vorhabenrealisierung.[458]

Kritisiert wird in diesem Zusammenhang, dass mit dem Ausschluss der aufschiebenden Wirkung nur eine Interimsregelung getroffen wird und durch diese Regelung das Risiko des Vorhabenträgers nicht verringert wird, dass der Planfeststellungsbeschluss nicht doch vom Verwaltungsgericht aufgehoben wird.[459]

Dies trifft zu, allerdings hat die Abweichung vom § 80 Abs. 1 S. 1 VwGO auch den Vorteil, dass Vorhaben nicht durch eine bloße Klageerhebung von womöglich von vornherein unbegründeten Klagen ausgebremst werden, denn die aufschiebende Wirkung wird nach ihrem Entfall nach § 80 Abs. 2 S. 1 Nr. 3 1. Alt. VwGO erst nach einer summarischen Prüfung der Erfolgsaussichten des Rechtsbehelfs nach § 80 Abs. 5 S. 1 1. Alt. VwGO angeordnet.

---

[453] vgl. *Drygalla-Hein*, in: de Witt/Scheuten, § 24, Rn. 389.

[454] vgl. *Kment*, in: Kment, § 43, Rn. 54; *Hermes*, in: Britz/Hellermann/Hermes, § 43e, Rn. 2; *Missling*, in: Theobald/Kühling, § 43e, Rn. 5.

[455] vgl. *Kment*, in: Kment, § 43, Rn. 54; *Pielow*, in: Säcker, § 43e, Rn. 14; *Hermes*, in: Britz/Hellermann/Hermes, § 43e, Rn. 2.

[456] vgl. *Hermes*, in: Britz/Hellermann/Hermes, § 43e, Rn. 1, 8; *Drygalla-Hein*, in: de Witt/Scheuten, § 24, Rn. 387; *Pielow*, in: Säcker, § 43e, Rn. 13, 16; *Missling*, in: Theobald/Kühling, § 43e, Rn. 9.

[457] vgl. *Kment*, in: Kment, § 43, Rn. 65.

[458] vgl. *Pielow*, in: Säcker, § 43e, Rn. 3; *Missling*, in: Theobald/Kühling, § 43e, Rn. 3.

[459] vgl. *Hermes*, in: Schneider/Theobald, § 7, Rn. 148.

Weitere Vorkehrung, um das Klageverfahren und im Ergebnis auch die Realisierung des Vorhabens zu beschleunigen, welche auch wie die Verkürzung der Rechtsschutzmöglichkeit und der Wegfall der aufschiebenden Wirkung als positiv zu bewerten ist, ist der § 43e Abs. 3 S. 1 EnWG, wonach der Kläger innerhalb einer Frist von sechs Wochen die zur Begründung seiner Klage dienenden Tatsachen und Beweismittel anzugeben hat.[460] Nach § 43e Abs. 3 S. 2 EnWG i. V. m. § 87b VwGO können verspätet vorgebrachten Erklärungen und Beweismittel zurückgewiesen werden.

d) Statthafte Klageart

Unabhängig davon, ob man mit der planungsrechtlichen Auffassung von einer originären staatlichen Planungsentscheidung[461] oder mit der Rechtsprechung[462] von einer abwägenden Nachvollziehung einer Planungsentscheidung ausgeht, hat ein Vorhabenträger aufgrund des Abwägungsspielraums der Verwaltung keinen Anspruch auf den Erlass eines Planfeststellungsbeschlusses oder einer Plangenehmigung.[463] Eine Verpflichtungsklage des Vorhabenträgers wäre mangels Entscheidungsreife unbegründet. Eine Bescheidungsklage mit dem Ziel, die Planfeststellungsbehörde zu verpflichten, über die Zulassung des Vorhabens unter Beachtung der Rechtsauffassung des Gerichts neu zu entscheiden, wäre dagegen statthaft.[464]

12. Sonstige nicht planfeststellungspflichtige Vorhaben

Wenn Energieanlagen weder nach §§ 18 ff. NABEG noch nach §§ 43 EnWG (und auch nicht nach SeeAnlV oder WHG) planfeststellungspflichtig sind, kommt für die Beurteilung der Standortwahl nur das Bauplanungsrecht in Betracht.[465]

a) Planerische Steuerungsmöglichkeit durch das Bauplanungsrecht

Die Steuerungsmöglichkeiten der Standortfindung für Energieanlagen mittels Bauplanungsrecht sind die Folgenden. Anlagen im Innenbereich können in der Regel

---

[460] vgl. *Hermes*, in: Britz/Hellermann/Hermes, § 43e, Rn. 4.

[461] vgl. *Hermes*, in: Schneider/Theobald, § 7, Rn. 143.

[462] vgl. BVerwGE 72, 365, 367.

[463] bei einem unter E. VII. 9. f) erläuterten Verzicht auf die behördliche Abwägung wäre die Verpflichtungsklage statthaft.

[464] vgl. *Kment*, in: Kment, § 43, Rn. 61; *Hermes/Kupfer*, in: Britz/Hellermann/Hermes, § 43, Rn. 31.

[465] vgl. *Hermes*, in: Schneider/Theobald, § 7, Rn. 165. Zu den sonst erforderlichen Einzelgenehmigungen nach jeweils einschlägigem Fachrecht, vgl. *Horstmann*.

in einem Bebauungsplan gemäß § 30 BauGB ausgewiesen[466] und damit planerisch gesteuert werden.

Im Außenbereich gehören Energieanlagen zu den privilegierten Vorhaben im Sinne des § 35 BauGB.[467] Hier wird die Steuerung durch das Gesetz selbst vorgenommen:

> „Privilegierte Vorhaben sind jedoch vom Gesetzgeber in gleichsam genereller Weise dem Außenbereich zugewiesen; dann aber kann einem privilegierten Vorhaben als solchem ein Planungsbedürfnis als öffentlicher Belang nicht mehr entgegengehalten werden".[468]

Nach § 38 BauGB sind die §§ 29 bis 37 auf Planfeststellungsverfahren und sonstige Verfahren mit den Rechtswirkungen der Planfeststellung für Vorhaben von überörtlicher Bedeutung nicht anzuwenden, wenn die Gemeinde beteiligt wird.[469] In diesen Fällen können Vorgaben des Bauplanungsrechts für Energieanlagen nicht direkt steuernd wirken.[470] Städtebauliche Belange sind nach § 38 BauGB zu berücksichtigen. Sie finden Eingang in die durch die Planfeststellungsbehörde vorzunehmende Abwägung.[471]

b) Flächennutzungsplan

Nach § 5 Abs. 1 S. 1 BauGB ist im Flächennutzungsplan für das ganze Gemeindegebiet die sich aus der beabsichtigten städtebaulichen Entwicklung ergebende Art der Bodennutzung nach den voraussehbaren Bedürfnissen der Gemeinde in den Grundzügen darzustellen. Nach § 5 Abs. 2 Nr. 4 BauGB können insbesondere Flächen für Versorgungsanlagen dargestellt werden, wozu insbesondere Kraftwerke sowie Gas- und Elektrizitätsleitungen gehören.[472]

Die Darstellungen des Flächennutzungsplans haben grundsätzlich keine unmittelbare Außenwirkung.[473] Nach § 7 S. 1 BauGB haben öffentliche Planungsträger, die nach § 4 oder § 13 BauGB beteiligt worden sind, ihre Planungen dem Flächennutzungsplan insoweit anzupassen, als sie diesem Plan nicht widersprochen

---

466 vgl. *Tophoven*, in: Spannowsky/Uechtritz, § 30, Rn. 17.

467 vgl. § 35 Abs. 1 Nr. 3, 5, 6, 7, 8 BauGB; *Söfker*, in: Spannowsky/Uechtritz, § 35, Rn. 20 f.; *Hermes*, in: Schneider/Theobald, § 7, Rn. 178.

468 vgl. BVerwGE 72, 300, 326; BVerwG, ZfBR 1983, 284, 285.

469 vgl. *Pielow*, in: Säcker, § 43, Rn. 59; *Kraft*, in: Spannowsky/Uechtritz, § 38, Rn. 3, 5.

470 vgl. *Hermes*, in: Schneider/Theobald, § 7, Rn. 181.

471 vgl. *Pielow*, in: Säcker, § 43, Rn. 59; *Drygalla-Hein*, in: de Witt/Scheuten, § 24, Rn. 289 f.; *Hermes*, in: Schneider/Theobald, § 7, Rn. 143, 182; *Kraft*, in: Spannowsky/Uechtritz, § 38, Rn. 7.

472 vgl. *Jaeger*, in: Spannowsky/Uechtritz, § 5, Rn. 49; *Hermes*, in: Schneider/Theobald, § 7, Rn. 167.

473 vgl. *Jaeger*, in: Spannowsky/Uechtritz, § 5, Rn. 12.

haben, so dass sich dadurch die Darstellungen des Flächennutzungsplans mittelbar auswirken.[474]

Eine direkte Außenwirkung kommt den Darstellungen des Flächennutzungsplans nach § 35 Abs. 3 S. 1 Nr. 1 BauGB dann zu, wenn das Vorhaben den Darstellungen des Flächennutzungsplans widerspricht.[475]

Vom Grundsatz des § 35 Abs. 3 S. 1 Nr. 1 BauGB macht § 35 Abs. 3 S. 2 2. Hs. BauGB eine Ausnahme, indem er regelt, dass öffentliche Belange raumbedeutsamen Vorhaben nach Absatz 1 (z.B. Vorhaben, welche der öffentlichen Versorgung mit Elektrizität, Gas dienen) nicht entgegenstehen, soweit die Belange bei der Darstellung dieser Vorhaben als Ziele der Raumordnung abgewogen worden sind. Wurden daher bestimmte Vorhaben auf der Ebene der höherstufigen Planung abgewogen, so darf die Flächennutzungsplanung kein Hindernis mehr für das Vorhaben darstellen.[476]

Eine weitere Ausnahme gilt nach § 35 Abs. 3 S. 3 BauGB, wonach öffentliche Belange einem nach § 35 Abs. 1 Nr. 2 – 6 BauGB privilegierten Vorhaben (worunter auch die energetischen Vorhaben fallen) in der Regel auch dann entgegenstehen, soweit hierfür durch Darstellungen im Flächennutzungsplan oder als Ziele der Raumordnung eine Ausweisung an anderer Stelle erfolgt ist.[477] Nach dem Wortlaut der Vorschrift handelt es sich hierbei um eine Regelvermutung, was eine Sonderbeurteilung von speziellen Fällen ermöglicht, welche die Ausschlusswirkung des § 35 Abs. 3 S. 3 BauGB überwiegt.

Zu beachten ist in diesem Zusammenhang, dass eine Verhinderungsplanung[478] unzulässig ist.[479] Für den Bereich der Flächennutzungsplanung kann festgehalten werden, dass wenn die Aufgabe der Trassenfindung im Sinne einer Abstimmung des zuvor (durch Private) ermittelten Netzausbaubedarfs mit den anderen, möglicherweise konkurrierenden Raumnutzungen auf der Ebene der Raumordnung erledigt wurde, die staatliche Flächennutzungsplanung im Ergebnis dem Resultat dieser Trassenfindung nicht viel entgegensetzen kann. Auf der anderen Seite sind die gemeindlichen Interessen durch die Regelung des § 35 Abs. 3 S. 3 BauGB ausreichend geschützt.

---

[474] vgl. *Missling*, in: Theobald/Kühling, § 43, Rn. 28; *Hermes/Kupfer*, in: Britz/Hellermann/Hermes, § 43, Rn. 20; *Drygalla-Hein*, in: de Witt/Scheuten, § 24, Rn. 293 ff.

[475] vgl. *Jaeger*, in: Spannowsky/Uechtritz, § 5, Rn. 12.1; *Hermes*, in: Schneider/Theobald, § 7, Rn. 168.

[476] vgl. *Söfker*, in: Spannowsky/Uechtritz, § 35, Rn. 107 f.

[477] vgl. *Söfker*, in: Spannowsky/Uechtritz, § 35, Rn. 111 f.; *Hermes*, in: Schneider/Theobald, § 7, Rn. 168.

[478] vgl. *Hermes*, in: Schneider/Theobald, § 7, Rn. 168.

[479] vgl. BVerwG, NVwZ 2008, 559, 560.

c) Bebauungsplan

Im Gegensatz zum Flächennutzungsplan hat der Bebauungsplan eine größere Bedeutung für die Planung von Energieanlagen, was insbesondere seiner Außenwirkung zu verdanken ist.[480]

Die Rolle eines Akzeptanzmechanismen mit seinen Funktionen der Demokratisierung und Transparenz spielt im Bebauungsplanverfahren, ähnlich einem Anhörungsverfahren bei der Planung nach §§ 18 ff. NABEG und §§ 43 ff. EnWG, die Öffentlichkeitsbeteiligung nach § 3 BauGB.[481]

Die Energieunternehmen sind als „sonstige Träger öffentlicher Belange" i. S. v. §§ 4 Abs. 1, 13 Abs. 2 Nr. 3 BauGB bei der Planaufstellung zu beteiligen.[482] Die EVU werden als Stelle angesehen, denen „durch Gesetz oder aufgrund eines Gesetzes die Wahrnehmung öffentlicher Belange übertragen" wurde.[483]

Bei der Bauleitplanung ist die Gemeinde durch die Anpassungspflicht des § 1 Abs. 4 BauGB gezwungen, ihre Planung mit den Zielen der Raumordnung abzustimmen.[484] Ferner ergibt sich eine Beachtenspflicht aus § 4 Abs. 1 ROG.[485] Dies allerdings nur, wenn eine übergeordnete Energieversorgungsplanung in den Zielen der Raumordnung abgebildet wurde.[486] Grundsätze und sonstige Erfordernisse der Raumordnung sind zu berücksichtigen.

Da für nichtplanfeststellungspflichtige Anlagen, ein Raumordnungsverfahren selten durchzuführen ist,[487] stellt sich hier die Frage, wie der durch einen Netzbetreiber ermittelte Bedarf, welcher in den Erfordernissen der Raumordnung keinen Niederschlag gefunden hat, in der Bauleitplanung zu berücksichtigen ist und ob eine Berücksichtigung bei der Aufstellung der Bauleitpläne nach § 1 Abs. 6 Nr. 7 f) und 8 e) BauGB sowie im Rahmen des allgemeinen Abwägungsgebots nach § 1 Abs. 7 BauGB ausreichen.[488]

Besonders schwierig zu beantworten wird diese Frage dann sein, wenn ein Netzbetreiber eine Direktleitung bauen möchte und diese nur bedingt der Versorgung

[480] vgl. *Oehmen*, in: Spannowsky/Uechtritz, § 10, Rn. 1; *Hermes*, in: Schneider/Theobald, § 7, Rn. 169.

[481] vgl. *Schink*, in: Spannowsky/Uechtritz, § 3, Rn. 3; *Hermes*, in: Schneider/Theobald, § 7, Rn. 173.

[482] vgl. *Spannowsky*, in: Spannowsky/Uechtritz, § 4, Rn. 5; *Hermes*, in: Schneider/Theobald, § 7, Rn. 173.

[483] vgl. *Battis*, in: Battis/Krautzberger/Löhr, BauGB, § 4, Rn. 3; VGH München, ZfBR 2003, 574 f.

[484] vgl. *Krautzberger*, in: Battis/Krautzberger/Löhr, § 1, Rn. 33.

[485] vgl. *Dirnberger*, in: Spannowsky/Uechtritz, § 1, Rn. 60; *Hermes*, in: Schneider/Theobald, § 7, Rn. 170.

[486] vgl. *Schmitz/Uibeleisen*, Rn. 180.

[487] vgl. § 1 Nr. 14 ROV i. V. m. § 15 ROG.

[488] vgl. *Hermes*, in: Schneider/Theobald, § 7, Rn. 175.

der Allgemeinheit mit Energie (durch Entlastung von bestehenden Leitungen bzw. als mögliche Reserve-Leitung) dienen kann.

Nach § 14 Abs. 1a EnWG haben Betreiber von Elektrizitätsverteilernetzen auf Verlangen der Regulierungsbehörde innerhalb von zwei Monaten einen Bericht über den Netzzustand und die Netzausbauplanung zu erstellen und ihr diesen vorzulegen.[489]

Es wäre daher aus praktischen Gründen sowie aus Gründen der Planungs- und Rechtssicherheit zielführend, eine dem § 15 Abs. 1 S. 2 NABEG ähnliche Regelung auch für die Planungen unterhalb der Planfeststellungspflicht vorzusehen.[490] Danach wären die im Rahmen von § 14 Abs. 1a EnWG angezeigten Vorhaben grundsätzlich in den nachfolgenden gemeindlichen Planungen zu beachten. Eine bestehende anderweitige Standortzuweisung durch die Gemeinde wäre nur im Außenbereich in der Regel zu beachten.[491]

Die besondere Beachtlichkeit der Netzausbauplanung resultiert bereits aus der Bedeutung der Energieversorgung für die Gesellschaft. Außerdem wäre es widersprüchlich, wenn der für die höheren Netzebenen durch Private ermittelte Bedarf (im Rahmen sonstiger zwingender gesetzlichen Vorgaben, wie z. B. der Vorgaben des Naturschutzes) zu beachten ist und der für die nicht planfeststellungspflichtige Vorhaben ermittelte Bedarf dagegen lediglich nach § 1 Abs. 7 BauGB zu berücksichtigen wäre.

Nach § 14 Abs. 2 S. 1 EnWG haben Betreiber von Elektrizitätsverteilernetzen (ausgenommen Betreiber von Elektrizitätsverteilernetzen einschließlich vertikal integrierter Energieversorgungsunternehmen, an deren Elektrizitätsverteilernetz weniger als 10 000 Kunden unmittelbar oder mittelbar angeschlossen sind) bei der Planung des Verteilernetzausbaus die Möglichkeiten von Energieeffizienz- und Nachfragesteuerungsmaßnahmen und dezentralen Erzeugungsanlagen zu berücksichtigen.[492] Die Bundesregierung wird ferner in § 14 Abs. 2 EnWG ermächtigt, durch Rechtsverordnung ohne Zustimmung des Bundesrates allgemeine Grundsätze für die Berücksichtigung der in Satz 1 genannten Belange bei Planungen festzulegen.[493]

§ 14 Abs. 2 EnWG zeigt, dass der Gesetzgeber die Notwendigkeit gesehen hat, die Art und Weise der Berücksichtigung einiger Aspekte der Netzausbauplanung verbindlich zu regeln. Es wäre denkbar, allgemeine Grundsätze für die Berücksichtigung des Bedarfs bei Planungen, allerdings ohne Einschränkung auf den Satz 1,

---

[489] vgl. *König*, in: Säcker, § 14, Rn. 14ff.; *Hartmann/Weise*, in: Theobald/Kühling, § 14, Rn. 14.

[490] vgl. *Schmitz/Uibeleisen*, Rn. 515; für eine bereits bestehende Bindungswirkung, weil Gemeinden staatsrechtlich den Ländern zugeordnet sind: *Mitschang*, UPR 2015, 1, 7.

[491] vgl. § 35 Abs. 3 S. 3 BauGB.

[492] vgl. *König*, in: Säcker, § 14, Rn. 32ff.; *Hartmann/Weise*, in: Theobald/Kühling, § 14, Rn. 40ff.

[493] vgl. § 14 Abs. 2 S. 2 EnWG.

vorzusehen. Detaillierte Kollisionsnormen würden naturgemäß nicht alle praxisrelevanten Fälle erfassen und es würde zu einer zusätzlichen Aufgabe der Rechtsprechung, Einzelfälle zu entscheiden und diesen Kollisionsnormen klarere Grenzen zu geben.

Die Bindung der Vorhaben an die gesetzlichen Vorgaben ist in § 29 Abs. 2 BauGB festgeschrieben.[494] Danach bleiben die Vorschriften des Bauordnungsrechts und andere öffentlich-rechtliche Vorschriften unberührt.

Die Vorgaben des Bauplanungs-, Bauordnungsrechts sowie andere öffentlich-rechtliche Vorschriften werden auch im Baugenehmigungsverfahren nach den Landesbauordnungen geprüft.[495] Ist für die Energieanlage eine immissionsschutzrechtliche Genehmigung erforderlich, so schließt die Genehmigung nach BImSchG aufgrund ihrer Konzentrationswirkung[496] die Baugenehmigung mit ein und die bauplanungsrechtlichen Vorgaben werden im immissionsschutzrechtlichen Genehmigungsverfahren mitgeprüft.

d) Unbeplante Bereiche

Einige Vorhaben der öffentlichen Energieversorgung sind im Außenbereich privilegiert.[497] Diese sind nach § 35 BauGB Vorhaben, welche der öffentlichen Versorgung mit Elektrizität, Gas (Nr. 3),[498] der Erforschung, Entwicklung oder Nutzung der Wind- oder Wasserenergie (Nr. 5),[499] der Erforschung, Entwicklung oder Nutzung der Kernenergie zu friedlichen Zwecken dienen, mit Ausnahme der Neuerrichtung von Anlagen zur Spaltung von Kernbrennstoffen zur gewerblichen Erzeugung von Elektrizität (Nr. 7).[500]

Auf Zulassung privilegierter Vorhaben besteht grundsätzlich ein Rechtsanspruch, wenn öffentliche Belange nicht entgegenstehen.[501] Planungskonflikte können sich aus einer anderweitigen Standortzuweisung nach § 35 Abs. 3 S. 3 BauGB ergeben, welche die Privilegierung für den restlichen Außenbereich ausschließt.[502]

Die Zulassungsentscheidung nach § 35 BauGB muss mangels zwischengeschalteten Bebauungsplans Ziele der Raumordnung und Landesplanung selbst be-

---

494 vgl. *Krämer*, in: Spannowsky/Uechtritz, § 29, Rn. 20 ff.

495 vgl. z. B. § 62 Abs. 2 HBO.

496 vgl. § 13 BImSchG.

497 vgl. *Hermes*, in: Schneider/Theobald, § 7, Rn. 178.

498 vgl. *Söfker*, in: Spannowsky/Uechtritz, § 35, Rn. 20 f.

499 vgl. *Söfker*, in: Spannowsky/Uechtritz, § 35, Rn. 33 ff.

500 vgl. *Söfker*, in: Spannowsky/Uechtritz, § 35, Rn. 46.

501 vgl. *Söfker*, in: Spannowsky/Uechtritz, § 35, Rn. 60.

502 vgl. *Hermes*, in: Schneider/Theobald, § 7, Rn. 166, 168; *Söfker*, in: Spannowsky/Uechtritz, § 35, Rn. 112 f.

rücksichtigen.[503] Wobei auch hier die oben beschriebene Regelung des Vorrangs des ermittelten Bedarfs analog § 15 Abs. 1 S. 2 NABEG[504] empfehlenswert wäre.

Bei dem unbeplanten Innenbereich ergeben sich keine Besonderheiten,[505] da auf die Zulassung eines Vorhabens in diesem Bereich ein Anspruch besteht, wenn es sich nach Art und Maß der baulichen Nutzung, der Bauweise und der Grundstücksfläche, die überbaut werden soll, in die Eigenart der näheren Umgebung einfügt.[506]

e) Rechtsschutz

Rechtsschutz gegen standortrelevante Entscheidungen für Energieanlagen (z. B. die Festlegung von Zielen der Raumordnung, das Ergebnis eines Raumordnungsverfahrens und die Darstellungen eines Flächennutzungsplans) konnte bisher nur dadurch erlangt werden, dass die abschließende Zulassungsentscheidung bzw. ein Bebauungsplan, angegriffen und inzident überprüft wurden.[507]

Dass gegen die auf den höheren Planungsstufen getroffenen standortrelevanten Entscheidungen kein unmittelbarer Rechtsschutz möglich war, wurde damit begründet, dass diesen Entscheidungen keine Außenwirkung zukommt,[508] so dass nach überkommener Auffassung ein Normenkontrollantrag (z. B. ein Normenkontrollantrag gegen einen Raumordnungsplan) an der Hürde der Antragsbefugnis nach § 47 Abs. 2 VwGO scheiterte.[509]

Demgegenüber wird nach heute überwiegend vertretener Auffassung auch die Antragsbefugnis von Privatpersonen vor allem vor dem Hintergrund der Regelung des § 35 Abs. 3 S. 3 BauGB bejaht.[510] Diese relativ neue Rechtsschutzmöglichkeit ist insbesondere vor dem folgenden Hintergrund zu begrüßen. Wollte früher ein Netzbetreiber eine (mit einer sich in Planung befindlichen Leitung) konkurrierende Leitung bauen, so gab es in einer solchen Konstellation noch keine Zulassungsentscheidung, welche er gerichtlich überprüfen lassen konnte, was die Realisierung seines Vorhabens verzögerte.

Nunmehr, wenn der Netzbetreiber auf Anpassung bestehender bzw. Einführung neuer Ziele der Raumordnung klagt, kann er erreichen, dass seine Bedarfsplanung

---

503 vgl. *Söfker*, in: Spannowsky/Uechtritz, § 35, Rn. 107 f.

504 vgl. § 15 Abs. 1 S. 2 NABEG: Bundesfachplanungen haben grundsätzlich Vorrang vor nachfolgenden Landesplanungen und Bauleitplanungen.

505 vgl. *Hermes*, in: Schneider/Theobald, § 7, Rn. 177.

506 vgl. § 34 Abs. 1 S. 1 BauGB; *Spannowsky*, in: Spannowsky/Uechtritz, § 34, Rn. 35 ff.

507 vgl. *Hermes*, in: Schneider/Theobald, § 7, Rn. 183.

508 vgl. *Koch/Hendler*, § 9, Rn. 5.

509 vgl. *Koch/Hendler*, § 3, Rn. 59.

510 vgl. *Ziekow*, in: Sodan/Ziekow, § 47, Rn. 242; *Ramsauer*, NVwZ 2004, 1041, 1051 m. w. N.; *Hermes*, in: Schneider/Theobald, § 7, Rn. 173; *Koch/Hendler*, § 9, Rn. 5.

bereits auf einer höheren Planungsebene Berücksichtigung findet und sein Vorhaben früher realisiert werden kann.

Für Gemeinden ist die Antragsbefugnis wegen ihrer Bindung an die Raumordnungspläne und damit verbundene Beeinträchtigung ihrer Planungshoheit anerkannt.[511] Sie können aber in der Regel auch als Behörden einen Antrag stellen und benötigen dann keine besondere Antragsbefugnis.[512]

Nachbarn und Grundstücksbetroffene können gegen die abschließende Zulassungsentscheidung klagen,[513] wenn sie geltend machen können, durch diese Entscheidung in ihren subjektiven Rechten verletzt zu sein, § 42 Abs. 2 VwGO.[514]

Gegen Bebauungspläne ist neben der inzidenten Normenkontrolle auch die abstrakte Normenkontrolle nach § 47 VwGO statthaft,[515] welche ebenfalls eine Verletzung subjektiver Rechte voraussetzt (§ 47 Abs. 2 S. 1 VwGO).[516]

Räumt man den zuständigen Behörden, welche z. B. auf der Ebene der Raumordnung eine Entscheidung Privater hinsichtlich der Ermittlung des energetischen Bedarfs „abwägend nachzuvollziehen haben" den entsprechenden Abwägungsspielraum,[517] so ist ein Anspruch eines Vorhabenträgers auf eine bestimmte Festlegung seines Vorhabens als Ziel der Raumordnung oder auf einen bestimmten Raumordnungsplan als Ergebnis eines Raumordnungsverfahrens nicht anzuerkennen.[518] Hier wäre eine Bescheidungsklage statthaft.

Das Gleiche gilt auch im Falle eines Planfeststellungsbeschlusses oder einer Plangenehmigung. Auch in diesen Fällen ist aufgrund des behördlichen Abwägungsspielraums eine Bescheidungsklage statthaft.

13. Notwendigkeit einer Standortplanung für Energieerzeugungsanlagen

Eine Literaturmeinung sieht einen weiteren planerischen Koordinierungsbedarf in der Asymmetrie zwischen „freier" Standortwahl der Stromerzeuger und „nach-

---

[511] vgl. *Hermes*, in: Schneider/Theobald, § 7, Rn. 183; *Ziekow*, in: Sodan/Ziekow, § 47, Rn. 242.

[512] vgl. *Koch/Hendler*, § 9, Rn. 16.

[513] vgl. *Hermes*, in: Schneider/Theobald, § 7, Rn. 184.

[514] vgl. Beispiele bei *Sodan*, in: Sodan/Ziekow, § 42, Rn. 434 ff.

[515] vgl. *Oehmen*, in: Spannowsky/Uechtritz, § 10, Rn. 1; *Hermes*, in: Schneider/Theobald, § 7, Rn. 185.

[516] vgl. *Ziekow*, in: Sodan/Ziekow, § 47, Rn. 207.

[517] anderenfalls – vgl. unter E. VII. 9. f) a. E. – wäre die Verpflichtungsklage statthaft.

[518] vgl. *Hermes*, in: Schneider/Theobald, § 7, Rn. 186.

eilender“ planerischer Befriedigung des dadurch entstehenden und sich kontinuierlich ändernden Transportbedarfs.[519]

Der Umstand, dass das erforderliche Leitungsnetz „nicht funktionsgerecht planbar“ ist, solange die Erzeugungsstruktur und die künftigen Standorte zur Stromerzeugung nicht durch einen planerischen Rahmen geklärt werden, spreche ebenso wie die erkennbar werdenden Probleme fehlender Reservekraftwerke in Süddeutschland für die Einführung der Planung für Erzeugungsanlagen.[520]

Dem ist insofern beizupflichten, als die Standortwahl für die Erzeugungsanlagen leichter zu bewältigen ist, wenn absehbar ist, wo neue Leitungen gebaut werden und umgekehrt, die Leitungen können mit mehr Planungs- und Investitionssicherheit gebaut werden, wenn abzusehen ist, wo die Erzeugungsanlagen errichtet werden.

Nicht klar ist allerdings, warum die Abstimmung zwischen den Energieerzeugern und Netzbetreibern, welche in der Vergangenheit ohne eine staatliche Planung funktioniert hat, nunmehr durch eine staatliche Planung ersetzt werden soll.

§ 17 EnWG (Netzanschluss) schafft klare Rahmenbedingungen und auch Anreize für die Abstimmung (freie Wahl,[521] Angemessenheit,[522] Diskriminierungsfreiheit,[523] Verweigerungsgründe[524]) nicht nur des Anschlusses, sondern auch der Standortwahl zwischen dem anschlusspflichtigen Netzbetreiber und dem Erzeuger.

Insbesondere sind es die Anschlusspflicht[525] und das Verweigerungsrecht (vs Abwendungsmöglichkeit[526]) nach § 17 Abs. 2 EnWG und zum anderen die angemessene Vergütung, welche für den Anschluss zu zahlen ist, die wichtigen Parameter für die Standortwahl. Erst wenn diese Regelung in der Praxis versagt, wäre es sinnvoll, eine Nachbesserung in Erwägung zu ziehen. Hier wäre die Anpassung von Regelungsdetails als milderes Mittel einer Verstaatlichung der Standortplanung von Erzeugungsanlagen vorzuziehen.

---

519 vgl. *Hermes*, ZUR 2014, 259 ff.; *Hermes*, in: Schneider/Theobald, § 7, Rn. 187, 13 ff.; für eine vollumfassende Energiebedarfsplanung auch *Krawinkel*, ZNER 2012, 461 f. Dagegen: *Posser*, in: Kment, § 12a, Rn. 17a; *Grüner/Sailer*, ZNER 2016, 122, 129 ff.; *Schink*, EurUP 2015, 148, 152.

520 vgl. *Hermes/Kupfer*, in: Britz/Hellermann/Hermes, § 43, Rn. 2 f.; *Hermes*, in: Schneider/Theobald, § 7, Rn. 187.

521 vgl. *Hartmann*, in: Theobald/Kühling, § 17, Rn. 36 ff.; *Säcker/Boesche*, in: Säcker, § 17, Rn. 41 ff.

522 vgl. *Säcker/Boesche*, in: Säcker, § 17, Rn. 25 f.

523 vgl. *Säcker/Boesche*, in: Säcker, § 17, Rn. 27 ff.

524 vgl. *Hartmann*, in: Theobald/Kühling, § 17, Rn. 123, 125; *Säcker/Boesche*, in: Säcker, § 17, Rn. 53 ff.

525 vgl. *Säcker/Boesche*, in: Säcker, § 17, Rn. 1.

526 vgl. *Hartmann*, in: Theobald/Kühling, § 17, Rn. 135 ff.

Die Übertragbarkeit der Planung der Netzentwicklung auf den Bereich „Erzeugung" ist zudem wegen ihrer speziell auf die Energienetze ausgerichteten Verfahrensspezifika fraglich.[527]

Es bestehen auch einige Strukturunterschiede, welche gegen eine Einführung der Energiebedarfsplanung sprechen: Die §§ 12a ff. EnWG richten sich an die ÜNB, die bereits aufgrund gesetzlicher Pflichten (vgl. § 11 und § 12 Abs. 3 EnWG) über umfangreiches Planungs-Knowhow verfügen; bei dem Adressatenkreis einer Energieerzeugungsplanung wäre dies dagegen (mit Ausnahme der Energiekonzerne) nicht der Fall.[528] Auch ist fraglich, ob alle Erzeuger (insbesondere private Eigenversoger) den Transportbedarf überhaupt prognostizieren. Wenn nicht, dann ist der Mehrwert einer Erzeugungsplanung gegenüber einer Abstimmung im Rahmen von § 17 EnWG nicht ersichtlich.

VIII. Zusammenfassung und Zwischenfazit zur Planung

Zusammenfassung

Grundsätzliche Möglichkeit der Einführung der staatlichen Fachplanung

Wäre die Aufgabe der Energieversorgung eine staatliche Aufgabe gewesen, so hätte die Etablierung einer staatlichen energetischen Fachplanung keiner besonderen Rechtfertigung bedurft. Will man dagegen bei einer heute bestehenden arbeitsteiligen Erfüllung der Gemeinwohlaufgabe der Energieversorgung (Aufgabenerfüllung durch Private und staatliche Gewährleistungsverantwortung i. S. e. Auffangverantwortung) eine staatliche Planung einführen, so bedarf das im Hinblick auf die Handlungsfreiheit Privater einer besonderen Rechtfertigung.

Ein vollständiger Aufgabenentzug würde mit einer Verstaatlichung von EVU einhergehen und wäre nicht entschädigungslos möglich. Selbst wenn man bei der Verstaatlichung (nur) der Planung nur von einer Inhaltsbestimmung ausgeht, wäre eine solche Inhaltsbestimmung ausgleichspflichtig (und damit aller Voraussicht nach aus heutiger Sicht politisch weder gewollt noch umsetzbar).

Erforderlichkeit der Fachplanung – Enteignungsmöglichkeit

Zur Notwendigkeit einer staatlichen Fachplanung wird angeführt, dass sich diese daraus ergibt, dass zur Realisierung von Energieanlagen die Enteignung zulässig ist und eine Enteignung ohne vorangehende staatliche Planung mit dem Grundrecht des Enteigneten aus Art. 14 GG unvereinbar wäre.[529] Es stellt sich jedoch heraus, dass in der Praxis für Realisierung energetischer Vorhaben nicht immer private Grundstücke (teil-)enteignet werden müssen. Es ist daher fraglich, ob die Erforderlichkeit einer

---

[527] vgl. *Posser*, in: Kment, § 12a, Rn. 17a.

[528] vgl. *Posser*, in: Kment, § 12a, Rn. 17a.

[529] vgl. *Hermes*, in: Schneider/Theobald, § 7, Rn. 9.

Enteignung in einigen Fällen ausreicht, um die Einführung einer zusätzlichen energetischen Fachplanung zu rechtfertigen, welche für alle Fälle und insbesondere auch für Vorhaben, bei welchen nicht enteignet wird, gelten würde.

Abwägung als Alternative zur Planung als (Vor-)Prüfung der Enteignung

Für eine staatliche Planung besteht kein Bedürfnis, wenn eine Enteignungsbehörde die Planungsentscheidung eines EVU „abwägend nachvollziehen" kann.[530] Denn wenn eine staatliche, demokratisch legitimierte Stelle ein Vorhaben nachvollziehen konnte, indem sie festgestellt hat, dass abwägungsrelevante Belange in der privaten Planung ausreichende Berücksichtigung gefunden haben, und mögliche Konflikte gelöst sind, so dass ihrer bestätigenden Entscheidung nichts im Weg steht, so ist der Mehrwert einer zusätzlichen „Konkretisierung des Gemeinwohls" durch eine energierechtliche Fachplanung zweifelhaft und vor dem Hintergrund der Rechtfertigungsbedürftigkeit einer mit der Einführung einer solchen Planung verbundenen Einschränkung privaten Handelns fraglich. Demnach ist die Einführung einer energetischen Planung nicht zwingend erforderlich, solange es eine gleich geeignete und weniger einschneidende Alternative der „abwägenden Nachvollziehung" gibt.

Staatliche Planungs*verfahren* können dennoch als Instrument der Verfahrensführung sowie der Legitimierung sinnvoll sein. Durch „abwägende Nachvollziehung" und Rezeption einer privaten Planungsentscheidung vermittelt die Verwaltung der Planung Privater eine (zusätzliche zu der bereits aufgrund ihrer Rolle im Rahmen der Gewährleistungsverwaltung gegebenen) demokratische Legitimation, welche insbesondere im Hinblick auf enteignungsrechtliche Wirkungen der Planung von Bedeutung ist. Die Partizipationselemente im Rahmen eines Verwaltungsverfahrens tragen zur Transparenz der privaten Planung sowie zu ihrer Akzeptanz in der Bevölkerung bei.

Historische Entwicklung des Planungsrechts

UVP

Durch das Umsetzungsgesetz zur UVP-Änderungsrichtlinie aus 2001 wurde es notwendig, ein „Verfahren einzuführen, damit der Projektträger von den zuständigen Behörden eine Stellungnahme zu Inhalt und Umfang der Angaben erhalten kann, die für die Umweltverträglichkeitsprüfung erstellt und vorgelegt werden müssen".[531] Der deutsche Gesetzgeber führte daraufhin das Planfeststellungsverfahren als Trägerverfahren für die Umweltverträglichkeitsprüfung ein. Damit war allerdings keine Systementscheidung des Gesetzgebers zugunsten einer staatlichen energetischen Fachplanung verbunden.[532]

---

[530] vgl. BVerwGE 72, 365, 367.

[531] Erwägungsgrund 11 der UVP-Änderungsrichtlinie.

[532] vgl. BT-Drs. 14/4599, S. 65, 103, 161.

Auch heute fehlt es (trotz der Streichung des Verweises auf die UVP-Pflicht in § 43 EnWG)[533] für eine Hochstufung des Trägerverfahrens zu einem Fachplanungsverfahren an einer definitiven und verbindlichen Entscheidung des Gesetzgebers. Gegen eine konkludente Hochstufung spricht der Umstand, dass eine solche Hochstufung ohne eine Gegenleistung an die EVUs (i. S. e. Ausgleichs für eine rechtfertigungsbedürftige Einschränkung) verfassungsrechtlich bedenklich wäre.

EnLAG

Bis zum In-Kraft-Treten des EnLAG im Jahr 2009 existierte kein kodifiziertes Bedarfsplanverfahren für Energienetze und die Verantwortung für die Ermittlung des Bedarfs lag alleine bei den Netzbetreibern, was der unternehmerischen Eigenverantwortung der Netzbetreiber für Infrastrukturinvestitionen entsprach.[534]

Mit dem EnLAG wurden einige Höchstspannungsleitungen definiert, die ab 2009 vordringlich auszubauen sind. Mit der Feststellung der energiewirtschaftlichen Notwendigkeit und des vordringlichen Bedarfs für diese Vorhaben wurde auch ihre Planrechtfertigung mit Bindungswirkung für das Planfeststellungsverfahren bestätigt, so dass die Frage nach der Erforderlichkeit eines Vorhabens bereits vor Einleitung eines Planfeststellungsverfahrens abgeschichtet wurde.[535]

Die Auswahl der Vorhaben mit dem vordringlichen Bedarf geschah in erster Linie aufgrund der dena-Netzstudie I[536] und der Leitlinien für die transeuropäischen Energienetze (TEN-E) der Europäischen Union,[537] wobei beide Quellen die von Netzbetreibern geplanten Vorhaben enthalten, so dass auch die im EnLAG ausgewiesenen Vorhaben im Ergebnis das Resultat der Planung der Netzbetreiber sind.

Die Übernahme von bestimmten Vorhaben aus der Planung der Netzbetreiber zunächst auf europäischer Ebene als PCIs und danach auch auf nationaler Ebene als Vorhaben mit vordringlichem Bedarf ähnelt im Kern einem Prozess der „abwägenden Nachvollziehung“ der Planung Privater.

NABEG

Im Zuge der Energiewende wurde das NABEG verabschiedet. Dieses Gesetz regelt die Bundesfachplanung für die Trassenkorridore und das Planfeststellungsverfahren und schreibt für bestimmte Vorhaben die energiewirtschaftliche Notwendigkeit und den vordringlichen Bedarf gesetzlich fest. Der Kritik, nach welcher

---

[533] vgl. *Durner*, in: Ziekow, Handbuch des Fachplanungsrechts, § 22, Rn. 2 m. w. N.; *Hermes*, in: Britz/Hellermann/Hermes, § 43, Rn. 5.

[534] vgl. *Weyer*, ZNER 2009, 210.

[535] vgl. BVerwG, ZUR 2012, 499.

[536] vgl. dena-Netzstudie – Energiewirtschaftliche Planung für die Netzintegration von Windenergie in Deutschland an Land und Offshore bis zum Jahr 2020 vom 24. Februar 2005, https://www.dena.de/newsroom/publikationsdetailansicht/pub/studie-dena-netzstudie-i/, abgerufen am 12. August 2018.

[537] Entscheidung Nr. 1364/2006/EG des Europäischen Parlaments und des Rates vom 6. September 2006 zur Festlegung von Leitlinien für die transeuropäischen Energienetze.

es sich um eine „planwirtschaftliche“[538] Planung handelt, kann entgegengehalten werden, dass der gesetzlich festgeschriebene Bedarf nichts anderes als ein Ergebnis der Planung Privater ist. Denn das NABEG dient u. a. der Trassenfindung für die im BBPlG aufgelisteten Vorhaben.

Das BBPlG beruht seinerseits auf dem bestätigten Netzentwicklungsplan der Übertragungsnetzbetreiber, so dass es sich bei dieser Planungssystematik (besser: bei diesem Vorhaben-Realisierungs-Mechanismus) weniger um eine planwirtschaftliche Planung, sondern um eine private Planung handelt, welche nunmehr ausgeprägte Elemente der Kooperation mit dem Staat enthält. Diese Elemente verleihen der Planung durch die Übernahme privater Planungsentscheidungen in die staatliche Verantwortung insbesondere eine erhöhte demokratische Legitimation.

Angesichts der effektiven Schranken der privaten Planung (gesetzliche Vorgaben zur Erfüllungsstandards, zu den zu berücksichtigenden Belangen) erscheint die Befürchtung, der Bundesgesetzgeber gerate leicht in Gefahr, die Planungen der Netzbetreiber „mehr oder weniger ungeprüft zu übernehmen,“[539] unbegründet.

Im Bereich des Energienetzes sind privatorganisierte EVU tätig, der Staat tätigt hier keine Ausgaben (anders als in den Bereichen Schienennetz und Fernstraßennetz), so dass die haushaltsrechtlichen Grundsätze nicht dafür herangezogen werden können, um eine staatliche Investitions- und Bedarfsplanung zu rechtfertigen.

Finanzierung/Entschädigung für Staatsplanung

Wenn der Gesetzgeber die private Planung nicht übernimmt und an ihrer Stelle eine eigene Planung setzt (als eine Maßnahme im Rahmen seiner Auffangverantwortung beim Scheitern privater Aufgabenerfüllung), hätte dies eine enteignungsähnliche Wirkung analog zum Art. 14 Abs. 3 S. 1 GG, welche nach Art. 14 Abs. 3 S. 2 GG entschädigungspflichtig wäre.

Im Ergebnis müsste der Staat im Falle einer staatlichen Planung (sei es im Einzelfall oder als Regelfall) – in einer Konstellation, in welcher die Aufgabenerfüllung durch Private erfolgt, welche dem Staat mit eigenen Rechten gegenüber stehen – die Finanzierung der Umsetzung seiner Planung tragen.

Europäische Ansätze einer Netzplanung

Planerische Ansätze im europäischen Recht wurden mit dem Vertrag von Maastricht in Art. 170 – 172 AEUV eingeführt und betreffen die Zugänglichkeit und den Ausbau transeuropäischer Netze.[540] Eine weitere energiespezifische Bestimmung des AEUV ist der Art. 194 AEUV, wonach die EU Maßnahmen erlässt, welche für die „Sicherstellung des Funktionierens des Energiemarkts; b) Gewährleistung der Energieversorgungssicherheit in der Union; c) Förderung der Energieeffizienz und

---

538 vgl. *Kment*, RdE 2011, 341, 344.

539 am Beispiel des EnLAG, vgl. *Hermes*, in: Schneider/Theobald, § 7, Rn. 61.

540 vgl. ex. Art. 154 – 156 EGV.

von Energieeinsparungen sowie Entwicklung neuer und erneuerbarer Energiequellen und d) Förderung der Interkonnektion der Energienetze“ erforderlich sind.

Diese Normen begründen keine Kompetenzen der EU in dem Bereich der Leitungsplanung und erschließen neue Kompetenzbereiche „allenfalls graduell, etwa im Bereich der Versorgungssicherheit“,[541] so dass die Regelung der Leitungsplanung im Kompetenzbereich der Mitgliedstaaten verbleibt.[542]

Nationale Planung

Das in Umsetzung der Elektrizitätsrichtlinie[543] sowie der Gasrichtlinie[544] eingeführte Bedarfsplanverfahren resultiert nicht in einer staatlichen Bedarfsplanung auf der Übertragungsnetz- bzw. Fernleitungsnetzebene.[545]

Das Netzeigentum ist zwar zweckgebunden und unterliegt (durch den Staat im Rahmen seiner Gewährleistungsverantwortung auferlegten) Einschränkungen („von einem freien Leitungsbau nicht die Rede sein darf“[546]) aufgrund seiner Zweckbestimmung als Hilfsmittel im Rahmen der Erfüllung der öffentlichen Aufgabe der Energieversorgung. Daraus folgt jedoch nicht, dass es zwingend einer staatlichen Bedarfsplanung bedarf. Aus der Infrastrukturverantwortung ergibt sich, dass der Staat gewährleisten muss, dass eine funktionsfähige und bedarfsgerechte Infrastruktur vorhanden sein muss. Dagegen bedingt die Infrastrukturverantwortung nicht, dass die Infrastruktur zumindest durch den Staat geplant (und erst dann durch Private realisiert) werden muss.

Der Staat kann zwar grundsätzlich auch die Erfüllung der Aufgabe der Energieversorgung übernehmen. Überträgt der Staat dagegen die Aufgabenerfüllung an Private, so spricht grundsätzlich nichts gegen die Ermittlung des Bedarfs durch sachnähere private Akteure (anders wäre dies zu beurteilen, wenn die Aufgabenerfüllung von vornherein unter Vorbehalt der staatlichen Planung übertragen worden wäre). Versagen Private bei der Aufgabenerfüllung, so greift die Auffangverantwortung des Staates und die Aufgabenerfüllung kann notfalls verstaatlicht werden.[547]

Greift dagegen der Staat außerhalb seiner Auffangverantwortung in die private Planung ein, so bedarf ein solcher Eingriff in eine übertragene Aufgabe einer besonderen Rechtfertigung, da Private mit eigenen Rechten dem Staat gegenüberstehen.

---

[541] vgl. *Schneider*, in: Schneider/Theobald, § 2, Rn. 11.

[542] vgl. *Schneider*, in: Schneider/Theobald, § 2, Rn. 7.

[543] vgl. Art. 22 Richtlinie 2009/72/EG vom 13. Juli 2009 (jetzt: Art. 51 Richtlinie (EU) 2019/944).

[544] vgl. Art. 22 Richtlinie 2009/73/EG vom 13. Juli 2009.

[545] vgl. *Hermes*, in: Schneider/Theobald, § 7, Rn. 12, Fn. 53 m. w. N.

[546] vgl. *Hermes*, Infrastrukturverantwortung, S. 380 f., 477 ff.

[547] vgl. *Klement*, EuZW 2014, 57 ff.

Im Rahmen seiner Strukturschaffungspflicht obliegt es dem Staat, die Erfüllung der privaten Aufgabenerfüllung zu fördern (geschehen z. B. durch Verbindlichkeit der Feststellung des Bedarfs für die Planfeststellungsverfahren, durch eingeschränkte Klagemöglichkeiten gegen die Feststellung des Bedarfs in einem Gesetz).

Außerhalb der Übertragungsnetz- bzw. Fernleitungsnetzebene wurde die Bedarfsplanung nicht kodifiziert, was dazu führt, dass – selbst nach der planungsrechtlichen Ansicht[548] – die Beurteilung des Bedarfs in der Verantwortung des jeweiligen Netzbetreibers bleibt.

Erst im Rahmen der Prüfung der Erforderlichkeit in Planfeststellungsverfahren, werden die staatlichen Stellen in die Ermittlung des Bedarfs eingeschaltet. Nach der hier vertretenen Auffassung besteht weder auf der höheren Netzebene noch auf den nachgelagerten Netzebenen eine staatliche Bedarfsplanung i. S. einer staatlichen Planung mit originären Einschätzungsspielraum von staatlichen Stellen hinsichtlich des energetischen Bedarfs.

Netzbedarfsplanung im Detail

Netzentwicklungsplanung

Mit dem Szenariorahmen und dem Netzentwicklungsplan wird der Bundesbedarfsplan vorbereitet. Das Instrument der Netzentwicklungsplanung beinhaltet eine kooperative Investitionsplanung. Eine staatliche Netzplanung ist allerdings weder mit einer „Letztentscheidungsbefugnis" der BNetzA verbunden noch wird sie unionsrechtlich (etwa durch Art. 22 Abs. 5 S. 3 Richtlinie 2009/72/EG/Art. 51 Abs. 5 S. 3 Richtlinie (EU) 2019/944) vorgeschrieben.

Der Umstand, dass im Falle eine ITO-Modells die Regulierungsbehörde nach Art. 22 Abs. 5 Richtlinie 2009/72/EG (Art. 51 Abs. 5 Richtlinie (EU) 2019/944) vom Übertragungsnetzbetreiber Änderungen des zehnjährigen Netzentwicklungsplans verlangen kann, führt nicht dazu, dass die Regulierungsbehörde ein Letztentscheidungsrecht i. S. e. Planungshoheit hat. Denn die Planungsfreiheit der Netzbetreiber wird bei dem ITO-Modell aufgrund der Erforderlichkeit gegenseitiger Rücksichtnahme und nicht dadurch eingeschränkt, dass bei dem ITO-Modell (anders als bei dem ISO-Modell) eine staatliche Planung mit einer Letztentscheidungsbefugnis der Regulierungsbehörde zwingend notwendig ist.

Szenariorahmen

Die Betreiber von Übertragungsnetzen mit Regelzonenverantwortung erarbeiten alle zwei Jahre einen gemeinsamen Szenariorahmen, welcher Grundlage für die Erarbeitung des Netzentwicklungsplans ist und welcher durch die Regulierungsbehörde gemäß § 12a Abs. 3 S. 1 EnWG genehmigt wird.

---

[548] vgl. *Hermes*, in: Schneider/Theobald, § 7, Rn. 18.

Da der BNetzA jedoch keine Letztentscheidungsbefugnis (die Gesetzesbegründung[549] spricht in diesem Zusammenhang von einer „Herstellung des Einvernehmens über den Szenariorahmen zwischen den Netzbetreibern und der BNetzA“) zusteht, besteht der Entscheidungsspielraum der BNetzA in einer Plausibilitätsprüfung des Szenariorahmens (die Begründung zum BBPlG sieht in der Netzentwicklungsplanung eine lediglich koordinierte (nicht kooperative) Ermittlung des gesamten Netzausbaubedarfs[550]) und nicht in einer originären Planungsentscheidung.

Netzentwicklungsplan und Bundesbedarfsplan

Nach § 12b EnWG legen die Betreiber von Übertragungsnetzen mit Regelzonenverantwortung der Regulierungsbehörde auf der Grundlage des Szenariorahmens einen gemeinsamen nationalen Netzentwicklungsplan zur Bestätigung vor. Diese förmliche Genehmigung ist nicht als ein Ergebnis eines Entscheidungsprozesses der Behörde mit einem eigenen Entscheidungsspielraum zu verstehen, denn zum einen ist der BNetzA ein abschließendes Prüfprogramm in § 12c Abs. 1 S. 1 EnWG vorgegeben und zum anderen wurde ihr kein originäres Planungsermessen durch das Gesetz eingeräumt (insbesondere darf sie keine eigene Planungsalternative vorschlagen).

Stimmt der Netzentwicklungsplan mit den genannten Anforderungen überein, „soll“ die BNetzA ihn bestätigen.[551] Stimmt der Entwicklungsplan in einigen Punkten nicht mit den Anforderungen des § 12b Absatz 1, 2 und 4 überein, kann die BNetzA seine Änderungen durch die Netzbetreiber verlangen.[552] Im Umkehrschluss ist die BNetzA zur Änderung des Entwurfs des Netzentwicklungsplans nicht befugt. Demnach hat die BNetzA auch in diesem Stadium der Planung lediglich die Entscheidung Privater nachzuvollziehen.

Die Rolle der BNetzA als Planungsbehörde (mit einer ausreichenden für die staatliche Planung erforderlichen demokratischen Legitimation aufgrund einer ununterbrochenen Legitimationskette) wäre im Übrigen mit ihrer Funktion des unabhängigen Regulators unvereinbar.

Netzentwicklungsplan Gas

Ähnlich ist die Netzentwicklungsplanung in dem Bereich Gas gemäß § 15a EnWG ausgestaltet. Eine wichtige Besonderheit der Netzentwicklungsplanung der Fernleitungsnetzbetreiber besteht darin, dass in dem Bereich Gas auf die ersten zwei Planungsstufen (Szenariorahmen und Netzentwicklungsplan) keine dritte Planungsstufe der gesetzlichen Verankerung der Planung in einem Bundesbedarfsplangesetz folgt. Ebenso wenig muss hier der Netzentwicklungsplan durch die BNetzA explizit bestätigt werden (da in dem Bereich Gas kein BBPlG verab-

[549] für den Bereich Gas vgl. BT-Drs. 17/6072, S. 74, Zu Nummer 14 (§15a).

[550] vgl. BT-Drs. 17/12638, S. 12.

[551] vgl. § 1c Abs. 4 S. 1 EnWG.

[552] vgl. § 12c Abs. 1 S. 2 EnWG.

schiedet wird, bedarf es einer solchen „förmlichen Übergabe" an die nächste Planungsstufe nicht).

Die Differenzierung zwischen Strom und Gas bei der Frage nach der Notwendigkeit der Festlegung des Bedarfs in einem Gesetz erfolgt aus praktischen Erwägungen. Es könnte überlegenswert sein, nur die Anbindungsleitungen, welche dem Gasimport an der Bundesgrenze dienen, aus der förmlichen Festlegung in einem Gesetz auszunehmen und die restlichen Fernleitungen zwecks Rechtssicherheit sowie zwecks damit verbundener Beschleunigung ihrer Realisierung einer solchen Festlegung im BBPlG zu unterwerfen.

Obwohl sich die Gesetzgebungsorgane mangels eigener Fachkompetenz auf die Kompetenz der BNetzA und der Netzbetreiber faktisch angewiesen sind, sind sie als unabhängige Verfassungsorgane an den Entwurf nicht gebunden. Durch die Übernahme des privat ermittelten Bedarfs in seinen Willen durch Verabschiedung des Bundesbedarfsplangesetzes stärkt der Gesetzgeber die Legitimation der Planung sowie der späteren Enteignungen zugunsten der privaten EVU.

Trassenfindung

Die Aufgabe der Trassenfindung ist die Abstimmung des Netzausbaubedarfs mit anderen Raumnutzungen. Die Erfordernisse der Raumordnung sind nach ROG sowohl in Fällen von raumbedeutsamen Planungen mit[553] als auch ohne[554] staatliche Mehrheitsbeteiligung zu berücksichtigen.[555] Der Unterschied besteht darin, dass in den Fällen mit einer staatlichen Mehrheitsbeteiligung die Ziele der Raumordnung nicht nur zu berücksichtigen, sondern strikt zu beachten sind.

Der Gesetzgeber könnte theoretisch eine Beachtenspflicht für sämtliche Planungen einführen, denn ihm steht bei der konkreten Ausgestaltung der Rahmenbedingungen der Aufgabenerfüllung ein großer Einschätzungsspielraum zu. Es sind jedoch keine zwingenden Rechtsgründe – auch im Hinblick auf die Gewährleistungsverantwortung und die Infrastrukturverantwortung als ihre besondere Ausprägung – dafür ersichtlich, die eine Verschärfung des Trassenfindungsregimes erforderlich machen würden.

Der Unterschied zwischen einer strikten Beachtenspflicht und einer Berücksichtigung ist einerseits durch eine größere Nähe zum Staat im Falle einer staatlichen Mehrheitsbeteiligung gerechtfertigt, andererseits trägt er dem Umstand Rechnung, dass im Falle einer privaten Aufgabenerfüllung Private zwar in Wahrnehmung einer öffentlichen Aufgabe aber nicht nur ihretwegen handeln und daher eine „Berücksichtigung" im Rahmen einer Abwägung dem Ausgleich von staatlichen und privaten Interessen besser als eine „Beachtung" Rechnung trägt.

---

[553] vgl. § 4 Abs. 1 S. 2 ROG.

[554] vgl. § 4 Abs. 2 ROG, § 43 Abs. 3 EnWG.

[555] Für länderübergreifende und grenzüberschreitende Höchstspannungsleitungen trifft das NABEG in §§ 3a, 5, 18 NABEG spezielle Regelungen.

Leitungstrassen in der Landesplanung

Gemäß § 13 Abs. 1 S. 1 ROG sind in den Ländern je ein Raumordnungsplan für das Landesgebiet und Raumordnungspläne für die Teilräume der Länder aufzustellen. Gemäß § 9 ROG ist die Öffentlichkeit und damit auch die EVU von der Aufstellung des Raumordnungsplans zu unterrichten, so dass die Netzbetreiber damit früh die Gelegenheit zur Stellungnahme zum Entwurf des Raumordnungsplans bekommen[556] und können damit bereits im Rahmen der höherstufigen Planung Einfluss auf die Festlegungen zu Trassen für Infrastruktur nehmen.

Dieser Einfluss hat oft begrenzte Wirkung, denn der Trassensicherung (selbst) durch Ziele der Raumordnung und Landesplanung fehlt es oft an der erforderlichen Präzision, so dass eine Bindung der Gemeinden hinsichtlich konkreter Trassierung nicht eintritt. Anders verhält es sich bei den Leitungen im Anwendungsbereich des NABEG, denn die Bundesfachplanung nach NABEG entfaltet gem. § 15 NABEG Bindungswirkung nicht nur hinsichtlich der energetischen Erforderlichkeit, sondern auch hinsichtlich der Raumverträglichkeit.

Leitungstrassen auf der mittleren Ebene der Trassierung

Die Funktion einer planerischen Entscheidung über die Festlegung von Trassenkorridoren auf mittlerer Planungsebene zwischen höherstufiger gesamträumlicher Planung und Zulassungsentscheidung kommt dem Raumordnungsverfahren zu.[557]

Das Raumordnungsverfahren wird in der Praxis als Hebel zur Durchsetzung landesenergiepolitischer Ziele eingesetzt, wodurch eine fehlende höherstufige staatliche Bedarfsplanung in das Raumordnungsverfahren integriert werden soll.[558]

Zweifelhaft ist allerdings, ob eine ungeregelte Einmischung staatlicher Stellen in private Bedarfsplanung durch eine Zweckentfremdung des Verfahrens der Raumordnung im System der aufgeteilten Verantwortung in einem Gewährleistungsstaat sachgerecht ist.

Haben die landesenergiepolitischen Ziele ihren Niederschlag in den Zielen der Raumordnung i. S. d. § 3 ROG gefunden, so können sie berücksichtigt und in die Abwägung zwischen privaten und öffentlichen Belangen einbezogen werden. Handelt es sich dagegen lediglich um landesenergiepolitische Ziele ohne eine formelle Ausformung, so bedarf ihre verbindliche Berücksichtigung im Rahmen der Raumverträglichkeitsprüfung nach dem Grundsatz des Gesetzesvorbehalts einer gesetzlichen Grundlage, da sie in Rechte planender Privater eingreift (da das Ergebnis eines Raumordnungsverfahrens im Rahmen der Abwägung zu berücksichtigen ist). Da eine solche gesetzliche Grundlage fehlt, dürfen die nicht formalisierten energiepolitischen Ziele die Planung Privater nicht einschränken.

---

556 vgl. § 9 Abs. 2 ROG.

557 soweit es sich nicht um Leitungen in dem Anwendungsbereich des NABEG handelt.

558 vgl. *Hermes*, in: Schneider/Theobald, § 7, Rn. 96.

Bundesfachplanung

Die Bundesfachplanung ist ein fachliches Planungsverfahren eigener Art, welches das Raumordnungsverfahren ersetzt,[559] die abschließende Planfeststellung vorbereitet und die erste Stufe des Verfahrens der planerischen Lokalisierung und Zulassung des Vorhabens darstellt.[560]

Einige Praxisbeispiele haben gezeigt,[561] dass das NABEG keine Vorkehrungen zur Sicherung der Interessen der Netzbetreiber bei der Trassenfindung trifft, was dazu führen kann, dass private Planung auf der Ebene der Trassierung aufgrund von anderen Vorstellungen der BNetzA vom Trassenverlauf vereitelt werden kann.

Als eine Lösungsmöglichkeit kommt zunächst die Bestimmung der Grobtrassierung bereits bei der Ermittlung des Netzausbaubedarfs in Betracht, wodurch den Belangen der Netzbetreiber im Hinblick auf die Trassierung bereits in einem frühen Planungsstadium Rechnung getragen werden könnte. Dagegen spricht jedoch, dass die Ermittlung und Abstimmung des groben Trassenverlaufs auf dieser Planungsstufe das Verfahren der Bedarfsermittlung überfrachten würde.

Eine passende Alternative könnte eine Regelung einer Beachtenspflicht für Belange der Netzbetreiber auch im Verfahren der Trassenfindung sein, sowie eine Konkretisierung der zu berücksichtigenden Belange. Insbesondere Regelungen dazu, welche Kostensteigerungen für den Netzbetreiber noch hinzunehmen sind, sowie welche Änderungen von dem geplanten Trassenverlauf einen Netzbetreiber berechtigen würden, Abstand von dem geplanten Vorhaben zu nehmen und ggf. wie eine hierdurch entstehende Bedarfslücke zu schließen ist, sind empfehlenswert.

Bindungswirkung der Fachplanung

Für die Vorhaben, welche in den Anwendungsbereich des NABEG fallen, trifft das Gesetz spezielle Regelungen, welche durch die Bindungswirkung der Bundesfachplanung die Realisierung von Netzausbauvorhaben beschleunigen sollen.[562]

Nachteile dieser Bindungswirkung sind der Wegfall einer weiteren Kontroll- bzw. Konfliktbewältigungsmöglichkeit, so dass eine etwaige Fehlerkorrektur in den Rechtsschutzverfahren verlagert wird.[563]

Die Fehler der Bundesfachplanung schlagen auf die nachgeordnete Planfeststellung durch. Eine Korrektur dieser Fehler durch die Planfeststellungsbehörde ist aufgrund der strikten Bindung nach § 15 Abs. 1 S. 1 NABEG sowie der fehlenden

559 vgl. § 28 NABEG.

560 vgl. *Hermes*, in: Schneider/Theobald, § 7, Rn. 101.

561 vgl. dazu S. 161.

562 vgl. § 3a Abs. 2, § 5, § 15 und § 18 NABEG.

563 vgl. § 15 Abs. 3 S. 2 NABEG, nach welchem die Entscheidung nach § 12 NABEG nur im Rahmen des Rechtsbehelfsverfahrens gegen die Zulassungsentscheidung für die jeweilige Ausbaumaßnahme überprüft werden kann.

Zuständigkeit der Planfeststellungsbehörde[564] rechtlich nicht zulässig. Zudem sind Präklusionsregelungen nicht vorgesehen und können auch nicht analog auf die Bundesfachplanung angewendet werden.[565]

Vor diesem Hintergrund wäre es überlegenswert, für die Fälle, in welchen z. B. unvorhergesehene Hindernisse auftreten, welche in einem Planfeststellungsverfahren nicht ausgeräumt werden können, oder sich derart wesentliche Änderungen auf der Stufe der Bundesfachplanung ergeben, dass ohne ihre Berücksichtigung die Planfeststellung nicht mehr rechtsfehlerfrei abgeschlossen werden kann, eine Korrekturmöglichkeit vorzusehen.

Hier könnte man, wenn Einvernehmen zwischen der BNetzA und der Planfeststellungsbehörde über die Notwendigkeit der Anpassung gegeben ist oder wenn die BNetzA eine Anpassung ihrer Entscheidung aufgrund der Änderung von wesentlichen Umständen für zwingend geboten hält und verlangt, analog § 22 UVPG verfahren und eine Änderung nach einer auf die Änderungen beschränkten Beteiligung herbeiführen.

Eine Änderung der Bundesfachplanung soll zudem deutlich schneller vollzogen werden, als für ihre vollständige Durchführung in § 12 Abs. 1 NABEG vorgesehen (sechs Monate) ist (z. B. innerhalb von drei Monaten). Für den betroffenen Vorhabenträger ist eine solche Verzögerung hinnehmbar, zumal ohne die Änderung der Bundesfachplanung sein Vorhaben nicht rechtsfehlerfrei hätte planfestgestellt werden können. Zusätzlich soll die Frist für einen Antrag auf Planfeststellung durch den Vorhabenträger nach Abschluss der geänderten Bundesfachplanung neu bemessen werden, damit der betroffene Vorhabenträger sich auf die Änderung einstellen und seinen Antrag entsprechend ändern kann.

Planfeststellung

Der höheren Planungsstufen der fachlichen Bedarfsplanung und der Trassenfindung folgt die untere Stufe der Planfeststellung. Hier werden die höherstufigen Planungen im Sinne einer Standortplanung konkretisiert und eine abschließende Zulassungsentscheidung getroffen.

Die materiellen Anforderungen an die Rechtmäßigkeit der Planfeststellung ergeben sich aus dem Gebot der Planrechtfertigung sowie aus der Bindung an die Ergebnisse der höherstufigen Planungen. Die Planrechtfertigung bedeutet die Erforderlichkeit des Vorhabens, also, dass für die konkrete Planung nach Maßgabe der vom EnWG allgemein verfolgten Ziele ein Bedürfnis besteht.[566] Aus der Perspektive der Gemeinwohlbindung stellt die Planrechtfertigung eine Verknüpfung des Vorhabens mit dem in § 1 EnWG konkretisierten Gemeinwohl her.

---

[564] vgl. § 31 Abs. 1 NABEG.

[565] vgl. *Appel*, 2012, 3, 11 f.

[566] vgl. BVerwGE 48, 56, 60.

Bei der Prüfung der Planrechtfertigung ist zwischen den Vorhaben zu unterscheiden, für welche die Erforderlichkeit bereits in einem besonderen Bedarfsermittlungsverfahren festgestellt wurde[567] und sonstigen Vorhaben.

Bei sonstigen Vorhaben ist aus planungsrechtlicher Sicht[568] eine substanzielle Prüfung der energiewirtschaftlichen Erforderlichkeit erforderlich, welche als Grundlage der notwendigen Bedarfsprognose energiepolitische und energiewirtschaftliche Ziele, Prognosen und Zweckvorstellungen zu berücksichtigen hat.

Danach wird im Ergebnis das Fehlen eines kodifizierten Bedarfsermittlungsverfahrens als eine Rechtfertigung für die Übertragung der Bedarfsermittlung auf staatliche Akteure herangezogen. Nicht nachvollziehbar ist hier, warum bei besonders systemrelevanten Leitungen der Bedarf in einem koordinierten Verfahren durch Private ermittelt wird und bei sonstigen Leitungen der Bedarf durch eine behördliche Entscheidung ermittelt werden soll.

Die Notwendigkeit der Überprüfung des energetischen Bedarfs wird auch damit begründet, dass Vorhabenträger private Unternehmen sind, welche Netzausbauvorhaben nicht nur an dem öffentlichen Gesamtinteresse ausrichten.[569]

Der Grad der Bindung an die gesetzlichen Ziele wird durch das Gesetz selbst festgelegt. Solange eine Energieversorgung i. S. d. § 1 EnWG gewährleistet ist, dürfen Private auch andere als gesetzliche Ziele verfolgen. Die Gewinnerzielung schließt dabei die Preisgünstigkeit nicht aus. So führt nach Ansicht des klassisch-liberalen Nationalökonomen Adam Smith das eigennützig-rationale Streben des einzelnen Wettbewerbers nach maximalem Gewinn zugleich zu steigendem Gemeinwohl, da es durch den Marktmechanismus zur günstigsten Güterversorgung komme.[570]

Außerdem zeigt die Erfahrung, dass die öffentliche Hand oft weniger wirtschaftlich und effizient handelt als Private, so dass alleine der Umstand, dass die Aufgabeerfüllung durch Private und nicht durch die öffentliche Hand erfolgt, eine behördliche Bedarfsentscheidung nicht zu rechtfertigen vermag.

Die Planfeststellungsbehörde dürfte zudem mit einer eigenständigen Bedarfsprognose überfordert sein, so dass sie auch aus praktischen Gründen auf eine Plausibilitätskontrolle der Prognosen der Netzbetreiber beschränkt ist.[571]

---

[567] vgl. § 1 EnLAG und § 1 BBPlG.

[568] vgl. *Hermes*, in: Schneider/Theobald, § 7, Rn. 132.

[569] vgl. *Hermes*, a. a. O.

[570] vgl. *Smith*, An Inquiry into the Nature and Causes of the Wealth of Nations, 1776/1994, 369.

[571] vgl. *Schiller*, UPR 2009, 245, 246.

Abwägung

Nach § 43 Abs. 3 EnWG sind bei der Planfeststellung die von dem Vorhaben berührten öffentlichen und privaten Belange im Rahmen der Abwägung zu berücksichtigen.

Das BVerwG[572] stellte fest, dass im behördlichen Prüfungsverfahren die Vorhabenplanung abwägend nachzuvollziehen sei, d. h. die Behörde darf nicht bei gleichwertigen Konfliktbewältigungsalternativen von der privaten Vorhabenplanung abweichen und die von ihr favorisierte Alternative ohne weiteres an die Stelle des vom Vorhabenträger gewählten Lösungsoption setzten.

Die gegenteilige Auffassung geht davon aus, dass eine „abwägende Nachvollziehung" im Rahmen des § 43 EnWG keine Geltung beanspruchen kann, weil den privaten Trägern von Energievorhaben für eine behördlich und/oder gerichtlich nicht voll überprüfbare Abwägung die erforderliche demokratische Legitimation fehlt.[573]

Wenn der Gesetzgeber durch den Rechtsrahmen des Energierechts sowie durch andere zwingende Vorgaben (Naturschutz, Sicherheit, Umweltschutz) Bindungen der EVU an das Gemeinwohl schafft, so dass im Sinne der Infrastrukturverantwortung gewährleistet ist, dass die Marktakteure, obwohl sie in erster Linie von privaten Interessen geleitet werden, im Sinne der Gemeinwohlmaximierung handeln, so stellt sich die Frage, ob nicht eine durch die Gemeinwohlbindung geschaffene Legitimation ausreichend ist sowie ob ein darüber hinausgehendes Mehr an demokratischer Legitimation einen Zugewinn für die Gemeinwohlmaximierung bedeuten würde.

Stellt man nicht das Gemeinwohl, sondern die Einhaltung verfassungsrechtlicher Vorgaben zur demokratischen Legitimation (Legitimationskettentheorie[574]) in den Vordergrund und geht davon aus, dass die demokratische Legitimation nur innerhalb des Staates durchgereicht werden kann, so könnte eine die private Planung abwägend nachvollziehbare Verwaltungsentscheidung ein Anknüpfungspunkt für die Verleitung der demokratischen Legitimation für die private Planung sein (die Verwaltung macht sich die private Planung zu eigen und aus einer privaten Planungsentscheidung wird eine staatliche).

Die Übernahme der privaten Planung durch die Verwaltung ist für die Schaffung der demokratischen Legitimation nicht zwingend. Dass Private demokratisch legitimiert sein können, etwa im Falle ihrer Beleihung, dürfte unstreitig sein.

Die Verwaltung schöpf ihre demokratische Legitimation vor allem aus der Bindung an Recht und Gesetz.[575] Wenn der energierechtliche Rahmen die Bindung Privater an das durch ebendiesen Rechtsrahmen ausgeformte Gemeinwohl ge-

---

[572] vgl. BVerwGE 72, 365, 367; 97, 143, 148 f.

[573] vgl. *Hermes*, in: Schneider/Theobald, § 7, Rn. 143.

[574] vgl. *Böckenförde*, in: Isensee/Kirchhof, Bd. II, § 24, Rn. 11–25.

[575] vgl. Art. 20 Abs. 3 GG.

währleistet, spricht einiges dafür, dass durch diese Bindung dem Handeln Privater die demokratische Legitimation vermittelt wird.

Nach diesem Ansatz wäre die abwägend nachvollziehbare Entscheidung in einem Planfeststellungsverfahren obsolet. Will man dennoch aus formellen Gründen der Notwendigkeit der Vermittlung der demokratischen Legitimation für die private Planung an dem Erfordernis eines staatlichen Aktes als Abschluss der Planung festhalten, so könnte auf eine Genehmigung des Plans (keine Plangenehmigung im Sinne des EnWG) zurückgegriffen werden.

Sonstige nicht planfeststellungspflichtige Vorhaben – Planerische Steuerungsmöglichkeit durch das Bauplanungsrecht

Nach § 14 Abs. 1a EnWG haben Betreiber von Elektrizitätsverteilernetzen auf Verlangen der Regulierungsbehörde einen Bericht über den Netzzustand und die Netzausbauplanung zu erstellen und ihr diesen vorzulegen.

Es wäre aus praktischen Gründen sowie aus Gründen der Planungs- und Rechtssicherheit zielführend, eine dem § 15 Abs. 1 S. 2 NABEG ähnliche Regelung auch für die Planungen unterhalb der Planfeststellungspflicht vorzusehen. Danach wären die im Rahmen von § 14 Abs. 1a EnWG angezeigten Vorhaben grundsätzlich in den nachfolgenden gemeindlichen Planungen zu beachten. Eine bestehende anderweitige Standortzuweisung durch die Gemeinde wäre nur im Außenbereich in der Regel zu beachten.[576]

Nach § 14 Abs. 2 S. 1 EnWG haben Betreiber von Elektrizitätsverteilernetzen bei der Planung des Verteilernetzausbaus die Möglichkeiten von Energieeffizienz- und Nachfragesteuerungsmaßnahmen und dezentralen Erzeugungsanlagen zu berücksichtigen. Nach § 14 Abs. 2 S. 2 EnWG wird die Bundesregierung ermächtigt, durch Rechtsverordnung allgemeine Grundsätze für die Berücksichtigung der in Satz 1 genannten Belange bei Planungen festzulegen.

§ 14 Abs. 2 EnWG zeigt, dass der Gesetzgeber die Notwendigkeit gesehen hat, die Art und Weise der Berücksichtigung einiger Aspekte der Netzausbauplanung verbindlich zu regeln. Es wäre überlegenswert, allgemeine Grundsätze für die Berücksichtigung des Bedarfs bei Planungen, allerdings ohne Einschränkung auf den Satz 1, vorzusehen.

Rechtsschutz

Rechtsschutz gegen standortrelevante Entscheidungen konnte bisher nur dadurch erlangt werden, dass die abschließende Zulassungsentscheidung bzw. ein Bebauungsplan, angegriffen und überprüft wurden.

Dass gegen die auf den höheren Planungsstufen getroffenen Entscheidungen kein unmittelbarer Rechtsschutz möglich war, wurde damit begründet, dass diesen Ent-

---

576 vgl. § 35 Abs. 3 S. 3 BauGB.

scheidungen keine Außenwirkung zukommt,[577] so dass ein Normenkontrollantrag an der Hürde der Antragsbefugnis scheiterte.[578]

Demgegenüber wird nach heute überwiegend vertretener Auffassung die Antragsbefugnis von Privatpersonen vor dem Hintergrund der Regelung des § 35 Abs. 3 S. 3 BauGB bejaht.[579] Dies ist zu begrüßen. Wollte früher ein Netzbetreiber eine (mit einer sich in Planung befindlichen Leitung) konkurrierende Leitung bauen, so gab es in einer solchen Konstellation noch keine Zulassungsentscheidung, welche er gerichtlich überprüfen lassen konnte.

Nunmehr, wenn der Netzbetreiber auf Anpassung bestehender bzw. Einführung neuer Ziele der Raumordnung klagt, kann er erreichen, dass seine Bedarfsplanung bereits auf einer höheren Planungsebene Berücksichtigung findet und sein Vorhaben früher realisiert werden kann.

Notwendigkeit einer Standortplanung für Energieerzeugungsanlagen

Eine Literaturmeinung sieht einen weiteren planerischen Bedarf in der Asymmetrie zwischen freier Standortwahl der Stromerzeuger und nacheilender planerischer Befriedigung des dadurch entstehenden Transportbedarfs.[580] Es ist zutreffend, dass die Standortwahl für die Erzeugungsanlagen leichter zu bewältigen ist, wenn absehbar ist, wo neue Transportkapazitäten entstehen werden und umgekehrt.

Fraglich ist jedoch, warum die Abstimmung zwischen den Energieerzeugern und Netzbetreibern, welche bisher ohne eine Planung funktioniert hat, nunmehr durch eine staatliche Planung ersetzt werden soll.

§ 17 EnWG schafft klare Rahmenbedingungen für die Abstimmung nicht nur des Anschlusses, sondern auch der Standortwahl zwischen dem anschlusspflichtigen Netzbetreiber und dem Erzeuger. Erst wenn diese Regelung versagt, wäre es sinnvoll, eine Nachbesserung in Erwägung zu ziehen (durch Anpassung ihrer Modalitäten als milderes Mittel im Verhältnis zur Einführung einer staatlichen Standortplanung).

Zwischenfazit

Existenz einer staatlichen Fachplanung

Eine staatliche energetische Fachplanung existiert im Ergebnis bis heute nicht. Als eine Ausgangsüberlegung gilt grundsätzlich, dass die Energieversorgung keine staatliche Aufgabe ist, so dass auch die Planung nicht dem Staat obliegt.

---

[577] vgl. Nachweise bei *Koch/Hendler*, Baurecht, Raumordnungs- und Landesplanungsrecht, § 9, Rn. 5.

[578] vgl. Nachweise bei *Koch/Hendler*, Baurecht, Raumordnungs- und Landesplanungsrecht, § 3, Rn. 59.

[579] vgl. *Ramsauer*, NVwZ 2004, 1041, 1051 m. w. N.

[580] vgl. *Hermes*, in: Schneider/Theobald, § 7, Rn. 187.

Die heute existierenden Normen, welche die Ermittlung des energetischen Bedarfs adressieren (z. B. EnLAG, NABEG, §§ 12a ff. EnWG), beschäftigen sich mit den Resultaten der privaten Planungen der Netzbetreiber.

Möglichkeit der staatlichen Fachplanung

Theoretisch bestehen die Möglichkeiten der „Verstaatlichung" der Aufgabe der Energieversorgung insgesamt (wodurch auch die energetische Planung dem Staat überantwortet wird) oder der „Verstaatlichung" nur der Planung (z. B. als Ausdruck der staatlichen Auffangverantwortung in der Gewährleistungsverwaltung beim Scheitern privater Aufgabenerledigung). Da eine solche „Verstaatlichung" nicht entschädigungslos möglich ist, dürfte sich ihre Umsetzung praktisch schwierig gestalten.

Zwingende Erforderlichkeit der staatlichen Fachplanung?

Zwingende Gründe für die „Verstaatlichung" der energetischen Fachplanung existieren nicht, was im Einklang mit der Prämisse „Mehr Freiraum – mehr Lukrativität/größere Gemeinwohlmehrung" steht.

1. So können die haushaltsrechtlichen Grundsätze nicht dafür herangezogen werden, um eine staatliche Planung zu rechtfertigen, da (anders als in den Bereichen Schienennetz und Fernstraßennetz) der Staat im Bereich des Energienetzes keine Ausgaben tätigt.
2. Auch die staatliche Infrastrukturverantwortung bedingt nicht, dass die Infrastruktur zumindest durch den Staat geplant werden muss, denn der Staat muss nur gewährleisten, dass eine funktionsfähige und bedarfsgerechte Infrastruktur existiert.
3. Ebenso wenig verbietet der Umstand, dass Vorhabenträger private Unternehmen sind, welche sich nicht nur am öffentlichen Interesse orientieren, die private Planung und macht eine staatliche Planung nicht zwingend erforderlich. Die Ansicht, welche eine ausschließliche Orientierung am öffentlichen Interesse fordert, widerspricht der o. g. Grundprämisse. Sie ist abzulehnen, denn das eigennützig-rationale Streben des einzelnen Wettbewerbers nach maximalem Gewinn führt zugleich zu steigendem Gemeinwohl,[581] so dass die geforderte ausschließliche Orientierung am öffentlichen Interesse vor dem Hintergrund der Wohlfahrtsoptimierung nicht zwingend ist.

   Der Grad der Bindung an das öffentliche Interesse wird durch das Gesetz selbst festgelegt, so dass Private auch andere als gesetzliche Ziele verfolgen dürfen, solange eine Energieversorgung i. S. d. § 1 EnWG gewährleistet ist.

---

[581] vgl. *Smith*, An Inquiry into the Nature and Causes of the Wealth of Nations, 1776/1994, 369.

4. Ferner ist auch die Rechtfertigung der Notwendigkeit der staatlichen Planung durch die Enteignungsmöglichkeit – wie gesehen[582] – defizitär.

5. Selbst wenn man die Enteignungsmöglichkeit als eine Rechtfertigung für die Notwendigkeit einer staatlichen Überprüfungsmöglichkeit ausreichen lässt, selbst dann ist die Erforderlichkeit einer staatlichen Fachplanung äußerst fraglich, denn die Option der abwägenden Nachvollziehung stellt eine gleich geeignete und weniger einschneidende Alternative dar.

   Die Option der abwägenden Nachvollziehung ist auch vor dem Hintergrund der Wohlfahrtsmaximierung (Prämisse „Mehr Freiraum – mehr Lukrativität/größere Gemeinwohlmehrung") vorzugswürdig, was das folgende Beispiel verdeutlicht: Ein Privater plant eine neue zumindest teilweise konkurrierende Leitung. Wie gesehen, wäre eine solche Leitung (auch aufgrund seiner konkurrierenden Funktion) mit zusätzlichen Vorteilen für das Gemeinwohl verbunden.[583] Würde bei der Planung einer solchen Leitung durch eine staatliche, planende Stelle diejenige planungsrechtliche Auffassung zugrunde gelegt, nach welcher eine Enteignung zugunsten einer neuen Leitung bis zur Erschöpfung der Kapazität des vorhandenen Netzes nicht zu rechtfertigen ist, so wäre eine solche Leitung nicht möglich und die mit ihr verbundenen möglichen Vorteile blieben ungenutzt.

6. Schließlich führt das Erfordernis einer demokratischen Legitimation der Planung nicht zur Notwendigkeit einer staatlichen Planung. Da der energierechtliche Rahmen die Bindung Privater an das durch diesen Rechtsrahmen ausgeformte Gemeinwohl gewährleistet, wird durch diese Bindung dem Handeln Privater eine ausreichende demokratische Legitimation für die weitere Konkretisierung des Gemeinwohls (Konkretisierung durch den Gesetzgeber – allgemein: z. B. in § 1 EnWG, eingehender: in weiteren Normen, welche die Anforderungen an das Netz teilweise bis ins kleinste Detail regeln, inklusive sämtlicher zu beachtender zwingender Rechtsvorschriften, wie z. B. des Umweltschutzes) vermittelt. Danach wäre selbst die abwägende Nachvollziehung der privaten Planung durch die Verwaltung nicht erforderlich.

Will man dennoch aus formellen Gründen der Notwendigkeit der Vermittlung der demokratischen Legitimation für die private Planung an dem Erfordernis eines staatlichen Aktes als Abschluss der Planung festhalten, so könnte auf das Instrument der Genehmigung zurückgegriffen werden.

Ein Genehmigungssystem könnte damit eine Alternative zu Planungsverfahren darstellen. Im Falle eines Genehmigungssystems mit (ähnlichen wie aktuell im Planungsverfahren vorgesehen) Partizipationselementen würden Behörden und Vorhabenträger (durch den Wegfall einer „abwägenden Nachvollziehung") entlastet, dadurch würden Zulassungsverfahren beschleunigt, die mit dem Leitungswettbewerb inkompatible Eigenschaft des Planungsverfahrens (grundsätzlich Ermittlung

---

[582] vgl. E. III.

[583] vgl. D. VI.

nur eines Vorhabens) wäre beseitigt und es wäre auch der aus der Infrastrukturverantwortung des Staates herrührenden Forderung nach der (formellen) demokratischen Legitimation der privaten Planungsentscheidung entsprochen, da das Genehmigungsverfahren in einer formellen, staatlichen Genehmigungsentscheidung gipfelt.

Zusammenfassend kann festgehalten werden, dass das aktuelle Planungsregime für Netze in Deutschland relativ kompliziert und nicht in allen seinen Facetten optimal ist. Die Planungsverfahren sind zugeschnitten auf die Ermittlung eines einzigen Vorhabens. Mögliche konkurrierende Leitungen werden weder in den Entscheidungsprozess einbezogen noch fehlt es an einem Forum für diese in den entsprechenden Planungsverfahren. Es fehlen an manchen Stellen (nicht planfeststellungspflichtige Vorhaben) auch Regeln zu Art und Weise der Berücksichtigung des ermittelten Bedarfs in der Planung.

F. Enteignung als ein Instrument der Gemeinwohlbindung

Da es für die Netzbetreiber grundsätzlich nahezu unmöglich ist, alle Leitungen sowie dazugehörige Anlagen nur durch eine mit dem jeweiligen Grundstückseigentümer einvernehmliche Inanspruchnahme fremder Grundstücke zu verlegen bzw. zu errichten, stellt das Energiewirtschaftsrecht ein Instrumentarium zur Verfügung, welches einen zwangsweisen Zugriff auf fremde Grundstücke erlaubt.[1]

Die wichtigsten Instrumente sind dabei die Enteignung nach § 45 EnWG sowie die Regelungen zur Grundstücksbenutzung nach Niederspannungsanschlussverordnung[2] und Niederdruckanschlussverordnung.[3] Sollen für den Bau einer Leitung öffentliche Verkehrswege in Anspruch genommen werden, verpflichtet § 46 EnWG die Gemeinden, ihre öffentlichen Verkehrswege für die Verlegung und den Betrieb von Leitungen und Nebenanlagen durch Vertrag zur Verfügung zu stellen.[4]

Die Notwendigkeit einer Beschränkung und im äußersten Fall auch einer Entziehung von privatem Grundstückseigentum zugunsten des überindividuellen Interesses an der Energieversorgung wurde durch den Gesetzgeber früh erkannt.[5] So regelte bereits § 11 Abs. 1 EnWG 1935,[6] dass „soweit für Zwecke der öffentlichen Energieversorgung die Entziehung oder die Beschränkung von Grundeigentum oder Rechten am Grundeigentum im Wege der Enteignung erforderlich wird, [...] der Reichswirtschaftsminister die Zulässigkeit der Enteignung fest[stellt].“[7]

Die Enteignungsnorm selbst wurde bis heute mehrfach geändert.[8] Das Grundprinzip, dass die Energieversorgung dem Gemeinwohl dient und dass zu ihren Gunsten unter bestimmten Voraussetzungen das Grundeigentum Privater beschränkt oder entzogen werden darf, blieb unverändert.[9]

---

[1] vgl. *Theobald*, in: Theobald/Kühling, § 45, Rn. 1, 6, 14; *Pielow*, in: Säcker, § 45, Rn. 1; *Hermes*, in: Britz/Hellerman/Hermes, § 45, Rn. 1.

[2] Verordnung über Allgemeine Bedingungen für den Netzanschluss und dessen Nutzung für die Elektrizitätsversorgung in Niederspannung vom 1. November 2006, BGBl. I S. 2477, NAV.

[3] Verordnung über Allgemeine Bedingungen für den Netzanschluss und dessen Nutzung für die Gasversorgung in Niederdruck vom 1. November 2006, BGBl. I S. 2477, 2485, NDAV.

[4] vgl. *Theobald*, in: Theobald/Kühling, § 45, Rn. 2.

[5] vgl. *Kment*, in: Kment, § 45, Rn. 1; *Pielow*, in: Säcker, § 45, Rn. 1; *Hermes*, in: Britz/Hellerman/Hermes, § 45, Rn. 2.

[6] Energiewirtschaftsgesetz, vom 13. Dezember 1935, RGBl. I S. 1451.

[7] zur Verfassungsmäßigkeit vgl. BVerfG, NJW 1984, 1872f.

[8] vgl. *Kment*, in: Kment, § 45, Rn. 2f.

[9] vgl. *Kment*, in: Kment, § 45, Rn. 4; *Theobald*, in: Theobald/Kühling, § 45, Rn. 7; *Pielow*, in: Säcker, § 45, Rn. 7.

Die Voraussetzungen für die Enteignung haben sich jedoch grundlegend geändert.[10] Ging der damalige Gesetzgeber noch davon aus, dass eines der Ziele des EnWG sei, „volkswirtschaftlich schädliche Auswirkungen des Wettbewerbs zu verhindern“,[11] so wäre aus der damaligen Perspektive eine Enteignung zugunsten eines konkurrierenden Verbund-EVU als Energieproduzenten (nach h.M. gehören nicht nur Energieleitungen, sondern auch Energieerzeugungsanlagen zu den Vorhaben, zu wessen Gunsten enteignet werden darf[12]) in einem Demarkationsgebiet eines anderen Verbund-EVU nicht zulässig gewesen. Sie war für Zwecke der öffentlichen Energieversorgung nicht erforderlich.

Durch den Fortschritt der Liberalisierung, durch die Entflechtung der großen EVU und Etablierung des Wettbewerbs auf der Ebene der Energieerzeugung ist heute eine konkurrierende Energieerzeugung[13] möglich und zulässig (vgl. z.B. den Anstieg der dezentralen Energieproduktion aus erneuerbaren Energiequellen). Dementsprechend kann aus heutiger Sicht auch eine Enteignung zugunsten eines konkurrierenden Energieerzeugers erforderlich sein.[14]

Durch die Einführung von Wettbewerb bei den Energiediensten ist die Gemeinwohlverpflichtung der Energieversorger im Rahmen der Daseinsvorsorge nicht entfallen, denn durch die Ausübung der staatlichen Regulierungskontrolle wird eine, wenn auch zurückgenommene, Gemeinwohlbindung privater Energieversorger ge-

---

[10] So stellte das BVerfG vor dem Hintergrund der liberalisierten Energiewirtschaft nicht mehr auf eine völlige „Unverzichtbarkeit“ (BVerfGE 38, 175, 180) des energiewirtschaftlichen Vorhabens (Tagebau) zum Erreichen des Gemeinwohlziels „Versorgungssicherheit“ ab. „Erforderlich“ soll eine Enteignung vielmehr schon dann sein, wenn das konkret begünstigte Vorhaben „vernünftiger Weise geboten“ bzw. wenn es in der Lage ist, „einen substantiellen Beitrag zur Erreichung des Gemeinwohlziels zu leisten“ (BVerfGE 134, 242, Rn. 184: „Zumeist werden andere vergleichbare Vorhaben in Frage kommen, die dem verfolgten Gemeinwohlziel dienen. Dass die Enteignung zum Wohl der Allgemeinheit auf den Sonderfall eines für das in Rede stehende Gemeinwohlziel einzig möglichen Vorhabens reduziert werden sollte, kann der Regelung des Enteignungsrechts im Grundgesetz nicht entnommen werden“), vgl. *Pielow*, in: Säcker, § 45, Rn. 9 ff.

[11] später abgesichert durch § 103 GWB 1957, Gesetz gegen Wettbewerbsbeschränkungen vom 27. Juli 1957, BGBl. I, S. 1081. § 103 GWB stellte Demarkationsverträge, Konzessionsverträge, Vertikalverträge sowie Verbundverträge von den Verboten der §§ 1, 15 und 18 GWB 1957 frei. Zu den Gründen vgl. den Bericht der Bundesregierung über die Ausnahmebereiche des Gesetzes gegen Wettbewerbsbeschränkungen, BT-Drs. 7/3206 vom 4. Februar 1975, Rn. 109 ff.

[12] vgl. *Theobald*, in: Theobald/Kühling, § 45, Rn. 26; *Büdenbender*, Energierecht I, Rn. 1856.

[13] Zum Streit, ob eine Enteignung zugunsten von Energieerzeugungsanlagen (welche nunmehr in einem wettbewerblich organisierten Markt sind) zulässig ist, vgl. *Pielow*, in: Säcker, § 45, Rn. 19; *Hermes*, in: Schneider/Theobald, § 10, Rn. 39.

[14] vgl. *Kment*, in: Kment, § 45, Rn. 16; *Theobald*, in: Theobald/Kühling, § 45, Rn. 12 f. Kritisch: *Hermes*, in: Britz/Hellermann/Hermes, § 25, Rn. 43, 78; *Hermes*, in: Schneider/Theobald, § 10, Rn. 22.

währleistet, zu deren Sicherung das Instrument der Enteignung Anwendung finden darf.[15]

Die Entwicklung des Verständnisses von Auswirkungen des Wettbewerbs und als Folge auch des Verständnisses der energetischen Erforderlichkeit zeigt, dass ihre Bedeutung, Wirkung und auch die Voraussetzungen zum einen keineswegs statisch und zum anderen regelmäßig einer kritischen Überprüfung zu unterziehen sind (was das Gebot der Wohlfahrtsmaximierung gebietet).

Zeigt sich nach dieser Prüfung, dass auch die Öffnung des Transportbereichs für den Wettbewerb geeignet ist, gemeinwohlfördernd zu wirken, so ist ein solcher Wettbewerb durch entsprechende gesetzliche Regelungen zuzulassen (wegen der Wohlfahrtsmaximierung und der Strukturschaffungspflicht). Stellt sich dagegen nach Beobachtung des Marktes heraus, dass die private Aufgabenerfüllung im Wettbewerb die Gewährleistung der Energieversorgung gefährdet, so muss der Staat ebenfalls handeln und darf den Wettbewerb (wieder) einschränken und im äußersten Falle die Aufgabenerfüllung an sich ziehen.

Im Folgenden wird der Frage nachgegangen, ob die Liberalisierung des Energiesektors und weitere Entwicklungen in diesem Bereich (vor allem das steigende Umweltbewusstsein) ein Umdenken im Hinblick auf die Erforderlichkeit der Enteignung erfordern.[16]

§ 45 EnWG regelt, dass die Entziehung oder die Beschränkung von Grundeigentum oder von Rechten am Grundeigentum im Wege der Enteignung zulässig ist, soweit sie zur Durchführung eines Vorhabens nach § 43 oder § 43b Nr. 1 EnWG, für das der Plan festgestellt oder genehmigt ist (planfestgestellte Vorhaben), oder eines sonstigen Vorhabens zum Zwecke der Energieversorgung erforderlich ist, wobei es für die planfestgestellten Verfahren keiner weiteren Feststellung der Zulässigkeit der Enteignung bedarf.[17]

Im Zusammenhang mit der Enteignung für ein energetisches Vorhaben besteht eine besondere Problematik darin, dass die Enteignung zwar grundsätzlich nur zum Wohle der Allgemeinheit[18] zulässig ist und auch zum Wohle der Allgemeinheit in Form der Energieversorgung erfolgt, jedoch werden (meist) private EVU durch die

---

[15] vgl. BVerwG, NJW 2003, 230 ff., BVerfG, NJW 1984, 1872 f.; BVerfG, NJW 1987, 1251 f.; BVerwG, NJW 2003, 230, 233; OLG Celle, ZNER 2008, 248 f.; *Kment*, in: Kment, § 45, Rn. 16.

[16] Nach dem Gesetzgeber, der unterstreicht, dass die Inanspruchnahme fremden Grundeigentums (insbesondere bei Leitungen) nicht zuletzt auch im Hinblick auf den wettbewerblich orientierten Ordnungsrahmen für Strom und Gas wichtig ist, und zusätzliche Direktleitungen zur Belieferung einzelner Kunden als Wettbewerbsinstrument von besonderer Bedeutung sein könnten, ist dies nicht der Fall, vgl. BT-Drucks. 15/3917, S. 67.

[17] vgl. *Kment*, in: Kment, § 45, Rn. 4; *Theobald*, in: Theobald/Kühling, § 45, Rn. 7, 15, 29.

[18] vgl. Art. 14 Abs. 3 S. 1 GG; *Theobald*, in: Theobald/Kühling, § 45, Rn. 17.

Enteignung als Enteignungsbegünstigte Rechtserwerber,[19] so dass die Enteignung, streng genommen, nicht nur zum Wohle der Allgemeinheit erfolgt.

Ein Teil dieser Problematik könnte theoretisch dadurch eingedämmt werden, dass die Enteignung zugunsten des Fiskus erfolgt, welcher dann Eigentümer der Energietransporttrassen (ähnlich Art. 90 Abs. 1 GG) bleibt und die Nutzungsrechte an Trassen (oder Teilen davon in Form von Grundstücken) an die EVU (ähnlich §§ 69, 68 TKG) überträgt (entgeltlich, damit der Eigentumsübergang möglichst kostenneutral für den Staat erfolgt; alternativ durch Versteigerung von Konzessionen, um so einen Wettbewerb um den Markt zu ermöglichen und Ineffizienzen des Monopols zu mindern[20]).

Jedoch adressiert das geschilderte theoretische Beispiel nur einen Aspekt der verfassungsrechtlichen Problematik, nämlich den des Eigentumserwerbs durch private EVU. Das Kernproblem bleibt dennoch bestehen. Dieses liegt darin, dass Private bei der Bestimmung des energetischen Bedarfs eine entscheidende Rolle spielen und trotz einer „abwägenden Nachvollziehung" durch die Verwaltung (sowohl in den Fällen von planfestgestellten Vorhaben als auch umso mehr in Fällen, in welchen nur die Erforderlichkeit der Enteignung selbst abwägend nachvollzogen wird) inhaltlich das Gemeinwohl ausformen und im Ergebnis auch über die Enteignung (zumindest maßgeblich mit-)entscheiden, obwohl sie trotz gesetzlicher Bindung an das Gemeinwohl auch von privaten Interessen geleitet werden und die enteigneten Grundstücke neben der Energieversorgung auch für ihre eigennützigen Zwecke der Gewinnerzielung verwenden und letztendlich Nutzen aus der Enteignung ziehen. Danach bleibt die Problematik der privatnützigen Enteignung auch im Beispiel mit dem fehlenden (direkten) Grunderwerb durch Private bestehen.

Die grundsätzliche Zulässigkeit einer privatnützigen Enteignung ist heute anerkannt.[21] Es herrsch jedoch nach wie vor Uneinigkeit über die Voraussetzungen für ihre Zulässigkeit.[22]

Eine (unternehmensorientierte) Auffassung lässt die privatnützige Enteignung dann zu, wenn Allgemeinwohlzwecke durch Private verfolgt werden und die Tätigkeit die Qualität einer staatlichen Aufgabe hat und der Betriebszweck des privatrechtlich organisierten Unternehmens eindeutig darauf gerichtet sein muss, damit ein Stück öffentlicher Verwaltung anstelle der öffentlichen Hand zu erfüllen. Das

---

[19] vgl. *Theobald*, in: Theobald/Kühling, § 45, Rn. 8.

[20] vgl. *Demsetz*, Journal of Law and Economics, 1968, Band 11, Nr. 1, S. 55 ff.

[21] vgl. BVerwG, NJW 2003, 230 ff.; BVerwGE 1, 42, 43; 71, 108, 124 f.; OVG Koblenz, NJW 1968, 2121; *Bullinger*, Der Staat 1962, 449, 451, *Hermes*, in: Schneider/Theobald, § 10, Rn. 24 m. w. N.; *Kment*, in: Kment, § 45, Rn. 15; *Theobald*, in: Theobald/Kühling, § 45, Rn. 8; *Pielow*, in: Säcker, § 45, Rn. 7.

[22] vgl. *Hermes*, in: Britz/Hellerman/Hermes, § 45, Rn. 14; *Hermes*, in: Schneider/Theobald, § 10, Rn. 23 f., 27.

Unternehmen muss mit dem Ziel errichtet und betrieben werden, eine an sich dem Staat oder der Kommune obliegende Angelegenheit zu erledigen.[23]

Nach der anderen (vorhabenorientierten) Auffassung genügt es, wenn das begünstigte Unternehmen mit Hilfe des enteigneten Gegenstandes einen öffentlichen Zweck fördert, der gesetzlich festgeschrieben und dessen Verfolgung durch das Unternehmen nach der Enteignung mit geeigneten staatlichen Instrumenten gesichert sein muss.[24]

Nach der Rechtsprechung des BVerfG,[25] welche (sowohl unternehmens- als auch vorhabenbezogene) Elemente beider dargestellten Auffassungen enthält, ist die privatnützige Enteignung zulässig.[26]

Das BVerfG führt hierzu aus:[27]

> „Der Person des Begünstigten kommt danach keine ausschlaggebende Bedeutung bei der Beurteilung der Verfassungsmäßigkeit einer Enteignung zu. Art. 14 Abs. 3 GG verlangt vielmehr einen qualifizierten Enteignungszweck – das Wohl der Allgemeinheit –, der seine konkrete Ausformung in gesetzlichen Vorschriften oder auf deren Grundlage gefunden haben muss. Ist die Enteignung zu diesem durch das Grundgesetz vorgegebenen und durch den Gesetzgeber hinreichend festgelegten Ziel erforderlich, kommt es für ihre verfassungsrechtliche Beurteilung nicht entscheidend darauf an, ob sie zugunsten eines Privaten oder eines Trägers öffentlicher Verwaltung erfolgt (vgl. BVerfGE 66, 248, 257; 74, 264, 284 f.).
>
> Bei einer Enteignung zugunsten Privater, die nur mittelbar dem Gemeinwohl dient, hat der parlamentarisch-demokratische Gesetzgeber unzweideutig gesetzlich festzulegen, ob und für welche Vorhaben unter welchen Voraussetzungen und für welche Zwecke eine Enteignung zulässig sein soll. Auch muss – soll zugunsten eines Privaten enteignet werden – gewährleistet sein, dass der im Allgemeininteresse liegende Zweck der Maßnahme erreicht und dauerhaft gesichert wird; nur dann fordert das allgemeine Wohl die Enteignung. Ist bereits der Geschäftsgegenstand des privaten Unternehmens dem allgemein anerkannten Bereich der Daseinsvorsorge zuzuordnen, genügt es, wenn hinreichende Vorkehrungen dafür getroffen sind, dass die selbstgestellte „öffentliche" Aufgabe ordnungsgemäß erfüllt wird. Kann sich der Nutzen für das allgemeine Wohl demgegenüber nicht aus dem Unternehmensgegenstand selbst, sondern nur als mittelbare Folge der Unternehmenstätigkeit ergeben, reichen solche Vorkehrungen nicht aus.
>
> Dann müssen besondere Anforderungen an die gesetzliche Konkretisierung des nur mittelbar erfüllten Enteignungszwecks gestellt werden. Art. 14 Abs. 3 Satz 2 GG gebietet hier eine so genaue gesetzliche Beschreibung des Enteignungszwecks, dass die Entscheidung über die Zulässigkeit der Enteignung insoweit nicht in die Hand der Verwaltung gegeben wird. Es bedarf darüber hinaus differenzierter materiell- und verfahrensrechtlicher Rege-

---

[23] Sondervotum Böhmer, BVerfGE 56, 249, 272, 293.

[24] vgl. *Stengel*, S. 48 ff.; *Schmidbauer*, Enteignung zugunsten Privater, S. 188 ff.

[25] BVerfG, WM 2009, 422; BVerfGE 66, 248, 258; BVerfGE 74, 264 ff.

[26] BVerfG, WM 2009, 422.

[27] BVerfG, Beschluss vom 10. September 2008 – 1 BvR 1914/02, www.bundesverfassungs gericht.de, unter III. 1. b) aa) (2).

lungen, die sicherstellen, dass den Grundsätzen der Verhältnismäßigkeit und der Gleichheit vor dem Gesetz im Interessendreieck Gemeinwohl-Enteigneter-Begünstigter im Einzelfall Rechnung getragen und insbesondere die Erforderlichkeit der Enteignung sorgfältig geprüft wird. Schließlich ist unabdingbar, dass der Gemeinwohlbezug der werbenden Tätigkeit des Unternehmens kein bloßer tatsächlicher Reflex bleibt, sondern auf Dauer garantiert ist. Dazu ist eine gesetzlich vorgesehene effektive rechtliche Bindung des begünstigten Privaten an das Gemeinwohlziel notwendig (vgl. BVerfGE 66, 248, 257; 74, 264, 285 f.)."

I. Unternehmensbezogene Betrachtung der Gemeinwohlbindung

Das BVerfG hat zwar in seiner jüngeren Rechtsprechung[28] seine bisherige Auffassung zur grundsätzlichen Zulässigkeit privatnütziger Enteignung[29] bestätigt,[30] jedoch hat es seine auf § 11 EnWG 1935 bezogene Argumentation hinsichtlich der gesetzlichen Allgemeinwohlbindung nicht explizit auch auf § 45 EnWG 2005 übertragen:

„Die besondere Zielrichtung des Unternehmens überlagere dessen privatrechtliche Struktur sowie den auf die Erzielung von Gewinn gerichteten Zweck und lasse diese unter dem Blickwinkel des Enteignungsrechts in den Hintergrund treten. Die genannten Voraussetzungen seien im Falle des § 11 EnWG 1935 gegeben. Die Energieversorgung sei eine öffentliche Aufgabe aus dem Bereich der Daseinsvorsorge von größter Bedeutung. Die Erfüllung dieser öffentlichen Aufgabe sei den Energieversorgungsunternehmen durch das Energiewirtschaftsgesetz „zugewiesen" und durch das Aufsichtsinstrumentarium nach diesem Gesetz sei auch die Führung dieser Unternehmen zum Nutzen der Allgemeinheit sichergestellt."[31]

Im Hinblick auf das EnWG 2005 hat das Gericht lediglich festgestellt, dass die Beschwerdeführer gegen die erforderliche Gemeinwohlsicherung unter der neuen Rechtslage keine substantiierten Einwände vorgebracht haben.

Vor diesem Hintergrund wird in der Literatur[32] die Übertragbarkeit der Aussage hinsichtlich der generellen Zulässigkeit privatnütziger Enteignung auf die aktuelle Gesetzeslage mangels Subsumtion bezüglich des § 45 EnWG angezweifelt.[33]

---

[28] vgl. BVerfG, WM 2009, 422.

[29] vgl. *Pielow*, in: Säcker, § 45, Rn. 8.

[30] vgl. BVerfGE 66, 248 ff.

[31] BVerfGE 66, 248, 258 f.

[32] vgl. *Hermes*, in: Schneider/Theobald, § 10, Rn. 27; *Hermes*, in: Britz/Hellerman/Hermes, § 45, Rn. 17; *Schneider*, Liberalisierung, S. 93 ff., 104 ff.; *Hölzer*, S. 66 ff. Dafür, dass EVU trotz privatwirtschaftlicher Gewinnorientierung gemeinnützige Ziele i. S. v. Art. 14 Abs. 3 Satz 1 GG verfolgen: BVerfGE 74, 264, 284 ff.; VG Minden, Urteil vom 6. 11. 2003, Az. 9 K 1413/02; OVG NRW, Urteil vom 9. 1. 2004, Az. 11 D 116/02; *Papier*, in: Maunz/Dürig, Art. 14, Rn. 577; *Frenzel*, S. 75 ff.; *Salje*, EnWG, § 45, Rn. 14; *Theobald*, in: Theobald/Kühling, § 45, Rn. 8 f.; *Pielow*, in: Säcker, § 45, Rn. 12 f.

[33] zum Streit, vgl. *Pielow*, in: Säcker, § 45, Rn. 12 f.; *Hermes*, in: Schneider/Theobald, § 10, Rn. 30.

Wesentliche Aufsichtsinstrumente, mit denen das BVerfG in seiner Entscheidung zu § 11 EnWG 1935 die Zuweisung einer öffentlichen Aufgabe an die Energieversorgungsunternehmen begründet hat, seien durch die Energierechtsreform von 1998 abgeschafft worden.[34] Das neue Energierecht kenne keine Beanstandung oder Untersagung der Errichtung, des Umbaus oder der Stilllegung von Energieanlagen, und auch die Möglichkeit der Betriebsuntersagung und Übertragung der Versorgungsaufgaben auf ein anderes Unternehmen, zu dessen Gunsten auch Betriebsanlagen des abgemeierten Versorgers enteignet werden konnten, finde sich im reformierten Energiewirtschaftsgesetz nicht mehr.[35]

Dagegen argumentierte das BVerwG:[36]

> „Selbst wenn davon auszugehen wäre, dass die Energierechtsreform vom April 1998 sich so grundlegend auf den Status der Energieversorgungsunternehmen als Enteignungsbegünstigte ausgewirkt hat, dass die Bindungskraft des Beschlusses des BVerfG vom März 1984 in Frage stünde, könnte dies der Revision nicht zum Erfolg verhelfen. Die gesetzlichen Änderungen sind nach der Überzeugung des Senats jedenfalls nicht so einschneidend, dass sie die Zulässigkeit der Enteignung zu Gunsten der privatrechtlich organisierten Versorgungsunternehmen in dem hier maßgeblichen Zeitpunkt (April 1998) ernsthaft in Frage gestellt haben.
>
> Die Führung der Versorgungsunternehmen zum Nutzen der Allgemeinheit ist durch die allgemeine Anschluss- und Versorgungspflicht sowie durch die Instrumente der staatlichen Energieaufsicht nach wie vor gewährleistet. Die Energierechtsreform 1998 hat zwar im Zuge der Deregulierung die Rahmenbedingungen für mehr Wettbewerb im Energiesektor geschaffen und die staatlichen Aufsichtsmittel in ihrer Reichweite modifiziert und teilweise in ihrer Intensität zurückgenommen. Der Gesetzgeber hat jedoch auf die Aufsicht und Steuerung der leitungsgebundenen Energieversorgung nicht verzichtet. Er hat die bisherigen Aufsichtsmittel im Wesentlichen beibehalten und lediglich auf die neuen Marktbedingungen zugeschnitten. Die staatliche Gewährleistungsverantwortung für eine sichere und preisgünstige Energieversorgung auch durch privatrechtlich organisierte Versorgungsunternehmen ist damit gewahrt worden."

Die ersatzlose Streichung der Investitionsaufsicht war bereits systemimmanent in der Zielsetzung der Liberalisierung begründet.[37] Nach Ansicht des Gesetzgebers wurde die Investitionsaufsicht nach Etablierung des Wettbewerbs obsolet. Denn EVU mit defizitären Versorgungsleistungen werden zu Nachbesserungen durch den Wettbewerbsdruck gezwungen. Zum Schutz der Tarifabnehmer reichte „die bestehende Strompreisaufsicht aus, da der Wettbewerb die Unternehmen zu wirtschaftlichem und rationellem Verhalten anhalten wird."[38]

Auf der anderen Seite ist das Instrument „Investitionsaufsicht" per se mit dem Ziel der Etablierung des Wettbewerbs nicht kompatibel und wäre daher im neuen Ord-

---

[34] vgl. *Hermes*, in: Britz/Hellerman/Hermes, § 45, Rn. 16 ff.

[35] vgl. *Hermes*, in: Schneider/Theobald, § 10, Rn. 28.

[36] BVerwG, NJW 2003, 230 f.

[37] vgl. *Theobald/Theobald*, Energiewirtschaftsrecht, S. 372.

[38] vgl. Gesetzesbegründung, BT-Drs. 13/7274, S.13.

nungspolitischen Rahmen ein Fremdkörper. Es wurde daher gerade im Hinblick auf die Ermöglichung des Wettbewerbs abgeschafft, denn vorher sollte die staatliche Investitionskontrolle ohnehin nur die fehlende wettbewerbliche Kontrolle ersetzen.[39]

Es stellt sich in diesem Zusammenhang auch die Frage, ob die Maßstäbe der Gemeinwohlsicherung und damit auch die Instrumente der Gemeinwohlbindung unveränderbar sind und ob sie eine größtmögliche Bindung unter Inkaufnahme von größeren Einschränkungen privater Betätigungsfreiheit erfordern oder ob ein Mindestmaß an Bindung Privater ausreicht.

Für eine größtmögliche Bindung Privater würde zwar die damit möglicherweise einhergehende größere Sicherheit der Gemeinwohlbindung sprechen, jedoch darf nicht vergessen werden, dass die Aufgabe der Energieversorgung durch Private und damit durch Grundrechtsträger erfüllt wird, so dass nach dem Verhältnismäßigkeitsgrundsatz der schonendste Eingriff vorzunehmen ist. Da dieser Eingriff aber zugleich effektiv sein muss, um die Gemeinwohlbindung zu gewährleisten, ist die Intensität der Gemeinwohlbindung im Sinne eines Mindestmaßes an Bindung Privater zu verstehen.

Zu der Frage nach der Möglichkeit der Änderung der Instrumente der Gemeinwohlsicherung kann festgehalten werden, dass diese an die jeweilige Konkretisierung des Gemeinwohls durch den Gesetzgeber anzupassen sind. Wird im Zuge der Liberalisierung der Wettbewerb als eine effizientere Form der Aufgabenerfüllung erachtet, so muss zwingend das Instrumentarium der Gemeinwohlbindung an das neue Verständnis vom Gemeinwohl angepasst werden (z. B. § 103 GWB abgeschafft, das Unbundling eingeführt werden usw.).

Danach ist die Rechtsprechung des BVerfG[40] hinsichtlich der Gewährleistung der Gemeinwohlsicherung durch das EnWG 1935 nicht ohne Weiteres auf die aktuelle Rechtslage übertragbar, weil sich die Rechtslage entscheidend geändert hat. Zugleich bedeutet dies nicht automatisch, dass eine Gemeinwohlsicherung nur durch das alte Instrumentarium des EnWG gewährleistet werden kann, so dass wenn einige frühere Instrumente[41] entfallen, die Gemeinwohlbindung damit nicht mehr gegeben ist.

Aus einer eher praktischen Perspektive ist eine ausreichende Gemeinwohlbindung privater Aufgabenerfüllung bereits dann gegeben, wenn die Energieversorgung funktioniert („selbstgestellte „öffentliche" Aufgabe ordnungsgemäß erfüllt wird"[42]). Ob das aktuelle Instrumentarium auch aus der rechtlichen Perspektive eine ausrei-

---

[39] vgl. *Büdenbender*, Schwerpunkte, Rn. 42.

[40] vgl. BVerfGE 66, 248, 258 f.

[41] z. B. Beanstandung und Untersagung einer Stilllegung gem. § 4 EnWG 1935, Beauftragung eines anderen EVU, wenn ein EVU außerstande ist, seine Versorgungsaufgaben zu erfüllen, gem. § 8 EnWG 1935 sowie Enteignung von Energieanlagen zugunsten des beauftragten EVU gem. § 9 EnWG 1935.

[42] vgl. BVerfGE 66, 248, 257.

chende (insbesondere im Sinne der Rechtsprechung des BVerfG[43]) Gemeinwohlbindung Privater gewährleistet, bleibt abzuklären.

Interessant ist in diesem Zusammenhang auch der Umstand, dass die Bundesregierung in der Begründung des EnWG 1998 die Energieversorgung als eine nicht „öffentliche Aufgabe" bezeichnet.[44] Dies führt dazu, dass einige Autoren die Rechtsprechung des BVerfG,[45] welche bei der Beurteilung der Zulässigkeit einer Enteignung zugunsten Privater an die Erfüllung einer öffentlichen Aufgabe anknüpft, für überholt halten.[46]

Die Aussage der Bundesregierung ist missverständlich und muss in ihrem Kontext betrachtet werden. Den Kontext versteht der Verfasser so, dass die Aufgabe der Energieversorgung nicht nur durch öffentliche Unternehmen, sondern zum großen Teil durch private Unternehmen erfüllt wird und dass daher durch die energierechtlichen Sondervorschriften der notwendige Einfluss des Staates erhalten bleiben muss (Gemeinwohlbindung).

Die Aussage der Bundesregierung bezieht sich mittelbar auch auf die Verantwortungsteilung im Gewährleistungsstaat und besagt lediglich, dass die energierechtlichen Sondervorschriften (öffentliche-rechtlichen Vorschriften) nichts an dem Charakter der privaten Aufgabenerfüllung ändern. Daraus folgt, dass die Aussage der Bundesregierung nicht im Widerspruch zur Rechtsprechung des BVerfG steht, so dass die letzte im Ergebnis nach wie vor Bestand hat.

Durch die Novellierung des EnWG im Jahr 1998 wollte der Gesetzgeber die Gemeinwohlbindung und den staatlichen Einfluss jedenfalls nicht beseitigen, so heißt es in der Gesetzesbegründung:[47]

> „Das neue EnWG begrenzt die besondere staatliche Aufsicht über die Strom- und Gaswirtschaft auf das Maß, das trotz des zusätzlichen Wettbewerbs im öffentlichen Interesse und im Interesse der Verbraucher unerlässlich ist [...]. Die Novellierung behält insofern die Grundkonzeption des Energiewirtschaftsgesetzes bei, als auch künftig besondere rechtliche Vorschriften für die Elektrizitäts- und Gasversorgung gelten sollen, die von den Energieversorgungsunternehmen – seien es private oder öffentliche Unternehmen – zusätzlich zu den generellen Vorschriften für die Wirtschaft insgesamt zu beachten sind.
>
> Diese Sondervorschriften verleihen der leitungsgebundenen Energieversorgung nicht den Charakter einer öffentlichen Aufgabe.[48] Vielmehr soll wegen der herausragenden Bedeutung der Strom- und Gasversorgung für alle Lebensbereiche *der notwendige Staatseinfluss gewährleistet bleiben.* Dazu verpflichtet das Gesetz die Unternehmen auf die Ziele einer

---

[43] vgl. BVerfG, WM 2009, 422.

[44] vgl. BT-Drs. 13/7274, S. 10, vgl. Zitat unten, Fn. 48.

[45] vgl. BVerfGE 66, 248, 257.

[46] vgl. *Klees*, S. 174 unter Bezugnahme auf BT-Drs. 13/7274, S. 10; dagegen *Hermes*, Infrastrukturverantwortung, S. 437 f.

[47] vgl. BT-Drs. 13/7274, S. 10.

[48] m. a. W. die Energieversorgung wird nicht zu einer nur durch die Gesellschaft zu erledigenden Aufgabe.

sicheren, preisgünstigen und umweltverträglichen Versorgung, wobei – als Gegengewicht zur auch künftig starken Stellung der Energieversorgungsunternehmen – besondere Schutzvorschriften für die Verbraucher vorgesehen sind. Soweit danach eine besondere Aufsicht nach dem Energiewirtschaftsgesetz erhalten bleibt, gilt sie wie bisher für private wie für öffentliche Unternehmen gleichermaßen.

Die wettbewerbliche Ausrichtung des Ordnungsrahmens ermöglicht es, den unternehmerischen Handlungsspielraum der Energieversorgungsunternehmen durch Deregulierung zu stärken. Spezielle Aufsichtstatbestände werden daher entsprechend abgebaut. Insbesondere wird die besondere energiewirtschaftliche Investitionsaufsicht abgeschafft."

Die Bindung der EVU kann insbesondere aus der allgemeinen Versorgungspflicht[49] abgeleitet werden.[50] Daneben wird die Gemeinwohlbindung Privater insbesondere durch die folgenden Vorschriften gewährleistet:

- § 2 Abs. 1 i. V. m. § 1 EnWG – Bindung an die Ziele des Gesetzes,
- § 11 EnWG – Betriebspflicht in Bezug auf Energieversorgungsnetze,
- § 12 EnWG – weitere Aufgaben der Betreiber von Elektrizitätsversorgungsnetzen,
- §§ 12a – 12e, 15a, 17b EnWG – Netzentwicklungsplanung,
- § 12g EnWG – zusätzliche Verpflichtungen zum Schutz europäisch kritischer Anlagen,
- § 13 EnWG – Systemverantwortung der Betreiber von Übertragungsnetzen,
- §§ 13d, 13e EnWG – Verpflichtung zur Vorhaltung einer Netzreserve und einer Kapazitätsreserve,
- § 14 EnWG – Aufgaben der Betreiber von Elektrizitätsverteilernetzen,
- § 15 EnWG – Aufgaben der Betreiber von Fernleitungsnetzen,
- § 16 EnWG – Systemverantwortung der Betreiber von Fernleitungsnetzen,
- § 16a EnWG – Aufgaben der Betreiber von Gasverteilernetzen,
- §§ 17, 18 EnWG – Netzanschlusspflichten,
- § 20 EnWG – Verpflichtung, Netzzugang zu gewähren,
- §§ 21, 21a, 23a EnWG – Entgeltregulierung und Anreizregulierung,
- §§ 22, 23 EnWG – Pflicht zur Beschaffung der Energie zur Erbringung von Ausgleichsleistungen, Erbringung von Ausgleichsleistungen,
- § 28 EnWG – Zugangsverpflichtung zu Speicheranlagen,
- § 30 EnWG – Missbrauchsverbot,

[49] vgl. § 10 EnWG 1998; heute § 2 Abs. 1 und § 36 EnWG.

[50] vgl. *Büdenbender*, Energierecht I, Rn. 1835.

- § 39 EnWG i. V. m. StromGVV/GasGVV – Allgemeine Bedingungen für die Grundversorgung von Haushaltskunden,
- § 41 EnWG – Vorgaben für die Energielieferverträge mit Haushaltskunden,
- § 42 EnWG – Stromkennzeichnung, Transparenz,
- § 43 ff. EnWG, § 18 NABEG – Planfeststellungspflicht,
- § 45 EnWG – Erforderlichkeit der Enteignung,
- § 49 ff. EnWG – Sicherheit der Energieversorgung,
- §§ 65 ff. EnWG – behördliche Maßnahmen,
- §§ 94 ff. EnWG – Sanktionen.

Insbesondere § 65 EnWG stellt der Regulierungsbehörde ein sehr breites Spektrum an Aufsichtsmaßnahmen zur Verfügung. Danach kann die Regulierungsbehörde EVU verpflichten, ein Verhalten abzustellen, das den Bestimmungen dieses Gesetzes sowie den auf Grund dieses Gesetzes ergangenen Rechtsvorschriften entgegensteht. Sie kann hierzu alle erforderlichen Abhilfemaßnahmen verhaltensorientierter oder struktureller (wie z. B. eigentumsrechtliche Entflechtung, Verkauf von Tochtergesellschaften) Art vorschreiben.

§ 65 Abs. 2 EnWG sieht ferner vor, dass die Regulierungsbehörde die Maßnahmen zur Einhaltung der Verpflichtungen anordnen kann, wenn ein EVU seinen Verpflichtungen nach diesem Gesetz oder den auf Grund dieses Gesetzes erlassenen Rechtsverordnungen nicht nachkommt.

§ 65 Abs. 2a EnWG hat Charakter einer Investitionskontrolle. Danach fordert die Regulierungsbehörde den Netzbetreiber mit Fristsetzung zur Durchführung der Investition auf, wenn dieser Netzbetreiber aus anderen als zwingenden, von ihn nicht zu beeinflussenden Gründen eine Investition, die nach dem Netzentwicklungsplan in den folgenden drei Jahren nach Eintritt seiner Verbindlichkeit durchgeführt werden musste, nicht durchgeführt hat.

Die Regulierungsbehörde kann ferner nach Ablauf der gesetzten Frist ein Ausschreibungsverfahren zur Durchführung der betreffenden Investition durchführen.

Die Verbots- und Gebotsermächtigungen des § 65 EnWG sind nicht nur umfangreich, sondern haben auch Auffangcharakter („alle erforderlichen Abhilfemaßnahmen"). Es ist daher nicht ersichtlich, warum diese Interventionsinstrumente im Hinblick auf die Gewährleistung der Gemeinwohlbindung weniger effektiv sein sollen als diejenigen des EnWG 1935.

Neben dem bereits erwähnten (und durch das BVerwG[51] entkräfteten) Argument des fehlenden Aufsichtsinstrumentariums werden hohe Gewinne und das Vorhandensein von hohen stillen Reserven als Beleg für die fehlende Gemeinwohlorien-

[51] vgl. BVerwG, NJW 2003, 230 f.

tierung der privaten EVU angeführt.[52] Die Dominanz der Gewinnausrichtung bei einem EVU lasse eine vom BVerfG[53] im Jahr 1984 festgestellte Überlagerung des auf die Erzielung von Gewinnen gerichteten Zwecks durch die gemeinwohlorientierte Zielverfolgung nicht mehr zu.

Dagegen lässt sich einwenden, dass die vom BVerfG beschriebene Überlagerung in erster Linie qualitativer Art ist. Werden durch die EVU auch Gemeinwohlziele verfolgt, wird die private Gewinnerzielung grundsätzlich durch die gemeinwohlorientierte Zielsetzung überlagert. Die Energieversorgung durch Private als einen bloßen Reflex privater Betätigung zu betrachten ist nicht sachgemäß.

Stellt man dennoch auf quantitative Elemente ab (hohe Gewinne), so bleibt dennoch offen, wie die Leistung „Erfüllung der Aufgabe der Energieversorgung" als ein Beitrag zur Gemeinwohlmaximierung zu bepreisen ist, damit ein Vergleich möglich wird.

Die stillen Reserven, soweit sie in Grundstücken und Leitungen liegen, sind versunkene Kosten und sind, abgesehen hiervon, für die Einstufung der EVU als gemeinwohlgebunden oder rein privatorientiert nicht aussagekräftig (da das vorhandene Netzeigentum zudem zweckgebunden ist, ist es fraglich, ob die Bewertung von Netzanlagen nicht eher von theoretischer Natur ist). Da ohne diese Grundstücke und Leitungen der Aufbau eines Netzes nicht möglich ist, waren dies in erster Linie zwingende Ausgaben sowohl im Hinblick auf die gemeinwohlorientierte Energieversorgung als auch für die private Gewinnerzielung.

Ferner wird die zunehmende Bedeutung des Wettbewerbs nach der Novellierung des EnWG im Jahr 2005 als ein Beleg dafür angeführt, dass damit automatisch die Bedeutung der Gemeinwohlbindung der EVU schwindet.[54] Dies würde voraussetzen, dass der Wettbewerb und die Gemeinwohlmaximierung sich gegenseitig ausschließen.

Dies ist jedoch nicht der Fall. Denn der Wettbewerb sorgt z. B. für eine optimale Allokation, der Wettbewerbspreis (Marktpreis) ist der optimale Preis und entspricht damit dem Ziel der Preisgünstigkeit. Die Etablierung des Wettbewerbs führt daher nicht zur Reduzierung der Gemeinwohlbindung Privater. Eine zusätzliche Absicherung im Sinne des Gemeinwohls bieten §§ 1, 19, 29 GWB auch im Wettbewerb an.

Nach der hier vertretenen Auffassung ist eine ausreichende Bindung auch der im Wettbewerb agierenden energiewirtschaftlichen Akteure an das Gemeinwohl grundsätzlich gegeben (unternehmensseitige Gemeinwohlbildung). In der Praxis können jedoch Schwierigkeiten bei der Prüfung, ob „bereits der Geschäftsgegen-

---

[52] vgl. *Hermes*, Infrastrukturverantwortung, S. 444.

[53] BVerfGE 66, 248, 257 f.

[54] vgl. *Büdenbender*, Schwerpunkte, S. 243; *Hermes*, in: Schneider/Theobald, § 10, Rn. 30; *Hermes*, in: Britz/Hellermann/Hermes, § 25, Rn. 43, 78.

stand des privaten Unternehmens dem allgemein anerkannten Bereich der Daseinsvorsorge zuzuordnen" ist, auftreten.

Für die Bestands-EVU wäre es möglich, anhand einer retrospektiven Betrachtung mit anschließender Prognose festzustellen, ob sich der EVU als ein gemeinwohldienendes Unternehmen bewährt hat und die Gewähr dafür bietet, auch künftig zugunsten (auch) der Wohlfahrtsmaximierung zu wirtschaften. Schwieriger wäre eine solche Prüfung bei den Marktneuzugängen, da in diesen Fällen ein Anknüpfungspunkt für die Prognose fehlt. Auch in den Fällen eines Wechsels von Anteilseignern würden die Erfahrungswerte hinsichtlich der künftigen Ausrichtung des Unternehmens fehlen.

Hinzu kommt, dass eine Änderung des Unternehmensgegenstands durch eine Satzungsänderung[55] und auch eine Änderung der Geschäftspolitik (auch ohne eine Änderung des Unternehmenszwecks) jederzeit möglich ist. Auch würde eine pauschale Annahme einer unternehmensseitigen Gemeinwohlbindung die Risiken von Missbrauch und Fehlentscheidungen nicht ausreichend berücksichtigen. Vor diesem Hintergrund sprechen praktische Gründe dafür, dass die Beurteilung der Gemeinwohlbindung vorhabenbezogen zu erfolgen hat.[56]

Aus der rechtlichen Perspektive bringt eine vorhabenbezogene Betrachtung mit ihrer „abwägenden Nachvollziehung" eines jeden Vorhabens eine demokratische Legitimation konkretisiert für jeden einzelnen Fall, was (obwohl das BVerfG[57] weder die unternehmensseitige noch die vorhabenbezogene Betrachtung ausdrücklich favorisiert) zu mehr Akzeptanz beitragen kann.

Zu dem Erfordernis einer vorhabenbezogenen Betrachtung kommt auch die Auffassung, welche den im Wettbewerb stehenden Energieproduzenten bzw. Verkäufern eine unternehmensseitige Gemeinwohlbindung generell aufgrund ihrer wettbewerblichen Betätigung abspricht[58] und diese bei den Netzbetreibern aufgrund ihrer Gewinnorientierung verneint (jedoch wiederum eine „generelle vorhabenbezogene Allgemeinwohlbindung" aufgrund der allgemeinen Zugänglichkeit des Netzes annimmt[59]).

Nach beiden Auffassungen muss daher bei jedem einzelnen Vorhaben geprüft werden, ob es zur Schaffung von Gemeinwohl beiträgt.

---

[55] vgl. § 53 GmbHG, § 179 AktG, § 119 HGB ggf. i. V. m. § 161 Abs. 2 HGB.

[56] vgl. *Theobald*, in: Theobald/Kühling, § 45, Rn. 13.

[57] vgl. BVerfGE 66, 248.

[58] vgl. *Hermes*, in: Schneider/Theobald, § 10, Rn. 39; *Hermes*, in: Britz/Hellerman/Hermes, § 45, Rn. 19 f.

[59] vgl. *Hermes*, in: Schneider/Theobald, § 10, Rn. 30, 32.

II. Vorhabenbezogene Gemeinwohlbindung

Eine (konkrete) vorhabenbezogene Gemeinwohlbindung, welche die energiewirtschaftliche Erforderlichkeit rechtfertigt ist dann gegeben, wenn ein geplantes neues Teilstück eine sinnvolle und die (generelle) Allgemeinwohlnützlichkeit des Gesamtnetzes erhöhende im Rahmen der allgemeinen Transport- und Übermittlungsfunktion des jeweiligen Netzes Funktion übernimmt, wobei die generelle Allgemeinwohlnützlichkeit darin besteht, dass das Netz entsprechend der jeweiligen Zweckbestimmung der Allgemeinheit im Rahmen der Benutzungsregeln zugänglich ist.[60]

Diese Auffassung steht mit der früheren Rechtsprechung des BVerfG[61] im Einklang, welches eine „unumgängliche" Erforderlichkeit forderte. Das BVerwG[62] stellte dementsprechend auch striktere Anforderungen an die Erforderlichkeit, in dem es forderte, dass das betreffende Vorhaben – im Sinne einer die „Allgemeinwohlnützlichkeit des Gesamtnetzes erhöhenden" Wirkung – „eine vorhandene Versorgungslücke schließen soll oder wenn es der Versorgungssicherheit dient."[63]

Die Forderung nach der absoluten „Unumgänglichkeit" eines Vorhabens erscheint nicht mehr zeitgemäß.[64]

Mit zunehmender Dezentralisierung der Energieversorgung und mit dem damit einhergehenden Verlust der einzelnen Komponente an Systemrelevanz (was der Versorgungssicherheit im Sinne des (n – 1)-Prinzips dient) dürfte eine absolute Erforderlichkeit konkreter einzelner „sonstiger Vorhaben zum Zwecke der Energieversorgung" im Gesamtsystem kaum noch nachzuweisen sein, weshalb es angezeigt erscheint, mit der neueren Rechtsprechung des BVerfG[65] einen relativierten Maßstab heranzuziehen und es für die Erforderlichkeit eines Vorhabens ausreichen zu lassen, dass damit „ein substantieller Beitrag zur Erreichung des Gemeinwohls" geleistet wird.[66]

Ferner stellt sich die Frage, wie der Beitrag zur generellen Allgemeinwohlnützlichkeit bei den Stichleitungen, welche nur einen Kunden versorgen sowie bei Anbindungsleitungen für den Anschluss regenerativer Energiequellen zu beurteilen ist. Nach Wichert[67] ist es unschädlich, dass ein Vorhaben aktuell nur einem Nutzer

---

[60] vgl. *Hermes*, in: Schneider/Theobald, § 10, Rn. 31, 54; *Theobald*, in: Theobald/Kühling, § 45, Rn. 7, 32; *Hermes*, in: Britz/Hellerman/Hermes, § 45, Rn. 20, 30.

[61] vgl. BVerfGE 38, 175, 180.

[62] vgl. BVerwGE 116, 365, 376.

[63] vgl. *Hermes*, in: Britz/Hellerman/Hermes, § 45, Rn. 27.

[64] vgl. *Pielow*, in: Säcker, § 45, Rn. 34 f.

[65] vgl. BVerfG, NVwZ 2014, 211, 229, Rn. 184.

[66] vgl. *Pielow*, in: Säcker, § 45, Rn. 35.

[67] vgl. *Wichert*, NVwZ 2009, 876, 879 f.

zugutekommt. Für die Annahme der generellen Allgemeinwohlnützlichkeit reiche es aus, dass die Leitung zukünftig weiteren Nutzern zur Verfügung stehen kann.

Es ist fraglich, ob bei den oben erwähnten Anbindungsleitungen für erneuerbare Energiequellen[68] der Nutzen hauptsächlich darin besteht, dass sie theoretisch künftig anderen Nutzern zur Verfügung stehen. Der Nutzen solcher Netze liegt in erster Linie darin, dass sie dazu beitragen, den Anteil der erneuerbaren Energien in der Energieversorgung und damit die Umweltverträglichkeit der Energiewirtschaft insgesamt zu erhöhen. Dieses Beispiel zeigt, dass der gemeinwohldienende Nutzen eines Netzvorhabens nicht nur netzintern, sondern bezogen auf die Energiewirtschaft in ihrer Gesamtheit zu ermitteln ist.

Bei den Stichleitungen zu stromintensiven Unternehmen liegt der Nutzen nicht primär darin, dass andere die Stichleitung künftig nutzen können, sondern darin, dass das Bestandsnetz entlastet, Netzengpässe vermieden und dadurch das Bestandsnetz (und nicht die Stichleitung) ihren bisherigen Nutzern im größeren Umfang zur Verfügung steht.

Ferner ist fraglich, ob bei konkurrierenden Leitungen die Gemeinwohlsteigerung nicht nur innerhalb eines Netzes gegeben sein kann.[69] Solche Leitungen hätten sowohl netzinternen als auch gesamtwirtschaftlichen Nutzen. Netzintern würde eine konkurrierende Leitung als zusätzliche Reserve zur mehr Sicherheit im Sinne der (n – 1)-Regel beitragen.

Dass konkurrierende Leitungen auch einen gesamtwirtschaftlichen Nutzen haben können, wurde vom Gesetzgeber bereits bei der Novellierung des EnWG im Jahr 1998 erkannt:[70]

> „Mit der Beseitigung des Schutzes der geschlossenen Versorgungsgebiete kann künftig jeder Anbieter von Strom und Gas jeden Kunden über eine Direktleitung beliefern. Freier Leitungsbau – soweit ökologisch vertretbar – ist ein unverzichtbares Instrument für die wettbewerbliche Öffnung der Strom- und Gasmärkte. [...] Die Nutzung vorhandener Leitungen durch Dritte zu Wettbewerbszwecken wird dabei – vor allem unter dem Druck des Rechts zum Leitungsbau – auch auf der Grundlage freiwilliger Vereinbarungen zustande kommen, da dem Netzinhaber dann Einnahmen aus der Mitbenutzung des Netzes erhalten bleiben. Darüber hinaus kann bereits die ‚Androhung‘ von Leitungsbau oder Durchleitung ein wettbewerblicheres Verhalten des bisherigen Versorgers auslösen. Freier Leitungsbau widerspricht deshalb auch nicht dem Umweltschutz. Der von der Novelle ausgehende Wettbewerbsdruck schafft vielmehr Anreize zu besonders rationellem Verhalten und wird deshalb den Bau unnötiger Leitungen verhindern.“

---

[68] gegen die pauschale Annahme der Erforderlichkeit alleine aus dem Umstand, dass das Vorhaben der Energieerzeugung aus erneuerbaren Energiequellen dient, vgl. BGH, NVwZ 2015, 916, 919, Rn. 39.

[69] gegen die Erforderlichkeit einer konkurrierenden Leitung, wenn der Bedarf im Wege der Durchleitung befriedigt werden kann BVerwGE 116, 365, 376 f., allerdings basierend auf der alten Rechtsprechung des BVerfG (BVerfGE 38, 175), welche noch eine „Unumgänglichkeit“ des Vorhabens forderte.

[70] vgl. Gesetzesbegründung zum EnWG 1998, BT-Drs. 13/7274S. 10 f.

Danach kann ein gemeinwohlsteigernder Beitrag eines konkurrierenden Netzvorhabens im Sinne des Art. 14 Abs. 3 GG bzw. im Sinne der Erforderlichkeit nach § 45 Abs. 1 EnWG auch dann gegeben sein, wenn man die Erforderlichkeit dieses Vorhabens nicht nur netzintern („ein substantieller Beitrag zur Erreichung des Gemeinwohls"), sondern bezogen auf die gesamte Energiewirtschaft (einer die „Allgemeinwohlnützlichkeit des Gesamtnetzes erhöhende" Wirkung) beurteilt.

III. Vorbereitung der Enteignungsentscheidung

Die Enteignung für die Realisierung von Infrastrukturnetzen ist nur zu rechtfertigen, wenn das Netz in seiner raumbeanspruchenden Wirkung ausreichend planerisch vorbereitet ist.[71] Es soll ausgeschlossen werden, dass irrationale Entscheidungen des Vorhabenträgers (selbst wenn sonstige öffentliche und private Belange nicht entgegenstehen) dazu führen, dass privates Eigentum unter dem Vorwand der Allgemeinnützlichkeit entzogen wird.

Es ist fraglich, wie und vor allem durch wen eine planende Vorbereitung der Enteignung stattfinden soll. Aus der planungsrechtlichen Perspektive ist alleine die staatliche Planungsentscheidung in der Lage, eine Enteignungsentscheidung vorzubereiten, denn den Privaten fehle es für die Planung an einer ausreichenden demokratischen Legitimation.

Dies hat nach dieser Auffassung zur Folge, dass nur die durch eine staatliche Planfeststellung vorbereiteten Enteignungsentscheidungen verfassungskonform sind und Entscheidungen zu sonstigen Vorhaben, welchen keine staatliche Planung vorausgeht, nicht in der Lage sind, eine Enteignung zu rechtfertigen und § 45 EnWG, welcher eine Enteignung auch im Falle von nicht planfestgestellten Vorhaben ermöglicht, insoweit verfassungswidrig ist, da hier die Planungsentscheidung tatsächlich von einem Privaten, nämlich dem begünstigten EVU, auf der Grundlage legitimer Gewinnerzielungsabsichten getroffen wurde.[72]

Die Rechtsprechung lässt dagegen das „abwägende Nachvollziehen" der Vorhabenplanung Privater durch die Behörde ausreichen.[73] Insofern unterscheidet sich die Diskussion zum Thema „Private Planung gegen staatliche Planung" auf der Ebene der Enteignung nicht wesentlich von der bereits im Rahmen der Bedarfsplanung geführten Diskussion. An dieser Stelle kann nur wiederholt betont werden, dass Private auch die planende Vorbereitung der Enteignungsentscheidung übernehmen dürfen, wenn sie ausreichend an die Gemeinwohlziele gebunden sind, was, wie bereits im Rahmen der Analyse der Bedarfsermittlung erörtert wurde, bejaht werden kann.

---

[71] vgl. *Hermes*, in: Schneider/Theobald, § 10, Rn. 34.

[72] vgl. *Hermes*, Infrastrukturverantwortung, S. 439 ff.

[73] vgl. BVerwGE 72, 365, 367; BVerwG, RdE 1996, 232, 233.

Die Rechtsprechung des BVerfG[74] zur Zulässigkeit privatnütziger Enteignungen kann umgekehrt auch für die Bejahung der Zulässigkeit der privaten Bedarfsplanung herangezogen werden.

Wenn mit der Gegenauffassung der Bedarf durch den Staat und nicht durch Private ermittelt wird (z. B. Feststellung der Notwendigkeit einer zusätzlichen Leitung) und auch die Trasse durch den Staat geplant wird, so vollziehen Private auf der Enteignungsstufe eine staatliche Planungsentscheidung, wobei die staatliche Bedarfsentscheidung auf der Ebene der Enteignung einer wiederholten staatlichen Kontrolle unterzogen wird.

Die Private fungieren danach nur als Antragsteller, als ein Verbindungsstück zwischen den zwei Stufen staatlicher Planung. Es stellt sich in einer solchen staatlich geprägten Planungskonstellation daher die Frage, wozu eine Gemeinwohlbindung Privater noch beitragen soll, denn die staatlichen Planungs- und Enteignungsstellen, welche die gesamte Planung bewerkstelligen, ohnehin an Recht und Gesetz gebunden sind.[75]

Dieses überspitzte Beispiel mit dem umfangreichen Beitrag staatlicher Stellen im Rahmen der energetischen Planung soll verdeutlichen, dass die planungsrechtliche Auffassung nicht unbedingt zu einem sachgerechten Ergebnis, insbesondere im Hinblick auf die arbeitsteilige Gemeinwohlverwirklichung in einem Gewährleistungsstaat, führt.

Es bleibt festzuhalten, dass die Enteignungsentscheidung planerisch durch Private vorbereitet werden kann. Die finale Kontrolle vorhabenbezogener Gemeinwohlbindungen findet dann im Rahmen der „abwägenden Nachvollziehung“ durch die Enteignungsbehörde statt.[76]

In diesem Zusammenhang wird kritisiert, dass die Kontrolle bei den nicht planfeststellungspflichtigen Vorhaben erst auf der Stufe der Enteignung stattfindet. Die Enteignungsentscheidung als letztes Glied in der bei anderen Infrastrukturplanungen vorhandenen Kette vorangegangener Planungsentscheidungen sei womöglich nicht in der Lage, die Last einer vollen planerischen Prüfung zu tragen.[77]

Dagegen kann eingewendet werden, dass eine Einführung einer generellen Planfeststellungspflichtigkeit für sämtliche energetische Vorhaben wohl kaum mit der Überforderung einer Behörde aufgrund des Umfangs ihres Prüfungsauftrags

---

[74] BVerfGE 66, 248: „Bei einer Enteignung zugunsten Privater, die nur mittelbar dem Gemeinwohl dient, hat der parlamentarisch-demokratische Gesetzgeber unzweideutig gesetzlich festzulegen, ob und für welche Vorhaben unter welchen Voraussetzungen und für welche Zwecke eine Enteignung zulässig sein soll. […] Dazu ist eine gesetzlich vorgesehene effektive rechtliche Bindung des begünstigten Privaten an das Gemeinwohlziel notwendig.“

[75] vgl. Art. 20 Abs. 3 GG.

[76] vgl. auch BVerwGE 116, 365, 373 f.; BVerwG, RdE 1994, 232, 233

[77] vgl. *Hermes*, in: Schneider/Theobald, § 10, Rn. 36.

begründen lässt. Die EVU sind Grundrechtsträger und eine zusätzliche Einschränkung ihrer Betätigungsfreiheit bedarf dagegen einer tragfähigeren Rechtfertigung.

Schließlich stellt sich die Frage, wie mit dem Umstand umzugehen ist, dass im Falle eines freihändigen Grunderwerbs bei nicht planfeststellungspflichtigen Vorhaben keine Kontrolle durch eine „abwägende Nachvollziehung" stattfindet. Somit wird es dem Zufall überlassen, ob eine abschließende Kontrolle überhaupt stattfindet oder nicht.[78]

Wie bereits erörtert, kann eine planerische Vorbereitung der Integration des geplanten Vorhabens in das Bestandsnetz durch Private erfolgen. Abgesehen hiervon, gilt die „abwägende Nachvollziehung" der Vorbereitung eines zwangsweisen Entzugs einer Eigentumsposition. Damit ist es nur logisch, dass es in den Fällen, in welchen nicht enteignet wird, auch keiner vorbereitenden Abwägung bedarf.

IV. Entscheidung über die Enteignung dem Grunde nach

Nach § 45 Abs. 1 EnWG ist die Entziehung oder die Beschränkung von Grundeigentum oder von Rechten am Grundeigentum im Wege der Enteignung zulässig, soweit sie zur Durchführung von planfestgestellten bzw. plangenehmigten oder von sonstigen Vorhaben zum Zwecke der Energieversorgung erforderlich ist.[79]

Eine Beschränkung des Eigentums mit dinglichen Rechten (in der Regel durch beschränkt persönliche Dienstbarkeit zugunsten des EVU) ist als ein milderes Mittel ebenfalls zulässig, wenn diese für die Durchführung eines Vorhabens ausreicht.[80]

Für den Sonderfall, dass öffentliche Verkehrswege für ein Vorhaben benötigt werden, hat der Gesetzgeber in § 46 EnWG eine Verpflichtung der Gemeinden vorgesehen, ihre öffentlichen Verkehrswege für die Verlegung und den Betrieb von Leitungen zur unmittelbaren Versorgung von Letztverbrauchern im Gemeindegebiet diskriminierungsfrei durch Vertrag zur Verfügung zu stellen (der ausschließliche Vorrang einer vertraglichen Regelung i. S. d. § 46 EnWG wird auch in § 12 Abs. 5 NAV/§ 12 Abs. 5 NDAV unterstrichen).[81]

Fraglich ist, ob sonstige öffentliche Grundstücke zugunsten eines EVU enteignet werden können. Bei Bundesautobahnen und sonstigen Bundesstraßen des Fernverkehrs ist dies ausgeschlossen, da nach Art. 90 Abs. 11 GG der Bund Eigentümer solcher Grundstücke bleiben muss.

---

[78] vgl. *Hermes*, in: Schneider/Theobald, § 10, Rn. 37.

[79] vgl. *Kment*, in: Kment, § 45, Rn. 10; *Pielow*, in: Säcker, § 45, Rn. 16, 21 f.; *Hermes*, in: Britz/Hellerman/Hermes, § 45, Rn. 22, 25; *Hermes*, in: Schneider/Theobald, § 10, Rn. 46 ff.

[80] vgl. *Kment*, in: Kment, § 45, Rn. 7; *Theobald*, in: Theobald/Kühling, § 45, Rn. 20; *Pielow*, in: Säcker, § 45, Rn. 23; *Hermes*, in: Schneider/Theobald, § 10, Rn. 44.

[81] vgl. *Huber*, in: Kment, § 46, Rn. 1.

Bei den anderen für öffentliche Zwecke gewidmeten Grundstücken ist dies umstritten.[82] Eine Auffassung verneint die Möglichkeit der Enteignung solcher Grundstücke, da es sich bei der Bereitstellung dieser Grundstücke für die Verlegung von Leitungen der Sache nach um einen Hoheitsakt handelt und eine Verpflichtung von Hoheitsträgern zur Bereitstellung dieser Flächen nur durch Regelungen des öffentlichen Rechts durchgesetzt werden kann und § 46 EnWG eine abschließende Regelung in diesem Sinne darstelle.[83]

Die gegenteilige Auffassung begründet die Möglichkeit der Enteignung damit, dass die Straßengesetze das Eigentum an gewidmeten Flächen überwiegend privatrechtlich ausgestaltet haben und die Enteignung ihrem Wesen nach einen Ersatz für den privatrechtlichen Erwerb darstellt, so dass die Enteignung der für öffentliche Zwecke gewidmeten Grundstücke nicht anders zu beurteilen ist als die Enteignung privater Grundstücke.[84]

Für die im Zentrum der Betrachtung stehende Frage nach der Gemeinwohlbindung Privater bei der Erfüllung der Aufgabe der Energieversorgung bedeutet dies Folgendes: Bejaht man mit dem Verfasser aufgrund der Gleichwertigkeit des privaten und des öffentlichen Grundeigentums die Möglichkeit der Enteignung von für öffentliche Zwecke gewidmeten Grundstücken, so muss die Gemeinwohlbindung, wie im Falle von einer Enteignung von privaten Grundstücken, vorhabenbezogen festgestellt werden.

Die Entscheidung über die Zulässigkeit einer Enteignung ist zweistufig ausgestaltet. Auf der ersten Stufe wird eine Entscheidung über die Zulässigkeit der Enteignung dem Grunde nach getroffen.[85] Ist die Enteignung dem Grunde nach zulässig (Erforderlichkeitsprüfung), wird auf der zweiten Stufe das Eigentum entzogen (Verhältnismäßigkeitsprüfung)[86] und übertragen und es wird über die Höhe der Entschädigung entschieden. Nach § 45 Abs. 3 EnWG richtet sich das Enteignungsverfahren nach Landesrecht.

Eine Entscheidung über die Zulässigkeit der Enteignung dem Grunde nach wird nur bei nicht planfestgestellten bzw. plangenehmigten Vorhaben im Enteignungsverfahren getroffen, denn der festgestellte oder genehmigte Plan ist dem Enteignungsverfahren zugrunde zu legen und für die Enteignungsbehörde bindend.[87] Sonstige Vorhaben nach § 45 Abs. 1 Ziff. 2 EnWG müssen im Interesse einer möglichst sicheren, preisgünstigen, verbraucherfreundlichen, effizienten und um-

---

[82] vgl. *Hermes*, in: Schneider/Theobald, § 10, Rn. 45.

[83] vgl. *Hermes*, Infrastrukturverantwortung, S. 464 f.

[84] vgl. *Büdenbender*, Energierecht I, Rn. 1874 f.

[85] vgl. *Kment*, in: Kment, § 45, Rn. 17.

[86] vgl. *Kment*, in: Kment, § 45, Rn. 18.

[87] vgl. § 45 Abs. 2 EnWG; *Kment*, in: Kment, § 45, Rn. 20; *Theobald*, in: Theobald/Kühling, § 45, Rn. 33 ff.; *Pielow*, in: Säcker, § 45, Rn. 36.

weltverträglichen Energieversorgung sowie im Interesse des Wettbewerbs bei Strom und Gas erforderlich sein.[88]

Das BVerwG hat zu § 11 EnWG 1935 festgestellt, dass die Bedarfsprüfung der Enteignungsbehörde ihrem Inhalt nach die vorangegangene aufsichtsbehördliche Bedarfsfeststellung konkretisiert und bestätigt.[89] Die planungsrechtliche Ansicht[90] begründet damit, die Notwendigkeit der Feststellung eines energiewirtschaftlichen Bedarfs durch die Enteignungsbehörde.

Hierbei wird durch die planungsrechtliche Ansicht übersehen, dass sich die Konzeption des Gesetzes grundlegend geändert hat. Zum einen ist bei den planfestgestellten bzw. plangenehmigten Verfahren die Entscheidung über den ermittelten Bedarf für die Enteignungsbehörde bindend.[91] Zum anderen wurde im Falle von sonstigen Vorhaben mangels eines vorgeschalteten Bedarfsermittlungsverfahrens durch die Aufsichtsbehörde kein Bedarf festgestellt, so dass die Enteignungsbehörde eine „vorangegangene aufsichtsbehördliche Bedarfsfeststellung" weder konkretisieren noch bestätigen kann.

Da, wie bereits erörtert, die Private einer ausreichenden Gemeinwohlbindung unterliegen, folgt aus dem Fehlen einer vorgelagerten staatlichen Planungsstufe keine Notwendigkeit, eine staatliche Bedarfsplanung auf der Ebene des Enteignungsverfahrens zu etablieren. Es reicht vielmehr aus, wenn die Verwaltung das Ergebnis der privaten Erforderlichkeitsprüfung abwägend nachvollziehen kann.

Erforderlichkeit ist dann gegeben, wenn ein Vorhaben eine vorhandene Versorgungslücke schließen soll oder wenn es der Versorgungssicherheit dient oder wenn es dazu bestimmt ist, die Energieversorgung anderer zu ermöglichen oder zu verbessern.[92]

1. Geltendmachung von öffentlichen Interessen durch Betroffene

Ein weiterer Schutzmechanismus, mit dessen Hilfe die Allgemeinwohlverträglichkeit privater Planungsentscheidungen und der darauf basierenden privatnützigen Enteignung und damit im Ergebnis auch die Gemeinwohlbindung Privater gewährleistet werden kann, ist die von der Rechtsprechung[93] anerkannte Möglichkeit der Eigentümer des durch die Enteignung betroffenen Grundstücks, die Verletzung

[88] vgl. *Kment*, in: Kment, § 45, Rn. 15; *Theobald*, in: Theobald/Kühling, § 45, Rn. 29.

[89] vgl. BVerwGE 116, 365, 376.

[90] vgl. *Hermes*, in: Schneider/Theobald, § 10, Rn. 49; *Hermes*, in: Britz/Hellerman/Hermes, § 45, Rn. 31 f.

[91] vgl. § 45 Abs. 2 S. 1 2. Hs. EnWG.

[92] vgl. BVerwGE 116, 365, 376; *Gartner*, S. 229; *Kment*, in: Kment, § 45, Rn. 18.

[93] vgl. BVerwG, BVerwGE 67, 74.

des Abwägungsgebotes grundsätzlich auch mit der Begründung geltend machen, öffentliche Belange seien nicht hinreichend beachtet worden.

Denn eine Überwindung des privaten Eigentums kann seine verfassungsrechtlich erforderliche Rechtfertigung nur daraus ziehen, dass die Übereinstimmung des Vorhabens mit allen berührten öffentlichen Interessen zuvor geprüft wurde.[94]

2. Berücksichtigung von Interessen der EVU

Fraglich ist ferner, welche Interessen im Rahmen der Erforderlichkeitsprüfung zu berücksichtigen sind.[95] Denkbar wäre es, der unternehmerischen Entscheidungsfreiheit Rechnung zu tragen und bestimmte Entscheidungen (z. B. Standortentscheidungen, Prioritätsentscheidungen zwischen zentraler und dezentraler Versorgungsstruktur oder etwa den Verweis auf Energieeinsparpotenziale als Ersatz für ein geplantes Vorhaben) als außerhalb der behördlichen Entscheidungsbefugnis liegend zu betrachten.[96]

Dagegen wird eingewendet, dass das verfassungsrechtliche Erfordernis einer Abwägung sämtlicher öffentlichen Belange es ausschließt, dass die Prüfung nur auf die Situation des antragstellenden Energieversorgungsunternehmens abstellt. Vielmehr ist eine umfassende Erforderlichkeitsprüfung unter Berücksichtigung der gesamten Versorgungssituation vorzunehmen. Deshalb sind sämtliche Versorgungsalternativen in diese Prüfung mit einzustellen.[97]

Das BVerwG[98] hat Folgendes zur alten Rechtslage entschieden: „Bei der aufsichtsbehördlichen Bedarfsprüfung nach § 12 Abs. 1 EnWG 1998 waren daher Durchleitungen als Alternativen der Bedarfsdeckung ohne den Bau zusätzlicher Freileitungen zu untersuchen. Die Möglichkeiten eines verhandelten Netzzugangs waren prognostisch abzuschätzen. Kann ein Energiebedarf im Wege der Durchleitung gedeckt werden, bedarf es nicht des Neubaus einer Freileitung."

Die letztgenannte Auffassung berücksichtigt (wenn sie die zur alten Rechtslage ergangene Rechtsprechung ohne Weiteres auf die aktuelle Rechtslage überträgt) die gewachsene Bedeutung des Wettbewerbs für die Energieversorgung und damit auch die Bedeutung unternehmerischer Entscheidungen nicht ausreichend.

---

[94] vgl. *Hermes*, in: Schneider/Theobald, § 10, Rn. 52.

[95] vgl. *Hermes*, in: Schneider/Theobald, § 10, Rn. 55.

[96] vgl. *Daiber*, DÖV 1990, 961, 964; *Gartner*, S. 230 f.

[97] vgl. *Hermes*, in: Schneider/Theobald, § 10, Rn. 54 mit Hinweis auf BVerwGE 116, 365, 376 f.

[98] BVerwGE 116, 365, 376 f.

Das aktuelle EnWG[99] enthält dagegen eine Reihe von Regelungen, welche die Bedeutung des Wettbewerbs unterstreichen:

„§ 1 Abs. 2 EnWG: Die Regulierung der Elektrizitäts- und Gasversorgungsnetze dient den Zielen der Sicherstellung eines wirksamen und unverfälschten Wettbewerbs bei der Versorgung mit Elektrizität und Gas [...].

§ 1 Abs. 4 Ziff. 1 EnWG: Um den Zweck des Absatzes 1 auf dem Gebiet der leitungsgebundenen Versorgung der Allgemeinheit mit Elektrizität zu erreichen, verfolgt dieses Gesetz insbesondere die Ziele, die freie Preisbildung für Elektrizität durch wettbewerbliche Marktmechanismen zu stärken [...].

§ 1a Abs. 1 S. 1 EnWG: Der Preis für Elektrizität bildet sich nach wettbewerblichen Grundsätzen frei am Markt.

§ 1a Abs. 3 EnWG: Es soll insbesondere auf eine Flexibilisierung von Angebot und Nachfrage hingewirkt werden. Ein Wettbewerb zwischen effizienten und flexiblen Erzeugungsanlagen, Anlagen zur Speicherung elektrischer Energie und Lasten, eine effiziente Kopplung des Wärme- und des Verkehrssektors mit dem Elektrizitätssektor sowie die Integration der Ladeinfrastruktur für Elektromobile in das Elektrizitätsversorgungssystem sollen die Kosten der Energieversorgung verringern, die Transformation zu einem umweltverträglichen, zuverlässigen und bezahlbaren Energieversorgungssystem ermöglichen und die Versorgungssicherheit gewährleisten."

Ferner misst diese Auffassung dem Umstand, dass EVU Grundrechtsträger sind und nicht nur gemeinwohlorientiert, sondern auch mit Gewinnerzielungsabsicht handeln, keine ausreichende Bedeutung bei, indem sie es unter dem Vorwand des verfassungsrechtlichen Erfordernisses einer Abwägung sämtlicher öffentlichen Belange gänzlich ausschließt, dass die Erforderlichkeitsprüfung die Situation des antragstellenden Energieversorgungsunternehmens berücksichtigt.

Letztendlich läuft diese Auffassung darauf hinaus, die private Ermittlung des energetischen Bedarfs (welche zulässige und im Wettbewerb sogar gebotene unternehmerische Elemente enthält) auf der Stufe der Enteignung zu ignorieren und durch eine staatliche (kombinierte, aus einer Bedarfsplanung und Enteignungsvorbereitungsplanung bestehende) Planung zu ersetzen.

Eine ähnliche Problematik weist der Streit über die Reichweite der Prüfungskompetenz der Energieaufsichtsbehörde auf.[100]

Nach einer Ansicht[101] stehe dem EVU kein Ermessens- bzw. Prognosespielraum zu. Das Allgemeinwohl könne bei der Entscheidung über die Zulässigkeit der Enteignung ohne vorausgehendes Planfeststellungsverfahren nur von der Behörde konkretisiert werden. Den privatwirtschaftlichen Energieversorgungsunternehmen fehle die demokratische Legitimation, um das Gemeinwohl zu konkretisieren. Eine

---

[99] Energiewirtschaftsgesetz vom 7. Juli 2005, BGBl. I S. 1970, 3621, das zuletzt durch Artikel 249 der Verordnung vom 19. Juni 2020, BGBl. I S. 1328 geändert worden ist.

[100] vgl. *Hermes*, in: Schneider/Theobald, § 10, Rn. 55.

[101] vgl. *Hermes*, in: Schneider/Theobald, § 10, Rn. 57.

objektive und sachgerechte Abwägung durch EVU sei auch deswegen nicht möglich, weil sich die EVU von ihren Gewinnerzielungsabsichten leiten lassen.

Dem wird entgegnet,[102] dass § 45 Abs. 1 EnWG nur eine Erforderlichkeitsprüfung vorsieht und der Behörde nicht ausdrücklich einen Abwägungsspielraum[103] einräumt. Daher steht der Behörde nur ein eingeschränkter Entscheidungsspielraum zu, welcher durch den Ermessens- und Prognosespielraum des EVU begrenzt ist. Danach darf die Behörde die Erwägungen des EVU nur darauf überprüfen, ob sie sachgerecht sind.

Für diese Auffassung spricht, dass nur auf diese Weise dem Prognosespielraum Privater bei der Ermittlung des Bedarfs Rechnung getragen werden kann. Die Gegenauffassung missachtet diesen Entscheidungsspielraum Privater und ersetzt ihn durch eine gesetzlich nicht vorgesehene staatliche Planung. Die Einführung einer solchen Planung ist auch verfassungsrechtlich nicht geboten.

Denn die Verleihung der (zusätzlichen) demokratischen Legitimation an die private Konkretisierung des Gemeinwohls kann auch nachträglich erfolgen, indem sich staatliche Stellen die private Entscheidung – nach einer „abwägenden Nachvollziehung“[104] und nach der Aufnahme der Ergebnisse der privaten Entscheidung in eigene Willensbildung – zu eigen machen.

3. Netzzugang als Alternative zum konkurrierenden Leitungsbau

Der Netzzugangsanspruch kann unter Umständen als Alternative zum konkurrierenden Leitungsbau in Betracht gezogen werden.[105] Würde die Alternative des Netzzugangs Vorrang genießen,[106] hätte dies zur Konsequenz, dass eine Enteignung für die Realisierung eines Leitungsvorhabens nicht erforderlich wäre, solange der Bedarf, welcher durch das geplante Vorhaben gedeckt werden sollte, im Wege der Durchleitung befriedigt werden kann.[107]

Fraglich ist, ob dies zutrifft. Wie oben dargestellt,[108] gehört mittlerweile die Sicherung des Wettbewerbs in der Energieversorgung zu den Gesetzeszielen. Zum Teil wird die Zulässigkeit von Enteignung zum Zwecke der Wirtschaftsförderung[109]

---

[102] vgl. *Büdenbender*, Energierecht I, Rn. 1864.

[103] z.B. wie in § 50 BImSchG, § 1 Abs. 7 BauGB.

[104] vgl. BVerwGE 72, 365, 367 f.; VGH Mannheim, NuR 2000, 455, 456.

[105] vgl. BVerwGE 116, 365, 376 f.

[106] dafür *Pielow*, in: Säcker, § 43, Rn. 43.

[107] vgl. *Büdenbender*, Schwerpunkte, S. 246 f.; *Hermes*, Infrastrukturverantwortung, S. 377, 473 f.; *Theobald*, in: Theobald/Kühling, § 46, Rn. 3 ff.; *Albrecht*, in: Schneider/Theobald, § 9, Rn. 44 ff.

[108] vgl. oben C. I.

[109] Gegen die Zielkonformität eines konkurrierenden Leitungsbaus alleine unter dem Aspekt der Wettbewerbsförderung, vgl. *Pielow*, in: Säcker, § 43, Rn. 45. Dagegen: Zielekon-

grundsätzlich in Frage gestellt.[110] Der Begriff der Wirtschaftsförderung sei so weit („dass es irgendwie und irgendwo auch ein bisschen der Gemeinschaft zugutekommt"), dass die entsprechenden Enteignungen zu diesem Zweck schrankenlos möglich wären.[111] Das Bundesverfassungsgericht dagegen geht von der Zulässigkeit von Enteignungen zu wirtschaftsfördernden Zwecken aus (z. B. Förderung der regionalen Wirtschaftsstruktur und Schaffung von Arbeitsplätzen).[112]

Das Argument mit der uferlosen Weite des Begriffs der Wirtschaftsförderung überzeugt nicht. Die intendierte Etablierung des Leitungswettbewerbs gehört zwar zu den Maßnahmen der Wirtschaftsförderung. Der Begriff des Leitungswettbewerbs ist jedoch viel enger und betrifft ein klar abgegrenztes Ziel. Wenn die Schaffung eines wettbewerblich geprägten Ordnungsrahmens der Elektrizitätswirtschaft und die Sicherstellung der Energieversorgung (also relativ weite gefassten Ziele) als zulässige Enteignungszwecke anerkannt sind,[113] dann muss dies erst recht für das eng umrissene Ziel des Leitungswettbewerbs gelten.

Die Rechtsprechung des VGH München[114] liefert einen weiteren Beleg dafür, dass die Netzkapazität alleine nicht ausschlaggebend ist. In dem Fall ging es um den Bau einer zusätzlichen 110-kV-Hochspannungsfreileitung. Eine bereits vorhandene andere Leitung mit ausreichender Kapazität wurde deswegen nicht beansprucht, weil ihre Nutzung die Wirtschaftlichkeit der Stromerzeugung nachteilig beeinflusst hätte. Das Gericht führte hierfür aus, dass diese „unternehmerische Grundentscheidung" auch im Enteignungsverfahren respektiert werden muss, da es sich um „eine zwar auf privatrechtlicher Grundlage ergangene, ihrem Inhalt nach aber nicht ausschließlich privatnützige, sondern zugleich im öffentlichen Interesse dienende Entscheidung" handelte. Begründet wurde diese Auffassung mit dem Gesetzeszweck einer preisgünstigen Energieversorgung.

Das Instrument der Enteignung gilt nach dem Gesetzgeber auch für zusätzliche Direktleitungen zur Belieferung einzelner Kunden, da dieses Wettbewerbsinstrument für die im Allgemeininteresse angestrebte Einführung eines stärker wettbewerblich geprägten Ordnungsrahmens von besonderer Bedeutung ist.[115] Daher müssen die Belange des Wettbewerbs – entsprechend dem Gesetzgeberwillen – als gleichwertige Gemeinwohlbelange anerkannt werden, die eine Enteignung rechtfertigen können, um durch den Direktleitungsbau den Wettbewerb zu sichern.[116]

---

formität setzt eine Übereinstimmung mit allen Gesetzeszielen voraus und kann daher nicht alleine aus der Übereinstimmung mit dem Ziel der Wettbewerbsförderung resultieren.

[110] vgl. *Jackisch*, Die Zulässigkeit der Enteignung zugunsten Privater, S. 113; *Pielow*, in: Säcker, § 43, Rn. 42.

[111] vgl. *Schmidbauer*, S. 108.

[112] vgl. BVerfGE 74, 264 ff.

[113] vgl. *Papier*, S. 23 ff.; *Schröder*, S. 62.

[114] vgl. VGH München, NVwZ 2003, 1534, 1536.

[115] vgl. BT-Drs. 13/7274, S. 20.

[116] vgl. *Horstmann*, S. 372.

Dies trifft insbesondere auf die Fälle zu, in denen eine Direktleitung neben einem vorhandenen Anschluss an das Verbundnetz gebaut werden soll. Denn in diesen Fällen dient diese Leitung nicht einzig und allein der Energieversorgung, sondern vielmehr auch der Etablierung des Leitungswettbewerbs. Das Gleiche gilt für den Bau einer konkurrierenden Transportleitung.[117] In diesem Zusammenhang wäre es zu empfehlen, eine Klarstellung dahingehend, dass eine Enteignung auch zum Zwecke des Leitungswettbewerbs zulässig ist, in § 45 EnWG aufzunehmen.

Nach der Intention des Gesetzgebers und der Bundesregierung sollten die beiden Liberalisierungsinstrumente gleichrangig sein. Insbesondere sollte es keinen Vorrang der Durchleitung vor dem Bau konkurrierender Leitungen geben, weil durch die Einräumung des Vorrangs der Durchleitung der Leitungsbau als Hebel zur Durchsetzung des Netzzugangs verlorenginge, was den Wettbewerb beeinträchtigen würde.[118]

Sieht man dagegen die Funktion des eingeführten Leitungswettbewerbs ausschließlich darin, ein Instrument zur Durchsetzung des damals verhandelten Netzzugangs zu sein. So könnte man meinen, dass nach der Umstellung vom verhandelten zum regulierten Netzzugang die Notwendigkeit dieses Druckmittels weggefallen ist mit der Konsequenz, dass der Leitungswettbewerb gar nicht in das neue Regulierungsregime passt.

Dies ist jedoch unzutreffend. Das Instrument des Leitungswettbewerbs wurde unabhängig vom Wechsel zum regulierten Zugang in das neue EnWG 2005 übernommen. Die entsprechenden Regelungen finden sich in § 3 Ziff. 12 EnWG (Definition einer Direktleitung), § 19 Abs. 1 und 2 EnWG (Verpflichtung der Netzbetreiber, Anschluss- und Betriebsbedingungen auch für Direktleitungen zu veröffentlichen), § 49 Abs. 4 a EnWG (Verordnungsermächtigung für den Einsatz eines Beratungsausschusses in Fragen der technischen Sicherheit unter anderem von Gas-Direktleitungen). Danach büßte das Instrument des Leitungswettbewerbs nach dem Wechsel zum regulierten Zugang nicht an seiner Bedeutung ein.

Der Gesetzgeber führt zur besonderen Bedeutung des Wettbewerbs und insbesondere des Leitungswettbewerbs in der Begründung zum EnWG 1998 aus:

> „Ohne die Inanspruchnahme fremden Grundeigentums (insbesondere bei Leitungen) ist die Versorgung mit Elektrizität und Gas nicht durchführbar. Sie ist auch wichtig im Hinblick auf das wettbewerbliche System, das mit der Gesamtreform des Ordnungsrahmens für Strom und Gas eingeführt wird und den Leitungsbau als ein wesentliches Wettbewerbsinstrument beinhaltet. Im Interesse einer sicheren, preisgünstigen und umweltverträglichen Energieversorgung und im Interesse des Wettbewerbs bei Strom und Gas müssen die Entziehung

---

[117] vgl. Planfeststellungsbeschluss für die Errichtung und den Betrieb der Erdgasfernleitung OPAL, S. 64: „Leitungsbedarf kann sich aber nicht nur unter dem Aspekt der Versorgungssicherheit sondern auch dadurch ergeben, dass durch die Errichtung zusätzlicher Leitungskapazität der Wettbewerb gestärkt wird (BT-Drucksache 14/4599, S. 161, Gesetzentwurf vom 14. November 2000)".

[118] vgl. BT-Drs. 13/7274, S. 36, 38; *Klees*, S. 19, 23; *Schneider*, Liberalisierung, S. 477.

oder die Beschränkung von Grundeigentum oder von Rechten am Grundeigentum im Wege der Enteignung zugelassen werden. Dazu ist ein besonderer Enteignungstatbestand im Energiewirtschaftsgesetz notwendig. Er gilt auch für zusätzliche Direktleitungen zur Belieferung einzelner Kunden, da dieses Wettbewerbsinstrument für die im Allgemeininteresse angestrebte Einführung eines stärker wettbewerblich geprägten Ordnungsrahmens von besonderer Bedeutung ist. [...] Ob Enteignungen zum Zwecke der Energieversorgung erforderlich sind, ist unter Berücksichtigung des Gesetzeszwecks und der mit der Gesamtreform bezweckten Schaffung von Wettbewerb bei Strom und Gas zu ermitteln. Sie sind also nicht generell bei jedem Vorhaben eines Energieversorgungsunternehmens zulässig, sondern müssen vielmehr im Interesse einer möglichst sicheren, preisgünstigen und umweltverträglichen Energieversorgung sowie im Interesse des Wettbewerbs bei Strom und Gas erforderlich sein."[119]

Ferner stellt der Gesetzgeber Folgendes fest:

„Leitungsbedarf kann sich nicht nur unter dem Aspekt der Versorgungssicherheit, sondern auch dadurch ergeben, dass durch die Errichtung zusätzlicher Leitungskapazität der Wettbewerb in der Elektrizitätswirtschaft gestärkt wird."[120]

„Mit der Beseitigung des Schutzes der geschlossenen Versorgungsgebiete kann künftig jeder Anbieter von Strom und Gas jeden Kunden über eine Direktleitung beliefern. Freier Leitungsbau – soweit ökologisch vertretbar – ist ein unverzichtbares Instrument für die wettbewerbliche Öffnung der Strom- und Gasmärkte."[121]

„Durch die Aufhebung der bisher gesetzlich eingeräumten Möglichkeiten zur Beschränkung des Wettbewerbs wird die Versorgungswirtschaft den auch für andere Wirtschaftsbereiche geltenden allgemeinen Prinzipien einer marktwirtschaftlichen Ordnung unterstellt. Die Abnehmer von Versorgungsleistungen erhalten die Möglichkeit, zwischen mehreren Anbietern zu wählen. Für die Versorgungsunternehmen wird die Möglichkeit eröffnet, ihre wirtschaftlichen Aktivitäten über ihre bisherigen Versorgungsgebiete hinaus auszudehnen und mit anderen Unternehmen beim Absatz ihrer Leistungen um einzelne Abnehmer in Konkurrenz zu treten. Soweit hierzu die Errichtung eigener Leitungen sinnvoll ist, stehen Ausschließlichkeitsrechte anderer Versorgungsunternehmen künftig nicht mehr entgegen. Durch den Wegfall der Möglichkeit zum Abschluss von Konzessionsvereinbarungen mit Ausschließlichkeitscharakter ist ein von Wettbewerbsbeschränkungen freier Leitungsbau gewährleistet."[122]

Daraus ergibt sich, dass nach der Intention des Gesetzgebers der Etablierung von Wettbewerb und insbesondere auch von Leitungswettbewerb eine besondere Bedeutung im Rahmen der Energiewirtschaft beigemessen wird. Danach beseitigt die Möglichkeit der Durchleitung in den Fällen von Leitungsbau zum Zwecke des Leitungswettbewerbs nicht die Erforderlichkeit einer Enteignung.

Von den Gegnern des konkurrierenden Leitungsbaus wird die Regelung in Art. 4 Abs. 4 Gasrichtlinie (aus 1998/2003/2009) angeführt, um zu belegen, dass der Bau

[119] BT-Drs. 13/7274, S. 20.

[120] BT-Drs. 13/7274, S. 19.

[121] BT-Drs. 13/7274, S. 10.

[122] BT-Drs. 13/7274, S. 25.

von neuen Netzen (und nicht nur Direktleitungen) im Verhältnis zur Durchleitung von untergeordneter Bedeutung sein soll:[123]

> „[...] allgemein im Interesse eines effizienten Betriebs können es die Mitgliedstaaten unbeschadet des Art. 20 ablehnen, eine weitere Genehmigung für den Bau und den Betrieb von Verteilerleitungsnetzen in einem bestimmten Gebiet zu erteilen, wenn in diesem Gebiet bereits solche Leitungsnetze gebaut wurden oder in Planung sind und die bestehenden oder geplanten Kapazitäten nicht ausgelastet sind."

Gegen diese Argumentation spricht zum einen, dass der Gesetzgeber einen Bau von weiteren Netzen nicht abgelehnt hat und zum anderen, dass es sich bei den Verteilernetzen (i. S. v. § 3 Nr. 29c, § 14 und § 16a EnWG) um sog. „letzte Meile" handelt, bei welcher eine Doppelung aus Platzgründen problematisch sein kann, so dass angesichts dessen, eine Ausnahme in der Richtlinie sinnvoll war. Im Umkehrschluss darf bei den übrigen Netzen der konkurrierende Leitungsbau nicht abgelehnt werden.

Bemerkenswert ist jedoch, dass sich der Gesetzgeber – trotz der durch die Richtlinie eingeräumten generellen Ablehnungsmöglichkeit in Bezug auf neue Verteilernetze – gerade für zwei Optionen des Leitungswettbewerbs (durch den Direktleitungsbau nach § 46 Abs. 1 EnWG sowie durch den Wettbewerb um das Netz nach § 46 Abs. 2 EnWG) in dem Bereich der Verteilnetze entschieden hat.

Es würde der Klarheit in dieser Frage dienen, wenn der Gesetzgeber nicht nur in der Gesetzesbegründung auf die Förderung des Leitungswettbewerbs eingegangen, sondern dem Vorschlag des Bundesrates gefolgt wäre, dies ausdrücklich in dem Gesetzestext zu regeln.[124]

Auch Art. 38 Abs. 1 der Richtlinie 2009/73/EG (in der Fassung der Richtlinie 2019/692 bzw. Art. 7 Abs. 1 der Richtlinie (EU) 2019/944) erfordert eine solche klarstellende Regelung im Hinblick auf die Anerkennung des Leitungswettbewerbs als zulässige Enteignungsrechtfertigung. Danach treffen die Mitgliedstaaten die erforderlichen Maßnahmen, damit in ihrem Hoheitsgebiet ansässige Erdgasunternehmen die zugelassenen Kunden über eine Direktleitung versorgen können, und jeder zugelassene Kunde in ihrem Hoheitsgebiet von Erdgasunternehmen über eine Direktleitung versorgt werden kann.

Dagegen wird eingewandt, dass im Falle von Direktleitungsbau ein dem Gemeinwohl dienender Zweck nicht anzuerkennen ist, da Stichleitungen lediglich dem durch sie angeschlossenen Kunden zugutekommen.[125]

Dieser Einwand übersieht jedoch, dass (abgesehen davon, dass nicht nur Stichleitungen den Leitungswettbewerb begründen können, sondern auch höherstufige

---

[123] vgl. *Theobald*, in: Theobald/Kühling, § 46, Rn. 4.

[124] vgl. Stellungnahme des Bundesrates, BT-Drs. 13/7274, S. 29: „Im Gesetz muss klargestellt werden, ob die Förderung des Wettbewerbs zu den Gemeinwohlbelangen gehört, die bei der Prüfung der Enteignungs- bzw. Planfeststellungsvoraussetzungen zu berücksichtigen sind."

[125] vgl. *Büdenbender*, Schwerpunkte, S. 249.

Transportleitungen und merchant lines) der Leitungswettbewerb als solcher dem Gemeinwohl dienen kann (er dient dem beschleunigten Netzausbau motiviert durch Gewinnerwartungen der Vorhabenträger, dadurch kommt es zu einer schnelleren Integration regenerativer Energien und zum Ausbau der Ladenetze für Elektroautos, zur Senkung der Netzentgelte auch durch angedrohten Leitungsbau, zur Steigerung der Netzsicherheit durch Duplizierung einiger Netzkomponente) und vom Gesetzgeber auch deswegen gewollt ist.

Danach ist die Möglichkeit des Netzzugangs nur eine Option, um den energetischen Bedarf zu befriedigen. Sie stellt jedoch kein Hindernis für den Bau von konkurrierenden Leitungen dar.

V. Rechtsschutz

Aufgrund des Abwägungsgehalts der nachvollziehenden Behördenentscheidung besteht kein Anspruch auf die Zulässigkeitserklärung der geplanten Enteignung, sondern nur auf eine abwägungsfehlerfreie Entscheidung.[126] Die statthafte Klageart ist damit die Bescheidungsklage nach § 113 Abs. 5 S. 2 VwGO.[127] Das Gericht überprüft die Entscheidung über die Nichtzulässigkeit einer Enteignung und kann die Behörde verpflichten, den EVU unter Beachtung der Auffassung des Gerichts erneut zu verbescheiden.

Der betroffene Eigentümer dagegen kann gegen die Zulässigkeitserklärung der Enteignung dem Grunde nach nicht vorgehen, da diese Entscheidung ihm gegenüber noch keine Rechtswirkungen entfaltet.[128] Sein Rechtsschutzbedürfnis wird auf der Ebene der Enteignungsentscheidung befriedigt, da hier auch die Zulässigkeitserklärung der Enteignung dem Grunde nach inzident überprüft wird.[129]

Dagegen wird eingewendet, dass die vollständige inzidente Kontrolle aller vorausliegenden Entscheidungen im Rahmen des Rechtsschutzes gegen die abschließende Enteignungsentscheidung eine nur theoretische Möglichkeit darstellt,[130] so dass der Rechtschutz des Betroffenen unzulässigerweise verkürzt wird.

---

[126] vgl. *Kment*, in: Kment, § 45, Rn. 30.

[127] vgl. *Hermes*, in: Britz/Hellermann/Hermes, § 45, Rn. 38.

[128] vgl. BVerfGE 66, 248, 251; BVerwGE 116, 365, 376; BVerwG, RdE 1994, 232, 233; BVerwG, RdE 1974, 78; *Kment*, in: Kment, § 45, Rn. 29; *Theobald*, in: Theobald/Kühling, § 45, Rn. 46.

[129] vgl. *Kment*, in: Kment, § 45, Rn. 30. Pielow differenziert dagegen zwischen der grundsätzlichen Zulässigkeit der Enteignung nach § 45 Abs. 1 Nr. 1 i. V. m. Abs. 2 S. 1 EnWG, bei welcher eine Außenwirkung nicht gegeben ist, vgl. *Pielow*, in: Säcker, § 45, Rn. 30 und der „verselbständigten" Zulässigkeits- bzw. Erforderlichkeitsprüfung nach § 45 Abs. 2 S. 3 EnWG, bei welcher eine Außenwirkung gegeben ist, vgl. *Pielow*, in: Säcker, § 45, Rn. 37.

[130] vgl. *Hermes*, in: Schneider/Theobald, § 10, Rn. 63; *Hermes*, in: Britz/Hellerman/Hermes, § 45, Rn. 40 f.

Dieser Einwand überzeugt nicht. Gegen eine solche „abstrakte Enteignungskontrolle“ sprechen die Interessen der Allgemeinheit und des EVU an einem zügigen Netzausbau. Bedenkt man, dass für einige Vorhaben Hunderte von Grundstücken enteignet werden müssen, so würde eine zusätzliche Kontrollmöglichkeit die Realisierung von Vorhaben nur unnötig verzögern. Eine doppelte Kontrolle findet in einigen Fällen ohnehin statt, da gegen die Entscheidung über die Zulässigkeitserklärung der Enteignung bei planfestgestellten und plangenehmigten Verfahren die Oberverwaltungsgerichte[131] und über die Höhe der Entschädigung ordentliche Gerichte entscheiden[132].

VI. Enteignungsverfahren im engeren Sinne

Die Zulässigkeitserklärung der Enteignung wird gefolgt von einem enteignungsrechtlichen Verfahren, welches sich nach Enteignungsgesetzen der Länder[133] richtet und in welchem die Modalitäten der Enteignung geregelt werden (vgl. § 45 Abs. 3 EnWG).[134] Die Landesbehörde ist an die Entscheidung über die Zulässigkeit der Enteignung dem Grunde nach gebunden.[135]

Im Hinblick auf die Gemeinwohlbindung Privater ist hier die Verhältnismäßigkeitsprüfung des Eingriffs gegenüber dem konkreten Enteignungsbetroffenen relevant.[136] Im Rahmen dieser Prüfung wird z. B. geklärt, ob die dingliche Belastung des Grundstücks anstelle des vollständigen Entzugs des Eigentums für die Realisierung des Vorhabens ausreicht.[137] Durch diese Verhältnismäßigkeitsprüfung kommt das Bestreben der Gemeinwohlbindung nach Effizienz zum Tragen – der Einzelne soll nicht über das nötige Maß hinaus zugunsten des allgemeinen Wohls belastet werden.

VII. NAV/NDAV als Alternative zur Enteignung

Neben einer dinglichen Belastung sind auch die Nutzungsmöglichkeiten nach § 12 NAV und § 12 NDAV mildere Mittel im Bereich der Energieversorgung im

---

[131] vgl. § 48 Abs. 1 S. 1 Nr. 4, S. 2 VwGO.

[132] vgl. Art. 14 Abs. 3 S. 4 GG.

[133] vgl. Übersicht bei *Missling*, in: Theobald/Kühling, § 45a, Rn. 10.

[134] vgl. *Kment*, in: Kment, § 45, Rn. 26; *Theobald*, in: Theobald/Kühling, § 45, Rn. 48; *Pielow*, in: Säcker, § 45, Rn. 25, 38; *Hermes*, in: Britz/Hellerman/Hermes, § 45, Rn. 37, 42; *Hermes*, in: Schneider/Theobald, § 10, Rn. 65.

[135] vgl. *Theobald*, in: Theobald/Kühling, § 45, Rn. 43; *Pielow*, in: Säcker, § 45, Rn. 27 f, 40; *Hermes*, in: Schneider/Theobald, § 10, Rn. 67.

[136] vgl. *Kment*, in: Kment, § 45, Rn. 23; *Pielow*, in: Säcker, § 45, Rn. 40 ff.; *Hermes*, in: Britz/Hellerman/Hermes, § 45, Rn. 28, 44; *Hermes*, in: Schneider/Theobald, § 10, Rn. 51.

[137] vgl. *Kment*, in: Kment, § 45, Rn. 18; *Pielow*, in: Säcker, § 45, Rn. 43.

Niederspannungs- und Mittelspannungsnetz bzw. Gasversorgung in Niederdruck im Vergleich zu einer Vollenteignung.[138]

Nach § 12 NAV/NDAV haben Anschlussnehmer, die Grundstückseigentümer sind, für Zwecke der örtlichen Versorgung (Niederspannungs- und Mittelspannungsnetz bzw. Gasversorgung in Niederdruck) das Anbringen und Verlegen von Leitungen zur Versorgung mit Elektrizität bzw. Gas nebst Zubehör über ihre im Gebiet des Elektrizitäts- bzw. Gasversorgungsnetzes der allgemeinen Versorgung liegenden Grundstücke unentgeltlich zuzulassen. Diese Pflicht betrifft nur Grundstücke, die an das Elektrizitäts- bzw. Gasversorgungsnetz angeschlossen sind, die vom Eigentümer in wirtschaftlichem Zusammenhang mit einem an das Netz angeschlossenen Grundstück genutzt werden oder für die die Möglichkeit des Netzanschlusses sonst wirtschaftlich vorteilhaft ist.[139]

Die Gemeinwohlbindung privater EVU erfolgt hier durch die erforderliche Zweckgebundenheit des Vorhabens („für Zwecke der örtlichen Versorgung", vgl. § 12 Abs. 1 S. 1 NAV/NDAV).

Die Pflicht, die Grundstückbenutzung zuzulassen besteht gem. § 12 Abs. 1 S. 3 NAV/NDAV nicht, wenn die Inanspruchnahme der Grundstücke den Eigentümer mehr als notwendig oder in unzumutbarer Weise belasten würde. In solchen Fällen kann ein EVU sein Vorhaben im Wege der Enteignung unter Beachtung der durch sie vorausgesetzten Gemeinwohlbindungen (Erforderlichkeit, gem. § 45 bzw. gem. §§ 43, 43b Nr. 1 EnWG) realisieren.[140]

EVU haben einen Ermessensspielraum im Hinblick auf die Streckenführung und Auswahl des duldungspflichtigen Eigentümers unter mehreren in Betracht kommenden Duldungspflichtigen sowie im Hinblick auf technische und wirtschaftliche Erwägungen.[141] Dieses Ermessen ist nur eingeschränkt gerichtlich überprüfbar.[142]

Diese Rechtsprechung wird in der Literatur zum Teil kritisiert.[143] Die Rechtsprechung missachte, dass es sich bei der Beschränkung der Belastung auf das Notwendige um eine verfassungsrechtliche Anforderung aus Art. 14 GG handelt. Es sei ausgeschlossen, die Feststellung der Erforderlichkeit der Maßnahme den privaten EVU zu überlassen, weil hier kein Träger öffentlicher Verwaltung auf der Grundlage dazu verliehener Kompetenz und demokratischer Legitimation Ermessensentscheidungen trifft, sondern ein mit legitimen Gewinnerzielungsabsichten operierendes EVU seine Kosten minimieren will.

---

[138] vgl. *Pielow*, in: Säcker, § 45, Rn. 4; *Kment*, in: Kment, § 45, Rn. 8; *Hermes*, in: Britz/Hellerman/Hermes, § 45, Rn. 7 ff.

[139] vgl. *Hermes*, in: Britz/Hellerman/Hermes, § 45, Rn. 10.

[140] vgl. *Hermes*, in: Britz/Hellerman/Hermes, § 45, Rn. 13.

[141] vgl. BGHZ 66, 62, 67; OLG Düsseldorf, Urteil vom 19. Dezember 2003, Az. I-16 U 29/03 zu Vorgängervorschriften § 8 AVBEltV bzw. § 8 AVBGasV.

[142] vgl. BGH, MDR 1991, 637 zu Vorgängervorschriften § 8 AVBEltV bzw. § 8 AVBGasV.

[143] vgl. *Hermes*, in: Schneider/Theobald, § 10, Rn. 17.

Die Literaturmeinung übersieht mit ihrer Forderung nach einer Beschränkung auf das Nötigste, dass es sich bei der Energieversorgung nicht um eine absolute (Mindest-)Grundversorgung handelt, sondern um eine dem Gemeinwohlstand angemessene Versorgung mit Energie, welche zudem auch Ziele verfolgt, welche außerhalb der reinen Energiewirtschaft liegen (z. B. Umweltschutz, Gewährleistung der Leistungsfähigkeit der Wirtschaft).

Der entscheidende Unterschied zu Enteignungen liegt hier jedoch darin, dass im Falle einer geduldeten Nutzung nach NAV/NDAV auf den ersten Blick keine „abwägende Nachvollziehung" durch staatliche Stellen (wie bei der Planfeststellung nach § 43 EnWG oder im Rahmen der Enteignung nach § 45 EnWG) stattfindet.

Eine Nachvollziehung kann in solchen Fällen im Baugenehmigungsverfahren stattfinden. Da eine Baugenehmigung unbeschadet der privaten Rechte Dritter erteilt wird,[144] darf sie für das fremde Grundstück nur dann erteilt werden, nachdem die Behörde die Übereinstimmung des Vorhabens mit dem Zweck des § 12 NAV/NDAV (örtliche Versorgung) überprüft und nachvollzogen hat. Das Baugenehmigungsverfahren ist somit ein taugliches Kontrollinstrument, mit dessen Hilfe die private Entscheidung der EVU, fremdes Grundstück zu beanspruchen, durch die Verwaltung nachvollzogen werden kann.

Schließlich sind private EVU durch die Zweckbestimmung in § 12 NAV/NDAV (örtliche Versorgung) sowie durch eine detaillierte Beschreibung der berechtigten Vorhaben in § 12 Abs. 1 NAV/NDAV ausreichend an das Gemeinwohl gebunden. Die Anforderungen an die Erforderlichkeit sind bereits durch den Gesetzgeber hinreichend konkret vorgegeben, so dass auch das Fehlen einer unmittelbaren demokratischen Legitimation unschädlich ist. Die Legitimation privater Entscheidung wird durch die Bindung an das Gesetz gewährleistet.

VIII. Zusammenfassung und Zwischenfazit zur Enteignung

Zusammenfassung

Da es für die Netzbetreiber grundsätzlich nahezu unmöglich ist, alle Leitungen sowie dazugehörige Anlagen nur durch eine einvernehmliche Inanspruchnahme fremder Grundstücke zu verlegen bzw. zu errichten, stellt das Energiewirtschaftsrecht ein Instrumentarium zur Verfügung, welches einen zwangsweisen Zugriff auf fremde Grundstücke erlaubt.[145]

Trotz mehrfacher Änderung der Enteignungsnorm, blieb das Grundprinzip, dass die Energieversorgung dem Gemeinwohl dient und dass zu ihren Gunsten unter

[144] vgl. z. B. § 64 Abs. 5 Hessische Bauordnung (Art. 1 des Gesetzes zur Neufassung der Hessischen Bauordnung und zur Änderung landesplanungs-, ingenieursberufs- und straßenrechtlicher Vorschriften) vom 28.05.2018, GVBL. S. 198, HBO.

[145] vgl. § 45 EnWG, § 12 NAV, NDAV.

bestimmten Voraussetzungen das Grundeigentum Privater beschränkt oder entzogen werden darf, unverändert.

Problematisch ist in diesem Zusammenhang, dass die Enteignung zwar grundsätzlich nur zum Wohle der Allgemeinheit[146] zulässig ist und auch zum Wohle der Allgemeinheit in Form der Energieversorgung erfolgt, jedoch werden (meist) private EVU durch die Enteignung als Enteignungsbegünstigte Rechtserwerber, so dass die Enteignung formell gesehen nicht nur zum Wohle der Allgemeinheit erfolgt.

Ein Teil dieser Problematik könnte theoretisch dadurch eingedämmt werden, dass die Enteignung zugunsten des Fiskus erfolgt, welcher dann Eigentümer der Energietransporttrassen (ähnlich Art. 90 Abs. 1 GG) bleibt und die Nutzungsrechte an Trassen an die EVU (ähnlich §§ 69, 68 TKG) überträgt.

Dieser Lösungsansatz trifft allerdings nicht den Kern des Problems, welcher darin besteht, dass Private bei der Bestimmung des energetischen Bedarfs eine entscheidende Rolle spielen und trotz einer „abwägenden Nachvollziehung" durch die Verwaltung im Ergebnis auch über die Enteignung (mit-)entscheiden, obwohl sie trotz gesetzlicher Bindung an das Gemeinwohl auch von privaten Interessen geleitet werden und die enteigneten Grundstücke neben der Energieversorgung auch für ihre eigennützigen Zwecke der Gewinnerzielung verwenden.

Nichtsdestotrotz ist die grundsätzliche Zulässigkeit einer privatnützigen Enteignung heute anerkannt.[147]

Durch den Fortschritt der Liberalisierung, durch die Entflechtung der großen EVU und Etablierung des Wettbewerbs z. B. auf der Ebene der Energieerzeugung hat sich – trotz des unveränderten Grundprinzips – das Normverständnis geändert. Da heute eine konkurrierende Energieerzeugung möglich und zulässig ist, kann aus heutiger Perspektive auch eine Enteignung zugunsten eines konkurrierenden Energieerzeugers erforderlich sein.

Fraglich ist, ob dieser Gedanke auch auf einen etwaigen Wettbewerb in dem Transportbereich übertragbar ist.

Das BVerfG hat zwar in seiner jüngeren Rechtsprechung[148] seine bisherige Auffassung zur grundsätzlichen Zulässigkeit privatnütziger Enteignung bestätigt,[149] jedoch hat es seine auf § 11 EnWG 1935 bezogene Argumentation hinsichtlich der gesetzlichen Allgemeinwohlbindung nicht explizit auch auf § 45 EnWG 2005 übertragen.

---

[146] vgl. Art. 14 Abs. 3 S. 1 GG.

[147] vgl. BVerwG, BVerwGE 116, 365; 1, 42, 43; 71, 108, 124 f.; OVG Koblenz, NJW 1968, 2121; *Bullinger*, Der Staat 1962, 449, 451, *Hermes*, in: Schneider/Theobald, § 10, Rn. 24 m. w. N.

[148] vgl. BVerfG, WM 2009, 422.

[149] vgl. BVerfGE 66, 248 ff.

Vor diesem Hintergrund wird in der Literatur[150] schon die generelle Zulässigkeit privatnütziger Enteignung nach der aktuellen Gesetzeslage angezweifelt, denn wesentliche Aufsichtsinstrumente, mit denen das BVerfG in seiner Entscheidung zu § 11 EnWG 1935 die Zuweisung einer öffentlichen Aufgabe an die Energieversorgungsunternehmen begründet hat, seien durch die Energierechtsreform von 1998 abgeschafft worden.[151]

Die ersatzlose Streichung der Investitionsaufsicht war jedoch der Liberalisierung bereits systemimmanent,[152] denn EVU mit defizitären Versorgungsleistungen werden zu Nachbesserungen durch den Wettbewerbsdruck gezwungen.[153] Die Investitionsaufsicht wurde gerade im Hinblick auf die Ermöglichung des Wettbewerbs abgeschafft, denn vorher sollte die staatliche Investitionskontrolle ohnehin nur die fehlende wettbewerbliche Kontrolle ersetzen.[154]

Es stellt sich in diesem Zusammenhang auch die Frage, ob die Maßstäbe der Gemeinwohlsicherung und damit auch die Instrumente der Gemeinwohlbindung unveränderbar sind und ob sie eine größtmögliche Bindung privater Betätigungsfreiheit erfordern oder ob ein Mindestmaß an Bindung Privater ausreicht.

Da die Aufgabe der Energieversorgung durch Private und damit durch Grundrechtsträger erfüllt wird, ist nach dem Verhältnismäßigkeitsgrundsatz auch im Rahmen der Gemeinwohlbindung der schonendste Eingriff vorzunehmen (im Sinne eines Mindestmaßes an Bindung Privater bei größtmöglicher Effektivität der Sicherung der Gemeinwohlverwirklichung).

Zu der Frage nach der Möglichkeit der Änderung der Instrumente der Gemeinwohlsicherung (und zur Übertragbarkeit des Topos „Leistungserbringung im Wettbewerb zulässig – Enteignung zum Zwecke einer solchen Leistungserbringung muss zulässig sein“ auf den Transportbereich) kann festgehalten werden, dass diese an die jeweilige Konkretisierung des Gemeinwohls durch den Gesetzgeber anzupassen sind. Wird im Zuge der Liberalisierung der Wettbewerb als eine effizientere Form der Aufgabenerfüllung erachtet, so muss das Instrumentarium der Gemeinwohlbindung an das neue Verständnis vom Gemeinwohl angepasst werden.

Die vom BVerfG[155] beschriebene Überlagerung des auf die Erzielung von Gewinnen gerichteten Zwecks durch die gemeinwohlorientierte Zielverfolgung ist in erster Linie qualitativer Art, so dass auch die heutige private Gewinnerzielung im Wettbewerb grundsätzlich durch die gemeinwohlorientierte Zielsetzung überlagert wird, wenn durch die EVU auch Gemeinwohlziele verfolgt werden.

---

150 vgl. *Hermes*, in: Schneider/Theobald, § 10, Rn. 27.

151 vgl. *Hermes*, in: Schneider/Theobald, § 10, Rn. 28.

152 vgl. *Theobald/Theobald*, Energiewirtschaftsrecht, S. 372.

153 vgl. Gesetzesbegründung, BT-Drs. 13/7274, S.13.

154 vgl. *Büdenbender*, Schwerpunkte, Rn. 42.

155 vgl. BVerfGE 66, 248, 257 f.

Die Frage danach, ob das aktuelle Instrumentarium aus der rechtlichen Perspektive eine ausreichende (insbesondere im Sinne der Rechtsprechung des BVerfG[156]) Gemeinwohlbindung Privater gewährleistet, wurde auch in der vorliegenden Ausarbeitung untersucht und konnte bejaht werden.

Die Gemeinwohlbindung der EVU kann heute nach wie vor insbesondere aus der allgemeinen Versorgungspflicht[157] sowie aus einer Reihe weiterer Vorschriften des EnWG[158] abgeleitet werden.[159]

Der Wettbewerb und Gemeinwohlmaximierung schließen sich gegenseitig nicht aus, denn der Wettbewerb sorgt für eine optimale Allokation und der Wettbewerbspreis (Marktpreis) ist der optimale Preis, was dem Ziel der Preisgünstigkeit entspricht.

Eine ausreichende Bindung der im Wettbewerb agierenden energiewirtschaftlichen Akteure an das Gemeinwohl ist gegeben (unternehmensseitige Gemeinwohlbindung).

Aufgrund der besonderen Grundrechtsrelevanz der Enteignung muss zusätzlich bei jedem einzelnen Vorhaben geprüft werden, ob es zur Schaffung von Gemeinwohl beiträgt (vorhabenbezogene Gemeinwohlbindung).[160]

Ein gemeinwohlsteigernder Beitrag eines konkurrierenden Netzvorhabens kann (vorhabenbezogene Gemeinwohlbindung) auch dann gegeben sein, wenn man die Erforderlichkeit dieses Vorhabens nicht nur netzintern („ein substantieller Beitrag zur Erreichung des Gemeinwohls"), sondern bezogen auf die gesamte Energiewirtschaft (einer die „Allgemeinwohlnützlichkeit des Gesamtnetzes erhöhende" Wirkung) beurteilt.

Vorbereitung der Enteignungsentscheidung

Die Diskussion zum Thema „Private Planung gegen staatliche Planung" im Zusammenhang mit der planerischen Vorbereitung der Enteignungsentscheidung unterscheidet sich nicht wesentlich von der bereits im Rahmen der Bedarfsplanung geführten Diskussion.[161] Private dürfen dann die planende Vorbereitung der Enteignungsentscheidung übernehmen, wenn sie ausreichend an die Gemeinwohlziele gebunden sind, was bejaht werden kann. Die finale Kontrolle vorhabenbezogener Gemeinwohlbindungen findet dann im Rahmen der „abwägenden Nachvollziehung" durch die Enteignungsbehörde statt.[162]

---

[156] vgl. BVerfG, WM 2009, 422.

[157] vgl. § 10 EnWG 1998; heute § 2 Abs. 1 und § 36 EnWG.

[158] vgl. dazu S. 217.

[159] vgl. *Büdenbender*, Energierecht I, Rn. 1835.

[160] vgl. *Pielow*, in: Säcker, § 45, Rn. 7.

[161] vgl. unter E.

[162] vgl. auch BVerwGE 116, 365, 373 f.; BVerwG, RdE 1994, 232, 233

Der Forderung nach einer Verlagerung der Kontrollmöglichkeit bei den nicht planfeststellungspflichtigen Vorhaben von der Stufe der Enteignung auf eine vorgelagerte Stufe aufgrund einer möglichen Überforderung der Enteignungsbehörde mit dem Prüfprogramm[163] kann entgegengehalten werden, dass sich eine Einführung einer generellen Planfeststellungspflichtigkeit für sämtliche energetische Vorhaben nicht mit der Überforderung einer Behörde aufgrund des Umfangs ihres Prüfungsauftrags begründen lässt. Die EVU sind Grundrechtsträger und eine zusätzliche Einschränkung ihrer Betätigungsfreiheit bedarf einer tragfähigeren Rechtfertigung.

Im Falle eines freihändigen Grunderwerbs bei nicht planfeststellungspflichtigen Vorhaben findet keine Kontrolle durch eine „abwägende Nachvollziehung" statt.[164] Dies ist hinzunehmen. Da die „abwägende Nachvollziehung" der Vorbereitung eines zwangsweisen Entzugs einer Eigentumsposition dient, ist es konsequent, dass es in den Fällen, in welchen nicht enteignet wird, auch keiner vorbereitenden Abwägung bedarf.

Entscheidung über die Enteignung dem Grunde nach

Die Entscheidung über die Zulässigkeit einer Enteignung ist zweistufig (Erforderlichkeitsprüfung und Verhältnismäßigkeitsprüfung) ausgestaltet.

Öffentliche Grundstücke können zugunsten eines EVU enteignet werden, denn die Straßengesetze haben Eigentum an den für öffentliche Zwecke gewidmeten Grundstücken überwiegend privatrechtlich ausgestaltet und die Enteignung stellt ihrem Wesen nach einen Ersatz für den privatrechtlichen Erwerb dar, so dass die Enteignung solcher Grundstücke nicht anders zu beurteilen ist als die Enteignung privater Grundstücke.[165] Dementsprechend muss auch bei den für öffentliche Zwecke gewidmeten Grundstücken die Gemeinwohlbindung, wie im Falle von einer Enteignung von privaten Grundstücken, vorhabenbezogen festgestellt werden.

Bei den planfestgestellten bzw. plangenehmigten Verfahren ist die Entscheidung über den ermittelten Bedarf für die Enteignungsbehörde bindend.[166] Vor diesem Hintergrund ist die erneute Feststellung eines energiewirtschaftlichen Bedarfs durch die Enteignungsbehörde nicht erforderlich.[167]

Da Private einer ausreichenden Gemeinwohlbindung unterliegen, folgt aus dem Fehlen einer vorgelagerten Planungsstufe für sonstige Vorhaben keine Notwendigkeit, eine staatliche Bedarfsplanung auf der Ebene des Enteignungsverfahrens zu etablieren.

Berücksichtigung von Interessen der EVU, Reichweite der Prüfungskompetenz der Energieaufsichtsbehörde

---

[163] vgl. *Hermes*, in: Schneider/Theobald, § 10, Rn. 36.

[164] vgl. *Hermes*, in: Schneider/Theobald, § 10, Rn. 37.

[165] vgl. *Büdenbender*, Energierecht I, Rn. 1874 f.

[166] vgl. § 45 Abs. 2 S. 1 2. Hs. EnWG; *Theobald*, in: Theobald/Kühling, § 45, Rn. 43.

[167] entgegen *Hermes*, in: Schneider/Theobald, § 10, Rn. 49.

Im Rahmen der Erforderlichkeitsprüfung auf Enteignungsebene ist der unternehmerischen Entscheidungsfreiheit Rechnung zu tragen und bestimmte Entscheidungen (z. B. Standortentscheidungen, Prioritätsentscheidungen zwischen zentraler und dezentraler Versorgungsstruktur) als außerhalb der behördlichen Entscheidungsbefugnis liegend zu betrachten.[168]

Wenn dagegen unter dem Vorwand des verfassungsrechtlichen Erfordernisses eine Abwägung der öffentlichen Belange – und zwar ohne die Situation des antragstellenden EVU zu berücksichtigen – stattfindet, läuft eine solche Abwägung darauf hinaus, die private Ermittlung des energetischen Bedarfs (welche zulässige und im Wettbewerb sogar gebotene unternehmerische Elemente enthält) auf der Stufe der Enteignung zu ignorieren und durch eine staatliche Planung zu ersetzen. In diesem Fall werden die Grenzen einer abwägenden Nachvollziehung überschritten.

Zudem sieht § 45 Abs. 1 EnWG nur eine Erforderlichkeitsprüfung vor[169] und räumt der Behörde einen Abwägungsspielraum[170] nicht ein. Daher steht der Behörde nur ein eingeschränkter Entscheidungsspielraum zu, welcher durch den Ermessens- und Prognosespielraum des EVU begrenzt ist.

Netzzugang als Alternative zum konkurrierenden Leitungsbau

Die Möglichkeit des Netzzugangs ist nur eine Option, um den energetischen Bedarf zu befriedigen. Sie genießt keinen Vorrang im Verhältnis zum Leitungswettbewerb und stellt damit kein Hindernis zum Bau von konkurrierenden Leitungen dar. Danach beseitigt die Möglichkeit der Durchleitung in den Fällen von Leitungsbau zum Zwecke des Leitungswettbewerbs nicht die Erforderlichkeit einer Enteignung.

Die Sicherung des Wettbewerbs in der Energieversorgung gehört mittlerweile zu den Gesetzeszielen. Wenn die Schaffung eines wettbewerblich geprägten Ordnungsrahmens der Elektrizitätswirtschaft und die Sicherstellung der Energieversorgung (also relativ weit gefassten Ziele) als zulässige Enteignungszwecke anerkannt sind,[171] dann muss dies erst recht für das eng umrissene Ziel des Leitungswettbewerbs gelten.

Das Instrument der Enteignung gilt nach dem Gesetzgeber auch für zusätzliche Direktleitungen, da dieses Wettbewerbsinstrument für die im Allgemeininteresse angestrebte Einführung eines stärker wettbewerblich geprägten Ordnungsrahmens von besonderer Bedeutung ist.[172] Daher müssen die Belange des Wettbewerbs als

[168] vgl. *Daiber*, DÖV 1990, 961, 964; *Gartner*, S. 230 f.

[169] vgl. *Büdenbender*, Energierecht I, Rn. 1864.

[170] z. B. wie in § 50 BImSchG, § 1 Abs. 7 BauGB.

[171] vgl. *Papier*, S. 23 ff.; *Schröder*, S. 62.

[172] vgl. BT-Drs. 13/7274, S. 20.

gleichwertige Gemeinwohlbelange anerkannt werden, die eine Enteignung rechtfertigen können, um durch den Direktleitungsbau den Wettbewerb zu sichern.[173]

Dies trifft insbesondere auf die Fälle zu, in denen eine Direktleitung neben einem vorhandenen Anschluss an das Verbundnetz gebaut werden soll, denn in diesen Fällen dient diese Leitung nicht nur der Energieversorgung, sondern auch der Etablierung des Leitungswettbewerbs. Das Gleiche gilt für den Bau einer konkurrierenden Transportleitung.[174]

In diesem Zusammenhang wäre es zu empfehlen, eine Klarstellung[175] dahingehend, dass eine Enteignung auch zum Zwecke des Leitungswettbewerbs zulässig ist, in § 45 EnWG aufzunehmen.[176]

NAV/NDAV als Alternative zur Enteignung

Die Benutzungsrechte nach § 12 NAV und § 12 NDAV sind im Vergleich zu einer Vollenteignung mildere Mittel im Bereich der Energieversorgung im Niederspannungs- und Mittelspannungsnetz bzw. Gasversorgung in Niederdruck.

EVU haben einen Ermessensspielraum im Hinblick auf die Streckenführung und Auswahl des duldungspflichtigen Eigentümers sowie im Hinblick auf technische und wirtschaftliche Erwägungen.[177] Dieses Ermessen ist nur eingeschränkt gerichtlich überprüfbar.[178]

Die Gemeinwohlbindung privater EVU erfolgt hier durch die erforderliche Zweckgebundenheit des Vorhabens.

Eine abwägende Nachvollziehung findet in solchen Fällen in Baugenehmigungsverfahren statt. Da eine Baugenehmigung unbeschadet der privaten Rechte Dritter erteilt wird, darf sie für das fremde Grundstück nur dann erteilt werden, nachdem die Behörde die Übereinstimmung des Vorhabens mit den detaillierten Vorgaben des § 12 NAV/NDAV nachvollzogen hat.

---

[173] vgl. *Horstmann*, S. 372.

[174] vgl. Planfeststellungsbeschluss für die Errichtung und den Betrieb der Erdgasfernleitung OPAL, S. 64.

[175] vgl. Stellungnahme des Bundesrates, BT-Drs. 13/7274, S. 29: „Im Gesetz muss klargestellt werden, ob die Förderung des Wettbewerbs zu den Gemeinwohlbelangen gehört, die bei der Prüfung der Enteignungs- bzw. Planfeststellungsvoraussetzungen zu berücksichtigen sind."

[176] vgl. BT-Drs. 13/7274, S. 20: „Dazu ist ein besonderer Enteignungstatbestand im Energiewirtschaftsgesetz notwendig. Er gilt auch für zusätzliche Direktleitungen zur Belieferung einzelner Kunden, da dieses Wettbewerbsinstrument für die im Allgemeininteresse angestrebte Einführung eines stärker wettbewerblich geprägten Ordnungsrahmens von besonderer Bedeutung ist."

[177] vgl. BGHZ 66, 62, 67; OLG Düsseldorf, Urteil vom 19. Dezember 2003, Az. I-16 U 29/03 zu Vorgängervorschriften § 8 AVBEltV bzw. § 8 AVBGasV.

[178] vgl. BGH, MDR 1991, 637 zu Vorgängervorschriften § 8 AVBEltV bzw. § 8 AVBGasV.

Zwischenfazit

Zusammenfassend kann festgehalten werden, dass sich die in den der Gemeinwohlbindung, dem Leitungswettbewerb sowie der Planung gewidmeten Kapiteln geführte Diskussion auf der Ebene der Grundstücksbeschaffung (im Wege des zwangsweisen Zugriffs) fortsetzt.

Die bisher gefundenen Ergebnisse (ausreichende Gemeinwohlbindung Privater, so dass diese durch ihre Planung das Gemeinwohl in dem durch den Gesetzgeber vorgegebenen Rahmen (auch durch die Planung von konkurrierenden Leitungen) weiter konkretisieren dürfen) beanspruchen schlussendlich auch auf der Ebene der Enteignung Gültigkeit.

Insbesondere die im Abschnitt D. erörterten Vorteile des Leitungswettbewerbs[179] sowie die Erkenntnis, dass der Durchleitungswettbewerb keine vorrangige Alternative, sondern eine sinnvolle Ergänzung zum Leitungswettbewerb im Instrumentarium der Gemeinwohlverwirklichung ist,[180] verdeutlichen, dass aus heutiger Sicht auch eine Enteignung zugunsten einer konkurrierenden Leitung erforderlich sein kann.

Die Bestandsgarantie des Eigentums verpflichtet zu einer besonders sorgfältigen Prüfung der Erforderlichkeit der (privatnützigen) Enteignung (im Wege der abwägenden Nachvollziehung – hier besteht der Unterschied zu der privaten Planungsentscheidung, bei welcher strenggenommen selbst die abwägende Nachvollziehung nicht zwingend erforderlich ist), stellt im Endeffekt jedoch kein unüberwindbares Hindernis dar, wenn die Prüfung zu dem Ergebnis gelangt, dass die Enteignung zum Wohle der Allgemeinheit erfolgt (und sowohl die unternehmensseitige als auch die vorhabenseitige Gemeinwohlbindung bzw. -orientierung gegeben sind), wobei der Begriff des „Wohls der Allgemeinheit“ selbst durch die Liberalisierung eine Änderung erfahren hat und nunmehr auch die unter anderem auf die Gewinnerzielung gerichtete (aber dennoch gemeinwohlorientierte) Leistungserbringung im Wettbewerb umfasst. Der Wandel des Begriffs „Wohl der Allgemeinheit“ und das damit verbundene geänderte Verständnis der enteignungsrechtlichen Erforderlichkeit machen es erforderlich, einige Klarstellungen in das Gesetz aufzunehmen (wie z.B. Nennung des Leitungswettbewerbs als eines Enteignungszwecks in § 45 EnWG sowie die Aufnahme des Ziels der Förderung des Leitungswettbewerbs in § 1 EnWG).

---

[179] vgl. D. VI.

[180] vgl. F. IV. 3.

G. Regelungen der Wegenutzung als ein Instrument der Gemeinwohlbindung

Ein gesetzliches Benutzungsrecht ähnlich der telekommunikationsrechtlichen Nutzungsberechtigung gem. §§ 68, 69 Telekommunikationsgesetz[1] gibt es im EnWG nicht.[2] Werden für die Realisierung eines Leitungsvorhaben auch öffentliche Straßen, Wege und Plätze benötigt, müssen Wegenutzungsverträge geschlossen werden; es kommt § 46 EnWG zur Anwendung.[3] Daneben spielen Vorschriften des deutschen und europäischen Kartellrechts, das Bundesfernstraßengesetz[4] und die Landesstraßengesetze eine große Rolle.

Nach § 46 Abs. 1 S. 1 EnWG haben die Gemeinden ihre öffentlichen Verkehrswege für die Verlegung und den Betrieb von Leitungen, einschließlich Fernwirkleitungen zur Netzsteuerung und Zubehör, zur unmittelbaren Versorgung von Letztverbrauchern im Gemeindegebiet diskriminierungsfrei durch Vertrag zur Verfügung zu stellen.[5]

Nach § 46 Abs. 2 S. 1 EnWG dürfen Verträge von Energieversorgungsunternehmen mit Gemeinden über die Nutzung öffentlicher Verkehrswege für die Verlegung und den Betrieb von Leitungen, die zu einem Energieversorgungsnetz der allgemeinen Versorgung[6] im Gemeindegebiet gehören, höchstens für eine Laufzeit von 20 Jahren abgeschlossen werden.[7]

Ziel der Regelung zu den Wegenutzungsverträgen war die Ermöglichung des zusätzlichen Wettbewerbs durch den Leitungswettbewerb[8]:

---

[1] Telekommunikationsgesetz vom 22. Juni 2004, BGBl. I S. 1190, TKG.

[2] vgl. *Huber*, in: Kment, § 46, Rn. 1; *Theobald*, in: Theobald/Kühling, § 45, Rn. 2; *Pielow*, in: Säcker, § 45, Rn. 1.

[3] vgl. *Pielow*, in: Säcker, § 45, Rn. 6; *Wegner*, in: Säcker, § 46, Rn. 1; *Hellermann*, in: Britz/Hellermann/Hermes, § 46, Rn. 1, 6; *Albrecht*, in: Schneider/Theobald, § 9, Rn. 1, 57.

[4] vgl. Bundesfernstraßengesetz vom 28. Juni 2007, BGBl. I S. 1206, FStrG, vgl. § 8 FStrG.

[5] vgl. *Theobald*, in: Theobald/Kühling, § 45, Rn. 3; *Wegner*, in: Säcker, § 46, Rn. 32; *Hellermann*, in: Britz/Hellermann/Hermes, § 46, Rn. 3.

[6] vgl. *Wegner*, in: Säcker, § 46, Rn. 57 f.

[7] vgl. *Theobald*, in: Theobald/Kühling, § 46, Rn. 11, 33; *Wegner*, in: Säcker, § 46, Rn. 4, 49; *Hellermann*, in: Britz/Hellermann/Hermes, § 46, Rn. 4; *Albrecht*, in: Schneider/Theobald, § 9, Rn. 60, 66. Kritisch zu dem „Wettbewerb um das Netz" *Wegner*, in: Säcker, § 46, Rn. 4 ff., der auf den Vorrang der Durchleitung verweist und sich gegen die Befristung der Konzessionsverträge ausspricht.

[8] vgl. BT-Drs. 13/7274, S. 20; *Huber*, in: Kment, § 46, Rn. 1, 6, 13; *Hellermann*, in: Britz/Hellermann/Hermes, § 46, Rn. 13; *Theobald*, in: Theobald/Kühling, § 45, Rn. 6 sowie § 46, Rn. 3; *Hellermann*, in: Britz/Hellermann/Hermes, § 46, Rn. 11 ff.

„Mit der Aufhebung der kartellrechtlichen Freistellung für ausschließliche Wegerechte soll zusätzlicher Wettbewerb ermöglicht werden. Ein Instrument dazu ist zusätzlicher Leitungsbau. Dies setzt voraus, dass die Gemeinden ihre Wege zur Leitungsverlegung auch zur unmittelbaren Versorgung von Letztverbrauchern im Gemeindegebiet zur Verfügung stellen. Damit die Gemeinde, die auch nach Wegfall der Ausschließlichkeit Eigentümerin ihrer Wege bleibt und damit nach wie vor eine faktisch starke Stellung bei der leitungsgebundenen Energieversorgung innehat, den Wettbewerb nicht durch die Verweigerung von Wegenutzungsrechten verhindern kann, muss die Einräumung eines Wegerechts auch durchgesetzt werden können. […] Damit wird verhindert, dass zusätzlicher Wettbewerb durch alternativen Leitungsbau wegen der Eigentümerstellung z. B. einer Gemeinde vereitelt wird. Die Einräumung eines Wegerechts darf also nur aus sachlich gerechtfertigten Gründen verweigert werden."

Das Gesetz unterscheidet in § 46 EnWG zwei Arten von Verträgen: einfache Wegenutzungsverträge (Abs. 1) und qualifizierte Wegenutzungsverträge (Abs. 2).[9] Einfache Wegenutzungsverträge sind diejenigen Wegenutzungsverträge, welche die Nutzung der öffentlichen Verkehrswege für den Betrieb sonstiger Leitungen, die nicht zu einem Energieversorgungsnetz gehören (z. B. Direktleitungen), zum Gegenstand haben.[10]

Qualifizierte Wegenutzungsverträge sind Verträge, mit welchen die Nutzung der öffentlichen Verkehrswege für den Betrieb von Leitungen, die zu einem Energieversorgungsnetz der allgemeinen Versorgung gehören, geregelt wird.[11]

Für einfache Wegenutzungsverträge hat der Gesetzgeber einen Kontrahierungszwang vorgesehen („haben … zur Verfügung zu stellen").[12] Für qualifizierte Wegenutzungsverträge gelten besondere inhaltliche und verfahrensrechtliche Anforderungen (eine Laufzeit von höchstens 20 Jahren, Überlassungspflicht nach Ende der Laufzeit, Bindung der Gemeinde bei der Auswahl des Unternehmens an die Ziele des § 1 Abs. 1 EnWG)[13].

Die Verpflichtung der Gemeinden aus § 46 Abs. 1 EnWG bezieht sich ausschließlich auf Direktleitungen, die speziell für die Versorgung bestimmter Letztverbraucher errichtet werden sollen, denn die Vorschrift bezieht sich auf „Leitungen", welche im Gegensatz zu Netzen nicht grundsätzlich für die Versorgung jedes Letztverbrauchers offen stehen.[14]

---

[9] vgl. *Huber*, in: Kment, § 46, Rn. 3.

[10] vgl. *Kermel*, in: Kermel/Brucker/Baumann, S. 9 f.; *Hellermann*, in: Britz/Hellermann/Hermes, § 46, Rn. 33 ff.

[11] vgl. *Huber*, in: Kment, § 46, Rn. 3; *Hellermann*, in: Britz/Hellermann/Hermes, § 46, Rn. 52, 54.

[12] vgl. *Huber*, in: Kment, § 46, Rn. 3, 16; *Wegner*, in: Säcker, § 46, Rn. 42 f.; *Hellermann*, in: Britz/Hellermann/Hermes, § 46, Rn. 38, 42; *Albrecht*, in: Schneider/Theobald, § 9, Rn. 33.

[13] vgl. *Huber*, in: Kment, § 46, Rn. 3. Gegen die Befristung der Konzessionsverträge, vgl. *Wegner*, in: Säcker, § 46, Rn. 8; *Hellermann*, in: Britz/Hellermann/Hermes, § 46, Rn. 60.

[14] vgl. *Hellermann*, in: Britz/Hellermann/Hermes, § 46, Rn. 33; *Huber*, in: Kment, § 46, Rn. 1.

Durch die letzten Novellierungen des EnWG haben die Vorschriften über die Wegenutzung Änderungen sowohl im Hinblick auf die Gemeinwohlverwirklichung als auch auf die Gemeinwohlbindung erfahren. Ein Konzessionsvertrag verlieh früher dem Konzessionär ein mit einer Versorgungsverpflichtung korrespondierendes Ausschließlichkeitsrecht zur Versorgung mit Strom und Gas.[15] Die Konzessionsverträge waren von den Kartellverboten freigestellt, wodurch die EVU in ihren jeweiligen Versorgungsgebieten vor dem Wettbewerb geschützt waren.[16]

Mit dem EnWG 1998 wurde die Kartellfreistellung abgeschafft und ausschließliche Wegerechte waren nicht mehr zulässig.[17] In den Konzessionsverträgen wurden trotzdem nicht nur Leitungsrechte, sondern auch Versorgungsaufgaben geregelt, da das EnWG die Auswahl eines allgemeinen Versorgers nicht vorgab.[18] Dem Konzessionär oblag damit sowohl die Versorgung als auch der Netzbetrieb und der Netzanschluss.

Nach der durch das EnWG 2005 vorgegebenen Entflechtung des Energietransports und der Energieversorgung kann durch den Konzessionsvertrag nur noch der Betreiber des Netzes der allgemeinen Versorgung bestimmt werden.[19] Der Konzessionär ist Netzbetreiber, jedoch nicht mehr Grundversorger. Der Letztere ist jeweils das Energieversorgungsunternehmen, das die meisten Haushaltskunden in einem Netzgebiet der allgemeinen Versorgung beliefert.[20]

Was die Gemeinwohlbindung anbelangt, so haben sich nur ihre Modalitäten geändert. Nach der Abkehr von dem sog. „one-stop-shop-Prinzip" und der Aufspaltung der Verantwortungsbereiche gibt es nach wie vor zumindest einen Verantwortlichen für den jeweiligen Aufgabenbereich, sei es die Grundversorgung oder der Netzbetrieb. Im Hinblick auf die Gemeinwohlverwirklichung ist als positiv zu bewerten, dass sich die Pflicht zur Grundversorgung nunmehr daran orientiert, wer der erfolgreichste Versorger in dem jeweiligen Gebiet ist, und dass eine Überprüfung und Feststellung des Grundversorgers alle drei Jahre erfolgt und nicht wie früher die Stellung des Grundversorgers für die Dauer der Konzessionsperiode feststeht.

Da es ein Ausschließlichkeitsrecht nicht mehr gibt, können innerhalb eines Gemeindegebietes mehrere Konzessionen bestehen.[21] Obwohl die Option, mehrere Verteilnetzbetreiber auszuwählen eher theoretischer Natur ist, kann es im Hinblick auf die Gemeinwohlverwirklichung und auf die Bindung der Gemeinde an die Ziele des § 1 Abs. 1 EnWG sogar geboten sein, z. B. zwei Verteilernetzbetreiber statt einen

---

15 vgl. *Huber*, in: Kment, § 46, Rn. 6.

16 vgl. *Wegner*, in: Säcker, § 46, Rn. 9.

17 vgl. *Huber*, in: Kment, § 46, Rn. 7.

18 vgl. *Kermel*, in: Kermel/Brucker/Baumann, S. 16

19 vgl. *Huber*, in: Kment, § 46, Rn. 8; *Wegner*, in: Säcker, § 46, Rn. 50.

20 vgl. § 36 Abs. 2 EnWG.

21 vgl. *Huber*, in: Kment, § 46, Rn. 29.

auszuwählen, wenn die zwei Verteilnetzbetreiber größere Gewähr für die Gemeinwohlmaximierung bieten.

I. Diskriminierungsverbot/einfache Wegenutzungsverträge

Nach § 46 Abs. 1 EnWG haben die Gemeinden ihre öffentlichen Verkehrswege diskriminierungsfrei zur Verfügung zu stellen.[22] Hierdurch soll vermieden werden, dass die Gemeinden ihre monopolartige Stellung bei der Einräumung von Wegerechten missbrauchen.[23] Als Teil der öffentlichen Verwaltung sind die Gemeinden dem öffentlichen Interesse an einer sicheren, preisgünstigen, verbraucherfreundlichen, effizienten und umweltverträglichen leitungsgebundenen Energieversorgung verpflichtet.[24]

Diese Bindung der Gemeinde setzt sich bei der Einräumung der Wegenutzungsmöglichkeit in der Prüfung der Übereinstimmung des Vorhabens des Wegenutzungspetenten mit den Voraussetzungen des § 46 Abs. 1 EnWG („für die Verlegung und den Betrieb von Leitungen, [...], zur unmittelbaren Versorgung von Letztverbrauchern im Gemeindegebiet") fort und führt auch zur Gemeinwohlbindung des Vorhabenträgers.

Wie im gesamten öffentlichen Verwaltungshandeln entsteht durch eine ständige gleichmäßige Verwaltungspraxis bei der Einräumung des Rechts zur Wegenutzung durch die Bindung der öffentlichen Hand an den Gleichheitssatz, Art. 3 Abs. 1 GG, eine Selbstbindung.[25] Die Straßenverwaltungen verstoßen gegen den Gleichheitssatz, wenn sie in einzelnen Fällen ohne rechtfertigenden sachlichen Grund von ihrer ständigen Verwaltungspraxis abweichen.[26]

Eine Ungleichbehandlung von Unternehmen, welche Direktleitungsbau vorhaben, darf daher nur aus sachlichen Gründen erfolgen.[27] Bei der Abwägung von gemeindlichen Interessen und Interessen des die Nutzung begehrenden Unternehmens muss die auf die Freiheit des Wettbewerbs gerichtete Zielsetzung des § 46 EnWG beachtet werden.[28]

Unternehmen, welche ein Direktleitungsvorhaben realisieren möchten, verlangen von den Gemeinden i. d. R., nicht schlechter behandelt zu werden als der Betreiber

---

[22] vgl. *Theobald*, in: Theobald/Kühling, § 46, Rn. 10, 20, 27; *Wegner*, in: Säcker, § 46, Rn. 40 f.; *Hellermann*, in: Britz/Hellermann/Hermes, § 46, Rn. 37a, 44; *Albrecht*, in: Schneider/Theobald, § 9, Rn. 38, 102.

[23] vgl. *Huber*, in: Kment, § 46, Rn. 21; *Wegner*, in: Säcker, § 46, Rn. 3.

[24] vgl. *Albrecht*, in: Schneider/Theobald, § 9, Rn. 20.

[25] vgl. *Albrecht*, in: Schneider/Theobald, § 9, Rn. 20.

[26] vgl. *Gubelt*, in: Münch/Kunig, GG, Art. 3, Rn. 39.

[27] vgl. *Huber*, in: Kment, § 46, Rn. 21.

[28] vgl. *Bechtold*, GWB, § 20, Rn. 51 ff.

des Netzes der allgemeinen Versorgung.[29] Die Ungleichbehandlung wird oft damit begründet, dass der Betreiber des Netzes der allgemeinen Versorgung die gesetzlichen Betriebs- und Anschlusspflichten[30] übernommen hat und der Vorhabenträger des Direktleitungsbaus nur eigene Gewinninteressen verfolgt. Damit habe der Betreiber des Netzes der allgemeinen Versorgung eine „öffentliche Aufgabe" übernommen, an deren Erfüllung die Gemeinde ein Interesse hat.[31]

Dieser Auffassung ist im Ergebnis zuzustimmen. Unzutreffend ist jedoch, nur den Betrieb eines Netzes der allgemeinen Versorgung als im öffentlichen Interesse liegend zu betrachten. Denn die Förderung des Leitungswettbewerbs liegt ebenfalls im öffentlichen Interesse und der Wettbewerb soll nach der Intention des Gesetzgebers ebenfalls zur Gemeinwohlmaximierung beitragen.[32]

II. Kritik des § 46 EnWG sowie des Leitungswettbewerbs

Die Eignung des § 46 EnWG zur Förderung des Wettbewerbs im Netz wird teilweise kritisiert.[33] Die Erwartung des Gesetzgebers von der Drohung mit dem Direktleitungsbau, dass diese die Netzbetreiber dazu bewegen kann, den Netzzugang nicht zu behindern, könne sich nicht erfüllen. Nach der durchgeführten Entflechtung dürfe der Energievertrieb mit dem Netzbetrieb nicht kooperieren. Ein Netzbetreiber dürfe also keine Direktleitungen errichten, um seinen Energievertrieb bei der Belieferung einzelner Kunden zu unterstützen, so dass die Drohung mit dem Direktleitungsbau ein untaugliches Mittel sei.

Diese Auffassung stellt ausschließlich auf wettbewerbswidrige vertikale Kooperationsmöglichkeiten ab und übersieht dabei, dass es noch weitere Anwendungsbeispiele für den Direktleitungsbau gibt. Auch ein Lieferant oder ein Kunde können eine eigene Leitung bauen (oder einen Drittnetzbetreiber damit beauftragen), wenn sie nicht schnell und zu günstigen Bedingungen an das Verbundnetz angeschlossen werden.

Die weitere Kritik betrifft die Periode nach der Einführung von Entflechtungsvorschriften bis zu ihrer Umsetzung in der Praxis.[34]

In dieser Zeit habe sich § 13 Abs. 1 EnWG 1998 (jetzt § 46 Abs. 1 EnWG) als schädlich für den Wettbewerb erwiesen, insbesondere für den Wettbewerb um die Belieferung von Stadtwerken.[35] Die Netze der Stadtwerke seien i.d.R. „Inseln" im

---

29 vgl. *Albrecht*, in: Schneider/Theobald, § 9, Rn. 40.

30 vgl. §§ 14 bzw. 16a und 18 EnWG.

31 vgl. *Albrecht*, in: Schneider/Theobald, § 9, Rn. 42.

32 vgl. BT-Drs. 13/7274, S. 20.

33 vgl. *Albrecht*, in: Schneider/Theobald, § 9, Rn. 45.

34 vgl. *Albrecht*, in: Schneider/Theobald, § 9, Rn. 46.

35 vgl. *Albrecht*, in: Schneider/Theobald, § 9, Rn. 46 ff.

Netzgebiet des jeweils vorgelagerten Netzbetreibers und zugleich Monopollieferanten der Stadtwerke. Stadtwerke, die nach 1998 zu einem günstigeren Lieferanten wechseln wollten, waren häufig damit konfrontiert, dass der vorgelagerte noch nicht vollständig entflochtene Netzbetreiber mit dem Bau von Direktleitungen von seinem Netz zu den attraktiven Großkunden der Stadtwerke drohte. Um den Verlust der Netzentgelte zu verhindern, der durch den direkten Anschluss der Großkunden an das vorgelagerte Netz entsteht, haben viele Stadtwerke auf einen Lieferantenwechsel verzichtet. Die Möglichkeit des Direktleitungsbaus behindere damit die Entwicklung des Wettbewerbs um die Belieferung der Stadtwerke.

Zum einen betrifft diese Kritik die Übergangsperiode bis zur Umsetzung der Entflechtung in der Praxis und dürfte sich 15 Jahre nach der Einführung von Entflechtungsvorschriften entschärft haben. Zum anderen betrifft die beschriebene Situation das allgemeine wirtschaftliche Risiko der Stadtwerke. Wenn Stadtwerke zu einem Lieferanten wechseln, der z. B. für Großabnehmer weniger attraktive Preise und/oder Bedingungen anbietet, können die betroffenen Großabnehmer jederzeit Direktleitungen bauen und das Netz der Stadtwerke nicht mehr nutzen. Die beschriebene Problematik resultiert daher nicht unmittelbar aus der durch § 46 EnWG (ex § 13 Abs. 1 EnWG 1998) geschaffenen Möglichkeit, mit einem Direktleitungsbau zu drohen.

Ferner wird kritisiert, der Direktleitungsbau sei volkswirtschaftlich unsinnig, weil er Großabnehmer, welche Direktleitungen bauen, auf Kosten der übrigen Netznutzer bevorteilt.[36]

Ein Strom- und Gasverbraucher müsse immer die Entgelte für die Netzebene zahlen, an die er angeschlossen ist sowie Entgelte für alle höheren Netzebenen. Die Entfernungsunabhängigkeit der Netzentgelte führe zu einer solidarischen Finanzierung der Netze. Für Großverbraucher, deren Abnahmestelle nicht allzu weit von einem Umspannwerk entfernt ist, könne sich eine Direktleitung zur nächsthöheren Netzebene lohnen, weil dadurch das Netzentgelt für eine Netzebene vollständig entfällt. § 46 Abs. 1 EnWG ermögliche es Großverbrauchern, sich der solidarischen Finanzierung einzelner Netzebenen zu entziehen. Da die mit Direktleitungen übersprungenen Netzebenen weiter finanziert werden müssen, steigen die Netzentgelte für die Letztverbraucher, für die sich der Bau einer Direktleitung nicht lohnt.

Dagegen kann man einwenden, dass die Kostenwälzung nur die Netznutzer betrifft. Bauen einige Großabnehmer Direktleitungen und nutzen sie danach das Verbundnetz nicht mehr, so gibt es dann auch keine Rechtfertigung für ihrer Heranziehung zur solidarischen Finanzierung der Netze.

Die Argumentation betreffend das Verhältnis der Kostenteilung auf wenige oder viele Nutzer mit dem Ergebnis des größeren Kostenanteils pro Nutzer bei wenigen Netznutzern und umgekehrt des kleineren Kostenanteils pro Nutzer bei vielen Nutzern bei gleichbleibenden Gesamtkosten beschreibt nur die Eigenschaften des

---

[36] vgl. *Albrecht*, in: Schneider/Theobald, § 9, Rn. 48.

Systems der Kostenwälzung und stellt kein Argument im eigentlichen Sinne dar. Damit die volkswirtschaftliche Unsinnigkeit des Direktleitungsbaus zu begründen, ist nicht zutreffend.

Die volkswirtschaftliche Relevanz des Direktleitungsbaus besteht nicht nur in einer Erhöhung des Finanzierungsanteils pro Netznutzer. Sie besteht auch in Disziplinierung der Netzbetreiber (u. a. Vermeidung der Hortung von Kapazitäten) und in Anreizen für einen kosteneffizienteren Betrieb. Darüber hinaus gibt es Vorteile außerhalb der Energiewirtschaft: Die durch den Direktleitungsbau eingesparten Netzkosten reduzieren z. B. den Energiepreis und damit die Produktionskosten und erhöhen die Wettbewerbsfähigkeit des Wirtschaftsstandorts Deutschland. Der Anschluss von regenerativen Energiequellen durch Direktleitungen trägt trotz anfänglicher Eingriffe in die Natur beim Leitungsbau auf langer Sicht zur Schonung der Umwelt.

Als Lösung des soeben erörterten Problems des Entzugs der Großverbraucher aus der solidarischen Netzfinanzierung wird vorgeschlagen, es den Gemeinden zu ermöglichen, die Einräumung von Wegenutzungsrechten für die Verlegung von Direktleitungen zu verweigern, wenn der Betreiber des vorhandenen Netzes den Netzzugang gegen Zahlung eines individuell berechneten Entgeltes, das sich an den Kosten der Direktleitung orientiert, anbietet,[37] was dazu führen würde, dass das Unternehmen, für das sich der Bau einer Direktleitung lohnen würde, weiterhin einen – wenn auch geringeren – Beitrag zur Finanzierung des vorhandenen Netzes der allgemeinen Versorgung leistet.[38]

Dass eine solche Regelung, hätte der Gesetzgeber sie eingeführt, in der Praxis dazu führen würde, dass sämtliche rational agierende Unternehmen versuchen würden, hiervon zu profitieren, also durch die individuellen Netznutzungsentgelte ihre Kosten zu minimieren und dadurch zugleich ihren Netzfinanzierungsbeitrag schmälern und den der übrigen Netznutzer erheblich erhöhen würden, dürfte auf der Hand liegen.

III. Qualifizierte Wegenutzungsverträge

Für die öffentlichen Verkehrswege der Gemeinden ist das jeweilige Landesstraßengesetz maßgeblich.[39] Die Rechtsprechung ordnet die Verlegung von Leitungen zur öffentlichen Versorgung straßenrechtlich als eine den Gemeingebrauch nicht beeinträchtigende Sondernutzung ein,[40] welche nach bürgerlichem Recht zu

---

[37] vgl. Art. 22 Abs. 4 Richtlinie 2003/54/EG bzw. Art. 24 Abs. 3 Richtlinie 2003/55/EG.

[38] vgl. *Albrecht*, in: Schneider/Theobald, § 9, Rn. 49 f.

[39] vgl. *Huber*, in: Kment, § 46, Rn. 11; *Wegner*, in: Säcker, § 46, Rn. 36.

[40] vgl. § 8 Abs. 10 FStrG; *Theobald*, in: Theobald/Kühling, § 46, Rn. 22; *Wegner*, in: Säcker, § 46, Rn. 36; *Albrecht*, in: Schneider/Theobald, § 9, Rn. 10.

beurteilen ist.[41] Daher handelt es sich bei dem qualifizierten Wegenutzungsvertrag um einen privatrechtlichen Vertrag.[42]

Das Straßenrecht in Berlin und Hamburg weichen jedoch von der Regelung des § 8 Abs. 10 FStrG ab. Nach dem Berliner Straßengesetz[43] bedarf jede Benutzung der öffentlichen Straßen neben der privatrechtlichen Zustimmung des Straßeneigentümers auch der öffentlich-rechtlichen Erlaubnis der Straßenaufsicht.[44] In diesem Fall besteht ein Wegenutzungsvertrag neben der Erlaubnis. Das Hamburgisches Wegegesetz[45] geht von einer umfassenden öffentlich-rechtlichen Straßenhoheit aus.[46]

Danach ist für die Verlegung von Leitungen in Hamburg stets eine hoheitliche Erlaubnis der Wegeaufsichtsbehörde erforderlich.[47] In diesem Fall wird in der Praxis trotzdem auch ein notariell beurkundeter Wegenutzungsvertrag geschlossen. D. h. die durch § 46 EnWG geforderte Bindung an das Gemeinwohl kann im Ergebnis unabhängig von der jeweiligen landesrechtlichen Einordnung der Benutzung der öffentlichen Straßen (privatrechtlich oder öffentlich-rechtlich) dem erfolgreichen Bieter auferlegt werden.

Qualifizierte Wegenutzungsverträge[48] sind – im Gegensatz zu den leitungsbezogenen einfachen Wegenutzungsverträgen – gebietsbezogen.[49]

---

[41] vgl. BGH, NJW 1962, 1817; BGH, VIZ 1998, 397; OVG Münster, NZBau 2012, 327; *Theobald*, in: Theobald/Kühling, § 46, Rn. 22; *Wegner*, in: Säcker, § 46, Rn. 52. Kritik bei *Hellermann*, in: Britz/Hellermann/Hermes, § 46, Rn. 9.

[42] vgl. OVG Münster, NVwZ-RR 2012, 415; *Huber*, in: Kment, § 46, Rn. 11. Zur Kritik der Einstufung als privatrechtlicher Vertrag vgl. *Albrecht*, in: Schneider/Theobald, § 9, Rn. 13 ff.

[43] Berliner Straßengesetz vom 13. Juli 1999, GVBl. S. 380, BerlStrG.

[44] vgl. § 11 Abs. 1 BerlStrG: Jeder Gebrauch der öffentlichen Straßen, der über den Gemeingebrauch hinausgeht, ist eine Sondernutzung und bedarf unbeschadet sonstiger Vorschriften der Erlaubnis der Straßenbaubehörde. Nach § 11 Abs. 2 BerlStrG soll die Erlaubnis in der Regel erteilt werden, wenn überwiegende öffentliche Interessen der Sondernutzung nicht entgegenstehen […]. Nach § 12 Abs. 1 und 2 BerlStrG gelten Besonderheiten im Falle einer Sondernutzung zu Zwecken der öffentlichen Versorgung. Dann *ist* die Sondernutzung zu erlauben, soweit sie den Gemeingebrauch nicht dauerhaft beeinträchtigt oder andere überwiegende öffentliche Interessen nicht entgegenstehen und nach den örtlichen Gegebenheiten eine Unterbringung der Anlagen im Straßengrund möglich ist. Aufgrund der Ist-Vorschrift in § 12 Abs. 2 BerlStrG sowie der Anerkennung der Verlegung von Leitungen zur öffentlichen Versorgung als eine den Gemeingebrauch nicht beeinträchtigende Sondernutzung durch Rechtsprechung dürfte die rechtlich unterschiedliche Handhabung des Zustandekommens von Wegenutzungsverträgen in der Praxis im Ergebnis kaum einen großen Unterschied ausmachen.

[45] Hamburgisches Wegegesetz, in der Fassung vom 22. Januar 1974, HmbGVBl. 1974, S. 41, 83, HWG.

[46] vgl. § 4 HWG.

[47] vgl. § 19 Abs. 1 S. 2 HWG. Vgl. auch § 19 Abs. 1 S. 3 HWG: Ein Anspruch auf die Erlaubnis oder auf eine erneute Erteilung der Erlaubnis besteht nicht.

[48] vgl. *Theobald*, in: Theobald/Kühling, § 46, Rn. 11.

[49] vgl. *Greb/Wegner*, Rn. 22; *Huber*, in: Kment, § 46, Rn. 27; *Theobald*, in: Theobald/Kühling, § 46, Rn. 24, 31.

Die qualifizierten Wegenutzungsverträge im Sinne des § 46 Abs. 2 EnWG haben eine maximale Laufzeit von 20 Jahren, um ein Wettbewerb um das Netz zu ermöglichen.[50] Wird ein Wegenutzungsvertrag nicht verlängert, so müssen die Verteilungsanlagen an den von der Gemeinde neu ausgewählten Energieversorgungsunternehmen gegen Zahlung einer wirtschaftlich angemessenen Vergütung übereignet werden.[51]

Zu beachten ist in diesem Zusammenhang, dass bereits mit der Überlassung der Verteilungsanlagen[52] und dem Eintritt des neuen Konzessionärs in die Rolle des Verteilernetzbetreibers auch die Gemeinwohlbindung[53] übergeht. Es besteht Möglichkeit, Ansprüche aus dem alten Konzessionsvertrag im neuen Konzessionsvertrag an den Neukonzessionär abzutreten.[54] Für Ansprüche der Gemeinde – und zwecks zusätzlicher Absicherung der Gemeinwohlverwirklichung – empfiehlt es sich, auf die Vereinbarung eines umfassenden Garantiekatalogs zwischen dem alten und neuen Konzessionär hinzuwirken sowie eine Nachhaftung mit dem alten Konzessionär zu vereinbaren.

Bei der Auswahl des neuen Konzessionärs ist die Gemeinde gem. § 46 Abs. 4 EnWG den Zielen des § 1 Abs. 1 EnWG verpflichtet,[55] wobei diese Verpflichtung zur Durchführung eines diskriminierungsfreien Auswahlverfahrens[56] (wettbewerbliches Verfahren[57]) nicht in verfassungswidriger Weise in den Kernbestand des Selbstverwaltungsrechts eingreife und auch die Bindung der Auswahlentscheidung an die Ziele des § 1 Abs. 1 EnWG das kommunale Selbstverwaltungsrecht in Art. 28 Abs. 2 GG nicht verletze.[58]

§ 46 Abs. 6 EnWG regelt, dass die Absätze 2 bis 5 auf Eigenbetriebe der Gemeinde entsprechende Anwendung finden. Durch diese Regelung verhindert der Gesetzgeber, dass sich Eigenbetriebe der Gemeinden seine Anordnung des wie-

---

[50] vgl. BT-Drs. 13/7274, 21; *Huber*, in: Kment, § 46, Rn. 30; *Theobald*, in: Theobald/Kühling, § 46, Rn. 33.

[51] vgl. § 46 Abs. 2 EnWG; *Huber*, in: Kment, § 46, Rn. 32; *Wegner*, in: Säcker, § 46, Rn. 62; *Hellermann*, in: Britz/Hellermann/Hermes, § 46, Rn. 69 ff.; *Albrecht*, in: Schneider/Theobald, § 9, Rn. 118. Zur Verfassungsmäßigkeit, vgl. BVerfG, RdE 2000, 24 und 194 ff.; ebenfalls bejahend *Theobald*, in: Theobald/Kühling, § 46, Rn. 96.

[52] Gegen Verfassungsmäßigkeit der Überlassungspflicht, vgl. *Wegner*, in: Säcker, § 46, Rn. 30.

[53] insbesondere – neben der nach dem Konzessionsvertrag bestehenden Gemeinwohlbindung – die des EnWG, vgl. §§ 14, 16a EnWG.

[54] vgl. *Greb/Wegner*, Rn. 197.

[55] vgl. *Huber*, in: Kment, § 46, Rn. 76; *Hellermann*, in: Britz/Hellermann/Hermes, § 46, Rn. 67 ff.; *Albrecht*, in: Schneider/Theobald, § 9, Rn. 90.

[56] vgl. *Wegner*, in: Säcker, § 46, Rn. 99 ff.; *Albrecht*, in: Schneider/Theobald, § 9, Rn. 20.

[57] vgl. OLG Stuttgart 2. 1. 2017 – 2 U 66/16; *Albrecht*, in: Schneider/Theobald, § 9, Rn. 88.

[58] vgl. BVerfGE 79, 127, 148 ff.; BGH, Urteil vom 17. Dezember 2013 – KZR 66/12, Rn. 35, 43, 46; *Huber*, in: Kment, § 46, Rn. 81; *Wegner*, in: Säcker, § 46, Rn. 26. Gegen Verfassungsmäßigkeit von § 46 Abs. 1 EnWG, vgl. *Theobald*, in: Theobald/Kühling, § 46, Rn. 13. Kritisch *Hellermann*, in: Britz/Hellermann/Hermes, § 46, Rn. 30.

derkehrenden Wettbewerbs um Netze entziehen.[59] Der Wettbewerb um das Netz ist damit unabhängig von der Frage des Netzeigentums.[60]

Obwohl die Vorschrift des § 46 Abs. 4 EnWG unmittelbar die Gemeinde verpflichtet, stellt sie zugleich eine zusätzliche (zu den nach der Auswahl ohnehin greifenden Verpflichtungen aus §§ 14 bzw. 16a EnWG sowie nach dem Konzessionsvertrag) Absicherung der Gemeinwohlbindung des auszuwählenden Unternehmens – denn die Gemeinde hat dasjenige Unternehmen auszuwählen, welches die größte Gewähr dafür bietet, die Gesetzesziele des EnWG zu verfolgen.[61]

Der Gesetzgeber hat die Verpflichtung der Gemeinde bewusst allgemein gehalten, um der Gemeinde bei der Anwendung der Regelung einen ausreichenden Ermessensspielraum einzuräumen, damit sie den Besonderheiten ihres Netzgebiets Rechnung tragen kann.[62] Angesichts der Bedeutung der Gemeinwohlbindung bei der Erfüllung der Aufgabe „Verteilernetzbetrieb" hätte es genauerer Vorgaben des Gesetzgebers zu der Auswahl bedurft. In der Gesetzesbegründung wurde die vorgegebene Bindung an die Gesetzesziele genauer beschrieben, wobei auffällt, dass der Gesetzgeber ein besonderes Augenmerk auf die Förderung des Wettbewerbs sowie auf Marktzutritte von Newcomern legte:

> „Versorgungssicherheit:
>
> Die Gewährleistung der Zuverlässigkeit und Sicherheit des Verteilernetzes ist die elementare Aufgabe des Netzbetreibers. Er hat gemäß §§ 11, 14 EnWG ein sicheres, zuverlässiges und leistungsfähiges Energieversorgungsnetz zu betreiben, zu warten, bedarfsgerecht auszubauen und zu verstärken. Die mit der Energiewende verbundene Notwendigkeit der Netzintegration dezentraler Erzeugungsanlagen wird hier in vielen Netzgebieten große Anforderungen an die Betreiber von Stromverteilernetzen stellen. Im Hinblick auf zur Bewertung dieses Kriteriums vorzulegende Referenzen oder gar Genehmigungen nach § 4 EnWG ist auszuführen, dass neu gegründeten Stadtwerken, die an dem Verfahren teilnehmen, die Möglichkeit gegeben werden muss, mit etablierten Akteuren insoweit ‚auf Augenhöhe' zu gelangen. Eine Neugründung darf per se kein Wettbewerbsnachteil sein. In keinem Fall dürfen zum Zwecke der Neuaufstellung als Netzbetreiber ergriffene Organisationsmaßnahmen per se als Vorfestlegung der Gemeinde ausgelegt werden, sich für den kommunalen Netzbewerber entscheiden zu wollen.
>
> Preisgünstigkeit und Effizienz:
>
> Die Netzkosten betragen für den Verbraucher ca. 20 Prozent des Energiepreises. Es liegt daher auf der Hand, dass die zu erwartende Höhe der Netznutzungsentgelte ein sachgerechtes Kriterium für die Auswahl des künftigen Netzbetreibers darstellt. Grundsätzlich ist die kommunale Entscheidung dann sachgerecht, wenn sie sich an der in der Vergangenheit bewiesenen Effizienz der sich bewerbenden Netzbetreiber orientiert. Die Anreizregulierung

---

[59] vgl. BT-Drs. 13/7274, 21; *Huber*, in: Kment, § 46, Rn. 67; *Theobald*, in: Theobald/Kühling, § 46, Rn. 151 ff.; *Wegner*, in: Säcker, § 46, Rn. 167; *Hellermann*, in: Britz/Hellermann/Hermes, § 46, Rn. 85 f.; *Albrecht*, in: Schneider/Theobald, § 9, Rn. 89.

[60] vgl. *Huber*, in: Kment, § 46, Rn. 112; *Wegner*, in: Säcker, § 46, Rn. 142.

[61] vgl. *Wegner*, in: Säcker, § 46, Rn. 107.

[62] vgl. BT-Drs. 18/8184, 13.

zeigt diese grundsätzlich durch einen Effizienzvergleich auf, hinzu kommen Gesichtspunkte der Netzbetriebsqualität nach Maßgabe der §§ 18 ff. ARegV. Allerdings ist ein solcher Vergleich nur dann möglich, soweit sich bisher an anderer Stelle bereits im Verteilernetzbetrieb tätige Unternehmen als Interessenten bewerben. Dies ist aber bei ‚Newcomern' gerade nicht der Fall. Ferner ist zu beachten, dass für Bewerber, die bislang im vereinfachten Verfahren nach § 24 ARegV geprüft wurden, gerade kein belastbarer Effizienzwert vorliegt. [...]

Verbraucherfreundlichkeit:

Wird in § 1 Absatz 1 EnWG die Verbraucherfreundlichkeit als Ziel ausgegeben, so ist in Bezug auf den Netzbetrieb insbesondere der Kundenservice bei Netzanschlüssen, Netzstörungen und Zählerablesungen gemeint. [...]

Umweltverträglichkeit; zunehmend auf erneuerbaren Energien basierende Energieversorgung:

Angesichts der Netzneutralität gegenüber den Erzeugungsarten bedarf das in § 1 Absatz 1 EnWG genannte Ziel der Umweltverträglichkeit sowie der zunehmend auf erneuerbaren Energien basierenden Energieversorgung im Kontext netzbezogener Auswahlkriterien einer näheren Konkretisierung. [...]."[63]

Die Rechtsprechung musste sich ausführlich mit der Auswahl und den einzelnen Auswahlkriterien befassen, um die gesetzliche Vorgabe der Zielbindung ausreichend zu präzisieren,[64] so dass es jetzt eine konkretisierte und verlässliche Grundlage für die Auswahl gibt.

In der Literatur wird vereinzelt die Auffassung vertreten, der Wettbewerb um Netze mit seinem Vorteil, einen Transportmonopolisten in regelmäßigen Abständen wechseln zu können, sei in den Zeiten des fehlenden Durchleitungswettbewerbs das kleinste Übel gewesen.[65] Der Wettbewerb um die Verteilnetze sei nach der Einführung des Leitungswettbewerbs und des Durchleitungswettbewerbs überholt, weil nicht mehr erforderlich.[66]

Der BGH dagegen hat entschieden, dass die Einführung des Durchleitungswettbewerbs nichts daran geändert hat, dass es wenigstens im 20-Jahres-Rhythmus zu einem Wettbewerb um die Netze kommen soll.[67] Hierfür spricht auch, dass aufgrund der Nähe des Verteilungsnetzes zur letzten Meile und der damit verbundenen Schwierigkeiten seiner Duplizierung (vor allem aus Platz- und Kostengründen), ist es problematisch, Leitungswettbewerb in diesem Bereich zu etablieren. Der periodische Wettbewerb um das Netz bleibt daher eine sinnvolle Ergänzung zu den anderen Instrumenten der wettbewerblichen Gemeinwohlverwirklichung und bietet

---

[63] BT-Drs. 18/8184, 13 f.

[64] vgl. BGH, BGHZ 199, 289; BGH, NZBau 2014, 303 f.; OLG Brandenburg, Urteil vom 22. August 2017 – 6 U 1/17 (Kart); OLG Karlsruhe, ZfBR 2017, 727; OLG Celle, Urteil vom 26. Januar 2017 – 13 U 9/16 (Kart); OLG Dresden, Urteil vom 29. November 2016 – U 1/16 (Kart); OLG Düsseldorf, NZBau 2014, 577.

[65] vgl. *Keller*, in: Kermel/Brucker/Baumann, S. 53 ff.

[66] vgl. *Wegner*, in: Säcker, § 46, Rn. 5 ff.

[67] vgl. BGHZ 143, 128, 146 – Kaufering.

Anlass, die Gemeinwohlbindung in regelmäßigen (wenn auch zu großen) Abständen zu überprüfen.

Eine Literaturmeinung findet die Beschränkung des Wettbewerbs um die Netze auf die örtlichen Verteilnetze nicht konsequent und plädiert dafür, den Wettbewerb um die Netze auch bei den überregionalen Transportnetzen einzuführen.[68] Als Begründung wird angeführt, dass in den Gas- und Elektrizitätsrichtlinien aus 2003 die Schaffung eines solchen Wettbewerbs um die Übertragungs- und Fernleitungsnetze bereits angelegt war (Benennung eines Netzbetreibers auf Zeit[69]).

Die Benennung eines Netzbetreibers auf Zeit auf der überregionalen Transportebene ist in den aktuellen Richtlinien[70] nicht mehr enthalten. Im Zusammenhang mit dem Wettbewerb um überregionale Netze könnte ihr besonders langer Lebenszyklus und die hohe Amortisationsdauer problematisch sein. Dies könnte zu Investitions- und Wartungsstau führen. Die wirtschaftlichen Aspekte der Einführung des Wettbewerbs um überregionale Netze (sowie insbesondere seine Geeignetheit zur Mehrung des Gemeinwohls) sollten separat untersucht werden.

IV. Rechtsschutz

Die Bieter sowie der Altkonzessionär sind gehalten, etwaige Verstöße gemäß § 47 EnWG zu rügen, damit sie mit diesen Beanstandungen in dem Prozess nicht präkludiert sind.[71] Der „Wettbewerb" um das Netz kann vor Gericht fortgesetzt werden. Unterlegene Bieter können vor den Zivilgerichten klagen (Feststellungsklage).[72]

Gemäß § 102 Abs. 1 S. 1 EnWG sind für bürgerliche Rechtsstreitigkeiten und damit auch für Streitigkeiten im Zusammenhang mit den Wegenutzungsverträgen,[73] die sich aus dem EnWG ergeben, ohne Rücksicht auf den Streitgegenstand, ausschließlich die Landgerichte zuständig. Für die öffentlich-rechtlichen Streitigkeiten betreffend die Verwaltungspraxis[74] i. V. m. Art. 3 Abs. 1 GG sind gemäß § 40 Abs. 1 S. 1 VwGO die Verwaltungsgerichte zuständig.

---

[68] vgl. *Albrecht*, in: Schneider/Theobald, § 9, Rn. 117.

[69] vgl. Art. 8 Richtlinie 2003/54/EG und Art. 7 Richtlinie 2003/55/EG.

[70] Richtlinie (EU) 2019/944 und Richtlinie 2009/73/EG in der Fassung der Richtlinie 2019/692.

[71] vgl. *Huber*, in: Kment, § 46, Rn. 98; *Wegner*, in: Säcker, § 47, Rn. 9.

[72] vgl. *Albrecht*, in: Schneider/Theobald, § 9, Rn. 98.

[73] vgl. *Huber*, in: Kment, § 47, Rn. 29; *Albrecht*, in: Schneider/Theobald, § 9, Rn. 51 ff.

[74] vgl. *Albrecht*, in: Schneider/Theobald, § 9, Rn. 21 ff.

V. Zusammenfassung und Zwischenfazit zur Wegenutzung

Zusammenfassung

Werden für die Realisierung eines Leitungsvorhaben öffentliche Straßen benötigt, müssen in einer Vielzahl von Fällen Wegenutzungsverträge geschlossen werden.

Durch die letzten Novellierungen des EnWG haben die Vorschriften über die Wegenutzung Änderungen sowohl im Hinblick auf die Gemeinwohlverwirklichung als auch auf die Gemeinwohlbindung erfahren.

Im Hinblick auf die Gemeinwohlverwirklichung ist als positiv zu bewerten, dass sich die Auswahl des Grundversorgers nunmehr an einem wettbewerblichen Kriterium orientiert und dass eine Überprüfung und Feststellung des Grundversorgers alle drei Jahre erfolgt und nicht wie früher die Stellung des Grundversorgers für die Dauer der Konzessionsperiode feststeht.

Die Gemeinwohlbindung der Gemeinde setzt sich bei der Einräumung der Wegenutzungsmöglichkeit in der Prüfung der Übereinstimmung des Vorhabens des Wegenutzungspetenten mit den Voraussetzungen des § 46 Abs. 1 EnWG fort und führt auch zur Gemeinwohlbindung des Vorhabenträgers.

Zum Teil wird kritisiert, der Direktleitungsbau bevorteile stets Großabnehmer, welche auf Kosten der übrigen Netznutzer Direktleitungen bauen, weshalb der Direktleitungsbau volkswirtschaftlich unsinnig sei, denn die Netzentgelte für die Letztverbraucher, für die sich der Bau einer Direktleitung nicht lohnt, steigen, da die mit Direktleitungen übersprungenen Netzebenen durch eine geringere Anzahl der Netznutzer weiter finanziert werden müssen.[75]

Die Kostenwälzung betrifft jedoch nur die Netznutzer. Bauen einige Großabnehmer Direktleitungen und nutzen sie danach das Verbundnetz nicht mehr, so gibt es dann auch keine Rechtfertigung für ihrer Heranziehung zur solidarischen Finanzierung der Netze. Eine volkswirtschaftliche Unsinnigkeit des Direktleitungsbaus wird dadurch nicht bedingt.

Die volkswirtschaftliche Relevanz des Direktleitungsbaus besteht nicht nur in einer Erhöhung des Finanzierungsanteils pro Verbundnetznutzer, sondern auch in Disziplinierung der Netzbetreiber (sie wirkt der Hortung von Kapazitäten entgegen) sowie in Anreizen für einen kosteneffizienteren Betrieb. Die durch den Direktleitungsbau eingesparten Netzkosten senken den Energiepreis bei dem an die Direktleitung angeschlossenen Nutzer, reduzieren dadurch seine Produktionskosten und erhöhen im Ergebnis die Wettbewerbsfähigkeit des Wirtschaftsstandorts Deutschland.

Die durch § 46 EnWG geforderte Gemeinwohlbindung kann unabhängig von der jeweiligen landesrechtlichen Einordnung der Benutzung der öffentlichen Straßen (privatrechtlich oder öffentlich-rechtlich) dem Konzessionär auferlegt werden.

---

[75] vgl. *Albrecht*, in: Schneider/Theobald, § 9, Rn. 48.

Obwohl die Vorschrift des § 46 Abs. 4 S. 1 EnWG unmittelbar die Gemeinde verpflichtet, stellt sie zugleich eine zusätzliche (zu den nach der Auswahl ohnehin greifenden Verpflichtungen aus §§ 14 bzw. 16a EnWG) Absicherung der Gemeinwohlbindung des auszuwählenden Unternehmens, denn die Gemeinde hat dasjenige Unternehmen auszuwählen, welches die größte Gewähr dafür bietet, die Gesetzesziele des § 1 Abs. 1 EnWG zu verfolgen.[76]

Der Gesetzgeber hat die Verpflichtung der Gemeinde bewusst allgemein gehalten, um der Gemeinde einen ausreichenden Ermessensspielraum einzuräumen, damit sie den Besonderheiten ihres Netzgebiets Rechnung tragen kann.[77] Angesichts der Bedeutung der Gemeinwohlbindung bei der Erfüllung der Aufgabe „Verteilernetzbetrieb" hätte es genauerer Vorgaben des Gesetzgebers zu der Auswahl bedurft.

In der Literatur wird vereinzelt die Auffassung vertreten, der Wettbewerb um Verteilnetze sei nach der Einführung des Leitungswettbewerbs und des Durchleitungswettbewerbs obsolet geworden.[78] Dagegen spricht die Nähe des Verteilungsnetzes zur letzten Meile und die damit verbundenen Hürden für die Entstehung des Leitungswettbewerbs in diesem Bereich.[79]

§ 46 Abs. 1 EnWG ist bis dato eine zentrale Norm zur Verwirklichung des Leitungswettbewerbs durch den Direktleitungsbau. Will man auch den Leitungswettbewerb zwischen Transportleitungen fördern,[80] so könnte es sinnvoll sein, die Beschränkung des Anwendungsbereichs des § 46 Abs. 1 S. 1 EnWG („zur unmittelbaren Versorgung von Letztverbrauchern im Gemeindegebiet") aufzuheben.

Die an die Regelung des § 46 Abs. 2 S. 1 EnWG anknüpfende Überlegung, den Wettbewerb um Netze auch auf den höherstufigen Transportbereich auszudehnen[81], bedarf einer ökonomischen Untersuchung.

Zwischenfazit

Zusammenfassend kann festgehalten werden, dass die Prämisse „Mehr Freiraum – mehr Lukrativität/größere Gemeinwohlmehrung" in dem Bereich der Wegenutzung für Verteilnetze nur eingeschränkt Geltung beanspruchen kann, was in erster Linie dem Umstand geschuldet ist, dass im Bereich der Verteilnetze der Aufbau von konkurrierenden Leitungen meistens aus Platzgründen scheitern würde.

Der periodische Wettbewerb um das Verteilnetz bleibt daher eine sinnvolle Ergänzung zu den anderen Instrumenten der wettbewerblichen Gemeinwohlverwirklichung und bietet Anlass, die Gemeinwohlbindung des jeweiligen Verteilnetzbetreibers in regelmäßigen Abständen zu überprüfen.

---

[76] vgl. *Wegner*, in: Säcker, § 46, Rn. 107.

[77] vgl. BT-Drs. 18/8184, 13; vgl. auch § 46 Abs. 4 S. 2 EnWG.

[78] vgl. *Keller*, in: Kermel/Brucker/Baumann, S. 53 ff.

[79] vgl. BGHZ 143, 128, 146 – Kaufering.

[80] vgl. D. VI. a. E.

[81] vgl. *Albrecht*, in: Schneider/Theobald, § 9, Rn. 63.

Dennoch zeigen einige Änderungen in dem Bereich der Wegenutzung (z.B. die Ausnahme der nunmehr konzessionsunabhängigen Feststellung des (kundenstärksten) Grundversorgers aus diesem Bereich) eine stärkere Orientierung des EnWG am Wettbewerb. Dies deutet darauf hin, dass sich der Gesetzgeber von der wettbewerblichen Festlegung und dementsprechend von der Aufgabenerfüllung durch den im Wettbewerb (kunden-)stärksten Versorger eine Gemeinwohlmaximierung verspricht.

Zugleich akzentuiert der Gesetzgeber die Bedeutung der Gemeinwohlbindung in diesem Bereich, indem er Gemeinden nach § 46 Abs. 4 S. 1 EnWG[82] schon bei der Auswahl eines Konzessionärs verpflichtet, dasjenige Unternehmen auszuwählen, welches die größte Gewähr dafür bietet, die Gesetzesziele des § 1 Abs. 1 EnWG zu verfolgen.

[82] § 46 EnWG n.F. in der am 03.02.2017 geltenden Fassung, Änderung durch Artikel 1 G. v. 27.01.2017 BGBl. I S. 130.

H. Fazit und Empfehlungen

I. Ergebnisse der Untersuchung

Es wurden in erster Linie die folgenden Fragen untersucht: die Frage danach, ob der aktuell geltende Rechtsrahmen des Energierechts eine ausreichende Gemeinwohlbindung Privater gewährleistet sowie auch die Fragen danach, ob es Gründe für eine Erweiterung des Freiraums für private Wahrnehmung der Gemeinwohlbelange im Energiesektor (insbesondere durch die Förderung des Leitungswettbewerbs) gibt und ob der aktuelle Rechtsrahmen für eine etwaige Erweiterung gewappnet wäre, und falls nicht, welche Änderungen hierfür erforderlich wären.

Nach alledem ist das aktuelle energierechtliche Regulierungsregime der deutschen Energiewirtschaft, welches sich in der Praxis größtenteils bewährt hat, im Ergebnis ein taugliches Mittel zur Zweckerreichung, d. h. zur Sicherung des Gemeinwohls und sogar zur Wohlfahrtsoptimierung, wobei an einigen Stellen (insbesondere im Hinblick auf die Förderung des Leitungswettbewerbs) Verbesserungsbedarf besteht.

Die eingangs erwähnte gemeinwohlsteigernde Tendenz der Gemeinwohlverwirklichung verleitet dazu, diesen Optimierungsbedarf zu identifizieren und diejenige Art der Aufgabenerfüllung zu wählen, welche eine größere Steigerung des Gemeinwohls verspricht.

Dagegen können die bisherigen Privatisierungs- und Liberalisierungserfolge in den anderen Branchen (u. a. mangels Vergleichbarkeit der Ausgangssituation, der Reformgründe und -ziele) nicht ohne Weiteres zur Rechtfertigung einer weiteren Liberalisierung im Energiesektor herangezogen werden.

Bei der arbeitsteiligen Gemeinwohlverwirklichung in einem Gewährleistungsstaat gibt es einen Zusammenhang zwischen der Größe des Freiraums für private Leistungserbringung und ihrer (auch wirtschaftlichen) Lukrativität, so dass im Falle einer gleichbleibenden Effizienz privater Tätigkeit sowie bei gleichbleibender Gemeinwohlbindung (Gemeinwohlbindung von im Ergebnis gleicher Intensität) in einem größeren Freiraum auch eine größere Steigerung des Gemeinwohls (durch Intensivierung der privaten Leistungserbringung aufgrund der gestiegenen Lukrativität der Betätigung) erreicht werden kann.

Der grundrechtliche Schutzauftrag zur Sicherung realer Freiheit begründet zwar einen Mindestfreiraum privater Betätigung, jedoch können über diese Mindestvorgabe hinaus keine bestimmten Forderungen (z. B. Überlassung der Bedarfsplanung an Private oder Einführung des Leitungswettbewerbs) an die Vergrößerung oder an die konkrete Ausgestaltung des Freiraums für die private Gemeinwohlverwirklichung gestellt werden, denn der grundrechtliche Schutzauftrag zur Sicherung realer Freiheit wird auch wie der klassische Schutzbereich durch den Gesetzgeber konkretisiert.

Obwohl in der Gewährleistungsverwaltung die Verantwortung für die Aufgabenerfüllung an Private übertragen ist, gewährleistet der Staat mit Hilfe des Gesetzes die gesellschaftliche Problemlösung. Dies hat wiederum zur Folge, dass die grundsätzliche Notwendigkeit, den Privaten bei der Aufgabenerfüllung einen Freiraum zu lassen, nichts über die Größe dieses Freiraums (über die grundrechtliche Mindestvorgabe hinaus) aussagt sowie keine bestimmte Ausgestaltung dieses Freiraums bedingt, denn die Entscheidung darüber steht unter dem Parlamentsvorbehalt.

Im Ergebnis zwingen weder das normative Konzept der sozialen Marktwirtschaft noch die Gewährleistungsverantwortung (bzw. die Gewährleistungsverwaltung als eine Form der Verantwortungsteilung in einem Gewährleistungsstaat) als solche oder die Regulierung (welche ebenfalls nur einen Mindestraum privater Betätigung voraussetzt) als ein Instrument der Gewährleistungsverwaltung (sowie weder Grundrechte, noch das Gemeinwohl als solches) den Gesetzgeber, der Einführung von Wettbewerb auch in dem Transportmarkt Vorrang einzuräumen, obwohl insbesondere die Gewährleistungsverwaltung und die Regulierung ihre Existenz der privaten Betätigung überwiegend im Rahmen des Wettbewerbs verdanken und auch eine Tendenz zur Förderung eines wettbewerblichen Handelns bei der Wahrnehmung der Gemeinwohlbelange aufweisen.[1]

Dagegen kann die der Definition des Gemeinwohls innewohnende gemeinwohlsteigernde Tendenz gepaart mit der Prämisse „Mehr Freiraum – mehr Lukrativität/größere Gemeinwohlmehrung" dem Gesetzgeber Impulse geben, um den Mindestraum privater Betätigung zu vergrößern.

Die der Regulierung inhärente wettbewerbliche Tendenz dagegen könnte einen Anreiz für den Gesetzgeber für die Ausgestaltung des Rechtsrahmens im Sinne der Förderung des Wettbewerbs schaffen.

Es sind aber die mit dem Leitungswettbewerb verbundenen gemeinwohlmehrenden Vorteile, welche den Gesetzgeber dazu bewegen können, den Mindestraum privater Betätigung in einem bestimmten Sinne – durch die Etablierung des Leitungswettbewerbs – zu vergrößern. Eine unmittelbare rechtliche Verpflichtung zur Förderung des Leitungswettbewerbs (über den unionsrechtlich vorgegebenen Direktleitungsbau hinaus) ist jedoch aufgrund der Einschätzungsprärogative des Gesetzgebers bei der Konkretisierung des Gemeinwohls nicht gegeben.

---

[1] vgl. B. VI.

Optimierung durch mehr Nachhaltigkeit

Durch die Zweckbestimmungen und Gesetzesziele konkretisiert der Gesetzgeber seine Vorstellung über das Gemeinwohl und gibt eine grobe Richtung für die Gemeinwohlerreichung vor.

Die Berücksichtigung langfristiger Auswirkungen einzelner Instrumente ist für die Gemeinwohlmaximierung besonders wichtig. Aus dem Gesetz geht nicht eindeutig hervor, welchen Aspekten des positivrechtlich konkretisierten Gemeinwohls aus Langzeitperspektive Vorrang einzuräumen ist. Dies mag dem Umstand geschuldet sein, dass Abwägungen als umfassende multidimensionale Abschätzungen durch Einschätzungsspielräume geprägt sind, so dass sich schematische Handlungsimperative unter Umständen nachteilig auswirken können.

Die gesetzliche Konkretisierung des Gemeinwohls kann zwar allmählich mit mittelfristiger Wirkung optimiert werden, dennoch wäre es vor dem Hintergrund der Wohlfahrtsoptimierung zielführend, die langfristige Perspektive für Prognosen im Hinblick auf die Ausformung der Gemeinwohlverwirklichung (und insbesondere auch bei der Lösung von Zielkonflikten) stärker zu berücksichtigen (und z. B. die folgende Frage bereits heute zu beantworten: was wäre – insbesondere auch unter dem Blickwinkel der Nachhaltigkeit – sinnvoller, den Kostenanstieg durch den Bau konkurrierender Leitungen zu vermeiden oder auf Etablierung von wettbewerblichen Netzentgelten zu setzen?).

Die Verlagerung des Fokus der Betrachtung auf die Nachhaltigkeit ist entscheidend, denn in einigen Fällen (z. B. besonders am Anfang teure Förderung von Solarenergie, Förderung des Leitungswettbewerbs) werden gemeinwohlmehrende Vorteile erst bei einer Betrachtung aus der Langzeitperspektive sichtbar (z. B. zunächst ein mittelfristiger Kostenanstieg, dafür ein Beitrag zur Nachhaltigkeit und zur Umweltverträglichkeit aus der Langzeitperspektive).

Netzzugang als Vorstufe zum Leitungswettbewerb

Die Einführung des Netzzugangs ist ein Kernelement für die Herstellung von Wettbewerb in der Energiewirtschaft, mittelbar auch in den dem Transportnetz vor- und nachgelagerten Bereichen und damit auch für die mit der Einführung von Wettbewerb bezweckte Steigerung des Gemeinwohls.

Der durch den Netzzugang ermöglichte Durchleitungswettbewerb ist eine wichtige Vorstufe zum Leitungswettbewerb und bleibt bis zur Etablierung des Leitungswettbewerbs ein zentrales, jedoch gleichwertiges Instrument der Gemeinwohlbindung bzw. -verwirklichung, ohne welches (aufgrund der Marktzutrittsbarriere der hohen versunkenen Kosten) die Etablierung des Leitungswettbewerbs erschwert wäre.

Genehmigungspflicht als Marktzutrittskontrolle

Die im Zuge der Liberalisierung erfolgte Beschränkung der Genehmigungspflicht auf die Tätigkeiten der Netzbetreiber wäre kritisch zu hinterfragen, denn die präventive Kontrolle als Marktzutrittsschranke schränkt den Wettbewerb nicht erheblich ein und gewährleistet ein Mindestmaß an Qualität bereits im Zeitpunkt der Betriebsaufnahme, was die allgemeine Aufsicht erst zeitverzögert gewährleisten kann.

Erweiterung des Anwendungsbereichs der Konzessionierung

Eine weitere Möglichkeit für die Optimierung des Marktzutrittsregimes im Sinne der Gemeinwohlverwirklichung wäre eine Vergabe von Konzessionen zum Energietransport. Zusätzliche Anreize für den konkurrierenden Leitungsbau könnten in diesem Fall dadurch gesetzt werden, dass konkurrierende Infrastrukturen temporär von der Regulierung und auch von der Konzessionsvergabe freizustellen wären.

Die Erlöse aus Konzessionsvergabeverfahren könnten zu Mitfinanzierung des Netzausbaus (insbesondere in den für den Ausbau weniger lukrativen Gebieten) sowie zum Ausbau und zum Anschluss regenerativer Energiequellen verwendet werden.

Leitungswettbewerb

Seit einigen Jahren wird die Einstufung des Bereichs „Netz" als natürliches Monopol zunehmend kritisiert und eine Selbstregulierung des ehemaligen Bereichs des natürlichen Monopols durch den Wettbewerb favorisiert.

Es kann festgehalten werden, dass der Leitungswettbewerb rechtlich und ökonomisch möglich sowie vorteilhaft ist. Er ist damit ein taugliches Instrument der Gemeinwohlverwirklichung. Er fördert (aus langfristiger Perspektive) die Preisgünstigkeit, beschleunigt den Netzausbau, trägt zum schnelleren Anschluss von regenerativen Energien bei, führt mittelfristig zur Senkung der Kosten der Erdverkabelung und schließlich erhöht die Versorgungssicherheit. Im Ergebnis führt die Etablierung des Leitungswettbewerbs auch nicht zur Reduzierung der Gemeinwohlbindung Privater.

Neue Netzsysteme im Leitungswettbewerb

Künftige Netzsysteme (wie etwa Ladesäuleninfrastruktur für Elektroautos oder künftige Wasserstoffnetze), in welchen es noch keinen Monopolisten mit amortisierten Investitionskosten gibt, eignen sich besonders für die Etablierung des Leitungswettbewerbs. Im Zusammenhang mit dem Aufbau der Ladesäuleninfrastruktur empfiehlt es sich, wettbewerbliche Aspekte bei der Erteilung von Sondernutzungserlaubnissen im FStrG und in den Landesstraßengesetzen klarstellend festzuschreiben.

Neue Infrastrukturen und Leitungswettbewerb

§ 28a EnWG und Leitungswettbewerb ergänzen sich gegenseitig im Rahmen der Gemeinwohlverwirklichung. Da konkurrierende Leitungen nach dem disaggregierten Regulierungsansatz unbefristet von der Regulierung auszunehmen sind, kann der Bau konkurrierender Leitungen größere Investitionsanreize als der Bau neuer Infrastrukturen im Sinne des § 28a EnWG schaffen und wäre im Hinblick auf die

Wohlfahrtsoptimierung vorzugswürdig (auch deswegen weil in einer Wettbewerbssituation ein Horten von Kapazitäten nicht mehr lukrativ wäre).

Wenn neue Infrastrukturen sowohl als neue Infrastrukturen nach § 28a EnWG als auch als konkurrierende neue Infrastrukturen errichtet werden können, soll zwecks Etablierung des Leitungswettbewerbs sowie im Hinblick auf die damit verbundene Wohlfahrtsoptimierung grundsätzlich den konkurrierenden Leitungen der Vorrang eingeräumt werden. Bei mehreren potenziellen Vorhabenträgern von künftig konkurrierenden Leitungen (und im Falle der Möglichkeit nur ein konkurrierendes Vorhaben zu realisieren) soll auf der Grundlage eines ausschreibungsähnlichen Verfahrens entschieden werden.

Planung

Mit der Einführung des Planfeststellungsverfahrens als Trägerverfahren für die Umweltverträglichkeitsprüfung war keine Systementscheidung des Gesetzgebers zugunsten einer staatlichen energetischen Fachplanung verbunden.

Bei der Bundesfachplanung nach NABEG, welche der Trassenfindung für die im BBPlG aufgelisteten Vorhaben aus dem Netzentwicklungsplan der Übertragungsnetzbetreiber dient, handelt es sich nicht um eine „planwirtschaftliche"[2] Planung, sondern um eine private Planung mit Elementen staatlicher Koordination.

Aus der staatlichen Infrastrukturverantwortung ergibt sich zwar, dass der Staat gewährleisten muss, dass eine funktionsfähige und bedarfsgerechte Infrastruktur vorhanden sein muss. Dagegen bedingt diese Infrastrukturverantwortung nicht, dass die Infrastruktur durch den Staat geplant werden muss.

Will man bei einer heute bestehenden arbeitsteiligen Erfüllung der Gemeinwohlaufgabe der Energieversorgung eine staatliche Planung einführen, so bedarf das im Hinblick auf die Handlungsfreiheit Privater einer besonderen Rechtfertigung. Ein vollständiger Aufgabenentzug wäre nicht entschädigungslos möglich.

Die grundsätzliche Erforderlichkeit einer Enteignung in einigen Fällen reicht kaum aus, um die Einführung einer staatlichen energetischen Fachplanung zu rechtfertigen, welche insbesondere auch für Vorhaben gelten würde, bei welchen nicht enteignet wird.

Die Einführung einer staatlichen energetischen Planung ist nicht zwingend erforderlich, solange es die Alternative der „abwägenden Nachvollziehung" gibt. Denn wenn eine staatliche, demokratisch legitimierte Stelle ein Vorhaben nachvollziehen konnte, indem sie festgestellt hat, dass abwägungsrelevante Belange in der privaten Planung ausreichende Berücksichtigung gefunden haben, und mögliche Konflikte gelöst sind, so dass ihrer bestätigenden Entscheidung nichts im Weg steht, so ist der Mehrwert einer zusätzlichen „Konkretisierung des Gemeinwohls" durch eine energierechtliche Fachplanung auch vor dem Hintergrund ihrer Rechtfertigungsbedürftigkeit fraglich.

---

[2] vgl. *Kment*, RdE 2011, 341, 344.

Planungs*verfahren* können als ein Instrument der Verfahrensführung („Trägerverfahren") sowie als ein Instrument der Legitimierung privater Entscheidungen durch ihre Rezeption sinnvoll sein. Die Partizipationselemente eines Verwaltungsverfahrens tragen zudem zur Transparenz der privaten Planung sowie zu ihrer Akzeptanz in der Bevölkerung bei.

Da der energierechtliche Rahmen die Bindung Privater an das durch ebendiesen Rechtsrahmen ausgeformte Gemeinwohl gewährleistet, spricht einiges dafür, dass durch diese Bindung dem Handeln Privater eine ausreichende demokratische Legitimation vermittelt wird, so dass auch eine zusätzliche „abwägende Nachvollziehung" nicht zwingend erforderlich ist. Will man dennoch aus formellen Gründen der privaten Planung eine zusätzliche demokratische Legitimation durch einen staatlichen Akt vermitteln, so könnte alternativ auf das Instrument der Genehmigung zurückgegriffen werden.

Im Falle eines Genehmigungssystems könnten Behörden und Vorhabenträger (durch den Wegfall einer „abwägenden Nachvollziehung") entlastet und Zulassungsverfahren beschleunigt werden. Die mit dem Leitungswettbewerb inkompatible Eigenschaft des Planungsverfahrens (grundsätzlich Ermittlung nur eines Vorhabens) wäre beseitigt und es wäre auch der Forderung nach der formellen demokratischen Legitimation der privaten Planungsentscheidung entsprochen, da das Genehmigungsverfahren in einer formellen, staatlichen Genehmigung gipfelt.

Enteignung

Die grundsätzliche Zulässigkeit einer privatnützigen Enteignung ist heute anerkannt. Da heute eine konkurrierende Energieerzeugung möglich und zulässig ist, kann aus heutiger Perspektive auch eine Enteignung zugunsten eines konkurrierenden Energieerzeugers erforderlich sein.

Das Gleiche muss auch für den Wettbewerb in dem Transportbereich gelten. Da ein solcher Wettbewerb durch den Gesetzgeber (unter Abwägung der Bestandsgarantie des Grundeigentums gegen gesellschaftliches Gemeingut der Energieversorgung) zugelassen wurde, darf die fehlende Erschöpfung der Kapazität des bestehenden Netzes nicht zur Verneinung der Erforderlichkeit einer neuen Leitung und dementsprechend nicht zur Versagung einer Enteignung zum Zwecke ihrer Realisierung angeführt werden, da der Leitungswettbewerb dadurch praktisch unmöglich gemacht wird.

Die Instrumente der Gemeinwohlsicherung sind an die jeweilige Konkretisierung des Gemeinwohls durch den Gesetzgeber anzupassen. Wird im Zuge der Liberalisierung der (Transport-)Wettbewerb als eine effizientere Form der Aufgabenerfüllung erachtet, so muss das Instrumentarium der Gemeinwohlbindung (und damit auch das Verständnis von Erforderlichkeit und von Enteignungszwecken) an das neue Verständnis vom Gemeinwohl angepasst werden.

Dabei darf nicht aus den Augen verloren werden, dass die Aufgabe der Energieversorgung durch Private und damit durch Grundrechtsträger erfüllt wird, so dass nach dem Verhältnismäßigkeitsgrundsatz auch im Rahmen der Gemeinwohlbindung der schonendste Eingriff vorzunehmen ist.

Das Instrument der Enteignung soll nach gesetzgeberischer Intention auch für Direktleitungen gelten, da das Wettbewerbsinstrument „Direktleitung“ für die im Allgemeininteresse angestrebte Einführung eines stärker wettbewerblich geprägten Ordnungsrahmens erforderlich ist. Daher müssen die Belange des Wettbewerbs als ein gleichwertiger Enteignungszweck im Rahmen der Enteignung anerkannt werden, um durch den Direktleitungsbau den Wettbewerb in dem Transportbereich zu sichern.

Die Frage danach, ob das aktuelle energierechtliche Instrumentarium aus der rechtlichen Perspektive eine ausreichende Gemeinwohlbindung Privater gewährleistet, wurde in der vorliegenden Ausarbeitung untersucht und konnte bejaht werden. Dabei schließen sich der Wettbewerb und Gemeinwohlmaximierung gegenseitig nicht aus und eine ausreichende Bindung der auch im Wettbewerb agierenden energiewirtschaftlichen Akteure an das Gemeinwohl ist gegeben.

Da, wie bereits erörtert, Private einer ausreichenden Gemeinwohlbindung unterliegen und ihre Vorhaben auch im Sinne der Gemeinwohlverwirklichung planen, folgt aus dem Fehlen einer vorgelagerten staatlichen Planungsstufe für nicht planfeststellungspflichtige Vorhaben keine Notwendigkeit, eine staatliche Bedarfsplanung auf der Ebene des Enteignungsverfahrens zu etablieren.

Die Möglichkeit des Netzzugangs genießt – wie gesehen – keinen Vorrang im Verhältnis zum Leitungswettbewerb. Sie beseitigt daher in den Fällen von Leitungsbau zum Zwecke des Leitungswettbewerbs nicht die Erforderlichkeit einer Enteignung.

Die erörterten Vorteile des Leitungswettbewerbs sowie die Erkenntnis, dass der Durchleitungswettbewerb keine vorrangige Alternative zum Leitungswettbewerb im Instrumentarium der Gemeinwohlverwirklichung ist, verdeutlichen, dass eine Enteignung zugunsten einer konkurrierenden Leitung erforderlich sein kann.

Wegenutzung

Im Hinblick auf die Gemeinwohlverwirklichung ist als positiv zu bewerten, dass sich die Auswahl des Grundversorgers an einem wettbewerblichen Kriterium orientiert und dass eine Überprüfung und Feststellung des Grundversorgers alle drei Jahre erfolgt.

Die Gemeinwohlbindung der Gemeinde setzt sich bei der Einräumung der Wegenutzungsmöglichkeit in der Prüfung der Übereinstimmung des Vorhabens des Wegenutzungspetenten mit den Voraussetzungen des § 46 Abs. 1 EnWG fort und führt auch zur Gemeinwohlbindung des Vorhabenträgers, denn die Gemeinde hat dasjenige Unternehmen auszuwählen, welches die größte Gewähr dafür bietet, die Gesetzesziele des § 1 Abs. 1 EnWG zu verfolgen.

Angesichts der Bedeutung der Gemeinwohlbindung bei der Erfüllung der Aufgabe „Verteilernetzbetrieb" hätte es – trotz des für die Berücksichtigung von Besonderheiten des Netzgebiets erforderlichen gemeindlichen Ermessensspielraums[3] – präzisierender Vorgaben des Gesetzgebers zu der Auswahl bedurft.

§ 46 Abs. 1 EnWG ist bis dato eine zentrale Norm zur Verwirklichung des Leitungswettbewerbs durch den Direktleitungsbau. Will man den Leitungswettbewerb auch zwischen Transportleitungen fördern, so könnte es sinnvoll sein, die Beschränkung des Anwendungsbereichs des § 46 Abs. 1 S. 1 EnWG auf Direktleitungen aufzuheben.

Der Wettbewerb um Netze könnte theoretisch auch auf den höherstufigen Transportbereich ausgedehnt werden. Diese an die Regelung des § 46 Abs. 2 S. 1 EnWG anknüpfende Überlegung bedarf einer ökonomischen Untersuchung.

II. Empfehlungen

Enteignung

Um Zweifel in der Anwendungspraxis hinsichtlich der Zulässigkeit einer Enteignung zugunsten einer konkurrierenden Leitung auszuräumen, soll das Ziel der Förderung des Leitungswettbewerbs in § 1 EnWG sowie eine Klarstellung dahingehend, dass eine Enteignung auch zum Zwecke des Leitungswettbewerbs erforderlich sein kann, in § 45 EnWG aufgenommen werden.[4]

Einer weiteren Klarstellung bedarf das Verhältnis zwischen dem Leitungswettbewerb und dem Durchleitungswettbewerb. Es soll klargestellt werden, dass diese Instrumente der Gemeinwohlverwirklichung gleichrangig sind.

Regulierung

Ferner bedarf es einer Klarstellung, dass der Leitungswettbewerb nicht nur im Bereich des Direktleitungsbaus etabliert werden soll. Auch für Leitungen, welche zu Transportleitungen des Verbundnetzes in Konkurrenz treten, sowie für (konkurrierende) Verbindungsleitungen sollen verlässliche Rahmenbedingungen i. S. v. der Rechtssicherheit dienenden Klarstellungen geschaffen werden (z. B. in §§ 1 und 45 EnWG).

Nach dem disaggregierten Regulierungsansatz sind konkurrierende Leitungen (jedoch nicht der komplette Bereich des Energietransports) von der Regulierung freizustellen. Grundsätzlich soll die Freistellung zugunsten der Attraktivität des konkurrierenden Leitungsbaus unbefristet erfolgen.

---

[3] vgl. BT-Drs. 18/8184, 13; vgl. auch § 46 Abs. 4 S. 2 EnWG.

[4] vgl. F. VIII.

Es bedarf Vorschriften für den Fall des Übergangs einiger Leitungen in den Wettbewerb (es fehlt z.B. eine Ausnahme von der Entgelt- sowie Zugangsregulierung für diesen Fall).

Planung

Aus den unter E.VIII. genannten Gründen sollte über den Wechsel vom Planungsverfahren zu einem Genehmigungsverfahren beim Bau von Energieinfrastruktur nachgedacht werden. In diesem Zusammenhang soll untersucht werden, in welchem der beiden Verfahren die Realisierung von energetischen Vorhaben schneller erfolgt.

Für den Fall der Beibehaltung des Planungsverfahrens, sollte im Gesetz klargestellt werden, dass die Behörde den durch Private ermittelten Bedarf lediglich (i. S. e. Plausibiltätsprüfung ohne eigene Abwägung) nachvollzieht. Dieser Klarstellung bedarfs es auch für nicht planfeststellungspflichtige Vorhaben.

Da Planungsverfahren auf die Ermittlung eines einzigen zu realisierenden Vorhabens zugeschnitten sind, soll geregelt werden, wie etwaige konkurrierende Leitungsvorhaben, deren Realisierung beabsichtigt ist, in den Entscheidungsprozess einzubeziehen sind.

Die Differenzierung zwischen Strom und Gas bei der Frage nach der Notwendigkeit der Festlegung des Bedarfs in einem Gesetz könnte teilweise aufgehoben werden. Es könnte überlegenswert sein, nur die Anbindungsleitungen, welche dem Gasimport an der Bundesgrenze dienen, der förmlichen Festlegung in einem Gesetz nicht zu unterwerfen und die übrigen Fernleitungen zwecks Rechts- und Investitionssicherheit sowie zwecks damit verbundener Beschleunigung der Vorhabenrealisierung im BBPlG festzulegen.

Im NABEG fehlen Vorkehrungen zur Sicherung der Interessen der Netzbetreiber bei der Trassenfindung. Dies könnte schlimmstenfalls dazu führen, dass private Planung auf der Ebene der Trassierung aufgrund von anderen Vorstellungen der BNetzA vom Trassenverlauf vereitelt wird.

Als eine Lösungsmöglichkeit kommt die Bestimmung der Grobtrassierung bereits bei der Ermittlung des Netzausbaubedarfs in Betracht, wodurch den Belangen der Netzbetreiber im Hinblick auf die Trassierung bereits in einem frühen Planungsstadium Rechnung getragen werden könnte.

Eine passende Alternative könnte eine Regelung einer Beachtenspflicht für Belange der Netzbetreiber im Verfahren der Trassenfindung sein, sowie eine Konkretisierung der zu berücksichtigenden Belange. Insbesondere wären Regelungen dazu empfehlenswert, welche Kostensteigerungen für den Netzbetreiber noch hinzunehmen sind, sowie welche Änderungen von dem geplanten Trassenverlauf einen Netzbetreiber berechtigen würden, Abstand von dem geplanten Vorhaben zu nehmen und ggf. wie eine hierdurch entstehende Bedarfslücke zu schließen ist.

Die Fehler der Bundesfachplanung schlagen auf die nachgeordnete Planfeststellung durch. Eine Korrektur dieser Fehler durch die Planfeststellungsbehörde ist aufgrund der strikten Bindung der Bundesfachplanung sowie der fehlenden Zuständigkeit der Planfeststellungsbehörde rechtlich nicht zulässig.

Vor diesem Hintergrund wäre es überlegenswert, eine Korrekturmöglichkeit für die Fälle vorzusehen, in welchen z.B. unvorhergesehene Hindernisse auftreten, welche in einem Planfeststellungsverfahren nicht ausgeräumt werden können, oder sich derart wesentliche Änderungen auf der Stufe der Bundesfachplanung ergeben, dass ohne ihre Berücksichtigung die Planfeststellung nicht mehr rechtsfehlerfrei abgeschlossen werden kann.

Hier könnte man, wenn Einvernehmen zwischen der BNetzA und der Planfeststellungsbehörde über die Notwendigkeit der Anpassung gegeben ist oder wenn die BNetzA eine Anpassung ihrer Entscheidung aufgrund der Änderung von wesentlichen Umständen für zwingend geboten hält und verlangt, analog § 22 UVPG verfahren und eine Änderung nach einer auf die Änderungen beschränkten Beteiligung herbeiführen.

Eine Änderung der Bundesfachplanung soll zudem deutlich schneller als ihre vollständige Wiederholung (z.B. innerhalb von drei statt sechs Monaten) vollzogen werden. Zusätzlich soll die Frist für einen Antrag auf Planfeststellung durch den Vorhabenträger nach Abschluss der geänderten Bundesfachplanung neu bemessen werden, damit der betroffene Vorhabenträger sich auf die Änderung einstellen und seinen Antrag entsprechend ändern kann.

Es wäre aus Gründen der Planungs- und Rechtssicherheit zielführend, eine dem § 15 Abs. 1 S. 2 NABEG ähnliche Regelung auch für die Planungen unterhalb der Planfeststellungspflicht vorzusehen. Als ein Anknüpfungspunkt für die Bindungswirkung könnte ein in Anlehnung an § 14 Abs. 1a EnWG (für diese Zwecke dann periodisch) vorzulegender Bericht dienen. Die angezeigten Vorhaben wären grundsätzlich in den nachfolgenden gemeindlichen Planungen zu beachten.

§ 14 Abs. 2 EnWG zeigt, dass der Gesetzgeber die Notwendigkeit gesehen hat, die Art und Weise der Berücksichtigung einiger Aspekte der Netzausbauplanung bei Planungen verbindlich zu regeln. Es wäre überlegenswert, allgemeine Grundsätze für die Berücksichtigung des energetischen Bedarfs bei Planungen aufzustellen.

Wettbewerb um Netze

Die Möglichkeit und Auswirkungen einer Ausdehnung des Wettbewerbs um Netze auf den höherstufigen Transportbereich ist aus ökonomischer Sicht zu untersuchen.[5] Die bei der Konzessionsvergabe (zusätzlich mit einer konkretisierten Netzausbauzusage als ein Auswahlkriterium zwecks Beschleunigung des Netzausbaus) vereinnahmte Mittel könnten zur Mitfinanzierung des Ausbaus regenerativer

---

[5] vgl. G.III. a.E. und G.V.

Energien und/oder des Netzausbaus in den Regionen, wo der Netzausbau weniger lukrativ und daher im Wettbewerb nur schleppend erfolgt, eingesetzt werden.

Will man auch den Leitungswettbewerb zwischen Transportleitungen fördern,[6] so müsste die Einschränkung „zur unmittelbaren Versorgung von Letztverbrauchern im Gemeindegebiet" im § 46 Abs. 1 EnWG entfallen.

Beim Ausbau des Ladenetzes für Elektrofahrzeuge soll der Gesetzgeber auf Wettbewerb setzen und diesen Markt einer Regulierung nicht unterwerfen. Darüber hinaus soll untersucht werden, ob das tendenziell sehr verzweigte und bis in die Innenstädte vordringende Ladenetz für Elektrofahrzeuge die „letzte Meile" der Energieversorgung zumindest teilweise angreifen kann.

Grundversorgung

Schließlich soll aus der ökonomischen Perspektive untersucht werden, ob die Grundversorgungspflicht auf Kleinunternehmen, *wie* in der Richtlinie[7] vorgesehen, auszudehnen ist.[8]

---

[6] vgl. D.VI. a.E. und G.V. a.E.

[7] vgl. Art. 3 Abs. 3 S. 1 Richtlinie 2009/72/EG/Art. 27 Richtlinie (EU) 2019/944.

[8] vgl. C.IX. a.E.

Literaturverzeichnis

Appel, Markus: Die Bundesfachplanung für Höchstspannungsleitungen nach §§ 4 ff. NABEG, ER 2012, 3 ff.

Averch, Harvey/*Johnson*, Leland L.: Behavior of the Firm Under Regulatory Constraint, American Economic Review, 52 (5), (1962), 1052 ff.

Badura, Peter: Die Erfüllung öffentlicher Aufgaben und die Unternehmenszwecke bei der wirtschaftlichen Betätigung der öffentlichen Hand, in: von Münch, Ingo (Hrsg.) Festschrift Hans-Jürgen Schlochauer, Berlin, 1981, S. 3 ff.

Battis, Ulrich/*Krautzberger*, Michael/*Löhr*, Rolf-Peter (Hrsg.): Baugesetzbuch, 14. Auflage, München, 2019

Bauer, Hartmut: Privatisierung von Verwaltungsaufgaben, VVDStRL, 54 (1995), 243 ff.

Bauer, Hartmut: Zukunftsthema „Rekommunalisierung", DÖV 2012, 329 ff.

Baumol, William J./*Panzar*, John, C./*Willig*, Robert D.: Contestable Markets and the Theory of Industry Structure, New York, 1982

Baur, Jürgen F./*Salje*, Peter/*Schmidt-Preuß*, Matthias (Hrsg.): Regulierung in der Energiewirtschaft, 2. Auflage, Köln, 2016

Bechtold, Rainer/*Bosch*, Wolfgang: Gesetz gegen Wettbewerbsbeschränkungen, 9. Auflage, München, 2018

Becker, Joachim: Rechtsrahmen für Public Private Partnership – Regelungsbedarf für neue Kooperationsformen zwischen Verwaltung und Privaten?, ZRP 2002, 303 ff.

Becker, Peter: Reform der Reform: Zur Struktur des EnWG und zu den Anforderungen an eine Novelle, ZNER 1998, 51 ff.

Becker, Ralph: Die Erfüllung öffentlicher Aufgaben durch gemischtwirtschaftliche Unternehmen, Baden-Baden, 1997

Benz, Angelika: Privatisierung und Deregulierung, Die Verwaltung 28 (1995), 337 ff.

Bettermann, Karl August: Grenzen der Grundrechte, 2. Auflage, Berlin/New York, 1976

Blum, Christian: Eine integrative Theorie des Gemeinwohls, Politische Vierteljahresschrift, Bd. 54, Nr. 4 (2013), S. 662 ff.

Böckenförde, Ernst-Wolfgang: Gemeinwohlvorstellungen bei Klassikern der Rechts- und Staatsphilosophie, in: Münkler, Herfried/Fischer, Karsten (Hrsg.), Gemeinwohl und Gemeinsinn im Recht, Berlin, 2002, S. 43 ff.

Böckenförde, Ernst-Wolfgang: Demokratie als Verfassungsprinzip, in: Isensee, Josef/Kirchhof, Paul (Hrsg.), Handbuch des Staatsrechts der Bundesrepublik Deutschland, Band II, 3. Auflage, Heidelberg, 2004, S. 429 ff.

Bohne, Eberhard: Im Regulierungswahn, IR 2005, 170 ff.

Böwing, Andreas (Hrsg.): Energiewirtschaftsgesetz 1998, Frankfurt am Main, 1999

Bräuer, Wolfgang/*Egeln*, Jürgen/*Werner*, Andreas: Wettbewerb in der Versorgungswirtschaft und seine Auswirkungen auf kommunale Querverbundunternehmen, Baden-Baden,1997

Breuer, Rüdiger: Die hoheitliche raumgestaltende Planung: Wirkungsbereich und Zusammentreffen von Planfeststellungen, fachlichen Nutzungsregelungen, Bauleitplänen und Plänen der Raumordnung, Bonn, 1968

Britz, Gabriele/*Steinberg*, Rudolf: Die Bedeutung des Rechts der Europäischen Gemeinschaft für eine umweltorientierte Energiepolitik und Energierechtssetzung, RdE 1996, 165 ff.

Britz, Gabrielle/*Hellermann*, Johannes/*Hermes*, Georg: Energiewirtschaftsgesetz, 3. Auflage, München, 2015

Brunekreeft, Gert/*Newbery*, David: Should merchant transmission investment be subject to a must-offer provision?, Journal of Regulatory Economics 30 (2006), 233 ff.

Büdenbender, Ulrich: Schwerpunkte der Energierechtsreform 1998, Köln, 1999

Büdenbender, Ulrich/*Heintschel von Heinegg*, Wolff/*Rosin*, Peter: Energierecht, Band 1, Recht der Energieanlagen, Berlin, 1999

Bull, Hans Peter: Die Staatsaufgaben nach dem Grundgesetz, 2. Auflage, Hamburg, 1977

Bullinger, Martin: Die Enteignung zugunsten Privater, Der Staat 1962, 449 ff.

Bundeskartellamt: Der Staat als Unternehmer – (Re-)Kommunalisierung im wettbewerbsrechtlichen Kontext, Bonn, 2014, https://www.bundeskartellamt.de/SharedDocs/Publikation /DE/Diskussions_Hintergrundpapier/Bundeskartellamt%20-%20Der%20Staat%20als%20Unternehmer.html?nn=3590858

Bundeskartellamt: Tätigkeitsbericht des Bundeskartellamtes 2017/2018, BT-Drs. 19/10900, Bonn, 2019

Bundeskartellamt: Tätigkeitsbericht des Bundeskartellamtes 2011/2012, BT-Drs. 17/13675, Bonn, 2013

Bundeskartellamt/Bundesnetzagentur: Gemeinsamer Leitfaden von Bundeskartellamt und Bundesnetzagentur zur Vergabe von Strom und Gaskonzessionen und zum Wechsel des Konzessionsnehmers, 2. Auflage, Bonn, 2015

Bundesnetzagentur: Monitoringbericht 2007, Bonn, 2007

Bundesnetzagentur/Bundeskartellamt: Monitoringbericht 2018, Bonn, 2018

Burchardt, Daniel: Grenzen verfassungsrechtlicher Erkenntnis, Berlin, 2004

Burgi, Martin: Funktionale Privatisierung und Verwaltungshilfe, Tübingen, 1999

Burgi, Martin: Privat vorbereitete Verwaltungsentscheidungen und staatliche Strukturschaffungspflicht, in: Die Verwaltung 33 (2000), S. 183 ff.

Burgi, Martin: Privatisierung öffentlicher Aufgaben – Gestaltungsmöglichkeiten, Grenzen, Regelungsbedarf, Gutachten D für den 67. Deutschen Juristentag, Erfurt, 2008

Calliess, Christian/*Ruffert*, Matthias: EUV/AEUV, 5. Auflage, München, 2016

Cancik, Pascale: Beschleunigung oder Re-Arkanisierung?, DÖV 2007, 107 ff.

Cezanne, Wolfgang: Allgemeine Volkswirtschaftslehre, 6. Auflage, München, 2014

Cicero, Marcus Tullius/*Nickel*, Rainer (Hrsg.): De Legibus, Paradoxa Stoicorum – Über die Gesetze, Stoische Paradoxien, 3. Auflage, München/Zürich, 2004

Cornils, Matthias: Die Ausgestaltung der Grundrechte, Tübingen, 2005

Daiber, Hermann: Die Enteignung für Zwecke der Energieversorgung (§ 11 Energiewirtschaftsgesetz), DÖV 1990, 961 ff.

Däuper, Olaf: Aller guten Dinge sind drei? Die Weiterentwicklung des energiewirtschaftlichen Regulierungsrahmens durch das dritte EG-Energiepaket, N&R 2009, 214 ff.

Däuper, Olaf/*Scharrer*, Jörg: Leitungswettbewerb in der Gaswirtschaft – der Regelungsinhalt des § 3 Abs. 2 GasNEV und sein europarechtlicher Kontext, ZNER 2007, S. 18 ff.

Demsetz, Harold: Why Regulate Utilities?, in: Journal of Law and Economics, 1968, Band 11, Nr. 1, S. 55 ff.

Deregulierungskommission: Marktöffnung und Wettbewerb, Stuttgart, 1991

Deutscher Städte- und Gemeindebund: Privatisierungen: „Kein Tafelsilber, sondern Essbesteck“, Berlin, 2010, https://www.dstgb.de/aktuelles/archiv/archiv-2011/privatisierungen-kein-tafelsilber-sondern-essbesteck/

Di Fabio, Udo: Staatliche Gewährleistungsverantwortung für Systeme gesellschaftlicher Selbstregulierung, Rechtsgutachten, Bonn, 2014

Diekmann, Jochen/*Leprich*, Uwe/*Ziesing*, Hans-Joachim: Regulierung der Stromnetze in Deutschland. Ökonomische Anreize für Effizienz und Qualität einer zukunftsfähigen Netzinfrastruktur, Düsseldorf, 2007

DiLorenzo, Thomas J.: The Myth of the Natural Monopoly, The Review of Austrian Economics Vol. 9, (1196), Nr. 2, S. 43 ff.

Drasdo, Peter: Konzentration und Wettbewerb in der deutschen Energiewirtschaft, München, 1998

Dreier, Horst (Hrsg.): Grundgesetz Kommentar, Band III: Artikel 83–146, 3. Auflage, Tübingen, 2018

Durner, Wolfgang: Die aktuellen Vorschläge für ein Netzausbaubeschleunigungsgesetz (NABEG) – Bewertung der Verfassungsmäßigkeit und des Beschleunigungspotentials, DVBl. 2011, 853 ff.

Eifert, Martin: Regulierte Selbstregulierung und die lernende Verwaltung, in: Regulierte Selbstregulierung als Steuerungskonzept des Gewährleistungsstaates, Die Verwaltung Beiheft 4, 2001, 137 ff.

Eisenmenger, Sven: Realisierungsgesetze zur Durchsetzung von Infrastrukturprojekten. Zur besonderen Renaissance der „Stendal-Entscheidung“ des BVerfG, NVwZ 2013, 621 ff.

Eising, Rainer: Liberalisierung und Europäisierung, Wiesbaden, 2000

Ellwein, Thomas/*Hesse*, Joachim Jens: Der überforderte Staat, Frankfurt am Main, 1997

Elspas, Maximilian Emanuel/*Graßmann*, Nils/*Rasbach*, Winfried (Hrsg.): Energiewirtschaftsgesetz, Berlin, 2018

Emmerich, Volker: Ist der kartellrechtliche Ausnahmebereich für die leitungsgebundene Versorgungswirtschaft wettbewerbspolitisch gerechtfertigt? Gutachten, erstellt für das Land Niedersachsen, Hannover, 1978

Enders, Rainald/*Krings*, Michael: Zur Änderung des Gesetzes über die Umweltverträglichkeitsprüfung durch das Artikelgesetz zur Umsetzung der UVP-Änderungsrichtlinie, DVBl. 2001, 1242 ff.

Erbguth, Wilfried: Energiewende: großräumige Steuerung der Elektrizitätsversorgung zwischen Bund und Ländern, NVwZ 2012, 326 ff.

Erbguth, Wilfried: Trassensicherung für Höchstspannungsleitungen: Systemgerechtigkeit und Rechtsschutz, DVBl. 2012, 325 ff.

Evers, Hans-Ulrich: Das Recht der Energieversorgung, 2. Auflage, Baden-Baden, 1983

Fehling, Michael: Regulierung als Staatsaufgabe im Gewährleistungsstaat Deutschland – Zu den Konturen eines Regulierungsverwaltungsrechts, in: Hill, Hermann (Hrsg.), Die Zukunft des öffentlichen Sektors, Baden-Baden, 2006, S. 91 ff.

Fehling, Michael/*Ruffert*, Matthias (Hrsg.): Regulierungsrecht, Tübingen, 2010

Fisch, Stefan: Der Wandel des Gemeinwohlverständnisses in der Geschichte, in: von Arnim, Hans Herbert/Sommermann, Karl-Peter (Hrsg.) Gemeinwohlgefährdung und Gemeinwohlsicherung, Berlin, 2004, S. 43 ff.

Floren, Hans-Peter: Permanenter Dialog mit unseren Transportkunden, et 2005, Heft 10, Special „Gastransport im Wettbewerb“, 2 ff.

Frantzke, Anton: Grundlagen der Volkswirtschaftslehre, 2. Auflage, Stuttgart, 2004

Franzius, Claudio: Der „Gewährleistungsstaat“ – Ein neues Leitbild für den sich wandelnden Staat?, Der Staat 42 (2003), 493 ff.

Franzius, Claudio: Der Gewährleistungsstaat, Vortrag, http://userpage.fu-berlin.de/~europe/team/FranziusC/texts/gew%E4hrleistungsstaat.pdf, 2007

Franzius, Claudio: Der Gewährleistungsstaat, VerwArch 99 (2008), S. 351 ff.

Franzius, Claudio: Gewährleistung im Recht, Tübingen, 2009

Frenzel, Michael: Das öffentliche Interesse als Voraussetzung der Enteignung, 1978, Berlin

Gärditz, Klaus Ferdinand/Rubel, Jörgen: Die regulierungsbehördliche Sanktionierung ausbleibender Netzinvestitionen im Rahmen des dritten Legislativpakets zur Liberalisierung der Energiebinnenmärkte, N&R 2010, 194 ff.

Gartner, Andrea: Privateigentum und öffentliche Energieversorgung, Bochum, 1990

Giesberts, Ludger/*Tiedge*, Andreas: Die Verordnung zu Leitlinien für die transeuropäische Energieinfrastruktur, NVwZ 2013, 836 ff.

Gilbert, Richard/*Neuhoff*, Karsten/*Newbery*, David: Allocating transmission to mitigate market power in electricity networks, RAND Journal of Economics, 2004, 35 (4), 691 ff.

Glaser, Andreas: Das Netzausbauziel als Herausforderung für das Regulierungsrecht, DVBl. 2012, 1283 ff.

Gramlich, Ludwig: Bedarf es einer (sektor-)spezifischen „Regulierung“ öffentlicher Unternehmen?, IR 2020, 20 ff.

Gramm, Christof: Privatisierung und notwendige Staatsaufgaben, Berlin, 2001

Greb, Klaus/*Wegner*, Mario: Die Vergabe von Konzessionen im Energiebereich, Kronach, 2012

Grimm, Veronica/*Zöttl*, Gregor/*Rückel*, Bastian/*Sölch*, Christian: Regionale Preiskomponenten im Strommarkt. Gutachten im Auftrag der Monopolkommission in Vorbereitung des 71. Sondergutachtens „Energie 2015" der Monopolkommission, 2015

Grüner, Anna-Maria/*Sailer*, Frank: Das EEG als Instrument des Bundes zur räumlichen Steuerung der erneuerbaren Energien – zugleich ein Beitrag zur Diskussion um eine Energiefachplanung, ZNER 2016, 122 ff.

Gundel, Jörg/*Germelmann*, Friedrich: Kein Schlussstein für die Liberalisierung der Energiemärkte: Das Dritte Binnenmarktpaket, EuZW 2009, 763 ff.

Gusy, Christoph: Freiheitssicherung im Sozialstaat – von der Freiheit der Gesellschaft zur Freiheit des Individuums, Neue Politische Literatur 25 (1980), S. 281 ff.

Häberle, Peter: Öffentliches Interesse als juristisches Problem, Bad Homburg, 1970

Häberle, Peter: Verfassungsstaatliche Staatsaufgabenlehre, AöR 111 (1986), 595 ff.

Hampel, Christian: Von der Tarifkundenversorgung zur Grundversorgung, ZNER 2004, 117 ff.

Haucap, Justus: Rekommunalisierung: Gehören Energienetze in die öffentliche Hand?, Berlin, 2014, http://www.bmwi-energiewende.de/EWD/Redaktion/Newsletter/2014/32/Meldung/kontrovers-reck-haucap.html

Hautelclocque, Adrien de/*Rious*, Vincent: Reconsidering the European regulation of merchant transmission investment in light of the third energy package: The role of dominant generators, Energy Policy 39 (2011), 7068 ff., https://www.sciencedirect.com/science/article/abs/pii/S0301421511006094

Heimburg, Sibylle von: Verwaltungsaufgaben und Private, Berlin, 1982

Heintzen, Markus: Beteiligung Privater an der Wahrnehmung öffentlicher Aufgaben und staatliche Verantwortung, VVDStRL, 62 (2003), 220 ff.

Hellermann, Johannes: Probleme des Kundenübergangs in Zeiten des Grundversorgers, ZNER 2004, 329 ff.

Hempel, Dietmar/*Franke*, Peter (Hrsg.): Recht der Energie- und Wasserversorgung, Loseblattsammlung, 123. Auflage, Neuwied, 2015

Hermes, Georg: Staatliche Infrastrukturverantwortung, Tübingen, 1998

Hermes, Georg: Planungsrechtliche Sicherung einer Energiebedarfsplanung – ein Reformvorschlag, ZUR 2014, 259 ff.

Hermes, Georg/*Pöcker*, Markus: Die neue Fachplanung für Leitungsvorhaben, RdE 2002, 85 ff.

Hesse, Konrad: Grundzüge des Verfassungsrechts der Bundesrepublik Deutschland, 20. Auflage, Heidelberg, 1999

Hirschhausen, Christian v./*Neumann*, Anne/*Rüster*, Sophia: Wettbewerb im Ferntransport von Erdgas? Technisch-ökonomische Grundlagen und Anwendung auf Deutschland, ein Gutachten im Auftrag von EFET Deutschland, 2007

Höffe, Otfried: Politische Gerechtigkeit: Grundlegung einer kritischen Philosophie von Recht und Staat, 2. Auflage, Frankfurt am Main, 1994

Hoffmann-Riem, Wolfgang: Öffentliches Recht und Privatrecht als wechselseitige Auffangordnungen, in: Hoffmann-Riem, Wolfgang/Schmidt-Aßmann, Eberhard (Hrsg.), Öffentliches Recht und Privatrecht als wechselseitige Auffangordnungen, Baden-Baden, 1996, S. 167 ff.

Hoffmann-Riem, Wolfgang: Tendenzen in der Verwaltungsrechtsentwicklung, DÖV 1997, 433 ff.

Hoffmann-Riem, Wolfgang: Verantwortungsteilung als Schlüsselbegriff moderner Staatlichkeit, in: Kirchhof, Paul/Lehner, Moris/Raupach, Arndt/Rodi, Michael (Hrsg.), Staaten und Steuern, Heidelberg, 2000, S. 47 ff.

Hoffmann-Riem, Wolfgang: Enge oder weite Gewährleistungsgehalte der Grundrechte?, in: Bäuerle, Michael/Hanebeck, Alexander/Hausotter, Carola (Hrsg.), Haben wir wirklich Recht?, Baden-Baden, 2004, S. 53 ff.

Hoffmann-Riem, Wolfgang: Grundrechtsanwendung unter Rationalitätsanspruch, Der Staat 43 (2004), 203 ff.

Hoffmann-Riem, Wolfgang: Das Recht des Gewährleistungsstaates, in: Schuppert, Gunnar Folke (Hrsg.), Der Gewährleistungsstaat, Baden-Baden, 2005, S. 89 ff.

Hoffmann-Riem, Wolfgang: Rechtsformen, Handlungsformen, Bewirkungsformen, in: Hoffmann-Riem, Wolfgang/Schmidt-Aßmann, Eberhard/Voßkuhle, Andreas (Hrsg.), Grundlagen des Verwaltungsrechts, Band II, § 33, München, 2008

Hölzer, Frank: Der Energiesektor zwischen Marktwirtschaft und öffentlicher Aufgabe, Köln, 2000

Holznagel, Bernd/*Schütz*, Raimund: Anreizregulierungsrecht, 2. Auflage, München, 2019

Holznagel, Bernd/*Theurl*, Theresia/*Meyer*, Eric/*Schumacher*, Pascal: Ownership Unbundling: Rechtliche und Ökonomische Bewertung eigentumsrechtlicher Entflechtungsmaßnahmen gegenüber Energienetzbetreibern, Münster, 2008

Horstmann, Karl-Peter: Anforderungen an den Bau und Betrieb von Energieversorgungsleitungen in Deutschland, Münster, 2000

Ipsen, Hans Peter: Der Stadtstaat als Unternehmer und Träger der Fachaufsicht, in: Dieter Wilke (Hrsg.), Festschrift zum 125jährlgen Bestehen der Juristischen Gesellschaft zu Berlin, Berlin/New York, 1984, S. 265 ff.

Ipsen, Jörn: Allgemeines Verwaltungsrecht, 11. Auflage, München, 2019

Isensee, Josef: Die alte Frage nach der Rechtfertigung des Staates, JZ 1999, 265 ff.

Isensee, Josef: Konkretisierung des Gemeinwohls in der freiheitlichen Demokratie, in: von Arnim, Hans Herbert/Sommermann, Karl-Peter (Hrsg.) Gemeinwohlgefährdung und Gemeinwohlsicherung, Berlin, 2004, S. 95 ff.

Isensee, Josef: Gemeinwohl im Verfassungsstaat, in: Isensee, Josef/Kirchhof, Paul (Hrsg.), Handbuch des Staatsrechts der Bundesrepublik Deutschland, Band IV, 3. Auflage, Heidelberg, 2006, S. 3 ff.

Isensee, Josef: Gemeinwohl und öffentliches Amt, Wiesbaden, 2014

Jackisch, Axel: Die Zulässigkeit der Enteignung zugunsten Privater, Frankfurt, 1996

Jansen, Andreas et al.: Energiewirtschaftliche Planung für die Netzintegration von Windenergie in Deutschland an Land und Offshore bis zum Jahr 2020, (dena-Netzstudie I), Köln, 2005

Jarass, Hans Dieter: Die Grundrechte: Abwehrrechte und objektive Grundsatznormen, in: Badura, Peter/Dreier, Horst (Hrsg.), Festschrift – 50 Jahre Bundesverfassungsgericht, Band II, Tübingen, 2001, S. 35 ff.

Joskow, Paul/*Tirole*, Jean: Merchant Transmission Investment, Journal of Industrial Economics 2005, Vol. 53, No. 2, 233 ff.

Kahle, Christian: Die Eigentumsrechtliche Entflechtung (Ownership Unbundling) der Energieversorgungsnetze aus europarechtlicher und verfassungsrechtlicher Sicht, RdE 2007, 293 ff.

Kaiser, Anna-Bettina/*Wischmeyer*, Thomas: Eigentumsrechtliche Entflechtung im Energiebereich, VerwArch 101 (2010), 34 ff.

Kempen, Bernhard: Schranken der Privatisierung, Rechtsgutachten, erstattet im Auftrag der Arbeitsgemeinschaft der Verbände des höheren Dienstes (AhD), Krefeld, 2002

Kermel, Cornelia/*Brucker*, Guido/*Baumann*, Toralf: Wegenutzungsverträge und Konzessionsabgaben in der Energieversorgung, Frankfurt, 2008

Kersten, Jens: Herstellung von Wettbewerb als Verwaltungsaufgabe, VVDStRL, 69 (2010), 289 ff.

Kirchhof, Paul: Das Wettbewerbsrecht als Teil einer folgerichtigen und widerspruchsfreien Gesamtrechtsordnung, in: Kirchhof, Paul (Hrsg.), Gemeinwohl und Wettbewerb, Heidelberg, 2005, S. 1 ff.

Klees, Andreas: Der Direktleitungsbau im deutschen und europäischen Energie- und Wettbewerbsrecht, Stuttgart, 2001

Klein, Hans: Zum Begriff der öffentlichen Aufgabe, DÖV 1965, 755 ff.

Klement, Henrik: Verstaatlichung statt Regulierung?, EuZW 2014, 57 ff.

Kment, Martin: Vorbote der Energiewende in der Bundesrepublik Deutschland: das Netzausbaubeschleunigungsgesetz, RdE 2011, 341 ff.

Kment, Martin (Hrsg.): Energiewirtschaftsgesetz, 2. Auflage, Baden-Baden, 2019

Knauff, Matthias: Der Gewährleistungsstaat: Reform der Daseinsvorsorge, Berlin, 2004

Knieps, Günter: Wettbewerb auf den Ferntransportnetzen der deutschen Gaswirtschaft, ZfE, 2002, 171 ff.

Knieps, Günter: Der Wettbewerb und seine Grenzen: Netzgebundene Leistungen aus ökonomischer Sicht, in: Verbraucherzentrale Bundesverband (Hrsg.), Verbraucherschutz in netzgebundenen Märkten – wieviel Staat braucht der Markt?, Dokumentation der Tagung vom 18. November 2003, Berlin, 2004, S. 11 ff.

Knieps, Günter: Entgeltregulierung aus der Perspektive des disaggregierten Regulierungsansatzes, N&R 2004, 7 ff.

Knieps, Günter: Wettbewerbsökonomie, 2. Auflage, Berlin/Heidelberg, 2005

Knieps, Günter: Disaggregierte Regulierung in Netzsektoren: Normative und positive Theorie, ZfE, 2007, 229 ff.

Krajewski, Markus: Grundstrukturen des Rechts öffentlicher Dienstleistungen, Berlin/Heidelberg, 2011

Krawinkel, Holger: Der Infrastrukturausbau im Rahmen der Energiewende benötigt umfassende Planungsinstrumente, ZNER 2012, 461 ff.

Koch, Hans-Joachim/*Hendler*, Reinhard (Hrsg.): Baurecht, Raumordnungs- und Landesplanungsrecht, 6. Auflage, Stuttgart, 2015

Koenig, Christian/*Kühling*, Jürgen/*Rasbach*, Winfried: Versorgungssicherheit im Wettbewerb – Ein Vergleich der gemeinschaftsrechtlichen, französischen und deutschen Energierechtsordnungen, ZNER 2003, 3 ff.

Koenig, Christian/*Kühling*, Jürgen/*Rasbach*, Winfried: Energierecht, 2. Auflage, Frankfurt, 2008

König, Klaus: Entwicklung der Privatisierung in der Bundesrepublik Deutschland, VerwArch 79 (1988), S. 241 ff.

König, Klaus/*Theobald*, Christian: Liberalisierung und Regulierung netzgebundener Güter und Dienste, in: Grupp, Klaus/Ronellenfitsch, Michael (Hrsg.), Planung – Recht – Rechtsschutz, Festschrift Willi Blümel, Berlin, 1999, S. 277 ff.

Krausnick, Daniel: Staat und Hochschule im Gewährleistungsstaat, Tübingen, 2012

Krautzberger, Michael: Die Erfüllung öffentlicher Aufgaben durch Private: zum Begriff des staatlichen Bereichs, Berlin, 1971

Kühling, Jürgen: Sektorspezifische Regulierung in den Netzwirtschaften, München, 2004

Kuhlmann, Sabine/*Färber*, Gisela/*Jansen*, Dorothea/*Kropp*, Sabine/*Wieland*, Joachim: Leistungsvergleich und Benchmarking im Öffentlichen Sektor: Projektverbund des Deutschen Forschungsinstituts für Öffentliche Verwaltung Speyer (FÖV), der moderne staat – dms: Zeitschrift für Public Policy, Recht und Management, 3(2), (2010) 475 ff.

Kühne, Gunther/*Scholtka*, Boris: Das neue Energiewirtschaftsrecht, NJW 1998, 1902 ff.

Lämmerzahl, Torsten: Die Beteiligung Privater an der Erledigung öffentlicher Aufgaben, Berlin, 2007

Lapuerta, Carlos/*Moselle*, Boaz: Convergence of Non-Discriminatory Tariff and Congestion Management Systems in the European Gas Sector, www.brattle.com/_documents/UploadLibrary/Upload591.pdf, London, 2002

Lewinski, Kai von: Stromnetzausbau nach Notstandsrecht. Kalter Krieg und Ölpreisschock als Ideengeber für die Energiewende, EnWZ 2013, 439 ff.

Ludwig, Frank: Privatisierung staatlicher Aufgaben im Umweltschutz, Berlin, 1998

Martens, Wolfgang: Öffentlich als Rechtsbegriff, Bad Homburg, 1969

Maslaton, Martin: Windenergieanlagen, 2. Auflage, München, 2018

Maunz, Theodor/*Dürig*, Günter (Hrsg.): Grundgesetz, 90. Auflage, München, 2020

Mayen, Thomas/*Karpenstein*, Ulrich: Eigentumsrechtliche Entflechtung der Energieversorgungsnetz, RdE 2008, 33 ff.

Mitschang, Stephan: Netzausbau und räumliche Gesamtplanung, UPR 2015, 1 ff.

Möllers, Christoph: Staat als Argument, München, 1999

Monopolkommission: XVI. Hauptgutachten 2004/2005, BT-Drs. 16/2460, Bonn, 2006

Monopolkommission: Sondergutachten: Strom und Gas 2007: Wettbewerbsdefizite und zögerliche Regulierung, BT-Drs. 16/7087, Bonn, 2007

Monopolkommission: Sondergutachten 54, Strom und Gas 2009: Energiemärkte im Spannungsfeld von Politik und Wettbewerb, Bonn, 2009

Monopolkommission: Sondergutachten 59, Strom und Gas 2011: Wettbewerbs-entwicklung mit Licht und Schatten, Bonn, 2011

Monopolkommission: Sondergutachten 71: Energie 2015: Ein wettbewerbliches Marktdesign für die Energiewende, Bonn, 2015

Monopolkommission: Sondergutachten 77: Energie 2017: Gezielt vorgehen, Stückwerk vermeiden, Bonn, 2017

Monopolkommission: 7. Sektorgutachten Energie, Wettbewerb mit neuer Energie, BR-Drs. 475/19, Bonn, 2019

Müller, Jürgen/*Vogelsang*, Ingo: Staatliche Regulierung, Baden-Baden, 1979

Müller, Philipp: Abschied von der Planrechtfertigung, Berlin, 2005

Müller-Armack, Alfred: Wirtschaftsordnung und Wirtschaftspolitik, 2. Auflage, Bern, 1976

Müller-Terpitz, Ralf/*Weigl*, Michaela: Ownership Unbundling – ein gemeinschaftsrechtlicher Irrweg?, EuR 2009, 348 ff.

Münch, Ingo von/*Kunig*, Philip: Grundgesetz-Kommentar, 6. Auflage, München, 2012

Mundt, Andreas: Rekommunalisierung hinterfragen, Bonn, 2013, https://www.bundeskartellamt.de/SharedDocs/Publikation/DE/Fachartikel/AndreasMundt_Rekommunalisierung.html

Musil, Andreas: Wettbewerb in der staatlichen Verwaltung, Tübingen, 2005

Nacht, Thomas/*Stigler*, Heinz: Merchant Line, ein neuer Weg?, 7. Internationale Energiewirtschaftstagung an der TU Wien, 2011, 1 ff., https://www.researchgate.net/publication/228425864_Merchant_Line_ein_neuer_Weg

Nipperdey, Hans Carl: Kontrahierungszwang und diktierter Vertrag, Jena, 1920

Nordmann, Henning: Integrierte Energie- und Klimapolitik: Die Sicherstellung der Erdgasversorgung, Baden-Baden, 2012

Ossenbühl, Fritz: Die Erfüllung von Verwaltungsaufgaben durch Private, VVDStRL, 29 (1971), S. 137 ff.

Papier, Hans-Jürgen: Die Regelung von Durchleitungsrechten, Köln, 1997

Peneder, Michael: Wettbewerb und Regulierung netzgebundener Infrastrukturleistungen: Telekommunikation, Energieversorgung, Schienenverkehr, Wirtschaft und Gesellschaft 1996, Heft 2, S. 213 ff.

Peters, Hans: Öffentliche und staatliche Aufgaben, in: Diez, Rolf/Hübner, Heinz, Festschrift Nipperdey, Band II, Berlin, 1965, S. 877 ff.

Pielow, Johann-Christian: Grundstrukturen öffentlicher Versorgung, Tübingen, 2001

Pielow, Johann-Christian: Elektrizität und Gas, in: Krautscheid, Andreas (Hrsg.), Die Daseinsvorsorge im Spannungsfeld von europäischem Wettbewerb und Gemeinwohl, Wiesbaden, 2009, S. 133 ff.

Pielow, Johann-Christian/*Ehlers*, Eckart: Rechtsfragen zum „Ownership Unbundling", IR 2007, 259 ff.

Posser, Herbert/*Faßbender*, Kurt (Hrsg.): Praxishandbuch Netzausbau und Netzplanung, Berlin/Boston, 2013

Potacs, Michael: Herstellung von Wettbewerb als Verwaltungsaufgabe, VVDStRL, 69 (2010), 255 ff.

Primeaux, Walter J. Jr.: Direct Electric Utility Competition: The Natural Monopoly Myth, New York, 1986

Ramsauer, Ulrich: Umweltprobleme in der Flughafenplanung – Verfahrensrechtliche Fragen, NVwZ 2004, 1041 ff.

Reich, Johannes: Regulierung, Regulierungsrecht und Regulatory State, forum historiae iuris, Artikel vom 22. Mai 2013, https://forhistiur.de/legacy/zitat/1305reich.htm

Rieger, Franz: Der Bau von Hochspannungsfreileitungen im Planungsrecht, München, 1993

Riese, Christoph/*Wilms*, Jürgen: Gesamtkonzept bei der Planung von Übertragungsnetzen und Netzanschlüssen, ZNER 2009, 107 ff.

Ritter, Ernst-Hasso: Der kooperative Staat: Bemerkungen zum Verhältnis von Staat und Wirtschaft, AöR 104 (1979), 389 ff.

Rojahn, Ondolf: Die Rechtsprechung zur neuen Fachplanung für Leitungsvorhaben, in: Burgi, Martin (Hrsg.), Planungssicherheit im Energiewirtschaftsrecht, Stuttgart/München/Hannover/Berlin/Weimar/Dresden, 2003

Rosin, Peter/*Pohlmann*, Mario/*Gentzsch*, Andrees/*Metzenthin*, Andreas/*Böwing*, Andreas (Hrsg.): Praxiskommentar zum EnWG, 9. Aktualisierung, Frankfurt am Main, 2018

Ruge, Reinhard: Die Gewährleistungsverantwortung des Staates und der regulatory State, Berlin, 2004

Rusteberg, Benjamin: Der grundrechtliche Gewährleistungsgehalt, Tübingen, 2009

Sachverständigenrat für Umweltfragen: Umweltgutachten 2016, Impulse für eine integrative Umweltpolitik, Berlin, 2016

Säcker, Franz Jürgen: Das Regulierungsrecht im Spannungsfeld von öffentlichem und privatem Recht, AöR 130 (2005), 180 ff.

Säcker, Franz Jürgen: Das Verhältnis von Wettbewerbs- und Regulierungsrecht, EnWZ 2015, 531 ff.

Säcker, Franz Jürgen (Hrsg.): Berliner Kommentar zum Energierecht, 4. Auflage, Frankfurt, 2019

Salje, Peter: Energiewirtschaftsgesetz, Köln, 2006

Scherzberg, Arno: Wozu und wie überhaupt noch öffentliches Recht?, Berlin, 2003

Schiller, Gernot: Praxisprobleme bei der Planfeststellung von Energiefreileitungen, UPR 2009, 245 ff.

Schiller, Marcus: Staatliche Gewährleistungsverantwortung und die Sicherstellung von Anschluss und Versorgung im Bereich der Energiewirtschaft, Baden-Baden, 2012

Schink, Alexander: Die Umweltverträglichkeitsprüfung – Offene Konzeptfragen, DVBl. 2001, S. 321 ff.

Schink, Alexander: Das Verfahren der Netzplanung als Vorbild für andere Infrastrukturplanungen, EurUP 2015, 148 ff.

Schmidbauer, Wilhelm: Enteignung zugunsten Privater, Berlin, 1989

Schmidt-Aßmann, Eberhard: Bemerkungen zum Boxberg-Urteil des BVerfG, NJW 1987, 1587 ff.

Schmidt-Aßmann, Eberhard: Das allgemeine Verwaltungsrecht als Ordnungsidee, 2. Auflage, Berlin/Heidelberg, 2006

Schmidt-Preuß, Matthias: Verwaltung und Verwaltungsrecht zwischen gesellschaftlicher Selbstregulięrung und staatlicher Steuerung, VVDStRL, 56 (1996), 162 ff.

Schmidt-Preuß, Matthias: Der Wandel der Energiewirtschaft vor dem Hintergrund der europäischen Energieordnung, EuR 2006, 463 ff.

Schmitz, Holger/*Jornitz*, Philipp: Regulierung des deutschen und des europäischen Energienetzes: Der Bundesgesetzgeber setzt Maßstäbe für den kontinentalen Netzausbau, NVwZ 2012, 332 ff.

Schmitz, Holger/*Uibeleisen*, Maximilian: Netzausbau, München, 2016.

Schneider, Jens-Peter: Liberalisierung der Stromwirtschaft durch regulative Marktorganisation, Baden-Baden, 1999

Schneider, Jens-Peter: Akzeptanz für Energieleitungen durch Planungsverfahren, in: Dirk Heckmann, Ralf Schenke, Gernot Sydow (Hrsg.), FS Würtenberger, Verfassungsstaatlichkeit im Wandel, Berlin, 2013, S. 411 ff.

Schneider, Jens-Peter/*Theobald*, Christian (Hrsg.): Recht der Energiewirtschaft, 4. Auflage, München, 2013

Schröder, Meinhard: Kompetenz- und eigentumsrechtliche Fragen bei der Verwirklichung des Elektrizitätsbinnenmarktes, Baden-Baden, 1993

Schubert, Klaus/*Klein*, Martina: Das Politiklexikon, 7. Auflage, Bonn/Dietz, 2018

Schulze-Fielitz, Helmuth: Staatsaufgabenentwicklung und Verfassung, in: Grimm, Dieter (Hrsg.), Wachsende Staatsaufgaben – sinkende Steuerungsfähigkeit des Rechts, Baden-Baden, 1990, S. 11 ff.

Schuppert, Gunnar Folke: Die öffentliche Aufgabe als Schlüsselbegriff der Verwaltungswissenschaft, VerwArch 71 (1980), 309 ff.

Schuppert, Gunnar Folke: Vom produzierenden zum gewährleistenden Staat: Privatisierung als Veränderung staatlicher Handlungsformen, in: König, Klaus/Benz, Angelika (Hrsg.), Privatisierung und staatliche Regulierung, Baden-Baden, 1997, S. 539 ff.

Schuppert, Gunnar Folke: Grundzüge eines zu entwickelnden Verwaltungskooperationsrechts – Regelungsbedarf und Handlungsoptionen eines Rechtsrahmens für Public Private Partnership, Rechts- und verwaltungswissenschaftliches Gutachten erstellt im Auftrag des Bundesministers des Inneren, Berlin, 2001, S. 1 ff.

Schuppert, Gunnar Folke: Gemeinwohldefinition im kooperativen Staat, in: Münkler, Herfried/ Fischer, Karsten (Hrsg.), Gemeinwohl und Gemeinsinn im Recht, Berlin, 2002, S. 67 ff.

Schuppert, Gunnar Folke: Ein Kompass für Reformen. Der Gewährleistungsstaat – ein Leitbild auf dem Prüfstand, WZB-Mitteilungen, Heft 104, Juni 2004, S. 7 ff.

Schuppert, Gunnar Folke: Gemeinwohldefinition im pluralistischen Verfassungsstaat, GewArch 2004, 441 ff.

Schuppert, Gunnar Folke: Möglichkeiten und Grenzen der Privatisierung von Gemeinwohlvorsorge, in: von Arnim, Hans Herbert/Sommermann, Karl-Peter (Hrsg.), Gemeinwohlgefährdung und Gemeinwohlsicherung, Berlin, 2004, S. 269 ff.

Schuppert, Gunnar Folke: Der Gewährleistungsstaat – modisches Label oder Leitbild sich wandelnder Staatlichkeit?, in: Schuppert, Gunnar Folke (Hrsg.), Der Gewährleistungsstaat – Ein Leitbild auf dem Prüfstand, Baden-Baden, 2005, S. 11 ff.

Schuppert, Gunnar Folke: Die neue Verantwortungsteilung zwischen Staat und Gesellschaft – oder: Wessen Wohl ist das Gemeinwohl?, vhw Forum Wohnen und Stadtentwicklung 4 (2008), S. 189 ff.

Seok, Jong Hyun/*Ziekow*, Jan: Die Einbeziehung Privater in die Erfüllung öffentlicher Aufgaben, Berlin, 2008

Smith, Adam: An Inquiry into the Nature and Causes of the Wealth of Nations, 1776, Carmel, 1994

Sodan, Helge/*Ziekow*, Jan (Hrsg.): Verwaltungsgerichtsordnung, 5. Auflage, Baden-Baden, 2018

Spannowsky, Willy/*Uechtritz*, Michael: BeckOK BauGB, 49. Edition, München, 2020

Steinbach, Armin/*Franke*, Peter (Hrsg.): Kommentar zum Netzausbau, 2. Auflage, Berlin/ Boston, 2017

Steinberg, Philipp: Daseinsvorsorge im europäischen Mehrebenensystem als geteilte Gewährleistungsverantwortung, in: Bungenberg, Marc/Danz, Stefan/Heinrich, Helge u. a. (Hrsg.), Recht und Ökonomik, München, 2004, S. 189 ff.

Stelkens, Paul/*Bonk*, Heinz Joachim/*Sachs*, Michael: Verwaltungsverfahrensgesetz, 9. Auflage, München, 2018

Stengel, Rüdiger: Grundstücksenteignung zugunsten privater Wirtschaftsunternehmen, Heidelberg, 1967

Stocker, Ferry: Moderne Volkswirtschaftslehre: Logik der Marktwirtschaft, 7. Auflage, München, 2014

Theobald, Christian: Aktuelle Entwicklungen des Infrastrukturrechts, NJW 2003, 324 ff.

Theobald, Christian/*Kühling*, Jürgen: Energierecht, Loseblattsammlung, 105. Auflage, München, 2020

Theobald, Christian/*Nill-Theobald*, Christiane: Grundzüge des Energiewirtschaftsrechts, 3. Auflage, München, 2013

Traugott, Rainer: Anspruch auf Belieferung aus Art. 85 Abs. 1 EGV in Verbindung mit § 823 Abs. 2 BGB und § 249 Satz 1 BGB?, WuW 1997, 486 ff.

Varian, Hal R.: Intermediate Microeconomics: A Modern Approach, 8. Auflage, New York/ London, 2010

Vollmer, Miriam: Das GASAG-Urteil des BGH: Rekommunalisierung am Ende?, Berlin, 2021, https://recht-energisch.de/2021/03/16/das-gasag-urteil-des-bgh-rekommunalisierung-am-ende/

Voßkuhle, Andreas: Gesetzgeberische Regelungsstrategien der Verantwortungsteilung zwischen öffentlichem und privatem Sektor, in: Schuppert, Gunnar Folke (Hrsg.), Jenseits von Privatisierung und „schlankem" Staat, Baden-Baden, 1999, S. 47 ff.

Voßkuhle, Andreas: Beteiligung Privater an der Wahrnehmung öffentlicher Aufgaben und staatliche Verantwortung, VVDStRL, 62 (2003), 266 ff.

Voßkuhle, Andreas: Der Wandel der Verfassung und seine Grenzen, JuS 2019, 417 ff.

Waechter, Kay: Verwaltungsrecht im Gewährleistungsstaat, Tübingen, 2008

Wahl, Rainer/*Dreier*, Johannes: Entwicklung des Fachplanungsrechts, NVwZ 1999, 606 ff.

Weber, Klaus (Hrsg.): Creifelds kompakt, Rechtswörterbuch, 2. Edition, München, 2020

Wegner, Matthias: Regulierungsfreistellungen für neue Elektrizitäts- und Erdgasinfrastrukturen, Tübingen, 2010

Weiß, Wolfgang: Privatisierung und Staatsaufgaben, Tübingen, 2002

Weyer, Hartmut: Der Rechtsrahmen für den Ausbau der Übertragungsnetze in Deutschland, ZNER 2009, 210 ff.

Wichert, Friedrich: Enteignung und Besitzeinweisung für energiewirtschaftliche Leistungsvorhaben, NVwZ 2009, 876 ff.

Wilkens, Sarah: Wettbewerbsprinzip und Gemeinwohlorientierung bei der Erbringung von Eisenbahndienstleistungen, Berlin, 2006

Windoffer, Alexander: Verwaltungswissenschaft, Potsdam, 2020

Wissenschaftliche Dienste des Deutschen Bundestags: Regulierung nach der Finanzkrise, Sachstand, WD 4-3000-154/18, Berlin, 2018

Witt, Siegfried de/*Durinke*, Peter/*Krause*, Harriet: Die Planung der Übertragungsnetze, Berlin, 2012

Witt, Siegfried de/*Scheuten*, Frank-Jochen: NABEG, München, 2013

Wollenschläger, Burkard: Wissensgenerierung im Verfahren, Tübingen, 2009

Ziekow, Jan (Hrsg.): Handbuch des Fachplanungsrechts, 2. Auflage, München, 2014

Ziekow, Jan: Verankerung verwaltungsrechtlicher Kooperationsverhältnisse (Public Private Partnership) im Verwaltungsverfahrensgesetz, in: Verwaltungskooperationsrecht (Public Private Partnership), hrsg. v. Bundesministerium des Innern, Berlin 2001, Teil II, S. 1 ff.

Stichwortverzeichnis

Abänderungsbefugnis der BNetzA 141
abwägende Nachvollziehung *114*, 121, 139, 174, 191, 223, 265, 269
Abwägungsgebot 168, 173, *184*
Abwägungsspielraum 174
allgemeine Billigkeitskontrolle 73
Allgemeinwohlverpflichtung 56
Als-Ob-Wettbewerb 65
Angreifbarkeit der Netze 65
Anreizregulierung 66
arbeitsteilige Gemeinwohlverwirklichung *224*, 261
Auffangverantwortung 30, 100, *130 f.*
Aufgabe der Energieversorgung 22
Aufgabenkritik 23
Ausnahme des Ferntransportnetzes von der Regulierung 94
Ausstrahlungswirkung von Gemeinwohlbindungen 67

Bedarfsplanung in dem Bereich Bundesfernstraßen 123
Bedarfsplanung in dem Bereich Schienenwege 123
Bedarfsplanverfahren 130
Bestätigung des Netzentwicklungsplans 140
Bindung an Recht und Gesetz 176
Bundesfachplanung 122

Daseinsvorsorge 27
Daseinsvorsorge durch Wettbewerb 69
Demsetz-Wettbewerb 68
dena-Netzstudie I 120
Direktleitung 20, *98*, 247
disaggregierter Regulierungsansatz 61, *77*, 268
Drohung mit dem Direktleitungsbau 235, *250*
Durchleitungswettbewerb 19, 67, *106*

Energiebinnenmarkt 60
Energiekonzept der Bundesregierung 121
Engpassrendite 97
Enteignung zum Zwecke des Leitungswettbewerbs *231*, 240, 243, 245, 266, 268
enteignungsrechtliche Erforderlichkeit 245
Erforderlichkeit der Enteignung 210
EU-Kompetenz für die Leitungsplanung 129

faktischer Leitungswettbewerb 89
Freiraum für private Betätigung *31*, 38, 261
Freistellung konkurrierender Leitungen 268

Gemeinwohl *26*
Gemeinwohl als Schranken-Schranke 34
Gemeinwohlbindung 18, *47*, 170, 241, 248, 255, 267
Gemeinwohlbindung der Gemeinde *249*, 267
gemeinwohlsteigernde Tendenz *41*, 46, 261 f.
Genehmigungssystem als eine Alternative zu Planungsverfahren 206
Genehmigungsverfahren 269
Geschichte der Idee vom Leitungswettbewerb 89
Gewährleistungsstaat *15*, 28
Gewährleistungsverantwortung *28*, 262
Gewährleistungsverwaltung *35*, 262
Gewinnerzielungsabsicht *171*, 219, 229
Gleichstromverbindungsleitung 95
Grundrechte 32

Horten von Leitungskapazitäten 93

Infrastruktursicherungsauftrag 29, 100
Infrastrukturverantwortung *130*, 152, 175, 265
Interkonnektor *96*, 132

ISO-Modell 136
ITO-Modell 136

kommunale Gewährleistungsverantwortung 71
Konkretisierung des Gemeinwohls 19, *47,* 116, 153, 168, 179, 263
konkurrierende Leitungen in einer Trasse 53
Kontrahierungszwang 69
Konzessionen zum Energietransport *68,* 264
kooperative Investitionsplanung 136
kooperativer Staat 16
Koordination der Gemeinwohlbeiträge 28
koordinierte Bedarfsplanung 138
koordinierte Planung *146,* 148, 151, 160, 265

Langzeitperspektive *109,* 263
Legitimationskettentheorie 175
Legitimierung 116, *146,* 148, 174, 191, 206, 237, 266
Leitungswettbewerb 19, *83,* 264
Leitungswettbewerb in dem Transportbereich 268
Leitungswettbewerb in der Infrastrukturverantwortung 100
Leitungswettbewerb in künftigen Netzen *90,* 264, 271
Letztentscheidungsbefugnis der BNetzA *136,* 161
Liberalisierungstendenz 39

Merchant Lines 95
Mindestfreiraum für die private Betätigung *34,* 46, 261
Mindestmaß an Gemeinwohlbindung Privater 215
Missbrauchsaufsicht 63

Nachhaltigkeit 51, 82, 263
natürliches Monopol *38,* 83
Netzplanung der Netzbetreiber 121
Netzzugang vs Leitungswettbewerb *230,* 263, 268
neue Infrastrukturen 19, *91,* 264
Notwendigkeit der energierechtlichen Planung 111

öffentliche Aufgabe 21

Planfeststellungsverfahren als Trägerverfahren 117
Planrechtfertigung 168
Planung nach europäischem Recht 126
Planung von Erzeugungsanlagen 134, *188*
Planungsbehörde für Energienetze 146
planwirtschaftliche Planung 123
praktische Konkordanz 51
präventive Kontrolle des Marktzutritts 68
private Investitionsplanung 125
private Planung 148
privatnützige Enteignung 211
projects of common interest, PCIs 121

Raumordnungsverfahren als höherstufige Bedarfsplanung 156
Re-Etatisierung 15
Rechtfertigung des Staates 27
regulierte Selbstregulierung 37
Regulierung 17, 35
Regulierungsparadox *39,* 44 f.
Regulierungsverantwortung 30
Rekommunalisierung 15
Rolle der BNetzA im Rahmen der Planung 145

soziale Absicherung 74
soziale Marktwirtschaft *100,* 262
staatliche Aufgabe 21
staatliche Bedarfsplanung 267
staatliche energetische Fachplanung 204
staatliche Investitionsplanung 125
staatliche Planung 265
staatliche Planung im Rahmen der Auffangverantwortung 125
staatliches Monopol 84
Staatsaufgabenlehre 22
Staatsnähe vs Unabhängigkeit der BNetzA 146
Strukturschaffungspflicht *30,* 131, 152, 178

TEN-E-Leitlinien 127
Ten-Year Network Development Plan, TYNDP 121, *129*

überindividuelle Interessen 23
überkapazitärer Netzausbau 50, *99,* 231
Überlagerung durch die gemeinwohlorientierte Zielsetzung 219
Umweltbelastung durch den Direktleitungsbau 100
unternehmensbezogene Gemeinwohlbindung 213
Untersuchungsgegenstand 17
Unumgänglichkeit eines Vorhabens 221
Unwirtschaftlichkeit des Direktleitungsbaus 99

Verantwortungsstufung 16
Verantwortungsteilung *29,* 216
Verbindungsleitung 95
verhandelter Netzzugang 63
Verpflichtung zur Schaffung von Transportwettbewerb *39,* 262
Versorgungspflicht 57
Versorgungssicherheit und der Direktleitungsbau 101
Verstaatlichung der Planung *113,* 205
verwendete Begriffe 21
volkswirtschaftliche Auswirkungen des Direktleitungsbaus 251
vorhabenbezogene Gemeinwohlbindung 221
Vorrang von konkurrierenden Leitungen 93

Wegenutzung 20, 246
Wettbewerb um Netze 20, *254,* 256, 268, 270
Wettbewerb um Netze für den Transportbereich *257,* 270
Wettbewerb um Verteilnetze vs Durchleitungs- und Leitungswettbewerb 256
Wettbewerb und Gemeinwohlmaximierung 219
wettbewerbliche Tendenz *45,* 109, 262

Ziel der Förderung des Leitungswettbewerbs 268
zwingende gesetzliche Vorgaben *172,* 186